Aktuelle Volkswirtschaftslehre
Ausgabe 2018/2019

Peter Eisenhut

Aktuelle Volkswirtschaftslehre
Ausgabe 2018/2019

Bisher erschienen:

1994: Aktuelle Volkswirtschaftslehre, Ausgabe 94/95	ISBN 3 7253 0509 9	(vergr.)
1996: Aktuelle Volkswirtschaftslehre, Ausgabe 96/97	ISBN 3 7253 0543 9	(vergr.)
1998: Aktuelle Volkswirtschaftslehre, Ausgabe 98/99	ISBN 3 7253 0595 1	(vergr.)
2000: Aktuelle Volkswirtschaftslehre, Ausgabe 2000/2001	ISBN 3 7253 0675 3	(vergr.)
2002: Aktuelle Volkswirtschaftslehre, Ausgabe 2002/2003	ISBN 3 7253 0716 4	(vergr.)
2004: Aktuelle Volkswirtschaftslehre, Ausgabe 2004/2005	ISBN 3 7253 0763 6	(vergr.)
2006: Aktuelle Volkswirtschaftslehre, Ausgabe 2006/2007	ISBN 978 3 7253 0839 2	(vergr.)
2008: Aktuelle Volkswirtschaftslehre, Ausgabe 2008/2009	ISBN 978 3 7253 0903 0	(vergr.)
2010: Aktuelle Volkswirtschaftslehre, Ausgabe 2010/2011	ISBN 978 3 7253 0955 9	(vergr.)
2012: Aktuelle Volkswirtschaftslehre, Ausgabe 2012/2013	ISBN 978 3 7253 0999 3	(vergr.)
2014: Aktuelle Volkswirtschaftslehre, Ausgabe 2014/2015	ISBN 978 3 7253 1018 0	(vergr.)
2016: Aktuelle Volkswirtschaftslehre, Ausgabe 2016/2017	ISBN 978-3-7253-1033-3	
2018: Aktuelle Volkswirtschaftslehre, Ausgabe 2018/2019	ISBN 978-3-7253-1064-7	

Die nächste Ausgabe erscheint im Juli 2020.

© Somedia Production AG
Somedia Buchverlag, 2018
Edition Rüegger
Alle Rechte vorbehalten
www.somedia-buchverlag.ch
info.buchverlag@somedia.ch.ch
Produktion: Somedia Production AG

ISBN: 978-3-7253-1064-7
E-Book ISBN: 978-3-7253-1065-4

Vorwort zur Ausgabe 2018/2019

Machen Sie das Beste aus Ihrem Leben? Die Ökonomie will Menschen helfen, ihr Wohlbefinden zu steigern. Dazu will auch die Neuauflage der «Aktuellen Volkswirtschaftslehre» beitragen. Der bereits mit der ersten Auflage im Jahr 1994 eingeschlagene Weg, dem Leser in verständlicher Sprache und in motivierender Art und Weise aktuelle volkswirtschaftliche Themen darzustellen, verfolgen wir mit der Neuauflage konsequent weiter.

Das Lesen und Verstehen von ökonomischen Denkhaltungen und Theorien soll möglichst leicht fallen, spannend sein und mit der Praxis verbunden werden. Diesem Zweck dienen insbesondere folgende **Besonderheiten der «Aktuellen Volkswirtschaftslehre»**:

- **Exkurse:** Sie dienen dazu, die ökonomischen Theorien mit der Praxis zu verbinden. Beispiele dafür sind folgende Exkurse: Warum Doping absurd und zugleich rational ist! Sind reiche Menschen glücklicher? Welches sind die Jobs der Zukunft?

- **Interviews:** Jedes Kapitel endet mit einem Interview mit Persönlichkeiten aus Politik, Wirtschaft und Wissenschaft. In der vorliegenden Auflage sind u. a. mit dabei: die VWL-Professoren Jan-Egbert Sturm und Rainer Eichenberger sowie die Parteipräsidenten Petra Gössi, Christian Levrat, Albert Rösti und Gerhard Pfister.

- **Rubrik «Ökonomisches Denken»:** Volkswirtschaftslehre ist nicht nur Inhalt, sondern auch Denkmodell. Am Ende von jedem Kapitel werden deshalb typische ökonomische Denkweisen am entsprechenden Thema beispielhaft erklärt. So werden zentrale Merkmale des ökonomischen Denkens zusammenfassend auf den Punkt gebracht.

- **Lerncenter:** Im Lerncenter werden zu jedem Kapitel Aufgaben und Fallstudien, ein «Reader» mit Artikeln und Videobeiträgen und eine Power-Point-Präsentationen zur Verfügung gestellt.

Ich möchte allen herzlich danken, die mir bei der Neuauflage dieses Lehrmittels wichtige Hilfen waren. Ein besonders grosser und herzlicher Dank gebührt Dr. Hans Jörg Moser. Die Zusammenarbeit mit ihm ist nicht nur sehr wertvoll, sondern auch sehr angenehm. Seine fachlichen und didaktischen Kompetenzen kommen sowohl dem Lehrbuch als auch den Begleitmaterialien zugute. Von Seiten des Verlages möchte ich mich bei Ralf Seelig, Eva Zopfi-Höfer und Nadine Brunner für die wertvolle Unterstützung und Begleitung bedanken. Mein Dank gilt auch den Interviewpartnern, die meinem Lehrbuch eine besondere «Note» verleihen.

Ein spezieller Dank gilt allen Lernenden und Dozierenden, welche den Aufwand nicht scheuen, mir Hinweise und Anregungen zukommen zu lassen, welche zur laufenden Qualitätssteigerung der «Aktuellen Volkswirtschaftslehre» beitragen. Ich bin deshalb weiterhin ausgesprochen dankbar für jede Art von Rückmeldungen (peter.eisenhut@ecopolag.ch).

Peter Eisenhut, im Juni 2018

Der Autor

Peter Eisenhut studierte an der Universität St. Gallen Volkswirtschaftslehre und Wirtschaftspädagogik. Anschliessend war er Hauptlehrer für Wirtschaftswissenschaften an der Kantonsschule Heerbrugg. Von 1987 bis 1998 erfüllte er einen Lehrauftrag für Volkswirtschaftslehre an der Universität St. Gallen. Von 1990 bis 1993 war er Mitglied der Geschäftsleitung des St. Galler Zentrums für Zukunftsforschung. Von 1997 bis 2007 war er Chefökonom der Industrie- und Handelskammer St. Gallen-Appenzell. Von 2000 bis 2017 unterrichtete er an der Executive School der Universität St. Gallen (ES-HSG). Seit Januar 2008 ist Peter Eisenhut Inhaber der ecopol ag (www.ecopolag.ch), einer Firma, welche Entscheidungsträger aus Politik, Verwaltung und Wirtschaft in volkswirtschaftlichen Fragestellungen unterstützt.

Inhalt

Im Teil I wird das Fundament gelegt, um die darauf aufbauenden volkswirtschaftlichen Theorien und Konzepte zu erarbeiten. Dabei geht es um den Inhalt der Volkswirtschaftslehre, um volkswirtschaftliche Grundbegriffe und um einige Kennzeichen des ökonomischen Denkens.

Im Teil II liegt das Schwergewicht auf der Darstellung der Preisbildung, der Funktionsweise der Marktwirtschaft und der Rolle des Staates. Der Leser wird mit den Funktionsmechanismen der Marktwirtschaft vertraut gemacht; er erfährt, was Märkte leisten – aber auch, wo sie versagen. Erläuterungen zur Wirtschaftsordnung der Schweiz beschliessen diesen Teil.

Im Teil III wird der Blick auf die drei gesamtwirtschaftlichen Entwicklungsprozesse Konjunktur, Wachstum und Strukturwandel gerichtet. Zu Beginn dieses Teils wird der Leser in die nationale Buchhaltung eingeführt, wodurch das Verständnis für die volkswirtschaftlichen Globalgrössen sichergestellt wird. Anschliessend werden die verschiedenen Lehrmeinungen zur Konjunktur-, Wachstums- und Strukturpolitik dargestellt und mit der schweizerischen Wirklichkeit konfrontiert.

Teil IV ist problemorientiert ausgerichtet. In verschiedenen Kapiteln werden aktuelle volkswirtschaftliche Probleme näher unter die Lupe genommen und die Entwicklung in der Schweiz betrachtet: Geldpolitik und Inflation, Arbeitslosigkeit, Staatsverschuldung und soziale Sicherheit.

Im Teil V wird schliesslich der Blickwinkel geöffnet und das Augenmerk speziell auf aussenwirtschaftliche Fragestellungen gelegt. Die internationale Arbeitsteilung (Europäische Integration, WTO), die Zahlungsbilanz der Schweiz und die Veränderungen der Wechselkurse und der Wechselkurssysteme sind die darin behandelten Themen.

Vorwort

Anpassungen in der Auflage 2018/2019

Neben der Aktualisierung sämtlicher Kapitel und Abbildungen wurde im Teil II «Preisbildung und die Marktwirtschaft» ein neues Unterkapitel zum Thema **«Dynamic Pricing»** aufgenommen.

Aufgrund der Aktualität wurden zu folgenden Themen **neue Exkurse** verfasst:
- «Wettbewerb mit harten Bandagen»
- «Die Ökonomie des Teilens»
- «Bitcoin»
- «Welches sind die Jobs der Zukunft?»
- «Haben Detailhandelsläden und Bankfilialen ausgedient?»
- «Globalisierung am Stocken – Protektionismus im Aufwind»

Begleitmaterial und zusätzliche Dienstleistungen

E-book
Das E-book enthält den gesamten Inhalt der «Aktuellen Volkswirtschaftslehre», angereichert mit verschiedenen Funktionen. Alle Internetadressen und Schlüsselbegriffe sind verlinkt und man gelangt direkt zu den entsprechenden Aufgaben auf der Webseite des Verlages.

Aufgaben und Fallstudien
Über die Webseite des Verlages sind auf dem Lerncenter für jedes Kapitel kleinere Aufgaben sowie Fallstudien und Experimente abrufbar.

Reader
Über die Webseite des Verlages sind verschiedene Zeitungsartikel und Videos abrufbar.

Power-Point-Präsentationen
Zu allen Kapiteln steht eine Power-Point-Präsentation zur Verfügung.

Inhaltsverzeichnis

Teil I	**Einführung**	13
1	**Womit beschäftigt sich die Volkswirtschaftslehre?**	14
1.1	Bedürfnisse, Güter und Produktionsfaktoren	14
1.2	Arbeitsteilung, Tausch und Geld	16
1.3	Der ökonomische Entscheid und die Opportunitätskosten	18
1.4	Die Aufgaben der Volkswirtschaftslehre	20
1.5	Die Ziele der Wirtschaftspolitik	21
1.6	Anreize und ihre Wirkung	22
Exkurs:	Spieltheorie: Warum Doping absurd und zugleich rational ist	23
Ökonomisches Denken: Knappheit als Ausgangspunkt		24
Interview: Arno Riedl		25
	Schlüsselbegriffe / Repetitionsfragen	26
	Interessante Homepages	27

Teil II	**Die Preisbildung und die Marktwirtschaft**	29
2	**Die Preisbildung**	30
2.1	Die Nachfrage: Grundlage des Kaufentscheides	30
2.2	Die Verschiebung der Nachfragekurve	31
2.3	Der Hintergrund für den Verlauf der Nachfragekurve	32
2.4	Das Angebot: Grundlage des Verkaufentscheides	33
2.5	Die Verschiebung der Angebotskurve	34
2.6	Der Hintergrund für den Verlauf der Angebotskurve	35
2.7	Die Reaktionen auf Preis- und Einkommensänderungen	36
2.8	Das Zusammenwirken von Angebot und Nachfrage	40
2.9	Die Messung der Effizienz: Konsumenten- und Produzentenrente	42
2.10	Dynamic Pricing	43
2.11	Anwendungsbeispiele	44
2.12	Kosten- und Gewinntheorie	47
2.13	Preisbildung beim Monopol	49
2.14	Die Realität: Eine Vielzahl von Marktformen	51
Exkurs:	Wettbewerb mit harten Bandagen	53
Ökonomisches Denken: statisch und dynamisch		53
Interview: Stefan Meierhans		54
	Schlüsselbegriffe / Repetitionsfragen / Interessante Homepages	55
3	**Die Marktwirtschaft**	56
3.1	Wie funktioniert die Marktwirtschaft?	56
Exkurs:	Die Ökonomie des Teilens	58
3.2	Marktversagen	59
3.3	Die Bedeutung der Eigentumsrechte	61
3.4	Die Rolle des Staates: Festlegen von Spielregeln	62
3.5	Staatsversagen	64
Exkurs:	Hochpreisinsel Schweiz: «Abzockerei» auf Kosten der Konsumenten?	66
3.6	Die Wirtschaftsordnung der Schweiz	67
Exkurs:	Die freiesten Länder der Welt	69
Ökonomisches Denken: Umgang mit Komplexität		70
Interview: Monika Rühl		71
	Schlüsselbegriffe / Repetitionsfragen / Interessante Homepages	72

Inhaltsverzeichnis 9

Teil III   Gesamtwirtschaftliche Entwicklungsprozesse und ihre Erfassung   73

4   Die Erfassung der gesamten Wirtschaftsleistung:
Die Volkswirtschaftliche Gesamtrechnung **74**
4.1   Der einfache Wirtschaftskreislauf 74
4.2   Die Analyse der Produktionsseite 75
4.3   Die Analyse der Einkommensseite 79
Exkurs: Die Verteilung des Wohlstandes 81
4.4   Die Analyse der Verwendungsseite 82
4.5   Der erweiterte Wirtschaftskreislauf 85
Exkurs: Statistik-Revision gibt dem BIP Auftrieb! 86
4.6   Grenzen der Volkswirtschaftlichen Gesamtrechnung 87
Exkurs: Sind reiche Menschen glücklicher? 89
Anhang: BIP und Nationaleinkommen 90
Ökonomisches Denken: Modellhaft 90
Interview: Eric Scheidegger 91
Schlüsselbegriffe / Repetitionsfragen / Interessante Homepages 92

5   Das Konjunkturphänomen: Kurzfristige Betrachtung
der wirtschaftlichen Entwicklung **93**
5.1   Das Erscheinungsbild der Konjunktur 93
5.2   Konjunkturindikatoren 95
5.3   Warum gibt es Konjunkturschwankungen? 98
Exkurs: Krieg um den Multiplikator! 101
Ökonomisches Denken: zyklisch und nicht-linear 103
Interview: Jan-Egbert Sturm 104
Schlüsselbegriffe / Repetitionsfragen 105
Interessante Homepages 106

6   Konjunkturpolitik **107**
6.1   Die klassische Konzeption 107
6.2   Die keynesianische Konzeption 108
6.3   Die monetaristische Konzeption 114
6.4   Die angebotsorientierte Konzeption 119
6.5   Wer hat Recht? 122
Ökonomisches Denken: Komplexität, Irrtum und Trade-offs 124
Interview: Reiner Eichenberger 125
Schlüsselbegriffe / Repetitionsfragen / Interessante Homepages 126

7   Wachstum: Langfristige Betrachtung der wirtschaftlichen Entwicklung **127**
7.1   Was ist wirtschaftliches Wachstum? 127
7.2   Die Bestimmungsfaktoren des wirtschaftlichen Wachstums 129
7.3   Ansatzpunkte für die Wirtschaftspolitik 132
Exkurs: Mehr Wohlstand dank Produktivitätswachstum 134
Exkurs: Bitte mehr BIP?! 135
7.4   Nachhaltige Entwicklung 136
Exkurs: Ökologische Wirtschaftspolitik – die Sicht der Neuen Politischen Ökonomie .. 140
Ökonomisches Denken: kurz- und langfristig 141
Interview: Christian Levrat, Petra Gössi, Albert Rösti, Gerhard Pfister 142
Schlüsselbegriffe / Repetitionsfragen 144
Interessante Homepages 145

8   Strukturwandel als Charakteristikum wirtschaftlicher Entwicklung **146**
8.1   Die Komplexität des Strukturwandels 146
8.2   Die Ursachen des Strukturwandels 147

	8.3	Wie zeigt sich der Strukturwandel in der Schweiz?	150
Exkurs:		Haben Detailhandelsläden und Bankfilialen ausgedient?	152
	8.4	Strukturwandel als Herausforderung für Unternehmen, Staat und Gesellschaft	153
Exkurs:		Mythos Deindustrialisierung?	157
Ökonomisches Denken: kurz- und langfristig			158
Interview: Hans Hess			159
		Schlüsselbegriffe / Repetitionsfragen / Interessante Homepages	160

Teil IV Einige volkswirtschaftliche Problemstellungen ... 161

9		**Geld, Geldpolitik und das Problem der Inflation**	**162**
	9.1	Was ist Geld?	162
	9.2	Wie entsteht Geld, wie wird Geld vernichtet?	165
	9.3	Die Rolle der Schweizerischen Nationalbank	167
	9.4	Die geldpolitischen Instrumente der SNB	168
	9.5	Die Geldpolitik der Schweizerischen Nationalbank (SNB)	169
	9.6	Die Geldpolitik in stürmischen Zeiten	171
Exkurs:		Helikoptergeld – Opium fürs Volk?	174
	9.7	Die Wirkungen der expansiven Geldpolitik	174
Exkurs:		Negativzinsen – der Angriff auf die Sparer	176
Exkurs:		Bitcoin	177
	9.8	Ursachen und Folgen der Inflation	178
Exkurs:		Die Phillips-Kurve, eine «Menü-Karte» zur Auswahl von Inflation und Arbeitslosigkeit?	179
	9.9	Die Bekämpfung der Inflation	180
	9.10	Deflation und Disinflation	182
	9.11	Der Landesindex der Konsumentenpreise: Fiebermesser der Inflation	183
Ökonomisches Denken: Nutzen und Opportunitätskosten			185
Zitate:		Thomas Jordan, Fritz Zurbrügg, Andréa M. Maechler	186
		Schlüsselbegriffe / Repetitionsfragen	187
		Interessante Homepages	188

10		**Das Problem der Arbeitslosigkeit**	**189**
	10.1	Der Arbeitsmarkt	189
	10.2	Typen von Arbeitslosigkeit	192
	10.3	Die Beveridge-Kurve für die Schweiz: Erfassung der Sockelarbeitslosigkeit	193
	10.4	Die Bekämpfung der Arbeitslosigkeit	195
Exkurs:		Vorsicht Statistik	197
Exkurs:		Welches sind die Jobs der Zukunft?	199
Ökonomisches Denken: Gut gemeint – schlecht gemacht			200
Interview: Peter Grünenfelder			201
		Schlüsselbegriffe / Repetitionsfragen / Interessante Homepages	202

11		**Das Problem der Staatsverschuldung**	**203**
	11.1	Die Entwicklung des Staatsanteils	203
	11.2	Wofür gibt der Bund seine Mittel aus?	204
	11.3	Woher kommen die Einnahmen des Bundes?	205
	11.4	Die Entwicklung der Defizite und der Verschuldung in der Schweiz	206
	11.5	Internationale Staatsverschuldung: Leben auf Pump	208
	11.6	Gefahren und Grenzen der Staatsverschuldung	209
Exkurs:		Staatsverschuldung: Sparen contra Wachstum?	212
Exkurs:		Die implizite Staatsverschuldung: Die «wahren» Sünden	213
Ökonomisches Denken: Schuldenmachen ist rational!			2124
Interview: Christoph Schaltegger			215
		Schlüsselbegriffe / Repetitionsfragen / Interessante Homepages	216

12	**Das Problem der Sozialpolitik**	**217**
12.1	Die Einkommensverteilung	217
12.2	Die Sozialversicherungen in der Schweiz	220
12.3	Die Entwicklung der Sozialausgaben und -einnahmen	222
12.4	Herausforderungen für die Sozialpolitik	223
	Ökonomisches Denken: Von Zielen, Anreizen und Nebenwirkungen	227
	Interview: Daniel Lampart und Roland A. Müller	228
	Schlüsselbegriffe / Repetitionsfragen / Interessante Homepages	230

Teil V	**Aussenwirtschaftstheorie und Aussenwirtschaftspolitik**	**231**
13	**Die internationale Arbeitsteilung**	**232**
13.1	Warum internationale Arbeitsteilung?	232
13.2	Grenzen der internationalen Arbeitsteilung: Freihandel versus Protektionismus	235
Exkurs:	Hat die Schweiz an Wettbewerbsfähigkeit eingebüsst?	237
13.3	Vom GATT zur WTO	238
Exkurs:	Globalisierung am Stocken – Protektionismus im Aufwind	240
13.4	Die Europäische Integration: Chronologie der Ereignisse	241
13.5	Die Schweiz und die Europäische Integration	243
	Ökonomisches Denken: Alle profitieren, aber nicht alle gleich	245
	Interview: Marie-Gabrielle Ineichen-Fleisch	246
	Schlüsselbegriffe / Repetitionsfragen	247
	Interessante Homepages	248

14	**Die Zahlungsbilanz: Erfassung der Auslandsverflechtung**	**249**
14.1	Der Inhalt der Zahlungsbilanz	249
14.2	Die Leistungsbilanz der Schweiz	252
Exkurs:	«Die Überschussländer sind die Bösen!»	256
14.3	Die Kapitalverkehrsbilanz der Schweiz	257
Exkurs:	Die Zahlungsbilanz als Spiegelbild der wirtschaftlichen Entwicklung	259
	Ökonomisches Denken: Vorsicht mit Begriffen	260
	Schlüsselbegriffe	260
	Interview: Rolf Weder	261
	Repetitionsfragen / Interessante Homepages	262

15	**Wechselkurse und Wechselkurssysteme**	**263**
15.1	Wechselkurse: Bestimmungsfaktoren, Schwankungen und deren Auswirkungen	263
15.2	Flexible Wechselkurse	269
15.3	Fixe Wechselkurse	271
15.4	Die Europäische Währungsunion	273
15.5	Die Euro-Krise	276
	Ökonomisches Denken: Stabilität dank Veränderung und Diversität	278
	Schlüsselbegriffe	278
	Interview: Reto Föllmi	279
	Repetitionsfragen / Interessante Homepages	280

Anhang		**281**
	Sachwortverzeichnis	282
	Schlüsselbegriffe	286
	Internationale Organisationen	298

Teil I
Einführung

1 Womit beschäftigt sich die Volkswirtschaftslehre?

«Economics is making
best out of life»
(George Bernard Shaw)

1.1 Bedürfnisse, Güter und Produktionsfaktoren

Die Volkswirtschaftslehre beschäftigt sich zum Beispiel mit der Arbeitslosigkeit, der Kriminalität und der Strafe, der Inflation, den Zinssätzen, der Stimmbeteiligung bei Wahlen, den Mietpreisen, dem Heiratsverhalten junger Männer und Frauen, den Staatsdefiziten, der Umweltverschmutzung und vielem mehr. Diese verschiedenartigen Beispiele machen es schwer, ein allgemeingültiges Kriterium dafür zu finden, womit sich die Volkswirtschaftslehre beschäftigt. Zumindest eines haben aber alle diese Beispiele gemeinsam: **Volkswirtschaftslehre beschäftigt sich mit dem Problem der Knappheit.** Knapp sein können dabei sehr viele unterschiedliche Dinge: Beschäftigungsmöglichkeiten, Einkommen, Güter, Geld, Zeit, Wohnungen, Liebe und Geborgenheit, Einnahmen, saubere Luft usw. **Knappheit** bringt das Verhältnis zwischen den verfügbaren Mitteln und den Bedürfnissen zum Ausdruck. Sie entsteht dadurch, dass wir von bestimmten Gütern mehr haben wollen, als uns davon zur Verfügung stehen. Deshalb versuchen wir durch Tausch jene Güter zu erhalten, die uns mehr wert sind als das, was wir dafür hergeben müssen.

Knappheit und Tausch spielen in der Volkswirtschaftslehre eine so grosse Rolle, dass man das gesamte Gebiet oft als die Lehre von «Entscheidungen bei Knappheit» oder als die Lehre vom Tausch bezeichnet.

Es ist also nicht nur der Gegenstand, sondern auch der Denkansatz, der die Volkswirtschaftslehre von anderen Sozialwissenschaften unterscheidet.

Bedürfnisse

Wir haben Knappheit als das Verhältnis zwischen den verfügbaren Mitteln und den Bedürfnissen definiert. Dabei fassen wir den Bedürfnisbegriff sehr weit und ziehen nicht nur die materiellen Bedürfnisse mit ein, sondern z. B. auch den Wunsch nach Macht, Ansehen, Sicherheit, Schönheit, Friede, Abwechslung und Selbstverwirklichung. Ökonomen gehen davon aus, dass die Bedürfnisse der Menschen unbegrenzt sind. Bedürfnisse können wir nach verschiedenen Merkmalen ordnen. So werden sie zum Beispiel von Maslow in **Grundbedürfnisse, Sicherheitsbedürfnisse, soziale Bedürfnisse, Wertschätzungsbedürfnisse** und **Selbstverwirklichungsbedürfnisse** unterteilt. Der Mensch versucht, möglichst viele Wünsche aus den unterschiedlichen Ebenen gleichzeitig zu erfüllen.[1]

---

[1] **Statussymbole:** Wenn ein Sportler nach dem Sieg Champagner verspritzt, statt zu trinken, wenn jemand einen Geländewagen für den Stadtverkehr kauft oder einen van Gogh ersteigert, um ihn im Banktresor zu versenken, dann werden mit diesen Gütern andere Bedürfnisse (Statussymbole) befriedigt, als ihnen eigentlich zugedacht ist.

Abbildung 1.1   Die Bedürfnispyramide von Maslow

Güter

Im Gegensatz zu den Bedürfnissen sind die meisten Mittel zur Bedürfnisbefriedigung – die Güter – begrenzt. Falls sie von der Natur in so ausreichender Menge zur Verfügung gestellt werden, dass sie gratis sind, werden sie **freie Güter** genannt. Luft ist zum Beispiel in fast allen Situationen ein freies Gut. Im Normalfall aber sind zu wenig Güter vorhanden, um die Bedürfnisse der Menschen zu befriedigen; diese Güter nennen wir **wirtschaftliche Güter**. Weil sie eben knapp sind und begehrt werden, werden sie auch nachgefragt und erzielen einen Preis. Denken Sie eine Minute lang darüber nach, welche wirtschaftlichen Güter im Laufe eines Tages direkt Ihrer Bedürfnisbefriedigung dienen. Denken Sie dabei nicht nur an jene Güter, die Sie täglich kaufen (gegen Geld eintauschen) und verbrauchen (wie Trink- und Esswaren), sondern auch an jene, die Sie längere Zeit benutzen wie z. B. das Velo, das Handy, Bücher, die Spielkonsole und Kleider. Diese Güter nennt man **Konsumgüter**.

Abbildung 1.2   Einteilung der Güter

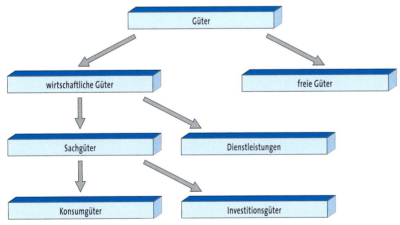

Denken Sie – neben diesen Sachgütern – auch an die sogenannten **Dienstleistungen**[1] wie z. B. an die Fahrt mit dem Zug, an die Unterrichtsstunden oder an die Studienberatung. Denken Sie nun auch noch an all jene Güter, die zur Herstellung Ihrer Konsumgüter erforderlich sind – man nennt diese Güter **Investitionsgüter**. An die Friteuse beispielsweise, in der Pommes frites zubereitet werden. An Landmaschinen, mit denen Felder gepflügt werden. An Lastwagen, die den Transport der Güter vom Produzenten zum Warenhaus übernehmen, und an die Gebäude, die zur Lagerung und für den Verkauf notwendig sind.

---

1 Definition: Bei einer **Dienstleistung** geht es nicht um den Wert einer Ware, sondern um den Wert einer Leistung.

[1] Sie werden die **Pommes frites** wohl kaum ohne Schnitzel und Salat geniessen. Wie wäre es mit ein bisschen Gemüse? Eine Cola gefällig? Ist es nicht erstaunlich, wie billig das alles zu haben ist, wenn Sie sich die gesamten dafür notwendigen Produktionsfaktoren vorstellen?

[2] **«The Pencil»** Das wohl bekannteste Beispiel für die Komplexität eines Produktionsvorgangs stammt vom Starökonom Milton Friedmann (siehe YouTube).

Produktionsfaktoren

Güter sind – in aller Regel – das Ergebnis eines Produktionsprozesses und dienen der Bedürfnisbefriedigung. Welche Mittel benötigt man für diesen Produktionsprozess? Bleiben wir beim Beispiel der Pommes frites. Für die Friteuse, in der sie zubereitet werden, müssen bestimmte Rohstoffe irgendwo aus der Erde gewonnen werden. Diese werden in Giessereien und anderen Fabriken mit teuren Maschinen weiterverarbeitet, anschliessend in Kaufhäuser transportiert und dort mehr oder weniger geschickt angepriesen. Ganz Ähnliches gilt natürlich auch für die Kartoffeln, den Hauptbestandteil der Pommes frites. Für sie braucht es einen Acker, es braucht die Arbeitskraft des Bauern, Landmaschinen, Werkzeuge und vieles mehr. Die gleichen Überlegungen gelten zudem für die Herstellung der Teller, für das Besteck und für die Serviette, mit der Sie die Ketchup-Reste entfernen. Stellen Sie sich auch die Energie vor, die verbraucht wird, um Ihnen die in einer Friteuse zubereiteten Pommes frites auf einem Teller, mit Besteck, Serviette und Ketchup servieren zu können. Natürlich wünschen Sie auch freundliches Servierpersonal und einen gut ausgebildeten Koch, damit die Pommes frites Ihren Ansprüchen entsprechen[1].

Alle diese Mittel, die in der Produktion von Gütern eingesetzt werden, um ein Gut zu erzeugen, nennt man **Produktionsfaktoren**. Um ein Gut zu produzieren, braucht es Arbeit, natürliche Ressourcen, Kapital und Wissen[2]. Unter dem Produktionsfaktor Arbeit verstehen wir jede produktive Tätigkeit des Menschen. Natürliche Ressourcen benötigt man z. B. in der Form von Boden und Rohmaterial und Realkapital in der Form von Maschinen, Anlagen und Gebäuden. Als vierten Produktionsfaktor kann man das Wissen betrachten, welchem in Form des Humankapitals (Wissen, Können, Fähigkeiten und Fertigkeiten) und des technischen Fortschritts eine grosse Bedeutung zukommt. Damit etwas produziert werden kann, braucht es immer eine Kombination dieser vier Produktionsfaktoren. Mit ihrer Hilfe bäckt man den nationalen «Wohlstandskuchen». Die Qualität und die Quantität der Produktionsfaktoren ist für die wirtschaftliche Entwicklung eines Landes sehr bedeutungsvoll. Doch damit werden wir uns im Kapitel «Wachstum» näher beschäftigen.

Abbildung 1.3   Die Produktionsfaktoren

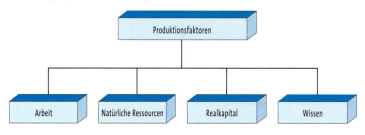

1.2   Arbeitsteilung, Tausch und Geld

Stellen Sie sich vor, Sie würden alle Güter, die Sie täglich konsumieren, selber produzieren. Verweilen Sie ein wenig bei dieser Vorstellung. Wie viele und welche Güter könnten Sie – ganz auf sich selbst gestellt – herstellen? Anders gefragt: Wie viele der von Ihnen täglich konsumierten Güter produzieren Sie selbst? Eines, zwei, vielleicht sogar zehn? Hoffentlich erstaunt Sie das Resultat dieser Gedanken, jedenfalls ist Ihnen bewusst geworden, dass wir ein Teil eines dichten Netzes sind, in welchem sich die einzelnen Individuen die Arbeit sehr weitgehend aufgeteilt und sich auf gewisse Tätigkeiten spezialisiert haben. Warum eigentlich?

Die Vorteile der **Arbeitsteilung und der Spezialisierung** sind offensichtlich: Jede Person und jedes Unternehmen spezialisieren sich auf die Erbringung jener Leistungen, für die sie wegen besonderer Fähigkeiten oder Veranlagungen geeignet sind. So bringen sie für sich und für die Gesellschaft den grössten Beitrag zum Wohlstand. Arbeitsteilung erhöht die **Produktivi-**

tät. Diese Vorteile macht man sich in der Berufsteilung zunutze: Besonders Kräftige werden Förster, Bauarbeiter, Fitnesstrainer oder Boxer, kreativ Begabte Künstler und besonders Unentwegte Volkswirtschafter; deshalb gibt es auch nicht «nur» Ärzte, sondern Hals- und Ohren-, Magen/Darm-, Augenärzte und andere Spezialisten. Nicht nur jeder Mensch, sondern auch jede Unternehmung und selbstverständlich auch die Natur nützen diese Vorteile der Spezialisierung: Blätter nehmen Licht auf, Stängel transportieren Wasser; Backenzähne kauen, Schneidezähne beissen, im Magen wird verdaut und so weiter. In den letzten Jahrzehnten hat sich die Arbeitsteilung vor allem internationalisiert. In der globalisierten Welt findet eine weltweite Arbeitsteilung und Spezialisierung statt.

Arbeitsteilung und Spezialisierung entschärfen das Knappheitsproblem, weil sich dadurch die Produktivität (= Leistung pro Std. oder pro Arbeitskraft) und damit das Gütervolumen erhöhen lässt.

Arbeitsteilung und Spezialisierung setzen indessen eine Bereitschaft zur Zusammenarbeit voraus. Die notwendige Ergänzung der Arbeitsteilung ist der **Tausch**.[1] Weshalb kommt es aber zu Tauschgeschäften? Der Austausch von Gütern ermöglicht es, den Nutzen beider Tauschpartner zu erhöhen: Was jemand eintauscht, ist ihm offensichtlich weniger wert als das, was er dafür erhält. Der zweite Vorteil des Tausches liegt – wie schon erwähnt – darin, dass durch den Austausch von Gütern eine Arbeitsteilung ermöglicht wird, bei der die Produktivität am grössten ist. Damit eine Volkswirtschaft mit einer immensen Fülle von Gütern reibungslos funktioniert, braucht es ein allgemein verbindliches und akzeptiertes Zahlungsmittel: **Geld**! Stellen Sie sich für einen Moment vor, es gäbe kein Geld. Dann müssten Güter gegen Güter getauscht werden, z. B. Snowboards gegen Bücher, Hosen gegen Kartoffeln, Autos gegen Häuser, Hotelübernachtungen gegen Reinigungsarbeiten oder Fische gegen Haarschnitte. Das wäre offenkundig enorm mühsam.[2]

Erstens müssten Sie immer jemanden finden, der das besitzt, was Sie gerne hätten, und gleichzeitig müsste Ihr Tauschpartner das wünschen, was Sie eintauschen möchten. Dieses Problem entfällt, wenn wir Geld als Verrechnungseinheit dazwischenschalten. Geld erfüllt also die **Funktion des Zahlungsmittels**, wodurch Zeit und damit auch Kosten eingespart werden können. Zweitens müsste in der Tauschwirtschaft der Preis eines Gutes in Mengen des zu tauschenden Gutes berechnet werden. Da es aber unzählige Güter gibt, die gegeneinander getauscht werden können, müsste man sehr viele Preise kennen, um entscheiden zu können, welches Gut am günstigsten zu tauschen ist. Bei der Verwendung von Geld entfällt dieses Problem. Dank der **Funktion als Rechnungseinheit** ermöglicht das Geld ein transparentes System von direkt vergleichbaren Preisen, wodurch weniger Informationen beschafft werden müssen und damit wiederum Kosten eingespart werden können. Drittens lassen sich viele Güter nicht konservieren, ohne dass sie an Wert verlieren oder verderben. Geld dagegen ist nicht nur sehr leicht und kostengünstig aufzubewahren, sondern es kann – sollte man es gerade mal nicht brauchen – über Vermittler demjenigen zur Verfügung gestellt werden, der dafür die höchste Entschädigung (Zinsen) bietet. Geld erfüllt also die **Funktion als Wertaufbewahrungsmittel**, etwa um den Konsum auf einen späteren Zeitpunkt zu verschieben. Durch Geld sinken die Wertaufbewahrungskosten.

Alle drei Funktionen, die durch das Geld ermöglicht werden, helfen mit, die sogenannten **Transaktionskosten** zu senken. Unter Transaktionskosten versteht man all jene Kosten, die entstehen, wenn man ein Tauschgeschäft abwickeln will (z. B. Suchen von Tauschpartnern; Informationsbeschaffung über Anbieter, Preise und Produktvergleiche; Vertragskosten). Ihnen ist nun sicher klar geworden: Die Spezialisierung, die mit einer weltweiten Arbeitsteilung verbunden ist, die sich daraus ergebenden Tauschmöglichkeiten und das ideale Zahlungsmittel Geld haben zu einer enormen Steigerung unseres Wohlstandes beigetragen.

---

1 **Verteilungsmodi:** Denkbar sind auch andere **Verteilungsmodi**: z. B. Zuteilung durch eine staatliche Stelle, durch das Los, durch Abstimmen oder durch das «Faustrecht».

2 **Tulpenfieber:** «Ein Stadthaus mit Garten für eine Tulpenzwiebel!» Heute ein undenkbares Angebot, aber zu Beginn des 17. Jahrhunderts erfasste die Niederlande ein **Tulpenfieber**, das in wilden Spekulationen mündete. Der spätere Preiszerfall ging als erster Börsencrash in die Geschichte der Neuzeit ein.

1.3 Der ökonomische Entscheid und die Opportunitätskosten

Experiment:
«Beteiligen Sie sich an Abstimmungen?»
(edu.somedia-buchverlag.ch)

Durch Arbeitsteilung, Tausch, Geld und der dadurch erreichten Wohlstandssteigerung kann das Knappheitsproblem zwar entschärft, nicht aber gelöst werden. Die Güter zur Bedürfnisbefriedigung und die Produktionsfaktoren bleiben knapp – die Bedürfnisse der Menschen unbegrenzt. Diese Situationen verlangen Entscheidungen: die Wahl zwischen Fisch und Fleisch zum Mittagessen, zwischen einem Mountainbike und einem verlängerten Wochenende in Paris, zwischen Schulbesuch und Ausschlafen oder zwischen Verkehrs- und Sozialausgaben im Staatsbudget. Hirnforscher schätzen, dass wir jeden Tag ca. 20 000 Entscheidungen treffen.

1 **Idee der Ökonomie:** Es geht darum, den Menschen zu ermöglichen, ein besseres Leben zu führen. Die Idee der Ökonomie ist, das Beste aus seinem Leben zu machen.

Die Volkswirtschaftslehre interessiert die Frage, WIE entschieden wird. Wir gehen davon aus, dass Menschen nicht rein zufällig entscheiden, sondern dass sie ihrem Handeln gewisse Regeln zugrunde legen. Wählt der Mensch unter verschiedenen Möglichkeiten jene, die er für die beste hält? Will er mit seinem Entscheid seinen Nutzen maximieren? Dann verhält er sich ökonomisch rational, entsprechend dem Modell des «homo oeconomicus». Der **«homo oeconomicus»** entscheidet also so, dass er in einer gegebenen Situation – unter Berücksichtigung seiner Mittel – jene Möglichkeit wählt, die seinen Nutzen maximiert.[1]

Der homo oeconomicus ist prinzipiell ungesättigt, verfolgt mehrere Ziele, versucht gleichzeitig mehrere Bedürfnisse zu befriedigen und will deshalb vielerlei Güter besitzen. Je grösser seine Besitzmenge eines bestimmten Gutes ist, umso geringer schätzt er eine zusätzliche Einheit. Er nutzt jede Chance, sein Wohlergehen zu vermehren, er sucht überall aktiv und unermüdlich seinen eigenen Vorteil. Wie das Wasser weicht er allen Hindernissen aus und sucht immer den kürzesten Weg zum Ziel. Er bleibt «cool», überlegt, kalkuliert und handelt zweckgerichtet.

2 Volkswirte nutzen Fernsehsendungen wie «Wer wird Millionär?», um die Rationalität und die Risikoneigung zu untersuchen.

Verhalten Sie sich auch so? Entsprechen Sie dem Bild des homo oeconomicus?
Welche Stelle wählen Sie aus, wenn Ihnen drei verschiedene Arbeitsplätze angeboten werden? Wählen Sie diejenige aus, die Ihr Ziel am besten zu erreichen hilft? Ja? Dann verhalten Sie sich ökonomisch rational. Sie können diese Entscheidung aber auch emotional, aus dem Bauch heraus, geleitet durch Normen oder durch das Los treffen, diese Möglichkeiten sind Varianten zum homo oeconomicus.[2] Die individuellen Ziele sind je nach persönlicher Neigung und Vorliebe natürlich sehr unterschiedlich und auch der Nutzen ist eine subjektive Grösse, deren inhaltliche Bestimmung der einzelnen Person völlig freigestellt ist. Beim homo oeconomicus handelt es sich um ein Modell, das von individuellen Persönlichkeitsmerkmalen absieht. Wie alle anderen Wissenschaften ist auch die Volkswirtschaftslehre auf Abstraktionen und Verallgemeinerungen angewiesen, um die Komplexität in den Griff zu bekommen. Deshalb erklärt der homo oeconomicus eben kein Individualverhalten, sondern er soll ein Durchschnittsverhalten widerspiegeln, in welchem die wesentlichen Einflussfaktoren enthalten sind (vgl. Karikaturist, Künstler). Insofern ist das Modell des homo oeconomicus in einem gewissen Sinne gezielt unrealistisch.

3 **Winkelried:** Historische Ausnahmen wie Winkelried sind selten: Aus Heldenmut soll er bei der Schlacht von Sempach ein ganzes Bündel von Lanzen umarmt und sein Leben dabei gelassen haben, um seinen Mitstreitern einen Ausweg zu bahnen. Ökonomisch verführerisch, aber historisch schlecht abgestützt ist die These, wonach er geschrien haben soll: «Wer hat mich gestossen?» (Aus: A.W. Hunziker, Spass am ökonomischen Denken. Verlag SKV)

Ein wichtiger Einflussfaktor ist das eigennützige Handeln. Das bedeutet, dass nicht davon ausgegangen werden kann, dass die Menschen dauernd Gutes für ihre Mitmenschen tun. Es bedeutet aber auch, dass die Menschen nicht nur danach trachten, anderen Böses zuzufügen. Die Menschen sind – von Ausnahmen abgesehen – weder Heilige noch Verbrecher. Eigennütziges Handeln bedeutet, dass der Mensch sich in der Regel nach seinen eigenen Interessen orientiert.[3]

Kritik am homo oeconomicus
Das Modell «homo oeconomicus» ist besonders seit dem Ausbruch der Finanzkrise im Jahr 2008 stark unter Beschuss gekommen. In den Augen der Kritiker des Homo-oeconomicus-Modells war daran nicht zuletzt die Volkswirtschaftslehre mitschuldig, weil sie viel zu lange von einem unrealistischen, abstrakten Menschenbild ausgegangen sei, welches nicht zur Er-

klärung und Prognose des menschlichen Verhaltens tauge. Beweis dafür sei, dass kaum ein Ökonom die Krise vorhergesehen habe. Das Menschenbild des homo oeconomicus sei völlig unzureichend: «Menschen verhalten sich bei Weitem nicht immer rational, niemals allwissend und schauen auch nicht ständig nur für sich. Oft verhalten sie sich eben irrational, entscheiden aus dem Bauchgefühl und richten sich nach sozialen Normen aus. Es sind vor allem die nicht-rationalen Aspekte wie unberechenbare menschliche Instinkte und Gefühle, welche die Wirtschaftsentwicklung beeinflussen.»

Natürlich weiss auch der «homo oeconomicus», dass er nicht alleine lebt, dass er nur in einer Gesellschaft – zusammen mit anderen Individuen – leben kann. Soziale «Orientierung» ist in seinem Interesse durchaus enthalten: Vertrauen, Solidarität, Stolz, Respekt oder Gerechtigkeit spielen in Gemeinschaften eine wichtige Rolle. So kann zum Beispiel eine als gerecht bzw. ungerecht empfundene Lohnstruktur einen wesentlichen Einfluss auf die Arbeitsmoral und damit auf die Arbeitsleistung haben. Für die Ökonomie ist es wichtig, die wesentlichen Bestimmungsfaktoren des menschlichen Verhaltens zu kennen und in der Theorie zu berücksichtigen, andernfalls wird man unangenehme Überraschungen erleben, wenn man beispielsweise Drogen legalisiert, Studiengebühren erhöht, Biken auf Wanderwegen verbietet oder das schweizerische Bankkundengeheimnis abschafft. Die Ökonomie bemüht sich deshalb laufend, ihr Menschenbild zu erweitern, zu verfeinern und realitätsnah zu gestalten, um Vorgänge in Wirtschaft und Gesellschaft besser erklären zu können. Das Verhaltensmodell des Menschen dient dabei als Arbeitshypothese, es enthält aber keineswegs Aussagen darüber, wie die Menschen sein sollen.

Es wäre zu einfach, den homo oeconomicus als vollständig rationalen Egoisten und blitzschnell maximierenden Automaten zu begreifen, bei dem nur das Geld zählt.[1]

Nichts ist gratis!

Eine **rationale Entscheidung** erfordert ein Abwägen der Vor- und Nachteile aller verschiedenen Möglichkeiten. Nehmen wir zum Beispiel an, Sie überlegen sich, wie Sie den Samstagabend gestalten sollen: mit Freunden Karten spielen, ins Kino gehen, ein Buch lesen, lernen, sich in der Disco amüsieren, eine Einladung zum Nachtessen annehmen … sind einige von mehreren Möglichkeiten. Nehmen wir weiter an, dass Sie die Einladung zum Nachtessen annehmen. Was kostet Sie dieser Entscheid? Wenn Sie jetzt antworten: «Nichts, ich werde ja schliesslich eingeladen», liegen Sie falsch, dann haben Sie die Rechnung ohne den (Volks-)Wirt gemacht. Zumindest kostet Sie dieser Entscheid den Verzicht auf den Nutzen der nicht gewählten Alternative. Diesen Verzicht bezeichnen die Ökonomen mit **Opportunitätskosten**.[2] Da jede Entscheidung gleichzeitig einen Verzicht beinhaltet, entstehen eben auch bei jedem Entscheid Opportunitätskosten, gleichgültig, ob es sich dabei um die Wahl eines Getränks, eines Ferienortes, eines Autos oder eines Partners handelt. Auch ein geschenktes Nachtessen ist eben nicht gratis, weil dafür mindestens Zeit aufgewendet und damit auf eine andere Aktivität verzichtet werden muss.

Die wichtigste Erkenntnis aus dem Opportunitätskostenprinzip ist, dass nichts gratis ist.

«Können wir uns heute treffen?» Sicher haben Sie auf eine solche oder ähnliche Frage auch schon mit folgender Antwort reagiert: «Tut mir leid, ich habe keine Zeit!» Diese Antwort verschleiert den wahren Grund Ihrer Absage, eine ehrliche Antwort wäre: «Tut mir Leid, die Opportunitätskosten sind mir zu hoch!» Erinnern Sie sich daran, wenn Sie das nächste Mal «keine Zeit» zu hören bekommen oder selbst zur Antwort geben. Solche Opportunitätskosten-Überlegungen sind für wirtschaftliche Entscheide äusserst relevant, weil sie der höchstmöglichen Bedürfnisbefriedigung[3] bzw. Gewinnmaximierung dienen. Um beispielsweise den Nutzen des Ausbaus eines Autobahnabschnittes beurteilen zu können, sollte bekannt sein, wie viel Zeitersparnis dadurch gewonnen bzw. wie viel Staukosten vermieden werden können. Gemäss Erhebungen bleiben Autofahrer in der Schweiz jährlich mehr als 35 Mio. Stunden auf

[1] **Effektiver Altruismus:** Eine interessante Philosophie, die rationales Verhalten nicht mit Egoismus, sondern mit Altruismus kombiniert, ist der sogenannte effektive Altruismus, der es für ethisch zentral hält, anderen aktiv zu helfen, und dabei wissenschaftlich-rational vorgeht, um die Welt so kosteneffektiv wie möglich für alle lebenswerter zu gestalten.

[2] **Warum sind gut bezahlte Manager gehetzt und chronisch übermüdet?** Bei ihnen sind die Opportunitätskosten einer alternativen Zeitverwendung besonders hoch.

[3] **Weihnachtsgeschenke:** Der Ethnologe Claude Lévi-Strauss nannte die **Weihnachtsschenkerei** eine riesige Wertvernichtung. Allein in den USA werden zu Weihnachten 25 Mia. Franken dadurch «vernichtet», dass die Geschenke die Schenkenden mehr kosten, als sie den Beschenkten wert sind. Ein Beispiel, über das es sich nachzudenken lohnt.

1 **Parkplatzsuche:** Gemäss einer Studie des WWF verbringt ein «Durchschnitts-Italiener» zwei Jahre seines Lebens mit der **Suche nach Parkplätzen** – trotz Opportunitätskosten!

Strassen im Stau stecken. Für die verlorene Zeit hat das verantwortliche Bundesamt Kosten von 1,5 Mrd. Franken berechnet, die in erster Linie auf verpasste produktive Zeit für Arbeit zurückzuführen sind.[1]

Eine kleine (wahre) Geschichte zum Abschluss: Ein Student – kein Ökonomiestudent – fragt sich spätabends, wie er am besten nach Hause kommt. Mit dem Taxi? Zu teuer! Er bestellt sich den Pizza-Kurier, der ganz in der Nähe seiner Wohnung ein Geschäft betreibt, fragt ihn beim Ausliefern der Pizza freundlich, ob er ihn nicht mitnehmen könne. Während der Fahrt geniesst er seine Pizza und wird dann unmittelbar vor seiner Wohnung abgesetzt.

1.4 Die Aufgaben der Volkswirtschaftslehre

Obwohl wir bereits beschrieben haben, womit sich die Volkswirtschaftslehre beschäftigt, wollen wir im Folgenden – ein bisschen handgreiflicher – die Aufgaben der Volkswirtschaftslehre darstellen. Täglich werden wir mit einer Vielzahl volkswirtschaftlicher Meldungen konfrontiert:
- die Hypothekarzinsen sinken
- die Arbeitslosigkeit steigt
- die Gewerkschaften verlangen höhere Löhne und drohen mit Streik
- die Börse boomt
- das Staatsdefizit wächst
- die Nationalbank erhöht die Zinsen
- die Inflation steigt
- die Baubranche kriselt
- die Landwirte demonstrieren gegen sinkende Milchpreise
- die Computerpreise fallen
- Unternehmungen verlagern ihre Produktion ins Ausland
- die Schweiz verliert an Wettbewerbsfähigkeit

Eine erste Aufgabe der Volkswirtschaftslehre besteht im **Beschreiben** von wirtschaftlichen Vorgängen. Obwohl diese Meldungen – zumindest vordergründig – auch für Nichtökonomen verständlich sind, lassen sich die Zusammenhänge ohne Kenntnis des wirtschaftlichen Prozesses und gewisser Fachausdrücke nur schwer entschlüsseln. Dies wird dann deutlich, wenn wir die Meldungen in Fragen umformulieren: Warum sinken die Hypothekarzinsen? Warum steigt die Arbeitslosigkeit? Damit sind wir bei einer zweiten Aufgabe der Volkswirtschaftslehre angelangt: Sie muss wirtschaftliche Vorgänge **erklären**. Das Beispiel der Arbeitslosigkeit zeigt, dass dies eine herausfordernde Aufgabe ist: Versuchen Sie, die steigende Arbeitslosigkeit zu erklären. Zuerst müssen Sie alle Faktoren auflisten, die zur Arbeitslosigkeit führen können. Dabei stellen Sie fest, dass die genannten Ursachen ihrerseits wieder erklärungsbedürftig sind. Haben Sie z.B. eine sinkende Nachfrage nach Gütern als Ursache aufgeführt, stellt sich «automatisch» die Frage, weshalb es zu einem Rückgang der Nachfrage gekommen ist.

Darüber hinaus hat die Volkswirtschaftslehre die Aufgabe, den zukünftigen Ablauf des Wirtschaftsgeschehens zu **prognostizieren**. Wie wird sich die Arbeitslosigkeit in den kommenden Jahren entwickeln? Eine wissenschaftliche Prognose setzt nicht nur die Kenntnis der Zusammenhänge voraus, sondern verlangt auch eine Schätzung der erwarteten Entwicklung der Einflussfaktoren, wie z. B. der Güternachfrage, der Löhne, des technischen Fortschritts usw. Nicht zuletzt sollen die Erkenntnisse der Volkswirtschaftslehre auch dazu dienen, die wirtschaftliche Entwicklung in Richtung bestimmter Ziele zu **beeinflussen**. Wie soll die Arbeitslosigkeit bekämpft werden? Sollten die rechtlichen Bedingungen für Entlassungen verschärft werden? Sehen Sie die Lösung des Problems in einer Verkürzung oder in einer Verlängerung der Arbeitszeit? Sind Sie ein Vertreter von staatlichen Beschäftigungsprogrammen? Erachten Sie die schweizerischen Löhne als zu hoch? Fragen dieser Art sind zentral für die Wirtschaftspolitik, ohne Erklärungsmodelle würde sie sich im luftleeren Raum bewegen.

1.5 Die Ziele der Wirtschaftspolitik

Welche Ziele sollen nun aber mit Hilfe volkswirtschaftlicher Erkenntnisse erreicht werden? Die Ziele der Wirtschaftspolitik sind in einem übergeordneten Zusammenhang mit den gesellschaftlichen Zielen (vgl. Artikel 2 Bundesverfassung) wie Freiheit, Unabhängigkeit, nachhaltige Entwicklung und Sicherheit zu betrachten. Auf der Grundlage dieser gesellschaftspolitischen Zielvorgaben lassen sich wirtschaftspolitische Ziele wie Wohlfahrt oder wirtschaftliche Freiheit ableiten (vgl. Artikel 94 Bundesverfassung).

In der wirtschaftspolitischen Praxis sind sogenannte **magische Vielecke** populär geworden. Nach der Krise der 1930er-Jahre war die Rede vom magischen Dreieck, bestehend aus: Vollbeschäftigung, Preisstabilität und aussenwirtschaftlichem Gleichgewicht. Diese drei Ziele sind im Laufe der Zeit um Wirtschaftswachstum, gerechte Einkommens- und Vermögensverteilung und Erhaltung und Verbesserung der Lebensqualität ergänzt worden.

Abbildung 1.4   Das magische Sechseck

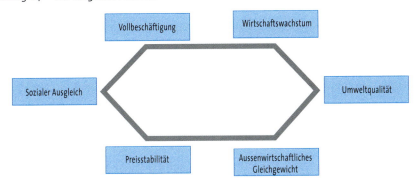

Als «magisch» werden diese Ziel-Vielecke deshalb bezeichnet, weil es schwierig ist, alle Ziele gleichzeitig zu erreichen. Drei Zielbeziehungen lassen sich grundsätzlich unterscheiden:
- **Zielharmonie**: Das Anstreben des einen Zieles fördert auch das Erreichen eines anderen (z. B. Wirtschaftswachstum und Vollbeschäftigung).
- **Zielneutralität**: In seltenen Fällen und meistens nur für eine begrenzte Periode kann ein Ziel angestrebt werden, ohne dass ein anderes Ziel direkt tangiert wird (z. B. Preisstabilität und Umweltqualität).
- **Zielkonkurrenz**: Das Anstreben des einen Zieles behindert – zumindest kurzfristig – das Erreichen eines anderen (z. B. Preisstabilität und Vollbeschäftigung).

Wie steht es mit den Zielen Umweltqualität und Wachstum? Stehen diese beiden Ziele in Konkurrenz, weil wirtschaftliches Wachstum immer mit Umweltbelastung verbunden ist? Anderseits: Brauchen wir Wachstum, um unsere Umwelt zu retten, sind diese Ziele also nicht harmonisch? Sie sehen, die Zielbeziehungen lassen sich nicht immer eindeutig festlegen (über die Zielbeziehung Wachstum und Umwelt erfahren Sie im Kapitel «Wachstum» mehr). Auch die Prioritäten innerhalb der wirtschaftspolitischen Zielsetzung können sich je nach wirtschaftlicher Situation ändern.
Genauso wie bei der individuellen Zielsetzung prägen auch bei gesamtwirtschaftlichen Zielsetzungen Opportunitätskostenüberlegungen und Austauschbeziehungen – in der Fachsprache «**trade-offs**» genannt – den Entscheid zwischen den verfügbaren Möglichkeiten: ein bisschen weniger Arbeitslose gegen ein bisschen weniger Preisstabilität oder mehr Wachstum gegen weniger Umweltqualität[1].

---

1 Der klassische «trade-off» ist der zwischen «Butter und Kanonen». Je mehr für die Armee (Kanonen) ausgegeben wird, desto weniger bleibt für andere Güter (Butter).

> Die Volkswirtschaftslehre hat die Aufgabe, wirtschaftliche Vorgänge zu beschreiben, zu erklären, zu prognostizieren und zielgerichtet zu beeinflussen. Dabei besteht die Kunst darin, nicht nur die kurzfristigen, sondern auch die langfristigen Auswirkungen jeder Massnahme zu berücksichtigen und die Folgen für alle und nicht nur für Einzelne zu bedenken.

1.6 Anreize und ihre Wirkung

Mit welchen Massnahmen und Instrumenten können die im letzten Abschnitt erwähnten Ziele erreicht werden? Der wirtschaftspolitische «Werkzeugkasten» bietet eine grosse Auswahl an. Je nach Art des «Defektes» sind andere Werkzeuge zur «Reparatur» geeignet. Ein kleiner, ungeordneter Auszug aus dem Inventar dieses Werkzeugkastens dient zur Veranschaulichung: Mehrwertsteuer, internationale Handelsabkommen, Zulassungsbeschränkungen für ausländische Arbeitskräfte, Arbeitslosenversicherung, Preisüberwachung, Subventionen, Stipendien.

[1] Der **Kobra-Effekt**: «Zur Zeit der englischen Kolonialverwaltung gab es in Indien zu viele Kobras. Um der Plage Herr zu werden, setzte der Gouverneur eine Prämie pro Kobra-Kopf aus. Wie reagierten die Inder? Sie züchteten Kobras, um die Prämie zu kassieren.»
(Horst Siebert, «Der Kobra-Effekt», Piper-Taschenbuch, 2003)

Aber aufgepasst, **der Mensch ist keine Maschine**, er lässt sich nicht so leicht in die gewünschte Richtung steuern! Die Menschen sind zwar durchaus empfänglich für Anreize, aber ihre Handlungsmöglichkeiten sind von einer kaum erfassbaren Vielfalt. Deshalb sind regulatorische Eingriffe oft von unerwünschten oder gar kontraproduktiven Nebenfolgen begleitet. Eine Politik, die den Menschen als simple Reiz-Reaktions-Maschine auffasst, ist deshalb zum Scheitern verurteilt.[1] Als Gebühren für Kehrrichtsäcke eingeführt wurden, nahm zwar die Anzahl Säcke ab, dafür hat das Gewicht zugenommen, wilde Deponien vermehrten sich und Abfalltransporte in die Nachbargemeinden traten auf. Besonders ernüchternd sind die Erfahrungen mit Alkoholrationierungen: Schwarzbrennereien, Schmuggel, Umstieg auf Ersatzdrogen, Schwarzmärkte, gepanschte Schnäpse mit Todesfolgen und ein Anstieg der Kriminalität waren die Folgen. Antialkoholiker sollen sogar zu Trinkern geworden sein, weil sie sich durch die gratis erhaltenen Bezugsscheine zum Trinken «verpflichtet» fühlten.

Experiment:
«VWL geht jeden an!»
Eine lohnenswerte Gruppenarbeit.
(edu.somedia-buchverlag.ch)

> Das Streben des Menschen nach seinem eigenen Vorteil macht ihn besonders empfänglich für Anreize. Allerdings sind politische Steuerungsversuche immer von ungewissen Nebenfolgen begleitet.

Die **Verhaltensökonomie** ist ein Teilgebiet der Ökonomie, in welchem die Standardtheorie um psychologische und soziologische Aspekte erweitert wird, um wirtschaftliche Entscheide und deren Folgen noch besser zu verstehen. Dabei gelangt die Verhaltensökonomie mit Hilfe von Experimenten und anderen Methoden zur Erkenntnis, dass Menschen eben nicht nur von Eigennutz getrieben sind und nicht immer rational handeln, sondern voreilig, unlogisch, impulsiv, emotional, kurzsichtig oder gleichgültig.
Werden Erkenntnisse aus der Verhaltensökonomie in der Praxis angewendet, spricht man von «**Nudge**», was so viel wie «**Stupsen**» bedeutet. Dabei wird versucht, das Verhalten von Menschen über psychologisch subtile Methoden zu steuern, die sich nicht am rationalen Verhalten orientieren. Als Beispiel wurden in Kopenhagen auf Bürgersteige grüne Fussabdrücke gepinselt, die zu Mülleimern führen. Der Abfall auf den Strassen ging daraufhin um beachtliche 40 Prozent zurück. Ein zweites Beispiel: In der Schweiz oder in Deutschland muss ein Organspender einen Ausweis haben. Der Staat könnte jedoch – wie in Österreich – eine Widerspruchsregelung einführen: Damit müsste sich jemand registrieren lassen, wenn er seine Organe nicht spenden will.

Weltweit haben in der Zwischenzeit zahlreiche Regierungen «Nudge Units» (Berater-Teams) eingesetzt, mit dem Ziel, Erkenntnisse aus der Verhaltensforschung für eine effizientere Politik zu nutzen.

Exkurs: Spieltheorie: Warum Doping absurd und zugleich rational ist

Fallstudie:
«Die Ökonomie der Kriminalität»
(edu.somedia-buchverlag.ch)

Lehrmaterial:
«Gefangenendilemma» Couvertspiel
(www.iconomix.ch)

Im Grunde ist es absurd: Rad-Profis riskieren ihre Gesundheit, lügen und betrügen, machen sich von einer Mafia abhängig – und das alles ohne jeden Vorteil für irgendwen. Ohne Vorteil für ihre Rennställe, für die Sponsoren, für das Publikum. Nur für die Produzenten und die am Vertrieb der Dopingmittel beteiligten Personen ist es ein Vorteil.

Wenn nämlich niemand dopen würde, hätten die Radsportfans wahrscheinlich sogar mehr Spass als jetzt. Die Rennfahrer würden mindestens so viel Geld verdienen wie heute. Die Rennen würden nicht langweiliger, kein Rennstall wäre schlechter gestellt, kein Sponsor benachteiligt. Kein Zuschauer würde überhaupt merken, dass ohne Doping alle ein wenig langsamer fahren.

Warum benehmen sich denn alle wie «Idioten»? Was würden Sie als Rennfahrer machen, wenn Sie davon ausgehen, dass die Konkurrenten dopen? Es bleibt Ihnen gar nichts anderes übrig als auch zu dopen – oder den Beruf zu wechseln. Das führt dazu, dass – trotz der Beteuerungen – die Rennfahrer der Spitzenklasse dopen oder den Beruf aufgeben müssen. Warum kooperieren die Rennställe oder die Rennfahrer denn nicht und verpflichten sich, kein Doping zu nehmen? Was würden Sie machen, wenn Sie davon ausgehen, dass die Konkurrenten nicht dopen? Sie möchten ja das Rennen gewinnen und deshalb würden Sie zum Doping greifen. Es gibt ja solche Vereinbarungen, nur ist man der Gelackmeierte, wenn man sich daran hält. Man kann also nur hoffen, dass die anderen auf das Doping verzichten, damit man selbst dank Doping das Rennen gewinnen kann. Denn jeder Rennfahrer gewinnt lieber mit Doping als ohne Doping zu verlieren. Denken alle so rational, dopen eben auch alle und dies zum Schaden aller.

Es ist die sogenannte **Spieltheorie**, die sich mit der Analyse menschlichen Verhaltens in strategischen Situationen befasst. Als «strategisch» wird eine Lage bezeichnet, in der jeder bei der Entscheidung über sein eigenes Verhalten berücksichtigen muss, wie andere wohl darauf reagieren. Das wohl berühmteste Beispiel ist das Gefangenendilemma: Zwei Gefangene, die miteinander ein Verbrechen begangen haben, werden in getrennten Räumen verhört. Jeder Gefangene hat die Möglichkeit, das Verbrechen zuzugeben oder zu leugnen. Wenn beide Gefangene leugnen, werden beide für einen Monat festgehalten. Wenn beide gestehen, dann werden beide für drei Monate eingesperrt. Wenn nur ein Gefangener gesteht, wird er freigelassen und der andere wandert für sechs Monate hinter Gitter.

Wie verhalten Sie sich? Wenn Sie davon ausgehen, dass Ihr Komplize leugnet, dann sind Sie besser dran, wenn Sie gestehen. Gehen Sie davon aus, dass Ihr Komplize gesteht, sollten Sie ebenfalls gestehen. Was immer Ihr Komplize tut, Sie sind durch Gestehen bessergestellt. Weil diese Überlegung auch für Ihren Komplizen gilt, werden beide gestehen und für drei Monate hinter Gitter wandern. Wenn beide leugnen würden, wären allerdings beide besser dran. Und gerade, wenn Sie sicher sind, dass Ihr Komplize dichthält, lohnt sich Ihr Geständnis – als Schlüssel zur Freiheit.

Das **Gefangenendilemma** beschreibt viele Lebenslagen, nicht nur in der Wirtschaft und der Politik, sehr zutreffend – auch das Problem der Allmendegüter (vgl. 3.5.) lässt sich mit dem Gefangenendilemma erklären. Das Dilemma besteht darin, dass für alle Beteiligten ein besseres Ergebnis möglich wäre, wenn sie kooperieren würden. Aus individueller Sicht haben aber alle Beteiligten einen Anreiz, nicht zu kooperieren. Deshalb wird das Ergebnis bei rational handelnden Parteien nicht erreicht.

Das Gefangenendilemma liefert Anschauungsunterricht dafür, dass Kooperationen sehr oft nur schwer durchzuhalten sind.

Weshalb beschäftigen Sie sich eigentlich mit Volkswirtschaftslehre?

Ist es das Interesse am Fach? Ist es eine bevorstehende Prüfung, die Sie dazu «zwingt»? Sind es bessere Einkommensaussichten oder Beschäftigungsmöglichkeiten, die Sie dazu bewogen haben, diese Ausbildung zu wählen? Sind Sie dem Rat eines Freundes oder der Familie gefolgt? Oder sind es ganz andere Gründe? Sicher haben mehrere Gründe Ihren Entscheid beeinflusst. Vermutlich verfolgen Sie mehrere Ziele und wollen verschiedene Bedürfnisse befriedigen. Mit Ihrem Entscheid haben Sie gleichzeitig auf andere Möglichkeiten verzichtet. Der Entscheid für diese Ausbildung war gleichzeitig ein Entscheid gegen eine andere Ausbildung oder Tätigkeit. Solche **Austauschbeziehungen («trade-offs»)** prägen die ökonomische Wahlhandlung. Ihr Entscheid für die Volkswirtschaftslehre, bzw. für diesen Ausbildungsweg, ist also mit Opportunitätskosten verbunden, Sie haben aber die Vor- und Nachteile abgewogen und versprechen sich von Ihrer Wahl den grössten Nutzen. Hätte sich Ihr Entscheid, sich mit Volkswirtschaftslehre zu beschäftigen, geändert, wenn die damit verbundene Ausbildung um ein Jahr verlängert würde, wenn die Studiengebühren verdreifacht würden oder wenn die Durchfallsquoten an den Prüfungen verdoppelt würden? Der wirtschaftlich denkende Mensch stellt seinen Entscheid jederzeit zur Disposition. Anreize werden durch Unterschiede gesetzt und Verhaltensänderungen durch Veränderungen dieser Unterschiede ausgelöst. Obschon Sie wahrscheinlich auf die verschiedenen Nachrichten unterschiedlich reagiert hätten, kann grundsätzlich jede Einflussgrösse eine Revision Ihres Entscheides bewirken, wenn die Veränderung nur genügend gross ist.

Ökonomie lehrt uns, wie Menschen denken, wie sie auf Anreize reagieren, warum die Welt so ist, wie sie ist, aber auch wie sich Alltagsprobleme verstehen und lösen lassen. Deshalb profitieren Sie von der Ökonomie, ob Sie als Student, Techniker, Sozialwissenschaftler, Arzt, Jurist oder was auch immer «unterwegs» sind.

Ökonomisches Denken: Knappheit als Ausgangspunkt

Die unter dem Begriff des Homo oeconomicus zusammengefassten Aussagen über das durchschnittliche Verhalten des Menschen basieren auf der Tatsache der Knappheit. Menschen und soziale Institutionen verfügen in aller Regel über zu wenig einsetzbare Mittel wie Geld, Zeit oder Wissen, um alle ihre gesetzten Ziele erreichen zu können.

Wegen dieser Asymmetrie zwischen Zielen und Mitteln sind laufend Entscheidungen mit Verzichtsfolgen zu treffen: Jeder Entscheid ist mit Opportunitätskosten verbunden. Diese werden vernünftigerweise durch sorgfältige (Grenz-)Kosten-/(Grenz-)Nutzenabwägungen möglichst klein gehalten.

Kurz: Das ökonomische Problem der Knappheit wird am besten mit der Anwendung des ökonomischen Prinzips «gelöst», wonach es sinnvoll ist, mit möglichst wenig Mitteln ein Ziel zu erreichen oder aus den gegebenen Mitteln ein Maximum herauszuholen.

Dieses scheinbar kühle Abwägen und Entscheiden erfolgt häufig (v. a. in privaten Bereichen) unbewusst. Es ist aber dennoch vorhanden und nicht weniger bedeutend als die bewusste Rationalität.

Der sparsame Umgang mit knappen Ressourcen ist ökonomisch sinnvoll und gleichzeitig auch ethisch und moralisch notwendig. So ist es z. B. ethisch vernünftig, aus der gegebenen Agrarfläche möglichst viele Nahrungsmittel für die Weltbevölkerung zu produzieren.

Interview (Mai 2016)

Arno Riedl
Professor of Public Economics, Maastricht University, Maastricht, The Netherlands
(www.maastrichtuniversity.nl)

Das Modell des klassischen homo oeconomicus als Denkmodell für die Ökonomie wird als überholt erachtet. Heisst das, dass sich Menschen in der Regel weder eigennützig noch rational verhalten und auch nicht ihren eigenen Vorteil im Auge haben?
Die Annahmen vollständiger Rationalität und ausschliesslichen Eigennutzes können in dieser Striktheit sicher verworfen werden. Eine kritische Beleuchtung eigener ökonomischer Entscheidungen als auch empirische Untersuchungen zeigen, dass die Analyse eines wirtschaftlichen Entscheidungsproblems oft einen beschränkt rationalen Charakter hat. Ein klassisches Beispiel ist der sogenannte «default effect» bei dem eine Wahl durch Nicht-Entscheiden getroffen wird. Vor allem bei komplexen Entscheidungsproblemen wie z.B. in der Frage, wie viel für die Pension (Rente) gespart werden soll, ist dieser Effekt anzutreffen. Andererseits ist es aber nicht so, dass alle Entscheidungen immer irrational oder beschränkt rational sind. Der Grad der Rationalität hängt eben auch stark von der Entscheidungssituation und der Komplexität des Problems ab. Ähnliches gilt für die Frage des Eigennutzes. Die traditionelle Ökonomie lehrt uns, dass wir bei Entscheidungen den Nutzen und die Kosten gegeneinander abwägen. Genauso ist es bei Entscheidungen zwischen dem Eigennutz und der Wohlfahrt anderer. Viele Menschen sind bereit, freiwillig am kollektiven Gut beizutragen unter der Bedingung, dass die anderen Mitglieder der Gesellschaft ebenfalls das Ihre beitragen. Nicht zuletzt ist das klassische Modell noch immer ein wichtiger Referenzpunkt, eben weil die Annahmen sehr klar und einfach sind.

Können Sie konkrete Beispiele nennen, in denen der traditionelle Ansatz des homo oeconomicus zu folgenschweren Fehlern in ökonomischen Analysen geführt hat?
Es ist hier natürlich verlockend, sofort auf die jüngste finanzielle Krise zu verweisen. Diese Krise kann zu einem Teil natürlich auch mittels traditioneller ökonomischer Analyse erklärt werden; z.B. hatten viele Verträge von finanziellen Händlern wohl Prämien für den Fall des Erfolges vorgesehen, aber keinen Schadenersatz im Falle des Misserfolges. Bei Verträgen, die nur einen sogenannten «upward risk», aber keinen «downward risk» beinhalten, ist es nicht überraschend, wenn Händler überproportional viel Risiko nehmen. Aus verhaltensökonomischer Sicht ist allerdings das blinde Vertrauen in die Selbstregulierung finanzieller Märkte bemerkenswert und verwundert auch. Ökonomische Experimente haben bereits in den 1970er-Jahren gezeigt, dass kompetitive Gütermärkte sehr effizient sein können, dies für finanzielle Märkte jedoch häufig nicht der Fall ist. Selbst unter sehr günstigen Bedingungen für Effizienz sind finanzielle Blasen («bubbles») oft unvermeidlich.

Mit Experimenten und Studien wurde bewiesen, dass beim Verhalten der Menschen Gerechtigkeit eine wichtige Rolle spielt. Ist es aber nicht so, dass man sich nur gerecht verhält, weil gerechtes Verhalten sich eben «auszahlt», also dem Eigennutz dient?
Gerechtigkeit, Verteilungsgerechtigkeit wie auch Verfahrensgerechtigkeit sind tatsächlich wichtige Motivationen im menschlichen Verhalten. Dies bedeutet allerdings nicht, dass sie die einzigen Motivationen sind. Eigennutz ist ebenfalls eine wichtige Motivation. Bei wirtschaftlichen, aber auch anderen Entscheidungen machen Menschen (oft implizit) eine Abwägung zwischen der gerechten oder moralisch richtigen Entscheidung und der Entscheidung, die dem Eigennutz entspricht. Verteilungsfragen sind ein gutes Beispiel dafür. Ist jemand selbst nicht in Verteilungsfragen involviert, wird eher die gerechte Verteilung befürwortet. Ergeben sich aus der Umverteilung Nachteile, dann wird dieselbe Person in der Regel auch die eigene Stellung in der Gesellschaft bei der Entscheidung mit einbeziehen.

Wenn das Modell des homo oeconomicus ausgedient hat, muss es durch ein neues ersetzt werden. Wie sieht dieses neue Modell aus?
Wie bereits oben erwähnt, hat das traditionelle Modell noch nicht völlig ausgedient. Ein wichtiger Grund dafür ist, dass noch kein ähnlich allgemein anwendbares alternatives Modell existiert. Ein grosser Vorteil des Modells des homo oeconomicus ist, dass es wenige Freiheitsgrade aufweist und daher einfach zu testen und zu falsifizieren ist. Um ein starkes allgemeingültiges alternatives Modell entwerfen zu können, gibt es noch viel zu forschen. Solch ein Modell sollte auf jeden Fall auf beschränkter Rationalität aufgebaut sein und neben Eigennutz auch Gerechtigkeitsideen als Motivationen einschliessen. Ein wichtiger Aspekt ist im Weiteren, die Heterogenität von Motivationen zu berücksichtigen.

Werden Erkenntnisse aus der Verhaltensökonomie in der Praxis angewendet, spricht man von «Nudge», was so viel wie «Stupsen» bedeutet. Können Sie dafür Beispiele nennen, die erfolgreich in der Wirtschaftspolitik eingesetzt wurden?
Ein bekanntes Beispiel kommt aus Grossbritannien, wo die Steuerbehörde durch kleine Änderungen in Erinnerungsbriefen (durch ein subtiles Appellieren an bedingte Kooperation in der Nachbarschaft) die Bereitschaft, besteuerbares Einkommen zu melden, signifikant erhöhte. Ein weiteres Beispiel kommt aus den Niederlanden, wo eine einfache Änderung des «default» auf der Website eines Ministeriums, die Anfragen für maximale Studienkredite signifikant verringerte. Eine kleine Warnung zum Schluss.

Schlüsselbegriffe

Die folgenden Schlüsselbegriffe kommen in diesem Kapitel vor und werden zudem am Ende des Buches nochmals erläutert.

- Knappheit
- Bedürfnispyramide von Maslow
- Wirtschaftliche Güter
- Freie Güter
- Produktionsfaktoren
- Realkapital
- Produktivität
- Geld
- Geldfunktionen
- Transaktionskosten
- Homo oeconomicus
- Opportunitätskosten
- Magisches Sechseck
- Trade-off
- Zielbeziehungen
- Anreize

Repetitionsfragen

Die Antworten finden Sie im Text dieses Kapitels sowie auf der Homepage des Verlages, edu.somedia-buchverlag.ch.

1. In welche Gruppen hat Maslow die Bedürfnisse unterteilt?
2. Wie können Güter unterteilt werden?
3. Was sind «freie Güter»?
4. Welche Funktionen erfüllt das Geld?
5. Was kostet Sie das Lesen dieses Textes und die Beantwortung dieser Frage? (Verwenden Sie den Begriff der Opportunitätskosten)
6. Welche Aufgaben hat die Volkswirtschaftslehre?
7. Welche Komponenten enthält das Ziel-Sechseck der schweizerischen Wirtschaftspolitik?
8. Nennen Sie ein Beispiel für Zielkonkurrenz aus dem magischen Sechseck.
9. Worauf ist beim Einsatz wirtschaftspolitischer Massnahmen zu achten?
10. Was ist das Ziel der Verhaltensökonomie?

Interessante Homepages
(Direkte Verlinkung siehe edu.somedia-buchverlag.ch)

Ergänzendes zum Thema Ökonomisches Denken resp. Ökonomische Prinzipien finden Sie unter:
- http://www.economicthinking.org/
- http://www.everyday-economist.com/

Gibt es ein Neues Ökonomisches Denken? Dazu:
- http://www.neweconomics.org/
- http://commons.ch/deutsch

Aktuelle Details zu den Zielen der Wirtschaftspolitik finden Sie auch unter:
- https://www.credit-suisse.com
  Das Sorgenbarometer der Schweiz.
- http://www.gfk-verein.org/
  Das Sorgenbarometer Europas.
- http://www.globalissues.org/
  Weltweit bewegende Themen werden dargestellt.

Teil II
Die Preisbildung und die Marktwirtschaft

2 Die Preisbildung

«Economists do it on demand»
(Aufschrift auf einem T-Shirt)

2.1 Die Nachfrage: Grundlage des Kaufentscheides

Im ersten Kapitel haben wir bereits festgestellt, dass wir laufend Entscheide darüber zu treffen haben, wie wir unsere begrenzten Mittel zur Befriedigung unserer unbegrenzten Bedürfnisse einsetzen wollen. Wovon hängt es nun ab, wie gross die Nachfrage nach einem bestimmten Gut ist? Wovon hängt es beispielsweise ab, ob Sie im nächsten Winter ein neues Snowboard kaufen? Wodurch wird Ihre Entscheidung zum Kauf eines Snowboards beeinflusst?

- Sicher ist **der Preis** für den Kaufentscheid wichtig.
- Auch die **Nutzenvorstellung**, die Sie mit einem neuen Snowboard verbinden, ist zentral.
- Zudem beeinflussen die **Preise anderer Güter** (z. B. Skis, Tageskarten, Computer) Ihren Kaufentscheid.
- Ihr **Einkommen** (bzw. Ihr Vermögen) schränkt Sie ebenfalls ein.
- Auch Ihre **Erwartungen** für die Zukunft können eine Rolle spielen. Rechnen Sie damit, dass Sie nächstens mehr Einkommen erzielen, oder dass die Preise für Snowboards drastisch sinken werden?

Sie sehen, die Nachfrage ist von einer Vielzahl von Einflussgrössen abhängig. Die Schwierigkeiten, die damit zusammenhängen, zeigt Ihnen die folgende Fragestellung: Wie verändert sich die Nachfrage nach Snowboards, wenn ihre Preise sinken, Bahnfahrten und Benzin teurer werden, die Einkommen sinken, Skifahren absolut «in» wird und die Winter wieder schneereicher werden? Diese Frage lässt sich nicht oder nur unter sehr grossen Schwierigkeiten beantworten. Die Wirkungen der einzelnen Einflussfaktoren können wir nur erkennen, wenn wir sie einzeln betrachten. Wir arbeiten deshalb mit der Annahme, dass sich nur ein Faktor verändert und alles andere gleich bleibt. Diese Annahme wird in der ökonomischen Analyse sehr häufig benutzt, man verwendet dafür den lateinischen Ausdruck **«ceteris paribus»**.

Beschränken wir uns deshalb zuerst auf einen der wesentlichen Einflussfaktoren: den Preis des betrachteten Gutes. Die Frage, die wir uns stellen, lautet somit: Wie verändert sich die nachgefragte Menge eines Gutes, wenn sich der Preis dieses Gutes verändert? Überlegen Sie sich zu diesem Zweck, wie viele Tafeln Schokolade Sie pro Monat kaufen würden, bei einem Preis pro Tafel von CHF 8.–, 7.–, 6.–, 5.–, 4.–, 3.–, 2.–, 1.50, 1.–, –.50, 0.–.

Die Erfahrung zeigt, dass die nachgefragte Menge eines Gutes in der Regel mit sinkendem Preis – ceteris paribus – zunimmt und umgekehrt mit steigendem Preis abnimmt.

Grafisch kann die Nachfrage in einem Preis-Mengen-Diagramm dargestellt werden. Entlang der senkrechten Achse wird der Preis des Gutes, entlang der waagrechten Achse die nachgefragte Menge des Gutes angegeben.

Bei P1 ist der Preis so hoch, dass keine Schokolade mehr gekauft wird. M1 zeigt die Menge, die selbst dann nicht überschritten wird, wenn man die Schokolade geschenkt bekommt (Sättigungsmenge).

Abbildung 2.1   Die Nachfragekurve

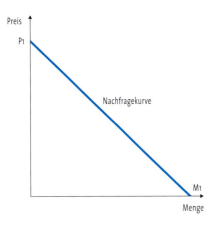

Die Nachfragekurve zeigt, welche Mengen die Nachfrager zu unterschiedlichen Preisen zu kaufen bereit sind.[1]

1 Selbstverständlich muss die Nachfragekurve nicht linear – wie in *Abbildung 2.1* – verlaufen.

2.2 Die Verschiebung der Nachfragekurve

«In der Schweiz hat die Nachfrage nach Motorrädern zugenommen!» Die Aussage ist unpräzis. Sie kann nämlich zwei Bedeutungen haben:
1. Die nachgefragte Menge kann aufgrund einer Preissenkung gestiegen sein. **In diesem Fall bewegen wir uns AUF der Nachfragekurve**. Damit haben wir uns bisher beschäftigt.
2. Die nachgefragte Menge kann aber z. B. auch aufgrund einer Bedürfnisänderung – Motorräder sind «in» – zugenommen haben. Damit verlassen wir die oben angewendete *Ceteris-paribus*-Klausel. Was bedeutet dies für die Nachfragekurve? Hat die Nachfrage aufgrund einer Bedürfnisänderung zugenommen, so heisst dies doch, dass die Nachfrager zum gleichen Preis mehr als bisher nachfragen. **Die Nachfragekurve VERSCHIEBT sich also nach rechts.**

Auch gestiegene Einkommen könnten diesen Effekt bewirken. Wie steht es mit Preisveränderungen bei anderen Gütern? Wenn zum Beispiel Autos teurer geworden sind, könnte dies ebenfalls zu einer Rechtsverschiebung der Nachfragekurve für Motorräder geführt haben. Diese Begründung ist dann zutreffend, wenn man davon ausgeht, dass Autos durch Motorräder ersetzt werden können. Güter, mit denen man andere Güter ersetzen kann, nennt man **Substitutionsgüter**. Sowohl eingefleischte Motorrad- als auch Autofans werden allerdings bestreiten, dass es sich bei diesem Beispiel um Substitutionsgüter handelt. Deshalb einige unbestreitbarere Beispiele: Butter und Margarine, Zucker und künstlicher Süssstoff, Henniez und Valser-Wasser, eine 750er-Yamaha und eine 750er-Suzuki.

2 **Marketing:** Dieses «Zusammengehören» von Gütern machen sich auch **Marketing-Strategen** zunutze: Um den Kunden zu binden, ist der Einstieg günstig, Nachkäufe aber umso teurer. So können Ersatzpatronen teurer sein als der Drucker, Ersatzklingen für Nassrasierer teurer als der Klingenhalter oder Puppenkleider teurer als die Puppe.

Wie müssten sich die Preise von Sturzhelmen, Lederkombis und anderen Zubehören verändert haben, um eine Rechtsverschiebung der Nachfragekurve von Motorrädern zu bewirken? Richtig, sie müssten gesunken sein. Bei den angeführten Beispielen handelt es sich um **Komplementärgüter**. Als Komplementärgüter bezeichnet man also Güter, die sich ergänzen und deshalb zusammengehören.[2] Beispiele dafür sind: Pfeife und Tabak, Autos und Reifen, Christbaum und Kerzen, Drucker und Toner, Sex und Kondome.

3 **Kampf gegen das Rauchen:** Man kann das **Rauchen** auf zwei verschiedene Arten einzudämmen versuchen: Durch Erhöhung der Tabaksteuer und damit der Preise (Bewegung auf der Kurve) oder durch Warnungen vor Krebsgefahren (Linksverschiebung der Kurve).

Verwechseln Sie keinesfalls eine Bewegung auf der Nachfragekurve mit einer Verschiebung der Nachfragekurve. Eine Bewegung auf der Kurve stellt sich dann ein, wenn sich der Preis verändert, alles andere aber gleich bleibt. Eine Verschiebung der Kurve ergibt sich hingegen, wenn sich ein anderer Faktor als der Preis (z. B. Einkommen) verändert, welcher der Nachfragekurve zugrunde liegt.[3]

Abbildung 2.2   Rechts- und Linksverschiebung der Nachfragekurve

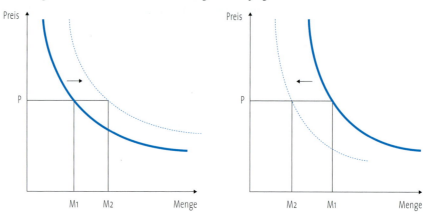

Zusammengefasst können folgende Gründe für eine Rechts- oder Linksverschiebung der Nachfragekurve verantwortlich sein:

Gründe für eine Rechtsverschiebung:
- Höhere Nutzeneinschätzung
- Steigende Preise von Substitutionsgütern
- Sinkende Preise von Komplementärgütern
- Höheres Einkommen
- Erwartete Preissteigerungen

Gründe für eine Linksverschiebung:
- Tiefere Nutzeneinschätzung
- Sinkende Preise von Substitutionsgütern
- Steigende Preise von Komplementärgütern
- Tieferes Einkommen
- Erwartete Preissenkungen

2.3   Der Hintergrund für den Verlauf der Nachfragekurve

Obwohl es verständlich ist, dass die nachgefragte Menge in der Regel mit sinkendem Preis zunimmt, wollen wir uns dennoch exakter mit den Begründungen für diese Gesetzmässigkeit auseinandersetzen.

1. Wie verändern Sie Ihre Essgewohnheiten, wenn Kalbfleisch plötzlich teurer wird? Essen Sie mehr Rindfleisch oder werden Sie gar zum Vegetarier? Sobald der Preis eines Gutes steigt, sind Sie versucht, dieses Gut durch andere zu ersetzen (**Substitutionseffekt**). Zudem werden Sie gezwungen, Ihre Ausgabenstruktur zu überdenken, weil Sie bei steigenden Preisen aber gleichbleibendem Einkommen ein wenig ärmer werden (**Einkommenseffekt**).

2. Je mehr der Nachfrager von einem Gut bereits hat, desto weniger schätzt er eine zusätzliche Einheit. Diesen Nutzen, den die zuletzt konsumierte Einheit stiftet, nennt man Grenznutzen. Da der **Grenznutzen** eines Gutes bei zunehmender Menge abnimmt, will der Nachfrager immer weniger dafür bezahlen, je mehr er bereits davon besitzt (man bezeichnet diese Tatsache zu Ehren von Hermann Gossen, dem Begründer der Grenznutzentheorie, als das erste Gossensche Gesetz: **das Gesetz vom abnehmenden Grenznutzen**). Der Nachfrager vergleicht also ständig den Preis eines Gutes mit dem Grenznutzen der jeweiligen Einheit und konsumiert so viel (bzw. so lange), bis der Grenznutzen der letzten Einheit gerade noch seinem Preis entspricht. Die Nachfragekurve ist deshalb nichts anderes als die Grenznutzenkurve.

3. Der Preis zeigt immer das Tauschverhältnis von Gütereinheiten. Er gibt an, auf welche Menge eines Gutes verzichtet werden muss, um eine Einheit eines anderen Gutes zu erhalten (Opportunitätskostenprinzip). Beispielsweise eine Tafel Schokolade für einen Kaffee. Güter erhalten also ihren Preis, indem sie auf andere Güter bezogen werden, man spricht deshalb von **relativen Preisen**. Steigt z.B. der Preis – ceteris paribus – für Schokolade, werden andere Güter relativ billiger. Da der rational handelnde Mensch versucht, den Grenznutzen

pro aufgewendeter Geldeinheit zu maximieren, bedeutet das: Solange pro aufgewendeter Geldeinheit der Grenznutzen einer Einheit eines Gutes höher ist als der eines anderen, erhöht er den Grenznutzen durch Umschichtung der Nachfrage von einem Gut auf ein anderes. Das Maximum ist dann erreicht, wenn der Grenznutzen pro Geldeinheit in allen Verwendungsrichtungen gleich gross ist. Dies ist die Aussage des zweiten Gossenschen Gesetzes: **das Gesetz vom Ausgleich der Grenznutzen**.[1]

Die Nachfragekurve lässt sich sowohl für eine Person als auch für den gesamten Markt ermitteln. Dabei ist die **Marktnachfrage** nichts anderes als eine Zusammenfassung (Addition) aller Nachfragekurven derjenigen, die auf diesem Markt als Nachfrager auftreten. Die Nachfragekurve des Marktes verschiebt sich demzufolge auch, wenn sich die Anzahl Nachfrager verändert, z.B. wenn die Bevölkerung wächst.

2.4 Das Angebot: Grundlage des Verkaufentscheides

Wenden wir uns nun der anderen Seite des Marktes – dem Angebot – zu. Wodurch wird die **angebotene Menge** eines Gutes bestimmt? Nehmen wir an, dass Sie Snowboards produzieren und verkaufen. Wovon hängt es ab, wie viel Snowboards Sie herstellen und verkaufen möchten?

Mögliche Antworten zu dieser Frage sind:
- Natürlich ist **der Preis,** den Sie für Ihre Snowboards erhalten, für Ihre Produktionsmenge entscheidend.
- Ihre Produktionsmenge wird aber auch durch **die Kosten** (z. B. Löhne, Material, Zinsen) mitbestimmt.
- **Die Technologie** beeinflusst Ihre Angebotsmenge ebenfalls, weil sich durch neue Technologien auch die Produktionskosten verändern können.
- Zudem beeinflusst **der Staat** Ihre angebotene Menge beispielsweise durch die Höhe der Steuerlast.

Es gibt eine Vielzahl von Faktoren, welche die Angebotsmenge beeinflussen. Die entscheidende Rolle spielt aber wiederum der Preis. Ebenso wie bei der Nachfrage wollen wir deshalb – ceteris paribus – den Einfluss des Preises auf die angebotene Menge untersuchen. Die Frage, die wir uns stellen, lautet also:

Wie verändert ein Produzent sein Angebot, wenn sich der Preis dieses Gutes verändert?
Auch diese Frage ist einfach zu beantworten. Erhöht sich der Preis eines Gutes, dann lohnt es sich, mehr von diesem Gut anzubieten, da der Ertrag pro verkaufter Einheit steigt. Abbildung 2.3 stellt eine Angebotskurve dar; je höher der Preis, desto höher die angebotene Menge.

Die angebotene Menge eines Gutes steigt in der Regel mit steigenden Preisen und nimmt umgekehrt bei sinkenden Preisen ab.

Abbildung 2.3   Die Angebotskurve

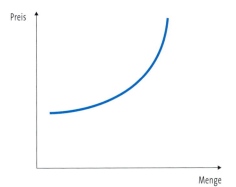

Die Angebotskurve zeigt, welche Mengen die Anbieter zu unterschiedlichen Preisen zu verkaufen bereit sind.

---

[1] **Perfektionismus:** Wenn ich schon etwas mache, dann mache ich es gut!» Wie beurteilen Sie als Ökonom diese Aussage? Perfektionismus ist in Anbetracht konkurrierender Ziele, knapper Ressourcen und sinkender Ertragszuwächse in der Regel unökonomisch und ein teurer Luxus. Der Leitspruch der Ökonomen lautet deshalb: «Nicht alles, was wert ist, überhaupt getan zu werden, ist es auch wert, ordentlich getan zu werden!» Ökonomen sind also praktizierende Minimalisten und neigen deshalb selten zur Radikalität (es sei denn zur radikalen ökonomischen Vernunft).

Auch die Angebotskurve lässt sich sowohl für einen Anbieter ermitteln als auch für den gesamten Markt. Dabei ist das **Marktangebot** nichts anderes als eine Addition aller Angebotskurven derjenigen, die auf diesem Markt als Anbieter auftreten. Die Angebotskurve des Marktes verschiebt sich deshalb, wenn neue Anbieter auftreten oder sich bisherige Anbieter aus dem Markt zurückziehen – vgl. folgenden Abschnitt.

2.5 Die Verschiebung der Angebotskurve

In Analogie zur Nachfragekurve wollen wir uns nun mit Veränderungen beschäftigen, die eine Verschiebung der Angebotskurve bewirken. Eine Verschiebung der Angebotskurve bedeutet, dass die Anbieter zum selben Preis mehr (bei einer Rechtsverschiebung) oder weniger (bei einer Linksverschiebung) anbieten als vorher. Welche Gründe führen zu einer Verschiebung der Angebotskurve? Wie wirkt sich z. B. eine Dürre- oder Hochwasserkatastrophe auf das Angebot von landwirtschaftlichen Produkten aus? Die Anbieter werden zum selben Preis nur noch eine kleinere Menge anbieten, die Angebotskurve verschiebt sich nach links. Weitere Einflussfaktoren ergeben sich durch staatliche Eingriffe, z. B. die Gewährung von Subventionen, die die Angebotskurve nach rechts verschieben, durch rechtliche Auflagen (z. B. im Baurecht) oder durch die Mehrwertsteuer, die die Kosten und damit die Lage der Angebotskurve mitbestimmen. Steigende Preise für die Produktionsfaktoren (z. B. Löhne und Zinsen) verschieben die Angebotskurve nach links, das Marktangebot verringert sich. Fortschritte in den Produktionsverfahren senken die Kosten und bewirken deshalb eine Rechtsverschiebung der Angebotskurve.

Abbildung 2.4 Rechts- und Linksverschiebung der Angebotskurve

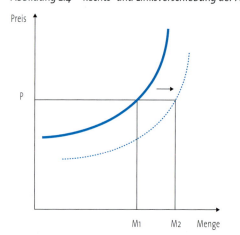 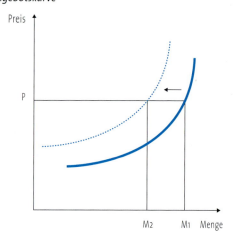

Gründe für eine Rechtsverschiebung:
- Sinkende Produktionskosten (z. B. Zinsen)
- Fortschritte in den Produktionsverfahren
- Positive externe Einflussgrössen (z. B. gute Weinernte infolge des schönen Wetters)
- Staatliche, kostensenkende Massnahmen (z. B. Zollreduktion)
- Erwartete Preissenkungen

Gründe für eine Linksverschiebung:
- Steigende Produktionskosten (z. B. Löhne)
- Negative externe Einflussgrössen (z. B. Produktionsausfall infolge von Streiks)
- Staatliche, kostensteigernde Massnahmen (z. B. Steuererhöhungen)
- Erwartete Preiserhöhungen

Verwechseln Sie keinesfalls eine Bewegung auf der Angebotskurve mit einer Verschiebung der Angebotskurve. Eine Bewegung auf der Kurve stellt sich dann ein, wenn sich der Preis verändert, alles andere aber gleich bleibt. Eine Verschiebung der Kurve ergibt sich hingegen, wenn sich ein anderer Faktor (z. B. die Rohstoffkosten) verändert, welcher der Angebotskurve zugrunde liegt.

2.6 Der Hintergrund für den Verlauf der Angebotskurve

Für die Menge des Angebotes spielt – wie bereits festgehalten – der **Verlauf der Kosten bei steigender Produktion** eine zentrale Rolle. Um den Kostenverlauf zu erklären, müssen wir vorerst den Zusammenhang zwischen dem Produktionsergebnis (= Output) und den dafür erforderlichen Produktionsfaktoren (= Input) ergründen: Wie verändert sich der Output, wenn ein Inputfaktor – bei Konstanz aller übrigen Inputs – vergrössert wird? Dieser Zusammenhang wird üblicherweise am Beispiel der Landwirtschaft erklärt, und obwohl Sie wahrscheinlich wenig praktische Erfahrung auf diesem Gebiet besitzen, wird das Beispiel Sie überzeugen.

Stellen wir uns einen Landwirt auf einem kleinen Hof ohne Angestellte vor. Seine Produktion je Arbeitsstunde ist gering, da er viel Zeit für Arbeitswege braucht und auch nicht in allen Arbeiten gleich geschickt ist. Die Produktionsleistung steigt, wenn er einen zusätzlichen Arbeiter einstellt. Zu zweit können sie ihre Arbeit so aufteilen, dass jeder das tut, wofür er am besten geeignet ist, und dass möglichst wenig Zeit mit Arbeitswegen und der Umstellung von einer Arbeit auf die andere verloren geht. Die produzierte Menge pro Arbeitsstunde (= Grenzertrag) steigt deshalb überproportional. Wie entwickelt sich die Produktion, wenn er 2, 3, 4, 5 ... 100 Arbeiter beschäftigt? Es ist klar, es ist nur eine Frage der Zeit, bis der zusätzliche Angestellte weniger zur Produktionssteigerung beiträgt als der vorher eingestellte (der Grenzertrag sinkt). Bei 100 Angestellten kann die Produktion sogar kleiner werden, weil sich die Arbeiter gegenseitig auf den Füssen stehen. Dieses Phänomen wird als **Ertragsgesetz** bezeichnet: Versucht man aus einem begrenzten Stück Land zusätzliche Erträge durch den zusätzlichen Einsatz von Arbeitskräften zu erzielen, sinkt der Produktionszuwachs ab einer bestimmten Einsatzmenge und kann sogar negativ werden.

Ertragsgesetz: Wird der Einsatz eines Produktionsfaktors bei Konstanz der Menge der übrigen Faktoren erhöht, so nimmt der Output (Ertrag) zunächst mit steigenden, dann mit fallenden Grenzerträgen zu, bis schliesslich der Output sinkt, der Grenzertrag also negativ wird.

Betrachten Sie zum Verständnis des Ertragsgesetzes die *Abbildung 2.5*. Dieses Gesetz trifft für Industriebetriebe mit vorgegebener Grösse genauso zu wie für landwirtschaftliche Betriebe. Abnehmende Grenzerträge machen sich eigentlich auf jedem Gebiet bemerkbar.[1] Hoffentlich jedoch nicht, was Ihr Vergnügen mit der Beschäftigung der Volkswirtschaftslehre anbelangt.

Aus dem dargestellten Verlauf des Ertrages lassen sich die Kosten ableiten (vgl. *Abbildung 2.5*). Bevor auch nur eine Einheit eines Gutes hergestellt ist, fallen bereits Kosten an (z.B. Kapitalzinsen, Miete oder Pacht). Diese Kosten bezeichnet man als **Fixkosten**. Fix, weil sie unabhängig von der produzierten Gütermenge anfallen. Diese Kosten sind in der Regel nur im kurzfristigen Bereich fix. Langfristig können sie sich durchaus verändern, z.B. durch den Ausbau der Produktionshalle. **Variable Kosten** hängen hingegen unmittelbar von der Höhe der Produktionsmenge ab, Beispiele dafür sind Löhne und Rohmaterialkosten. Solange im Bereich steigender Grenzerträge produziert wird, wird der Zuwachs der Totalkosten immer kleiner, die Totalkostenkurve wird also flacher. Das heisst nichts anderes, als dass die **Grenzkosten**, die zusätzlichen Kosten je zusätzlicher Einheit, fallen. Mit dem Übergang zu abnehmenden Grenzerträgen, beim Wendepunkt der Totalkostenkurve, beginnen die Grenzkosten zu steigen, die Totalkostenkurve wird steiler. Steigende Grenzkosten korrespondieren also mit fallenden Grenzerträgen – und umgekehrt.

Jetzt können Sie die folgende Frage kompetent beantworten: Wie viel Stück eines Produktes würden Sie anbieten, wenn Sie einen Preis von Fr. 400.– für jedes verkaufte Stück erhalten? Solange die Stückkosten jedes zusätzlich produzierten Gutes – die Grenzkosten – unter Fr. 400.– liegen, werden Sie so viel verkaufen wollen wie nur möglich. Erst wenn die Grenzkosten über Fr. 400.– zu stehen kommen, lohnt sich das Angebot nicht mehr. Steigt der Preis, werden Sie Ihre Produktion so lange ausdehnen, bis Ihre Grenzkosten wieder dem höheren Marktpreis angepasst sind. Denn so lange, wie die zusätzlichen Kosten unter dem Marktpreis

[1] **Ertragsgesetz:** Auch **Sportler** kennen dieses Gesetz: Wer ohne Training 100 m in 14 Sekunden läuft, kommt mit ein bisschen Üben schnell auf 12 Sekunden. Wer sich von 12 auf 11 Sekunden verbessern will, muss sich schon sehr anstrengen.

sind, können Sie aus einer zusätzlich verkauften Einheit einen zusätzlichen Gewinn erzielen. Sinkt der Preis, bedeutet dies, dass Ihre Grenzkosten beim alten Produktionsniveau grösser sind als der neue Preis, deshalb werden Sie die Produktion drosseln, bis Preis und Grenzkosten wieder übereinstimmen.

Die Bedingung für die Gewinnmaximierung heisst also: Preis = Grenzkosten

Aus diesen Überlegungen folgt, dass die Angebotskurve dem steigenden Ast der Grenzkostenkurve entspricht.

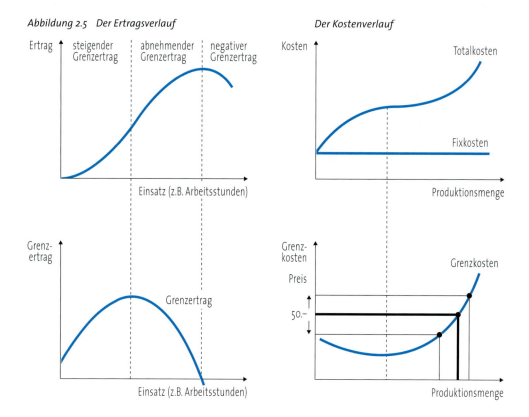

Abbildung 2.5   Der Ertragsverlauf   *Der Kostenverlauf*

2.7   Die Reaktionen auf Preis- und Einkommensänderungen

Ein Schweizer Fussballverein, der vor einem Champions-League-Spiel gegen Barcelona steht, überlegt sich, wie er die Preise – im Vergleich zu einem üblichen Super-League-Spiel – gestalten soll, um seine Einnahmen zu optimieren. Während einige Vorstandsmitglieder sich für massive Preiserhöhungen aussprechen, wollen andere sogar Preissenkungen vornehmen. Wann sind die Einnahmen am höchsten, bei den «üblichen» Preisen, bei Preiserhöhungen oder bei Preissenkungen? Um diese Frage beantworten zu können, müssten wir wissen, wie sich die Nachfrage (die Zuschauerzahl) in Abhängigkeit des Preises verändert. Das Ausmass der Reaktionen einer abhängigen Variablen auf die Veränderung einer unabhängigen Variablen nennt man Elastizität: **Die Elastizität** setzt die prozentuale Veränderung einer Grösse (der abhängigen Variablen) ins Verhältnis zur prozentualen Veränderung einer anderen Grösse (der unabhängigen Variablen).

$$\text{Elastizität} = \frac{\text{Veränderung der abhängigen Variablen in \%}}{\text{Veränderung der unabhängigen Variablen in \%}}$$

2 Die Preisbildung

Das Elastizitätenkonzept ist ganz allgemein auf die Messung der Reaktion einer Grösse infolge einer Veränderung einer anderen Grösse ausgelegt. Es lässt sich auf verschiedenste Situationen anwenden, z.B. die Reaktion der Steuereinnahmen infolge einer Steuererhöhung oder der Anstieg des Energieverbrauchs infolge eines wirtschaftlichen Aufschwungs. Wir wollen nun drei spezielle Elastizitäten etwas näher unter die Lupe nehmen.

Die Reaktion des Nachfragers auf Preisänderungen

Kehren wir zurück zum oben angesprochenen Champions-League-Spiel. In diesem Beispiel interessiert den Vorstand eine ganz bestimmte Elastizität: die **Preiselastizität der Nachfrage**. Sie misst die relative Änderung der nachgefragten Menge infolge einer relativen Änderung des Preises.

$$\text{Preiselastizität der Nachfrage} = \frac{\text{Veränderung der nachgefragten Menge in \%}}{\text{Veränderung des Preises in \%}}$$

Wir berechnen nun die Preiselastizität der Nachfrage für zwei Fälle.

Fall 1: Wir gehen von folgender Nachfragekurve und von der vereinfachten Annahme aus, dass alle Plätze bei einem Super-League-Spiel Fr. 40.– kosten. Nun berechnen wir die Elastizität bei einer Preissenkung auf Fr. 30.– gemäss der Nachfragekurve in Abbildung 2.6:

$$\text{Preiselastizität der Nachfrage} = \frac{50\,\%}{-25\,\%} = -2$$

Abbildung 2.6   Preiselastizität der Nachfrage grösser als eins

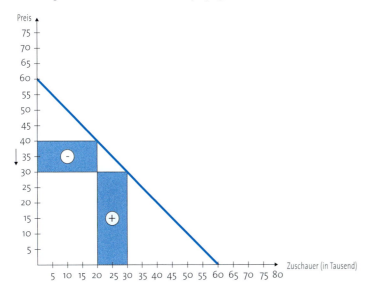

Da die Nachfragekurve negativ geneigt ist, muss auch die Preiselastizität negativ sein. Meistens lässt man allerdings das negative Vorzeichen weg. Eine Elastizität von 2 bedeutet, dass bei dieser Preissenkung die Menge überproportional steigt, nämlich 2 Mal stärker als der Preis prozentual sinkt. Ist der Elastizitätswert **grösser als 1,** sprechen wir von einer **elastischen Nachfrage**, weil eine Preisänderung zu einer überproportionalen Änderung der nachgefragten Menge führt. In unserem Fall 1 steigen deshalb die Eintritte überproportional (vgl. *Abbildung 2.6*: Das mit + bezeichnete Rechteck, welches der Zunahme der Einnahmen des Fussballvereins bzw. der Ausgaben der Zuschauer entspricht, ist grösser als das mit – bezeichnete Rechteck, welches die Abnahme der Einnahmen des Vereins bzw. der Ausgaben der Zuschauer darstellt). Eine Preissenkung von Fr. 40.– auf Fr. 30.– erhöht somit die Einnahmen des Fussballvereins um Fr. 100'000.–. Überprüfen Sie dieses Ergebnis mit Hilfe der *Abbildung 2.6*.

Fall 2: Wir gehen von der vereinfachten Annahme aus, dass alle Plätze bei einem Super-League-Spiel CHF 20.– kosten. Nun berechnen wir die Preiselastizität bei einer Preissenkung auf CHF 10.– gemäss der Nachfragekurve in *Abbildung 2.7*:

$$\text{Preiselastizität der Nachfrage} = \frac{25\,\%}{-50\,\%} = -0{,}5$$

Abbildung 2.7   Preiselastizität der Nachfrage kleiner als eins

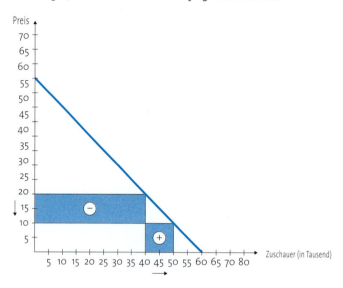

Eine Elastizität von 0,5 bedeutet, dass bei dieser Preissenkung die Menge unterproportional steigt, nämlich 0,5 Mal so stark wie der Preis prozentual sinkt. Ist die Elastizität **kleiner als 1**, sprechen wir von einer **unelastischen Nachfrage**, weil eine Änderung des Preises zu einer unterproportionalen Änderung der nachgefragten Menge führt. In unserem Fall 2 sinken deshalb die Ausgaben der Nachfrager, bzw. die Einnahmen des Fussballvereins – und zwar um Fr. 300'000.–. Überprüfen Sie auch dieses Ergebnis mit Hilfe der *Abbildung 2.7*.[1] Untersuchen Sie mit Hilfe der *Abbildung 2.6* und *2.7*, wie sich eine Preiserhöhung um Fr. 10.– in unseren beiden Fällen auswirken würde.

Aus diesen zwei Fällen lässt sich die Erkenntnis ziehen, dass die Preiselastizität bei einer linearen Nachfragekurve in jedem Punkt unterschiedlich ist. Eine lineare Nachfragekurve hat zwar überall dieselbe Steigung, aber das Verhältnis von Preis zu Menge ist in jedem Punkt unterschiedlich. Mit Hilfe unseres Beispieles haben wir die Bedeutung einer elastischen und einer unelastischen Nachfrage kennengelernt. Erwähnt seien noch zwei Extremfälle:
- **Vollkommen unelastisch** nennen wir die Nachfrage, wenn sie überhaupt nicht auf Preisänderungen reagiert. In diesem Fall verläuft die Nachfragekurve parallel zur Preisachse. Die Elastizität hat überall den Wert null.
- Das andere Extrem ist die **vollkommen elastische Nachfrage**. Bei ihr hat die Preiselastizität den Wert **unendlich**. Die Nachfragekurve verläuft parallel zur Mengenachse.

Wovon ist die Höhe der Preiselastizität der Nachfrage abhängig?[2]

1. Die Preiselastizität hängt von der Möglichkeit der Substitution dieses Gutes durch andere Güter ab: Je mehr **Substitute** zur Verfügung stehen, desto höher ist die Preiselastizität der Nachfrage.
2. Sie hängt entscheidend von der **Wichtigkeit** des Produktes ab: Je wichtiger (lebensnotwendiger) ein Produkt ist, desto weniger kann und will man darauf verzichten, desto geringer ist deshalb die Preiselastizität der Nachfrage.
3. Die Elastizität hängt auch vom **Anteil der Ausgaben** für dieses Gut am Haushaltsbudget ab: Je geringer dieser Anteil, desto geringer die Preiselastizität.

---

[1] **Berechnung der Elastizität:** Beim Berechnen der Elastizität haben wir die prozentualen Änderungen auf das Anfangsniveau bezogen. Würde man bei der Berechnung vom Endpunkt ausgehen, erhielte man andere Elastizitäten. Deshalb wird auch oft der Mittelwert der Anfangs- und Endwerte als Basis herangezogen (**Mittelwertmethode**).
Im Fall 1 ergibt sich dabei eine Elastizität von −1,4 (mittlere Menge 25, mittlerer Preis 35) und im Fall 2 −0,33 (mittlere Menge 45, mittlerer Preis 15).

[2] **Das teuerste Medikament kostet 850'000 Dollar:** Das Medikament Luxturna ist das teuerste Medikament der Welt. Die Biotech-Firma nutzt bei ihrer Preissetzung die unelastische Nachfrage: Gesundheit ist für die meisten Menschen das wichtigste Gut, und spezielle Medikamente sind oft nicht zu ersetzen. Zudem wird ein gewisser Teil der Kosten von Versicherungen übernommen.

4. Schliesslich ist der **Zeitaspekt** von zentraler Bedeutung: Je länger die betrachtete Zeitperiode, desto höher ist die Preiselastizität der Nachfrage. Der Grund dafür ist, dass die Suche nach möglichen Substituten eine gewisse Zeit in Anspruch nimmt.

Können Sie aufgrund dieser Kriterien die Nachfrageelastizitäten bei Erbsen (2,8), Juwelen (2,6), Salz (0,1), Kalbfleisch (1,5), Kino (0,9) und Opernaufführungen (0,2) erklären?

Welche Bedeutung hat die Preiselastizität der Nachfrage?

Die Preiselastizität der Nachfrage ist ein zentraler Faktor für die **Preispolitik** der Unternehmungen. Schliesslich geht es bei ihr um die folgenden Fragen: Wie reagieren die abgesetzte Menge und damit die Einnahmen auf eine Preisänderung? Zu welchem Preis soll ein neues Produkt auf dem Markt lanciert werden? Den richtigen Preis zu setzen, bereitet den Entscheidungsträgern oft grosses Kopfzerbrechen. Da mögen die Marketingleute noch so viele Mittel einsetzen, der Preis ist letztlich das Schlüsselinstrument. Verlangt das Unternehmen zu viel, laufen die Kunden weg, verlangt es zu wenig, werden Erträge verschenkt.

Die Kenntnis der Preiselastizität der Nachfrage würde die Probleme in der Preisgestaltung wesentlich erleichtern – auch für den Staat. Ist zum Beispiel die Preiselastizität der Nachfrage nach Benzin gering, füllt eine Erhöhung des Treibstoffzollzuschlags die Kasse des Fiskus; ist sie dagegen hoch, führt die Erhöhung zu einer geringeren Umweltbelastung. Sie sehen, man ist gut beraten, wenn man sich bei einer Preisänderung, bei der Einführung eines neuen Produktes oder bei Steuern alle Einflussfaktoren gut überlegt.

Die Reaktion des Anbieters auf Preisänderungen

Auf die gleiche Weise wie bei der Nachfrage kann man die Reaktion des Angebots auf Preisänderungen beschreiben: Die **Preiselastizität des Angebots** misst die relative Änderung der angebotenen Menge infolge einer relativen Änderung des Preises:

$$\text{Preiselastizität des Angebots} = \frac{\text{Veränderung der angebotenen Menge in \%}}{\text{Veränderung des Preises in \%}}$$

Bei gut haltbaren, lagerfähigen Produkten (z. B. Konserven) reagiert das Angebot auf Preisänderungen **elastisch** (Preiselastizität des Angebots grösser als 1). Ebenso bei Gütern, die bei Bedarf rasch in beliebiger Menge hergestellt werden können (z. B. Büroklammern). Je weniger lagerfähig ein Produkt ist (z. B. Erdbeeren) und je weniger sich die Produktion steuern lässt (z. B. Boden), desto unelastischer ist die Preiselastizität des Angebots. Im kurzfristigen Fall (z. B. frische Fische an einem bestimmten Tag) kann das Angebot nur schwer oder gar nicht variiert werden. Die Elastizität ist deshalb null. Im langfristigen Fall aber ist nicht nur eine Anpassung des Angebots möglich, sondern auch der Eintritt oder Austritt von Anbietern. Je länger der Beobachtungszeitraum ist, desto höher ist deshalb die Elastizität des Angebots.

Die Reaktion der Nachfrager auf Einkommensänderungen

Wir wollen uns nun auch noch überlegen, wie sich die Nachfrage nach einem Gut in Abhängigkeit des Einkommens verändert: **Die Einkommenselastizität der Nachfrage** gibt an, um wie viel sich die Nachfrage nach einem Gut prozentual ändert, wenn sich das Einkommen ändert.

$$\text{Einkommenselastizität} = \frac{\text{Veränderung der nachgefragten Menge in \%}}{\text{Veränderung des Einkommens in \%}}$$

Lehrmaterial:
«Immobilienmarkt»
Grundlagen und
Zusammenhänge
(www.iconomix.ch)

Dabei können wir grundsätzlich vier Fälle unterscheiden:
1. **Einkommenselastizität gleich null**
   Bewegt sich die Nachfrage auf Einkommensänderungen überhaupt nicht, dann ist die Einkommenselastizität gleich null. Die Nachfrage nach Salz oder nach Toilettenpapier beispielsweise wird sich bei steigendem oder sinkendem Einkommen kaum verändern.
2. **Einkommenselastizität zwischen null und eins**
   Bei «normalen» Gütern ist die Einkommenselastizität positiv, aber kleiner oder gleich eins. Mit steigendem Einkommen steigt zwar auch die Nachfrage, doch bestenfalls im Verhältnis zur Einkommenssteigerung, z.B. Nahrungsmittel, Bekleidung.
3. **Einkommenselastizität grösser als eins**
   Bei Luxusgütern ist die Einkommenselastizität grösser als eins, d.h. die Nachfrage verändert sich prozentual stärker als das Einkommen. Beispiele für solche Güter sind Reisen, Schmuck, Gesundheitspflege, Unterhaltung.
4. **Einkommenselastizität kleiner als null**
   Schliesslich kommt es auch vor, dass mit steigendem Einkommen die Nachfrage nach einem Gut zurückgeht. Solche Güter nennt man **inferiore Güter**. Paradebeispiel dafür sind Grundnahrungsmittel wie Bohnen oder Kartoffeln.

Für den Unternehmer wäre es nicht nur äusserst wertvoll, die Preiselastizität der Nachfrage, sondern auch die Einkommenselastizität zu kennen. Dadurch könnte er seine Chancen im wirtschaftlichen Aufschwung (bei steigenden Einkommen) als auch seine Risiken bei einem Abschwung (bei sinkenden Einkommen) richtig beurteilen. So stark ein Unternehmer im Aufschwung profitieren kann, wenn die Einkommenselastizität nach seinem Gut höher als eins ist, so stark leidet er in einer Abschwungphase. Untersuchungen zeigen beispielsweise, dass ein Anstieg der Löhne um 1% nur einen Anstieg des Detailhandelsumsatzes von 0,2% auslöst. Noch tiefer als die Einkommenselastizität ist die Preiselastizität: Eine Erhöhung der Nahrungsmittelpreise um 1% lässt die Konsumnachfrage um lediglich 0,05% sinken. Die Gesamtausgaben für Nahrungsmittel sind also relativ fix. Sinkende Preise erhöhen deshalb nicht den Konsum, sondern bewirken vor allem Veränderungen bei den Marktanteilen der verschiedenen Anbieter.

2.8 Das Zusammenwirken von Angebot und Nachfrage

In den vorhergehenden Abschnitten haben wir die Bestimmungsgründe und die Einflussfaktoren für Angebot und Nachfrage getrennt diskutiert. Nun wollen wir Angebot und Nachfrage zusammenführen. **Der Markt** ist der Treffpunkt von Angebot und Nachfrage. Um die Wirkungen des Zusammenspiels von Angebot und Nachfrage in einer einfachen Form zu zeigen, stellen wir uns die Anbieter und Nachfrager von bzw. nach Birnen vor, die sich auf dem Obstmarkt treffen.[1] Dabei treffen wir folgende Annahmen:

Modell der vollkommenen Konkurrenz
1. Die angebotenen Birnen sind völlig **homogen**, d.h. die Birnen der einzelnen Anbieter sind völlig gleich, sie lassen sich voneinander nicht unterscheiden.
2. Es gibt eine **grosse Anzahl von Marktteilnehmern,** sowohl auf der Anbieter- als auch auf der Nachfragerseite. Der einzelne Marktteilnehmer kann mit seinem Verhalten das Marktgeschehen nicht beeinflussen.
3. Ein **freier Zutritt** zum Markt ist gewährleistet. Es bestehen also keinerlei Marktzutrittsbeschränkungen, weder durch administrative noch durch gesetzliche Hemmnisse.
4. Die Marktteilnehmer sind bezüglich Preisen und Mengen der Birnen **vollständig informiert.** Die Anbieter können deshalb die identischen Birnen nicht zu unterschiedlichen Preisen verkaufen.

Sind diese vier Bedingungen erfüllt, dann ist ein funktionsfähiger Wettbewerb sichergestellt, wir bewegen uns im Modell der **vollkommenen Konkurrenz.** Fügen wir zunächst Angebots-

---

[1] **Verschiedene Märkte:** In der ursprünglichen Form des Marktes treffen sich Käufer und Verkäufer zu einem bestimmten Zeitpunkt an einem bestimmten Ort, wie das z.B. auf den Wochenmärkten, an Messen oder an der Wertschriftenbörse geschieht. Aus Ihrer **Alltagserfahrung** wissen Sie aber, dass es sehr verschiedene Märkte gibt: Märkte für Automobile, für Fussballer, für Häuser, für Diplome, für heiratswillige Männer und Frauen, für Drogen etc. Es gibt lokale und weltweite Märkte; Märkte, die nur aus Computerterminals und Telefonleitungen bestehen, und viele mehr. Trotz ihrer Verschiedenheit gehorchen alle Märkte denselben Funktionsprinzipien.

und Nachfragekurve in einer Abbildung zusammen (vgl. *Abbildung 2.8*). Die Nachfragekurve – entstanden aus der Zusammenfassung aller individuellen Nachfragekurven – zeigt, welche Mengen die Nachfrager von Birnen in einem bestimmten Zeitpunkt zu unterschiedlichen Preisen zu kaufen bereit sind. Die Angebotskurve – entstanden aus der Zusammenfassung aller individueller Angebotskurven – zeigt, welche Menge von Birnen die Anbieter in einem bestimmten Zeitpunkt zu unterschiedlichen Preisen verkaufen wollen.

Lehrmaterial:
«Markt und Preisbildung»
Lernspiel «Pitgame»
(www.iconomix.ch)

Es treffen somit zwei Gruppen mit völlig unterschiedlichen Interessenlagen aufeinander: Die Konsumenten sind an tiefen Preisen interessiert, die Anbieter an möglichst hohen. Um die Funktionsweise des Marktes zu verstehen, gehen wir von der Annahme aus, dass die Anbieter beim Preis P1 für 1 kg Birnen die Menge M2 anbieten. Beim Preis P1 ist die nachgefragte Menge M1 kleiner als die angebotene Menge M2. Die Differenz ist ein **Angebotsüberschuss**. Bei diesem Preis übersteigen also die Verkaufswünsche die Kaufwünsche bei Weitem. Die Anbieter finden nicht die gewünschte Anzahl von Kunden. Die Folge ist, dass sie auf ihren Birnen sitzen bleiben. Deshalb werden sie die Preise reduzieren. Da die Anbieter beim Preis P2 bloss die Menge M1 anbieten, können die Konsumenten nicht so viel kaufen, wie sie beim Preis P2 gerne möchten (nämlich die Menge M2). Die Verkäufer bieten zu diesem Preis nur die Menge M1 an. Die Differenz ist ein **Nachfrageüberschuss**. Die Nachfrager werden sich bei dieser Situation die Birnen «aus den Händen reissen» und den Verkäufern höhere Preise bieten. So wird der Preis und dadurch auch die angebotene Menge wieder steigen. Sowohl bei P1 und P2 entsteht somit eine Situation, in der die angebotene Menge nicht der nachgefragten Menge entspricht. Eine solche Situation löst deshalb Preissenkungs- bzw. Preiserhöhungstendenzen aus.

Bei welchem Preis entsprechen sich angebotene und nachgefragte Menge? Nur im Schnittpunkt von Angebots- und Nachfragekurve ist diese Bedingung erfüllt. Als Ergebnis des Preismechanismus ergibt sich der Preis P3 und die Menge M3. Der Schnittpunkt von Angebots- und Nachfragekurve wird deshalb als **Marktgleichgewicht** bezeichnet. Hier gehen alle Pläne in Erfüllung: Die von den Nachfragern gewünschte Kaufmenge entspricht der von den Anbietern gewünschten Verkaufsmenge. Die Preise sorgen also bei vollkommener Konkurrenz dafür, dass das Ergebnis effizient ist. Effizienz bedeutet, dass im Marktgleichgewicht alle Pläne in Erfüllung gehen und keine Ressourcen verschwendet werden.

Abbildung 2.8   Das Marktgleichgewicht

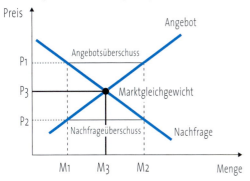

Sie mögen sich nun fragen: Wann aber herrscht – in der Praxis – schon ein Gleichgewicht? Die Einflussfaktoren auf Nachfrage und Angebot ändern sich doch dauernd. Das stimmt zwar, das Entscheidende am Gleichgewichtskonzept ist aber die **Tendenz zum Marktgleichgewicht** hin. Dank dieser Tendenz lassen sich Vorhersagen über künftige Preis- und Mengenentwicklungen treffen.

Andere Einwände, die Ihnen möglicherweise beim Birnen-Beispiel durch den Kopf gegangen sind, beziehen sich auf die getroffenen Annahmen. Selbst bei Birnen mögen Sie die Annahme der homogenen Güter bezweifeln, und auch die übrigen getroffenen Annahmen mögen Sie als realitätsfremd erachten. Tatsächlich gibt es auf vielen Märkten Zutrittsbeschränkungen (z. B. bei staatlichen Monopolen), und in der Realität ist die Zahl der Anbieter oft begrenzt,

> 1 **Senkung der Informationskosten:** Die Informationssuche ist oft eine Qual. Im Internet durchforsten sogenannte Web-Robots alle Online-Shops nach dem günstigsten Angebot und helfen so, die Informationskosten zu senken.

sodass sie den Preis für ihre Produkte innerhalb gewisser Grenzen selbst setzen können. Sogar die Informationen sind oft nicht vollständig; Information selbst ist ein knappes Gut und deshalb sehr oft kostspielig.[1] Die Bedingungen der vollkommenen Konkurrenz sind in Wirklichkeit selten erfüllt. Die grundsätzliche Funktionsweise des Marktmechanismus weicht aber bei nur teilweisem Vorliegen der einen oder anderen Bedingung nicht wesentlich von den Modellaussagen der vollkommenen Konkurrenz ab. Je weniger die Bedingungen allerdings erfüllt sind, desto weniger können auch die Vorteile des Marktes zum Tragen kommen.

Bei der Analyse der Auswirkungen eines Ereignisses auf das Marktgleichgewicht ist gemäss folgenden drei Schritten vorzugehen:

Analyse von Marktveränderungen:
1. Entscheiden Sie, ob das Ereignis die Nachfragekurve, die Angebotskurve oder allenfalls beide Kurven verschiebt.
2. Entscheiden Sie, in welcher Richtung sich die entsprechende Kurve verschiebt.
3. Untersuchen Sie die Wirkungen der Verschiebungen im Diagramm auf den Gleichgewichtspreis und die -menge.

2.9 Die Messung der Effizienz: Konsumenten- und Produzentenrente

Der Preis, der Angebot und Nachfrage in Übereinstimmung bringt, maximiert offenbar den Gesamtnutzen. Deshalb wird das Marktergebnis als effizient bezeichnet. Wie kann man diese Effizienz messen? Die Marktnachfrage ist, wie Sie wissen, die Summe der Nachfrage von einzelnen Individuen. Die wahren iPad-Fans wären bereit, sehr viel mehr für ein iPad zu bezahlen als den Marktpreis. Die Differenz zwischen der Zahlungsbereitschaft und dem Marktpreis (oder Gleichgewichtspreis) ist die **Konsumentenrente** jedes Käufers. Die Gesamtfläche unter der Nachfragekurve und oberhalb des Marktpreises entspricht deshalb der Summe der Konsumentenrenten aller iPad-Käufer. Je tiefer der Marktpreis liegt, desto grösser wird die Konsumentenrente und desto untrüglicher wird das Gefühl der Käufer, ein echtes Schnäppchen erworben zu haben.

Wie bewertet die andere Seite des Marktes, die Verkäufer, das Marktergebnis? Das Marktangebot entspricht ebenfalls der Summe der einzelnen Anbieter. Einzelne Anbieter würden die iPads auch zu tieferen Preisen als dem Marktpreis verkaufen. Die Differenz zwischen dem Marktpreis und dem Preis, zu dem ein Verkäufer iPads gerade noch anbieten würde, ist die **Produzentenrente** jedes Verkäufers. Die Gesamtfläche oberhalb der Angebotskurve und unterhalb des Marktpreises entspricht deshalb der Summe der Produzentenrenten aller iPad-Verkäufer. Je höher der Marktpreis liegt, desto grösser wird die Produzentenrente und desto untrüglicher die Gewissheit des Verkäufers, ein gutes Geschäft gemacht zu haben.

Die Konsumentenrente misst den Nutzen der Käufer und die Produzentenrente entsprechend den Nutzen der Verkäufer. Die Summe der Konsumenten- und Produzentenrenten entspricht der Gesamtrente. Diese Gesamtrente ist ein Masstab für die Wohlfahrt. Beim Marktpreis ist die **Gesamtrente** am höchsten, bei jedem anderen Preis ist die Fläche der Gesamtrente kleiner als beim Marktpreis. Deshalb wird das Ergebnis des Marktes als effizient bezeichnet. Ein Preis über dem Marktpreis wäre z.B. ineffizient, weil in diesem Fall die iPads nicht zu den tiefstmöglichen Kosten produziert bzw. angeboten würden. Eingriffe in die Preisbildung, die zu einem anderen Preis als dem Gleichgewichtspreis führen, vermindern deshalb die Markteffizienz und damit auch die Gesamtwohlfahrt.

Abbildung 2.9: Markteffizienz: Konsumenten- und Produzentenrente

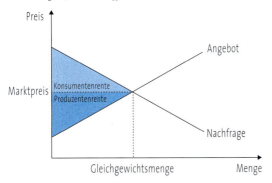

2.10 Dynamic Pricing

Preisdifferenzierung

Bisher wurde implizit von einer statistischen Preisfestsetzung ausgegangen, bei der der Anbieter einen Preis festsetzt und es dem Nachfrager überlässt, diesen zu akzeptieren oder nicht. Von Preisdifferenzierung spricht man, wenn ein Produkt oder eine Dienstleistung vom gleichen Anbieter bei gleichen Herstellungskosten zu unterschiedlichen Preisen angeboten wird. So kann der Anbieter je nach Verkaufsort unterschiedliche Preise verlangen (z. B. für Medikamente in armen und reichen Ländern), oder er differenziert den Preis je nach Zeitpunkt des Kaufs (z. B. Frühbucherrabatte), oder der Preis wird in Abhängigkeit persönlicher Merkmale gesetzt (z. B. Studentenrabatte).

Dynamic Pricing

Der Begriff «Preisdifferenzierung» wird zunehmend durch den Begriff «Dynamic Pricing» abgelöst. Moderne Formen der Preisdifferenzierung finden auf virtuellen Märkten statt. Dynamic Pricing ist eine Preisstrategie, bei der Unternehmen die Preise für ihre Produkte oder Dienstleistungen auf Basis des aktuellen Marktbedarfs anpassen. Die Preise werden dabei aufgrund von automatisierten Algorithmen berechnet, welche die aktuelle Nachfrage je nach Wochentag, Tageszeit, Wetter, Preis der Konkurrenten und anderen Faktoren berücksichtigt. Die Zeiten, in denen die Kunden jederzeit denselben Preis bezahlen, könnten demnächst der Vergangenheit angehören. Ein wesentlicher Anreiz dynamischer Preisbildung liegt für die Anbieter in der besseren Abschöpfung der Konsumentenrente.

Solche dynamische Preise sind bei Online-Elektronikhändlern schon längst Tatsache. Je nach Verfügbarkeit der Ware und den Preisen der Konkurrenz passen sie ihre Preise mehrmals täglich an. So kann der Preis eines iPhones innerhalb einer Stunde bei Amazon locker um Fr. 100.– variieren. Ein Vorreiter von dynamischen Preisen ist die Airline-Branche, die ihre Preise nach Tageszeit, Wochentage und Tag vor Abflug anpassen. Eine Flugbuchung kann beispielsweise fünf Tage vor Abflug deutlich billiger erstanden werden als zehn Wochen im Voraus. Umgekehrt kann ein Flugticket, das nur wenige Stunden vor Abflug gekauft wird, ein Vielfaches des Ausgangspreises kosten. Wer also in einem Flugzeug sitzt, hat kaum gleich viel bezahlt wie sein Sitznachbar. Auch Zugbillette können anhand von Strecken, Frequenzen, und Belastung preislich angepasst werden. Seit dem Skiwinter 2017/2018 ist in der Ski-Arena Andermatt-Sedrun Schluss mit fixen Preisen. Die Preise verändern sich laufend, abhängig von Saison, Wochentag, Wetter oder Buchungsdatum. An zehn Tagen im Januar 2018 kostete eine Tageskarte nur 10 Franken. Denkbar sind auch vernetzte Parkplätze, deren Preise anhand der Nachfrage variieren. Im Detailhandel werden dynamische Preise mittels digitaler Preisschilder in verschiedenen Läden getestet. Die Akzeptanz bei Kunden ist aber im Allgemeinen noch gering. Am meisten Verständnis für dynamische Preise haben die Konsumenten für ausgewählte Produkte, etwa für verderbliche Lebensmittel.

Lehrmaterial:
«Preisdifferenzierung»,
Simulation mit Excel
(www.iconomix.ch)

Personal Pricing

Es gibt aber auch dynamische Preismodelle, die nicht von externen Faktoren, sondern von individuellen Merkmalen (Personal Pricing) bestimmt werden. Je mehr Informationen die Konsumierenden mit ihrem Kaufverhalten mittels Smartphone, PC und Kundenkarte preisgeben, desto genauere Persönlichkeitsprofile können die Anbieter anlegen. So kann ein Kunde, der eine bestimmte Pralinensorte regelmässig kauft, den vollen Preis bezahlen. Einem anderen Kunden werden auf seine App 5 Prozent personalisierte Rabatte gewährt, damit er die Pralinen kauft. Ein anderer Kunde greift vielleicht erst bei 20 Prozent zu. Im Hintergrund berechnen Algorithmen die Preisakzeptanz der Verbraucher für jeden Artikel dynamisch zu jeder Zeit und unter Berücksichtigung des Wettbewerbsumfeldes. Deshalb kann es auch sein, dass einem Kunden aufgrund seiner Kaufkraft gewisse günstige Angebote gar nicht angezeigt werden. Allgemein bekannt dürfte inzwischen sein, dass Apple-User tendenziell teurere Angebote erhalten als User anderer Geräte.

Und was für eine Rolle spielt in diesem Zusammenhang der Datenschutz? Zweifellos braucht es rechtliche Leitplanken, daneben sind aber auch ethische Richtlinien sowie Preistransparenz und entsprechende Kundeninformationen unabdingbar.

Dynamic Pricing und die gesamtwirtschaftliche Wohlfahrt

Ein perfektes Dynamic Pricing nützt die maximale Zahlungsbereitschaft jedes einzelnen Kunden optimal aus. Im Vergleich zur Situation mit einem einheitlichen Preis schöpft der Anbieter die Konsumentenrente ab und kann dadurch seinen Gewinn steigern. Zudem vergrössert sich seine Produzentenrente, weil er auch Preise von Kunden akzeptiert, die unter dem Gleichgewichts- bzw. Einheitspreis liegen. Entsprechend steigt die gesamtwirtschaftliche Wohlfahrt (also Summe der Produzenten- und Konsumentenrente), allerdings zugunsten des Produzenten.

2.11 Anwendungsbeispiele

1. Beispiel: Änderung der Wertschätzung

Was passiert auf dem Markt für Mountainbikes, wenn die Nachfrage aufgrund von höheren Wertschätzungen der Konsumenten, ceteris paribus, steigt?

Wenn die Nachfrage steigt, verschiebt sich die Nachfragekurve nach rechts und es entsteht kurzfristig ein Nachfrageüberschuss. Deshalb werden die Anbieter sowohl die Preise als auch ihre Produktionsmenge erhöhen.

Abbildung 2.10   Rechtsverschiebung der Nachfragekurve

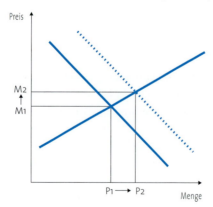

2. Beispiel: Steuererhöhung

Wovon hängt es ab, ob durch eine 20%-ige Steuererhöhung auf Benzin der Benzinverbrauch wenig oder stark zurückgeht? Wer trägt die Steuer?

Durch die Steuererhöhung (S) verschiebt sich die Angebotskurve nach links. Natürlich ist die Reaktion der Benzinnachfrager auf die Erhöhung des Benzinpreises entscheidend. Ist ihre Preiselastizität hoch, dann sind sie bereit, auf Substitute, wie z. B. auf Elektroautos, auf Velos oder auf die eigenen Füsse umzusteigen. Ist hingegen die Preiselastizität der Nachfrager klein, werden sie trotz des höheren Benzinpreises ihren Verbrauch nur geringfügig einschränken. Zudem erkennen Sie an diesem Beispiel, dass bei vollkommener Konkurrenz die Steuererhöhung – je nach Elastizität der Nachfrage – mehr oder weniger auf den Benzinpreis und damit auf die Konsumenten überwälzt werden kann. Durch die Steuer steigt der Preis von P1 auf P2. Der Preis, der den Anbietern nach Abzug der Steuer übrigbleibt, sinkt von P1 auf P3. Bei der elastischen Nachfrage tragen die Anbieter den grösseren Teil der Steuerlast; bei der unelastischen Nachfrage kann die Steuer zum grösseren Teil auf die Nachfrager überwälzt werden.[1] (Auch die Elastizität des Angebots ist für die Steuerüberwälzung entscheidend: Die Steuerüberwälzung ist um so grösser, je preiselastischer das Angebot ist. Wir überlassen es Ihnen, diese Aussage mit Kurvendiagrammen zu beweisen.)

[1] Gemäss Untersuchungen beträgt die **Nachfrageelastizität nach Benzin 0,4**. Bei einer steuerbedingten Preiserhöhung um 10 % sinkt deshalb der Benzinverbrauch um 4 % und die Steuer kann mehrheitlich auf die Autofahrer überwälzt werden.

Abbildung 2.11   Auswirkungen einer Steuererhöhung bei preiselastischer und preisunelastischer Nachfrage

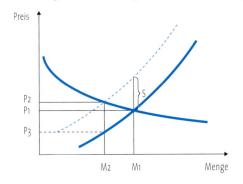
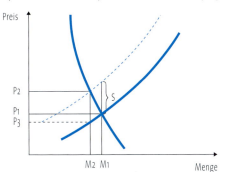

3. Beispiel: «Wasser-Diamanten-Paradoxon»

Adam Smith, der Vater der Volkswirtschaftslehre, hat in seinem Buch «Wohlstand der Nationen», das «Wasser-Diamanten-Paradoxon» festgehalten, aber niemals ganz lösen können. Helfen Sie dem Altmeister auf die Sprünge: «Nichts ist nützlicher als Wasser, und doch lässt sich damit kaum etwas kaufen oder eintauschen. Dagegen besitzt ein Diamant kaum einen Gebrauchswert, doch kann man oft im Tausch dafür eine Menge anderer Güter bekommen.»

Lehrmaterial:
«Milchmarkt»
Landwirtschaft im Wandel
(www.iconomix.ch)

Warum also ist Wasser so billig und sind Diamanten so teuer? Sie werden jetzt sicher antworten, dass Diamanten eben knapp sind und die Produktionskosten hoch; Wasser aber – in vielen Zonen der Erde – relativ reichlich vorhanden ist und die Kosten der Bereitstellung deshalb niedrig sind. Das ist auch richtig, aber die Nutzenvorstellungen sind doch mitentscheidend für den Preis, und der Nutzen von Wasser ist doch sehr viel höher als der für Diamanten.

Was antworten Sie darauf? Der Gesamtnutzen des Wassers bestimmt weder den Preis noch die Nachfrage. Lediglich der **Grenznutzen ist entscheidend**. Wenn nämlich der Preis – wie Sie wissen – über dem Grenznutzen liegt, kann diese letzte Mengeneinheit nicht verkauft werden. Deshalb muss der Preis so weit sinken, bis er den Grenznutzen der letzten Wassereinheit erreicht. Wasser ist zwar lebenswichtig, aber der Nutzen eines zusätzlichen Glases Wasser – der Grenznutzen – bei uns im Normalfall gering. Diamanten hingegen sind nicht lebenswichtig, aber so selten, dass der Grenznutzen offenbar sehr hoch bewertet wird.

4. Beispiel: Mindestlöhne

Auf dem Arbeitsmarkt treffen Angebot und Nachfrage nach Arbeit zusammen. Dabei ist zu beachten, dass die Anbieter (quasi die Produzenten) die Arbeitnehmer sind, die ihre Arbeitskraft anbieten. Die Unternehmer hingegen sind die Nachfrager (quasi die Konsumenten), die Arbeitsleistung bei den Arbeitnehmern einkaufen. Bei der Einführung von Mindestlöhnen geht es darum, den Arbeitnehmern ein Mindesteinkommen zu sichern. Um das zu erreichen, legt der Staat eine Lohnuntergrenze fest, die über dem Gleichgewichtslohn liegt. Was bewirkt die Einführung eines Mindestlohns? Wovon sind die Wirkungen abhängig?

Die Auswirkungen auf die Arbeitslosigkeit: Wird ein Mindestlohn (vgl. *Abbildung 2.12*, L min) eingeführt, dann sinkt die Nachfrage der Unternehmen nach Arbeit von A0 auf A1, weil die Arbeit aufgrund der Mindestlohnvorschrift teurer wird. Zugleich aber steigt das Angebot an Arbeit, weil der Mindestlohn bzw. der Lohnanstieg Arbeit attraktiver macht. Deshalb kommt es zu einem Angebotsüberschuss, also Arbeitslosigkeit in der Höhe von A2 minus A1. Die Höhe der Arbeitslosigkeit ist erstens abhängig von der Höhe des Mindestlohnes und zweitens von der Elastizität der Nachfrage: Reagiert die Nachfrage sehr stark auf Veränderungen des Lohnes, ist sie also elastisch, muss von einem entsprechend starken Anstieg der Arbeitslosigkeit ausgegangen werden.

Die Auswirkungen auf die gesamtwirtschaftliche Wohlfahrt: Die Summe aus Konsumentenrente und Produzentenrente entspricht der gesamtwirtschaftlichen Wohlfahrt. Die gesamtwirtschaftliche Wohlfahrt entsprach vor der Einführung des Mindestlohnes der Summe der Konsumentenrente bzw. der Flächen A, B, D (Konsumentenrente = Fläche zwischen dem Gleichgewichtslohn und der Nachfragekurve) und der Produzentenrente bzw. der Flächen E, C (Produzentenrente = Fläche zwischen dem Gleichgewichtslohn und der Angebotskurve). Die neue Konsumentenrente entspricht der Fläche D und die neue Produzentenrente den Flächen A und E. Durch die Einführung des Mindestlohnes gehen die Flächen B und C verloren – der Mindestlohn reduziert also die gesamtwirtschaftliche Wohlfahrt. Diese Reduktion der Wohlfahrt entsteht dadurch, dass durch die Einführung des Mindestlohnes die Beschäftigung sinkt bzw. die Arbeitslosigkeit steigt.

Die Umverteilung der Wohlfahrt: Neben der Reduktion der gesamtwirtschaftlichen Wohlfahrt findet eine Umverteilung statt. Für die Unternehmer ist der Mindestlohn ein «Verlustgeschäft». Ihre Konsumentenrente wird kleiner (Verlust der Flächen A und B). Die Fläche A wird von den Unternehmern (Reduktion der Konsumentenrente) zu den Arbeitnehmern (Erhöhung der Produzentenrente) verschoben. Lohnt sich diese Umverteilung der Wohlfahrt deshalb für die Arbeitnehmer? Die Arbeitnehmer gewinnen zwar durch die Lohnerhöhung an Wohlfahrt (Fläche A), verlieren aber durch die Erhöhung der Arbeitslosigkeit (Fläche C) auch an Wohlfahrt. Der Gesamteffekt auf die Wohlfahrt der Arbeitnehmer hängt deshalb davon ab, ob der Gewinn (Fläche A) dank der Lohnerhöhungen grösser ist als der Verlust (Fläche C) aufgrund des Anstiegs der Arbeitslosigkeit. Ob der Gewinn oder Verlust an Wohlfahrt grösser ist, hängt unter anderem von der Elastizität der Nachfrage ab: Je elastischer die Nachfrage, desto stärker steigt die Arbeitslosigkeit und desto grösser wird der Wohlstandsverlust.

Abbildung 2.12   Die Auswirkungen von Mindestlöhnen

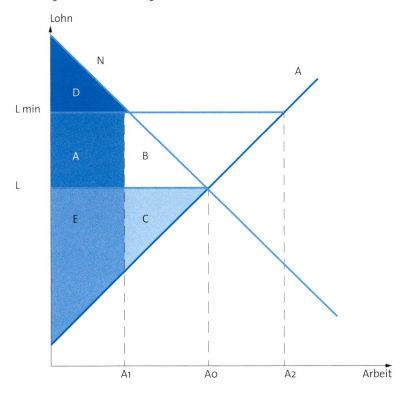

Denksportaufgaben: Mit diesen Überlegungen ist die Basis zur Beurteilung von Mindestlöhnen gelegt. Aber zugegeben: Es ist nicht die ganze «Wahrheit» – zu diesem Thema lassen sich ganze Bücher schreiben. Deshalb folgen Fragen – für Sie Denksportaufgaben –, falls Sie Lust haben, das Gelernte anzuwenden und neues Wissen zu erarbeiten:
- Ist die Elastizität der Arbeitsnachfrage im Bereich der Tieflöhne hoch oder tief?
- Können die Unternehmer steigende Kosten aufgrund von Mindestlöhnen auf die Preise überwälzen?
- Welche Massnahmen zur Senkung der Personalkosten kann der Anbieter ergreifen, um den Anstieg der Lohnkosten zu kompensieren?
- Ist es die Aufgabe des Arbeitsmarktes, für «faire» Löhne zu sorgen?
- Welchen Einfluss haben Mindestlöhne auf die Berufsausbildung?
- Wie hoch ist der Lohn, den der Arbeitgeber einem Mitarbeiter höchstens zu zahlen bereit ist?
- Sind Mindestlöhne eine geeignete Massnahme zur Bekämpfung von Armut?
- Sind staatliche Eingriffe in den Arbeitsmarkt zu rechtfertigen, weil die Lohnbildung nicht nach den Gesetzen des Wettbewerbs erfolgt?
- Ist die Festlegung von Mindestlöhnen Sache der Sozialpartner oder des Staates?
- Mindestlöhne dienen dem Schutz der Einkommen der Arbeitnehmer. Wie schützt man die Einkommen der Selbstständigen?

2.12   Kosten- und Gewinntheorie

Bei der Herleitung der Angebotskurve haben wir bereits die Begriffe und den Verlauf der totalen, fixen und variablen Kosten sowie der Grenzkosten kennengelernt. Im Folgenden wollen wir an einem Zahlenbeispiel und mit Hilfe einer Grafik den Zusammenhang zwischen Kosten und Gewinn veranschaulichen und zugleich vertiefen. Solange im Bereich steigender Grenzerträge produziert wird, wird die Totalkostenkurve flacher. Das wiederum bedeutet, dass die Grenzkosten fallen. Auch die totalen Durchschnittskosten oder totalen Stückkosten (=totale

Kosten pro hergestellte Einheit) fallen. Beim Wendepunkt der Totalkostenkurve beginnen die Grenzkosten zu steigen, die Totalkostenkurve wird steiler. Die totale Durchschnittskostenkurve sinkt solange weiter, als der letzte Kostenzuwachs kleiner ist als der Durchschnitt aller vorherigen. Wenn die Grenzkosten grösser werden als die Durchschnittskosten, beginnen auch diese zu steigen.

Liegt der Preis gerade beim Minimum der Durchschnittskosten, entsteht weder Gewinn noch Verlust. Man bezeichnet diesen Punkt deshalb als **Gewinnschwelle** oder break-even-point. Die Kurve der variablen Durchschnittskosten verläuft unter der totalen Durchschnittskostenkurve, weil bei ihr ja die fixen Kosten nicht enthalten sind. Liegt der Preis zwischen dem Minimum der variablen Durchschnittskosten und dem Minimum der totalen Durchschnittskostenkurve, macht der Anbieter zwar einen Verlust, den er aber minimiert, weil der Preis dazu beiträgt, einen Teil der fixen Kosten zu decken. Liegt der Preis allerdings unter dem Minimum der variablen Kosten, wird der Unternehmer auf ein Angebot verzichten, weil dieser Preis nicht einmal die variablen Stückkosten deckt. Deshalb wird das Minimum der variablen Kosten als Betriebsminimum oder als kurzfristige Preisuntergrenze bezeichnet.

Zahlenbeispiel:

Produktion	Fixe Kosten	Variable Kosten	Totale Kosten	Grenz-Kosten	Stück-Kosten: Variabel	Stück-Kosten: Total
1	100	40	140	—	40	140
2	100	70	170	30	35	85
3	100	85	185	15	28.33	61.66
4	100	96	196	11	24	49
5	100	104	204	8	20.80	40.80
6	100	110	210	6	18.33	35
7	100	115	215	5	16.43	30.71
8	100	120	220	5	15	27.50
9	100	126	226	6	14	25.11
10	100	134	234	8	13.40	23.40
11	100	145	245	11	13.18	22.27
12	100	160	260	15	13.33	21.67
13	100	180	280	20	13.85	21.54
14	100	206	306	26	14.77	21.86
15	100	239	339	33	15.93	22.60
16	100	280	380	41	17.50	23.75
17	100	330	430	50	19.41	25.29

Abbildung 2.13   Kostenverläufe, Gewinnschwelle und Betriebsminimum

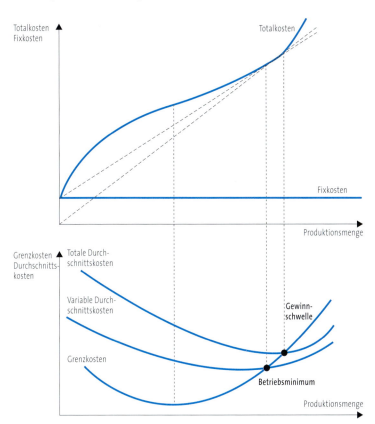

2.13   Preisbildung beim Monopol

In den letzten Kapiteln sind wir von den Bedingungen der vollkommenen Konkurrenz ausgegangen. Wir haben unterstellt, dass einer sehr grossen Anzahl von Anbietern eine sehr grosse Anzahl von Nachfragern gegenübersteht. Die Annahme einer grossen Zahl von Nachfragern ist zwar in vielen Fällen richtig, aber richtig ist auch, dass viele Produkte nur von einer oder von wenigen Unternehmungen angeboten werden.

Wie verändert sich die Preisbildung, wenn es im Extremfall nur einen Anbieter – ein Angebotsmonopol – gibt?

In Bezug auf die Kostenkurven gibt es keinen Unterschied zu den bisherigen Ausführungen. Anders sieht es jedoch auf der Absatzseite aus. Bei vollkommener Konkurrenz hat die einzelne Unternehmung keinerlei Möglichkeiten, die Marktsituation zu beeinflussen. Sie hat keinen Einfluss auf den Preis. Der Erlös einer zusätzlich verkauften Einheit (= Grenzerlös) ist konstant und entspricht dem Preis. Deshalb haben wir das Optimum bei vollkommener Konkurrenz auch dort festgelegt, wo die Grenzkosten gleich hoch sind wie der Preis. Der Monopolist aber kann die Marktsituation sehr wohl beeinflussen: Dehnt er sein Angebot aus, so muss er die Preise senken, weil er sonst auf einem Teil seiner Ware sitzen bleibt. Der Monopolist kann natürlich nicht nur den Preis für die zusätzlichen Verkäufe herabsetzen, sondern er muss den Preis generell senken. Der Erlös einer zusätzlich verkauften Einheit (= Grenzerlös) ist also nicht gleich dem Preis, weil er die bisher abgesetzte Menge in Zukunft ebenfalls zum tieferen Preis verkaufen muss. Die Folge ist, dass der Grenzerlös beim Monopolisten geringer ist als der Preis. Folgendes Zahlenbeispiel soll dies verdeutlichen:

Nachgefragte Menge	Preis	Gesamterlös	Grenzerlös
0	500	0	–
1	450	450	450
2	400	800	350
3	350	1050	250
4	300	1200	150
5	250	1250	50
6	200	1200	-50

Welches Verhalten ist für den Monopolisten gewinnmaximierend? Die Überlegungen bleiben dieselben wie bei der vollkommenen Konkurrenz: Solange der Grenzerlös über den Grenzkosten liegt, lohnt sich ein zusätzlicher Verkauf. Erst wenn der zusätzliche Erlös gleich hoch ist wie die zusätzlichen Kosten, kann er seinen Gewinn nicht mehr steigern.

Die Bedingung für die Gewinnmaximierung des Monopolisten lautet deshalb: Grenzerlös = Grenzkosten.

Halten wir diese Zusammenhänge grafisch fest, dann zeigt sich, dass der Monopolist die optimale Menge (Schnittpunkt der Grenzkosten- mit der Grenzerlöskurve) zu dem Preis verkaufen kann, wie er sich auf der Nachfragekurve ergibt. In Erinnerung an A. Cournot, dem Schöpfer der Monopolpreistheorie, wird dieser Punkt **Cournotscher Punkt** genannt (vgl. *Abbildung 2.14*).

Welches sind nun die Unterschiede der Preisbildung beim Monopol im Vergleich zur vollkommenen Konkurrenz?

Um beide Situationen vergleichen zu können, müssen wir von gleichen Kostenstrukturen ausgehen. Wir nehmen also an, dass die zusammengefasste Grenzkostenkurve der Anbieter bei vollständiger Konkurrenz der Grenzkostenkurve des Monopolisten entspricht.[1] Bei **vollständiger Konkurrenz** würde der Preis P1 und die Menge M1 in *Abbildung 2.14* dem Marktgleichgewicht entsprechen. Bei diesem Preis und dieser Menge schneiden sich die Nachfrage- und die Angebotskurve (die Angebotskurve entspricht ja der Grenzkostenkurve).

Das Gleichgewicht **im Monopol** (z. B. wenn sich alle Anbieter zu einer grossen Unternehmung zusammenschliessen würden) wird aber durch den Schnittpunkt der Grenzerlöskurve mit der Grenzkostenkurve bestimmt. Dadurch ergibt sich der Preis P2 und die Menge M2. Bei vollkommener Konkurrenz wird also eine grössere Menge zu einem niedrigeren Preis auf dem Markt umgesetzt als bei der Monopolsituation. Was für Monopole gilt, gilt auch für **Kartelle**[2]: Die Einkommensumverteilung ändert sich zugunsten der Kartell-Unternehmungen und zulasten der Konsumenten.

1 **Kostenstrukturen:** Allerdings ist die Annahme gleicher Kostenstrukturen ziemlich unrealistisch: Das Monopol könnte durch Grössenvorteile entstanden sein; dann hätte es tiefere Durchschnitts- und Grenzkosten als der Anbieter in vollkommener Konkurrenz.

2 **Kartelle:** Absprachen zu Preisfestsetzung, Mengen- oder Gebietsaufteilungen zwischen Unternehmen.

Abbildung 2.14 Monopolpreisbildung

Preisbildung beim Monopol und der vollkommenen Konkurrenz

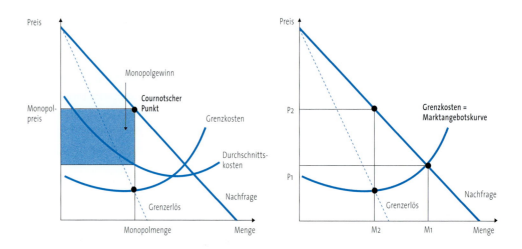

2.14 Die Realität: Eine Vielzahl von Marktformen

Wir haben nun die Preisbildung unter den Bedingungen der vollkommenen Konkurrenz und des Monopols diskutiert. Bei diesen beiden Marktformen ist die Analyse der Preisbildung relativ einfach. Bei vielen anderen Marktformen ist diese Analyse viel komplizierter und in einigen Fällen überhaupt nicht möglich. Dabei hat das wirtschaftliche Leben eine Vielzahl von Marktformen entstehen lassen, deren Grenzen untereinander teilweise fliessend sind. Wir begnügen uns hier damit, einen Überblick über die wichtigsten Marktformen zu geben, ohne auf das Verhalten von Anbietern und Nachfragern bei diesen unterschiedlichen Marktbedingungen einzutreten.

Eine erste Abweichung von den Bedingungen der vollkommenen Konkurrenz bezieht sich auf die Anzahl von Anbietern und Nachfragern. Dieses Kriterium ist für die Einteilung von Marktformen denn auch das am häufigsten verwendete.

Gestützt auf dieses Kriterium ergibt sich folgender **Überblick**:

Nachfrager	Anbieter		
	Viele	Wenige	Einer
Viele	Polypol (vollkommene Konkurrenz)	Angebotsoligopol	Angebotsmonopol
Wenige	Nachfrageoligopol	Zweiseitiges (bilaterales) Oligopol	Angebotsmonopol und Nachfrageoligopol
Einer	Nachfragemonopol	Nachfragemonopol und Angebotsoligopol	Zweiseitiges (bilaterales) Monopol

Reine **Monopole** sind genauso selten zu finden wie die vollkommene Konkurrenz. Meist sind es Monopole der öffentlichen Hand (Eisenbahnen, Post, Elektrizitäts-, Gas-, Wasserwerke usw.). Eine sehr häufig vorkommende Marktform ist das (Angebots-)**Oligopol**. Bei dieser Marktform hängt der Absatz eines Anbieters nicht nur von seinem eigenen Preis ab (wie beim Monopol), sondern auch von den Preisen der übrigen Anbieter. Beispiele für diese Marktform sind der Mobilfunk-, Zigaretten-, Schokolade-, Mineralöl-, Waschmittel-, Computermarkt.

Eine weitere Abweichung von den Bedingungen der vollkommenen Konkurrenz, die Ihnen möglicherweise beim Birnen-Beispiel im *Kapitel 2.8* durch den Kopf gegangen ist, bezieht sich auf die getroffene Annahme der **homogenen Güter**. Selbst bei Birnen mögen Sie die Annahme der homogenen Güter bezweifeln, viel mehr noch bei Autos, Fernsehern, Zeitungen, Kleidern, Möbeln usw. Sie haben recht; bei überwiegender Mehrzahl der Güter besteht die Möglichkeit von **Produktdifferenzierung**, der Abgrenzung des eigenen Produktes von denjenigen der Konkurrenz, z.B. durch Markenbildung, durch den Aufbau eines speziellen Images, durch Farb- und Formgestaltung, durch Serviceleistungen, durch Lieferbedingungen und vieles mehr. Der Wettbewerb unter den Marktkonkurrenten wandelt sich vom Preis- zum Differenzierungswettbewerb. So gibt es nur ein Unternehmen, das Coca-Cola herstellt. Heisst das nun, dass dieses Unternehmen ein Monopolist ist? Nein, Coca-Cola muss mit anderen Herstellern von Getränken konkurrenzieren, denn die Konsumenten betrachten jede der Getränkemarken in bestimmtem Ausmass als Substitute. Der Coca-Cola-Produzent ist aber insofern monopolistisch, als er durch sein differenziertes Produkt einen begrenzten «monopolitischen» Spielraum hat, der es ihm erlaubt, seinen eigenen Preis zu setzen (wie beim Monopol); er muss den Marktpreis also nicht passiv (wie bei vollkommener Konkurrenz) akzeptieren. Andererseits steht Coca-Cola hinsichtlich Preis und Produkt mit anderen Getränkeanbietern im Wettbewerb um die Kunden (wie bei der Konkurrenz). Deshalb sind die Grenzen für die eigene Preisfestsetzung doch recht eng. Da ein solcher Markt durch Elemente des Monopols als auch der Konkurrenz gekennzeichnet ist, wird für diese Marktform der Begriff der **monopolistischen Konkurrenz** verwendet. Die monopolistische Konkurrenz ist wahrscheinlich die vorherrschende Marktform.

1 **Schöpferische Zerstörung:** Für den Ökonomen Joseph A. Schumpeter ist der innovative Unternehmer die Triebfeder der wirtschaftlichen Entwicklung, der durch die **schöpferische Zerstörung** im Wettbewerb um Qualität und neue Produkte wirtschaftliche Strukturen aufbricht.	In den Marktformen kommt auch die **Dynamik der Wirtschaft** zum Vorschein. Wenn ein Unternehmer ein neues Produkt auf dem Markt lanciert, tritt er vorerst als Monopolist auf und erweitert die Wahlmöglichkeit der Haushalte, die darüber entscheiden, ob dieses neue Produkt zum Erfolg oder zum Flop wird. Die Konkurrenz der Unternehmungen um die Nachfrage der Haushalte wird jedenfalls verstärkt. Trifft das Produkt die Bedürfnisse der Nachfrager, werden bald neue Unternehmer mit ähnlichen Produkten auf den Markt kommen – es entsteht eine monopolistische Konkurrenz. Die Preise des neuen Produktes und die der Substitutionsgüter sowie die Gewinne des Pionierunternehmens sinken. Einzelne Unternehmungen, vor allem diejenigen, die nach wie vor «alte» Produkte anbieten, erleiden Verluste und verschwinden vom Markt. Unter den verbleibenden Unternehmungen herrscht aufgrund des grossen Wettbewerbs ein Rationalisierungsdruck. Als Folge davon kann sich die Marktform des Oligopols bilden, bei welcher nur wenige Anbieter um Marktanteile kämpfen und mit laufend neuen Angeboten die Mitbewerber auszubooten versuchen. Diese Überlegungen zeigen, dass der innovative Unternehmer in der Dynamik der Wirtschaft eine Schlüsselrolle einnimmt, indem er – angespornt durch Gewinnchancen – ständig nach neuen Produkten und kostengünstigen Produktionsmethoden sucht.[1] Zur Freude der Haushalte: Sinkende Preise steigern ihre Realeinkommen und neue Produkte erhöhen ihre Wahlmöglichkeiten.

Die Bedingungen der vollkommenen Konkurrenz und des Monopols sind in Wirklichkeit selten erfüllt. Die am häufigsten anzutreffenden Marktformen sind das Oligopol und die monopolistische Konkurrenz. Innovative Unternehmer sind die Schlüsselfaktoren für die Dynamik der Wirtschaft und des Wettbewerbs.

Die grundsätzliche Funktionsweise des Preismechanismus weicht bei nur teilweisem Vorliegen der einen oder anderen Bedingung nicht wesentlich von den Modellaussagen der vollkommenen Konkurrenz ab. Je weniger die Bedingungen allerdings erfüllt sind, desto weniger können auch die Vorteile des Marktes zum Tragen kommen. Damit werden wir uns im *Kapitel 3* «Die Marktwirtschaft» intensiver auseinandersetzen.

Exkurs: Wettbewerb mit harten Bandagen

In verschiedenen Städten der Welt wehren sich die einheimischen Taxibetriebe gegen die neue Konkurrenz durch Uber. In Istanbul ist es allerdings mehr als der übliche Aufschrei des Taxigewerbes, wie man ihn aus anderen Ländern kennt, gehen doch militante Chauffeure bisweilen mit Fäusten auf die verhassten Uber-Konkurrenten los. Zeitungen berichten von Taxihaltern, die sich als Kunden ausgeben, über die App ein Fahrzeug bestellen und danach den Fahrer verprügeln. Ein Minibus eines Wettbewerbers wurde derweil mit Schüssen in die Heckscheibe zum Stoppen gebracht.

Die Istanbuler Version des Dramas «Uber contra Taxihalter» unterscheidet sich noch in anderer Hinsicht: Wer am Bosporus eine Transportdienstleistung über die App bestellt, tut dies nicht wegen Discountpreisen. Eine Fahrt mit einem offiziellen gelben Taxi kostet selten mehr. Uber versucht sich mit einem besseren Kundendienst zu profilieren. Der beginnt mit einer benutzerfreundlichen App und endet mit einem Bewertungssystem, das die Fahrer motiviert, den Gast zuvorkommend zu behandeln. Die gelben Taxis hingegen geniessen nicht den besten Ruf. Man kann einen rauchenden Fahrer erwischen, der mit hundert Sachen durch die Gegend rast und sein lärmiges Gefährt mit Reden des Staatschefs übertönt.

Dass Uber in der Bevölkerung auf Resonanz stösst, erklärt sich auch mit einem anachronistischen Lizenzsystem, das bisweilen zu Engpässen führt. Obwohl sich die Einwohnerzahl Istanbuls seit den sechziger Jahren versiebenfacht hat, blieb die Zahl der Taxilizenzen auf 18'000 stehen. Fulminant stieg hingegen deren Wert. Das Recht, ein Taxigeschäft zu betreiben, wurde zu einem lukrativen Anlagevehikel. Manche Besitzer einer Lizenz mühten sich nicht mehr damit ab, ein Taxi durch die verstopfte Megalopolis zu steuern. Die Kärrnerarbeit übernehmen die Chauffeure, die dem Lizenzinhaber saftige Gebühren entrichten. Unter diesem Arrangement kommen sie trotz überlangen Arbeitszeiten finanziell auf keinen grünen Zweig. Ihre Frustration entlädt sich aber nicht an den Profiteuren dieses Systems, die Monopolrenten einstreichen. Stattdessen schiesst man sich buchstäblich auf Uber ein.

Quelle: NZZ vom 16.3.2018

Ökonomisches Denken: statisch und dynamisch

In diesem Kapitel wurden die wesentlichen Gesetzmässigkeiten der Preisbildung dargestellt. Die verwendeten Grafiken zeigen dies allerdings in einer statischen Betrachtung. In der Realität aber ist die Preisbildung ausserordentlich dynamisch. Der Prozess der Preisbildung in seiner dynamischen Form kann besonders gut an den Wertschriften-, Devisen- oder Warenbörsen beobachtet werden. Dort sieht man, dass sich die Preise innert Minuten oder gar Sekunden ändern. Das heisst, dass jeder «richtige Gleichgewichtspreis» sich innert kürzester Zeit als falsch herausstellt. Anders gesagt sind Märkte dauernd ablaufende Suchprozesse nach dem richtigen Preis. Eines ist dabei sicher: Jeder aktuelle Preis widerlegt den bisher richtigen Preis als falsch.

Warum ist das so, warum muss das so sein? Die Einflussgrössen der Nachfrage und des Angebots sind – wie gezeigt – sehr vielfältig und beeinflussen sich auch gegenseitig. Da sich diese Faktoren laufend verändern, sind die Marktpreise natürlich auch dauernd in Bewegung. Diese Preisbewegungen sind Ausdruck einer laufend stattfindenden enormen Informationsverarbeitung.

Interview (April 2018)

Stefan Meierhans
Preisüberwacher
(www.preisueberwacher.admin.ch)

Eine Marktwirtschaft, wie sie die Schweiz kennt, ist doch durch Wettbewerb gekennzeichnet, und Wettbewerb ist die beste Preisüberwachung. Warum brauchen wir überhaupt einen Preisüberwacher?
Weil der Wettbewerb nicht überall spielt – oder spielen kann. Und weil es das Volk so will: Es hat mit deutlichem Mehr den Preisüberwacher in der Verfassung verankert. Wenn beispielsweise ein marktmächtiges Unternehmen seine Marktmacht missbraucht, braucht es ein Korrektiv. Das gilt insbesondere bei (natürlichen) Monopolen: Wasserversorgung, Energieversorgung, Post, öffentlicher Verkehr, Kabelfernsehen etc. Der Preisüberwacher ist das Kompetenzzentrum für Preise beim Bund – auch bei sogenannten administrierten Preisen: Das ist dann der Fall, wenn die öffentliche Hand Preise festlegt – zum Beispiel Preise von Medikamenten zu Lasten der sozialen Krankenversicherung. Im langjährigen Vergleich entlastet der Preisüberwacher die Preise um mehrere hundert Millionen. Die ökonomische Theorie rechtfertigt Eingriffe dort, wo Marktversagen zu überhöhten Preisen führen und keine systemische Verbesserung möglich ist. Auch aus staatspolitischer Sicht ist eine Preisregulierung zu befürworten, da sie mitunter Freiheit für viele erst ermöglicht – insbesondere, wenn der Monopolist oder der marktmächtige Unternehmer die gefangenen Kunden ausbeuten könnte.

Wie viel Prozent der Preise in der Schweiz bilden sich denn nicht im wirksamen Wettbewerb?
Schauen wir das Monatsbudget bzw. die monatlichen Ausgaben der Haushalte gemäss Statistik an, so können die Preise, welche nicht im Wettbewerb gebildet werden, direkt auf rund einen Viertel geschätzt werden (gemessen am Umsatz): Betroffen sind etwa Gesundheits-, Energie-, Verkehrs- und Nachrichtenübermittlungsposten. Natürlich sind das jeweils nicht die gesamten Posten: Bei der Energie etwa unterliegt der Benzinpreis unserer Erfahrung nach dem Wettbewerb, nicht aber der Gaspreis. Werden zusätzlich die indirekten Kosten hinzugerechnet, dann könnte es sich um bis zu einem Drittel der Ausgaben handeln, die nicht auf Wettbewerb basieren.

In welchen Bereichen ist denn der Wettbewerb besonders unwirksam?
Ich habe typischerweise mit zwei Bereichen zu tun, in denen der Wettbewerb nicht spielt: Dort, wo ein Marktversagen vorliegt (natürliche Monopole wie Versorgungsnetze, Märkte mit Informationsasymmetrie wie im Gesundheitsmarkt etc.), sowie dort, wo politisch kein Wettbewerb gewünscht wird (öffentliche Betriebe wie Post in der Grundversorgung etc.).

Wozu braucht es bei Medikamenten den Preisüberwacher?
Medikamente sind Teil des Gesundheitsmarktes – ein Markt mit einem Totalumsatz von über 80 Milliarden pro Jahr in der Schweiz. Die Kosten des Gesundheitswesens sind in den vergangenen Jahren enorm gestiegen – allein in der obligatorischen Grundversicherung liegt die Kostensteigerung in den letzten zwanzig Jahren bei 4% jährlich. Damit sind die Gesundheitskosten fünf Mal schneller gestiegen als die Löhne im gleichen Zeitraum und doppelt so stark wie unsere gesamte Wirtschaftsleistung, das BIP. Zudem ist der Gesundheitsmarkt als Anbietermarkt mit asymmetrischer Information – der Verkäufer «entscheidet» de facto über die zu konsumierende Leistung – ein ganz spezieller Markt, wo in der Regel Marktmacht und nicht wirksamer Wettbewerb herrscht. Dies gilt ganz speziell bei Medikamenten, deren Preise zu Lasten der obligatorischen Krankenkasse amtlich festgelegt werden. Hier nehme ich meine Pflicht sehr ernst – und wir haben in den vergangenen Jahren auch schon Milliarden einsparen können. Aber es reicht noch nicht – darum bleibe ich «dran».

Parfums, Kosmetikprodukte oder ein Haarschnitt sind für Frauen oft erheblich teurer als für Männer. Wie beurteilen Sie diese «pink tax»? Würden Sie ein Verbot von genderspezifischer Preisdifferenzierung unterstützen?
Die Preise in den genannten Kategorien sind in der Regel Wettbewerbspreise. Etwa beim Coiffeur: In unserem Land gibt es tausende von Coiffeursalons – und der Wettbewerb spielt. Deshalb sind etwa die Haarschnitt-Preise Ergebnis eines wirksamen Wettbewerbs. Da habe ich als Preisüberwacher kaum Einflussmöglichkeiten. Im Übrigen gibt es auch den umgekehrten Fall: Wo zum Beispiel Männer Eintritt in die Disco oder zum Fussballspiel zahlen müssen und Frauen nicht. Grundsätzlich bin ich gegenüber zusätzlichen Eingriffen über das reine Wettbewerbsprinzip hinaus skeptisch.

In welchen Bereichen hatten Sie am meisten Erfolg, wo am wenigsten?
Ganz generell kann man das nicht sagen – es hängt immer vom Einzelfall ab. Wir sparen jährlich im Durchschnitt einen dreistelligen Millionenbetrag ein – und das ist, was zählt. Es gibt allerdings ein Dossier, wo ich immer noch daran «beisse»: Die überhöhten Preise für ausländische Zeitschriften. Zurzeit debattiert wieder das Parlament darüber, denn um es zu lösen, bräuchte es eine Gesetzesänderung. Ich hoffe, dass wir hier endlich einen Schritt weiterkommen! Grundsätzlich ist es dort am schwierigsten, wo hauptsächlich die Politik mitspielt.

Schlüsselbegriffe

Die folgenden Schlüsselbegriffe kommen in diesem Kapitel vor und werden zudem am Ende des Buches nochmals erläutert.

- Nachfragekurve
- Substitutionsgüter
- Komplementärgüter
- Substitutionseffekt
- Einkommenseffekt
- Gesetz vom abnehmenden Grenznutzen
- Gesetz vom Ausgleich der Grenznutzen
- Angebotskurve
- Gewinnschwelle
- Grenznutzen (-kosten, -ertrag, -erlös)
- Ertragsgesetz
- Cournotscher Punkt
- Elastizität (Preis-, Angebots-, Einkommens-)
- Inferiore Güter
- Homogene Güter
- Angebotsüberschuss
- Nachfrageüberschuss
- Marktgleichgewicht
- Konsumentenrente
- Produzentenrente
- Dynamic Pricing
- Vollkommene Konkurrenz
- Monopol
- Oligopol
- Monopolistische Konkurrenz

Repetitionsfragen

Die Antworten finden Sie im Text dieses Kapitels sowie auf der Homepage des Verlages, edu.somedia-buchverlag.ch.

1. Wovon hängt es ab, wie viel von einem bestimmten Gut nachgefragt wird?
2. Erklären Sie, weshalb die Nachfragekurve im Normalfall von links oben nach rechts unten verläuft.
3. Welche Gründe können für eine Linksverschiebung der Nachfragekurve verantwortlich sein?
4. Wovon hängt es ab, ob die Nachfrage nach einem Gut preiselastisch oder -unelastisch reagiert?
5. Wovon hängt es ab, wie viel von einem bestimmten Gut angeboten wird?
6. Erklären Sie, weshalb die Angebotskurve im Normalfall von rechts oben nach links unten verläuft.
7. Weshalb tendieren die Preise und Mengen immer zum Marktgleichgewicht?
8. Wie gross ist die Konsumentenrente bei einem perfekten Dynamic Pricing?
9. Welche vier Bedingungen müssen im Modell der vollkommenen Konkurrenz erfüllt sein?
10. Welche Unterschiede ergeben sich in der Preisbildung im Monopol im Vergleich zur Situation der vollkommenen Konkurrenz?

Interessante Homepages
(Direkte Verlinkung siehe edu.somedia-buchverlag.ch)

Was macht der Preisüberwacher in der «Marktwirtschaft» Schweiz?
http://www.preisueberwacher.admin.ch/

Alltagsfragen der Ökonomie auf Englisch:
http://www.economicshelp.org/

Aktuelle Preisentwicklungen auf den Rohstoffmärkten wie Öl, Gas, Kaffee etc. lassen sich anschaulich verfolgen z. B. unter:
http://www.finanzen.ch/rohstoffe

Vergleiche verschiedenster Marktpreise findet man unter anderem bei:
www.preisbarometer.ch/
https://www.comparis.ch/

3 Die Marktwirtschaft

«Die Marktwirtschaft ist ein Akt schöpferischer Zerstörung»

Joseph A. Schumpeter

3.1 Wie funktioniert die Marktwirtschaft?

Experiment:
«Die Frage nach der richtigen Wirtschaftsordnung»
(edu.somedia-buchverlag.ch)

Wenn wir uns am Freitag in einem Einkaufszentrum mit Lebensmitteln für das Wochenende eindecken, finden wir alles, was wir brauchen: Brot, Fleisch, Gemüse, Früchte und vieles andere mehr. Wie viele Menschen sind wohl an der Produktion und Bereitstellung der Lebensmittel beteiligt? Wie viel Kilometer haben die Waren zurückgelegt, bis sie in den Regalen des Einkaufszentrums stehen? Wie hoch waren die Investitionen des Einkaufszentrums für das Grundstück, das Gebäude und die Einrichtungen?

Obwohl uns die obigen Fragen im Allgemeinen wenig beschäftigen, ist es doch wichtig, sich bewusst zu sein, wie eigentlich über die folgenden **drei zentralen Fragen** in einer Volkswirtschaft entschieden wird:

- **Was soll produziert werden?** Welche Güter sollen in welcher Menge produziert werden und wer entscheidet darüber?
- **Wie soll produziert werden?** Mit welchen Produktionsverfahren und wo soll produziert werden und wer entscheidet darüber?
- **Für wen soll produziert werden?** Wer erhält was und wie viel vom Produktionsergebnis und wer entscheidet darüber?

Das Wirtschaftssystem ist jeweils der Versuch einer Gemeinschaft, auf diese Fragen eine Antwort zu geben. Bei der Marktwirtschaft treten die Konsumenten und Produzenten auf dem Markt miteinander in Kontakt: **Auf den Märkten werden die drei zentralen Probleme der wirtschaftlichen Ordnung gelöst.** Im vorangegangenen Kapitel haben wir bereits gesehen, dass es sehr viele, sehr unterschiedliche Märkte gibt, die aber – in der Regel – den gleichen Funktionsprinzipien unterliegen:

Der Markt ist ein Verfahren, bei dem durch das Zusammenwirken von Anbietern und Nachfragern Entscheidungen über den Preis und die Menge von Gütern und Produktionsfaktoren getroffen werden.

Wir haben auch bereits die Preisbildung unter den Bedingungen der Konkurrenz und des Monopols kennengelernt. Was kann der Markt- und Preismechanismus leisten? Wie ist das Marktergebnis zu beurteilen? Diese Fragen wollen wir im Folgenden genauer analysieren.

Markt- und Preisfunktionen

- In einer Marktwirtschaft sorgt der Preismechanismus dafür, dass die Anbieter diejenigen Güter herstellen, welche die Konsumenten wünschen. Missachtet der Produzent diesen Grundsatz, wird er unweigerlich Verluste machen und schliesslich Konkurs gehen. Preise sind somit wichtige **Informationsträger**, die dem Anbieter signalisieren, ob es sich lohnt und wie viel es sich lohnt, von einem bestimmten Gut herzustellen. Preisänderungen zeigen Veränderungen von relativen Überschüssen oder Knappheiten an. Steigende Preise vermitteln die Information, dass das Angebot im Vergleich zur Nachfrage zu gering ist. Da dadurch neue Gewinnchancen entstehen, locken sie auch neue Anbieter an. Preise zeigen also, in welcher Verwendungsrichtung die Ressourcen den höchsten Nutzen bzw. Ertrag bringen.

- Preise übernehmen aber auch eine wichtige **Steuerungs- oder Allokationsfunktion**. Allokation ist eines der meistgebrauchten Zauberwörter in der Volkswirtschaftslehre. Es bezeichnet die Zuweisung der verfügbaren Mittel (Ressourcen) an die Herstellung bestimmter Güter. Mit der Allokation der Mittel wird darüber entschieden, welche Güter in welchen Verfahren und mit welchen Produktionsmitteln wo und wann hergestellt werden. Der Markt- und Preismechanismus löst dieses Allokationsproblem in der Weise, dass die knappen Ressourcen dorthin gelenkt werden, wo die Verwendung am dringendsten ist. Wo das ist, zeigen die Nachfrager durch ihre Kaufentscheide für bestimmte Güter an. Relativ hohe Preise zeigen hohe Knappheit an, deshalb werden die zur Produktion dieser Güter benötigten Technologien entwickelt, die Produktionsmittel umgelenkt und letztlich die Knappheit entschärft. Ändern sich die Bedingungen für die Nachfrager oder für das Angebot, passen sich die relativen Preise an, wodurch wiederum entsprechende Signale für die Reallokation der Mittel ausgesendet werden. Die Preise als Resultat von Angebot und Nachfrage bestimmen somit den Einsatz der Ressourcen und sorgen für die von den Haushalten gewünschte Umschichtung der Mittel. Weil der rational handelnde Mensch um den bestmöglichen Einsatz seiner Mittel bemüht ist, zeichnet sich die Marktwirtschaft durch einen hohen Grad an **Effizienz** aus; das heisst, aus den vorhandenen Mitteln wird eben das Beste gemacht. Die Marktwirtschaft sorgt für die **effiziente Allokation** der Ressourcen: Die vorhandenen Mittel werden in ihrer produktivsten Verwendung eingesetzt, sodass das Gesamtprodukt maximiert wird; es kann durch keine Umverteilung gesteigert werden.

Lehrmaterial:
«Markteffizienz»
Lernspiel «Schokoriegel»
(www.iconomix.ch)

- Wer **koordiniert** in einer hochentwickelten Volkswirtschaft mit Hunderttausenden von Gütern die individuellen Produktions- und Konsumpläne von Millionen von Anbietern und Nachfragern? Welche Stelle sorgt dafür, dass wir täglich die Güter kaufen können, die wir wünschen? In der Marktwirtschaft wird auch diese sehr bedeutsame Funktion vom Markt- und Preissystem übernommen. Der Preis- und Marktmechanismus koordiniert die Pläne von Millionen Individuen, ohne dass Institutionen mit grosser Bürokratie benötigt werden, die enorme Mittel verschlingen würden. Überlegen Sie, welche Informationen eine Planungsbehörde brauchen würde und welche Anweisungen sie erteilen müsste, damit alle Bewohner Ihrer Stadt oder Ihres Dorfes heute abend ihr Leibgericht serviert bekommen.[1]

Darüber, **WAS** produziert wird, entscheiden also die Frankenstimmen der Konsumenten. Anreize für die Produktion nachgefragter Güter sind die Gewinne. **WIE** Güter produziert werden, entscheidet das Markt- und Preissystem. Die Produzenten trachten danach, der Konkurrenz voraus zu sein, indem sie ihre Kosten durch die effizientesten Produktionsverfahren minimieren. Das billigste Verfahren verdrängt deshalb immer das teurere. Für **WEN** die Güter produziert werden, wird auf den Märkten für Produktionsfaktoren entschieden. Angebot und Nachfrage auf diesen Märkten bestimmen die Löhne, die Zinsen und die Gewinne. Sie sind verantwortlich für die Höhe der Einkommen und bestimmen somit die Kaufkraft der einzelnen Nachfrager an den Gütermärkten.

Das Marktergebnis

Der marktwirtschaftliche Anreizmechanismus führt unablässig zur Suche nach neuen Produkten, besseren Technologien, neuen Ressourcen und nach Wegen zur effizienteren Nutzung von bestehenden Ressourcen.[2] Die Unternehmen setzen ihre Mittel dort ein, wo sie am meisten verdienen können. Verdienen können sie allerdings nur dann, wenn sie für ihre Produkte auch Käufer finden. Die Nachfrager ihrerseits kaufen ein Produkt aber nur, wenn es ihnen mehr Nutzen bringt

---

[1] «Leibgericht»: Notwendig wären z. B. **Informationen** über Qualität und Quantität der nachgefragten Speisen, über die örtliche und zeitliche Verfügbarkeit der dafür notwendigen Güter, über die Produktionstechniken, über die quantitativ und qualitativ erforderlichen Produktionsfaktoren und deren Verfügbarkeit sowie über die Preise der erforderlichen Mittel.

[2] **Effizienz**: Denken Sie an die **Entwicklungen** in den Kommunikationstechnologien, in der Medizin oder in der Informatik – an die ersten Taschenrechner in den sechziger Jahren oder an die Dinosauriercomputer der ersten Generation; an die sinkenden Kosten in der Datenverarbeitung, die seit 1974 auf einen Hundertstel gefallen sind oder an den ersten Flug nach New York im Jahre 1947, der damals 2902 Franken kostete und heute für rund 500 Franken zu haben ist.

als jede andere Verwendung des dafür zu tauschenden Geldes. Daraus folgt, dass nicht nur die Verkäufer einen Gewinn erwirtschaften, sondern dass auch der Nutzen der Käufer erhöht wird. Hier scheint etwas «Geheimnisvolles» vorzugehen: Ein System, das von selbst relative Knappheiten und Überschüsse anzeigt und eine «unsichtbare Hand», welche die Handlungen der Individuen derart lenkt, dass der Nutzen aller maximiert wird. Diese Metapher von der unsichtbaren Hand geht auf Adam Smith (1723–1790) zurück. Vereinfacht wiedergegeben, lautet sie:

Die «unsichtbare Hand» von Adam Smith:
Jedes Individuum wird bei der Verfolgung seines eigenen Vorteils von einer unsichtbaren Hand geleitet, die gewährleistet, dass das grösstmögliche Wohl aller erreicht wird, obwohl keiner der Handelnden dies bezweckt: Um einen optimalen Gewinn zu erzielen, bietet jeder Produzent das an, was der Konsument kaufen will; durch den Kauf steigert der Konsument wiederum seinen eigenen Nutzen. Die Maximierung des Eigennutzes maximiert so auch das gesellschaftliche Wohl. Dieses gesellschaftliche Optimum ist eine unbeabsichtigte Folge der individuellen Handlungen, die durch den Marktmechanismus – die unsichtbare Hand – aufeinander abgestimmt werden. Die relevanten Informationen dazu liefert das Preissystem, indem es relative Knappheiten und Überschüsse signalisiert.

Unternehmertum als Erfolgsvoraussetzung
Unternehmertum bzw. der englische Begriff dafür, «Entrepreneurship», ist in letzter Zeit zum Modewort avanciert und die Förderung des Unternehmertums wird vielfach in der Top-Ten-Liste in Regierungsprogrammen aufgeführt. Von vermehrtem Unternehmergeist verspricht man sich eine Belebung der Wirtschaft. Unternehmerisches Handeln besteht aus Entdecken von Chancen, Durchsetzen von Innovationen und Tragen von Risiken. Risikobereitschaft ist absolut notwendig, weil unternehmerische Aktivitäten immer Chancen und Risiken bieten. Der Unternehmer wägt diese ab und geht ein Risiko ein. Er bewertet Kosten, Markt- und Kundenbedürfnisse. Der Unternehmer trägt die Verantwortung, um die Idee zum Erfolg zu führen. Der Unternehmer muss eine Vision haben, die ihn begeistert und die er mit viel Eigeninitiative umsetzt. Er strebt nach Selbstständigkeit und Unabhängigkeit. Unternehmer sind kreativ und ständig auf der Suche nach noch nicht befriedigten Bedürfnissen. Mit ihren Erfindungen sind sie aber auch Agenten des Wandels einer Volkswirtschaft: Altes wird «zerstört» und durch etwas Neues ersetzt.

Diese Eigenschaften der Unternehmer bringen eine Marktwirtschaft zum Blühen. Das heisst aber auch, dass die Qualität der Unternehmer ein zentraler Erfolgsfaktor für die konjunkturelle Entwicklung und das Wirtschaftswachstum einer Volkswirtschaft oder Region ist. Deshalb erstaunt es nicht, dass die Regierungen im Standortwettbewerb danach trachten, möglichst gute Rahmenbedingungen für Unternehmer zu schaffen.

Exkurs: Die Ökonomie des Teilens

Die Ökonomie des Teilens erlebt einen Siegeszug und stellt den Eigentumsbegriff sowie etablierte Geschäftsmodelle in Frage. So lassen sich im Gegensatz zum herkömmlichen Kaufakt, dem eine einmalige Transaktion zu einem fixen Preis zugrunde liegt, mit modernen Streaming- oder Abo-Diensten neue Nutzungsmodelle entwickeln. Der Nutzer von Netflix oder Spotify hinterlässt eine Datenspur, aus der man exakt seinen Geschmack ablesen kann. Ökonomisch gesehen, führt das Teilen von Gütern zu einer viel effizienteren Nutzung von Ressourcen. Mehr Effizienz, etwa bei der Beanspruchung von Wohnraum (Airbnb) oder von Fahrzeugen. So haben die Gründer von Uber und Mobility erkannt, dass die meisten Autos die längste Zeit des Tages ungenützt herumstehen: Wenn Fahrzeuge intensiver eingesetzt werden, stehen sie weniger lang auf den knappen Parkplätzen und es braucht insgesamt weniger Autos für die gleiche Transportleistung. Inzwischen beginnen auch die Automobilhersteller umzudenken und bieten unterschiedliche Nutzungsmodelle an. Das Netflix oder Spotify der Autoindustrie ist die Firma Lynk & Co., welche eine Auto herstellt, das einige Besonderheiten aufweist. Zum Beispiel einen «Share»-Knopf, mit dem man signalisieren kann, dass das Auto nun für eine gewisse Zeit zur Verfügung steht. Ein Interessent kann mit einer entsprechenden App die Tür öffnen und losfahren. Tempi passati sind auch die Zeiten, als wir noch Disketten, CDs und DVDs kauften. Heute lädt man das Office-Paket, das Antiviren- oder Fotobearbeitungs-Programm herunter. Man kauft nicht mehr die Software, sondern entrichtet eine Nutzungsgebühr. Nach dem Vorbild von Airbnb haben sich eine Reihe von Websites auf die effiziente Vermarktung von Büroraum für Kurzzeitnutzer spezialisiert.

3.2 Marktversagen

Die Koordination und Allokation durch den Marktmechanismus kann unter bestimmten Bedingungen unvollkommen sein und zu gesellschaftlich unerwünschten Nebeneffekten führen. Diese Fälle werden als **Marktversagen** bezeichnet. In der Realität stören mehrere Formen des Marktversagens die Idylle der unsichtbaren Hand.[1] Einige Beispiele, in denen der raffinierte Allokationsmechanismus des Marktes versagt, wollen wir nun betrachten.

[1] Zitat Winston Churchill: «Die **Marktwirtschaft** ist das schlechteste Wirtschaftssystem, mit Ausnahme aller anderen!»

Marktversagen bei Wettbewerbsbeschränkungen

Der vollkommene Wettbewerb setzt eine so grosse Zahl von Anbietern voraus, dass kein Unternehmen den Preis eines Gutes beeinflussen kann. Der Wettbewerb zwingt die Unternehmen zur ständigen Verbesserung ihrer Leistung im Interesse der Konsumenten. Dazu braucht es laufende Anstrengungen. Es liegt nun in der Natur des rational handelnden Menschen, nach Wegen zu suchen, diese Anstrengungen zu vermeiden und trotzdem Gewinne zu machen. Eine Möglichkeit, dem unbequemen Leistungswettbewerb auszuweichen, ist die Beschränkung des Wettbewerbs. Ständig sind deshalb Tendenzen zur Einschränkung oder Aufhebung des Wettbewerbs am Werk. Auch hier zeigt sich die Findigkeit des Menschen: So werden Zölle und Einfuhrkontingente aufgestellt, Produkt- und Produktionsnormen festgelegt, Beschränkungen in der Vergabe von staatlichen Aufträgen fixiert, Monopole unter dem Schutzmantel des Staates errichtet, der Zugang zum Arbeitsmarkt erschwert, Preis- und Mengenabsprachen getroffen, Kooperationen mit Konkurrenten eingegangen ... um nur einige der unzähligen Wettbewerbsbeschränkungen zu nennen. Dadurch werden künstliche Knappheiten geschaffen, die es den Anbietern ermöglichen, überdurchschnittliche Profite zu erzielen. Die Einschränkung des Wettbewerbs ist oft der einfachere Weg, sich Gewinne bzw. Einkommen zu sichern, als durch die Steigerung der eigenen Leistungsfähigkeit. Der Ökonom spricht in diesen Fällen von «**rent seeking**», von der Suche nach «unverdientem» Einkommen. «Rent seeking» bezeichnet die Absicht, sich über staatliche Regulierungen Vorteile zu beschaffen.

Marktversagen bei öffentlichen Gütern

Ein weiterer Fall für ein Marktversagen liegt dann vor, wenn es Güter gibt, die von privater Seite nicht angeboten werden, obwohl eine kaufkräftige Nachfrage vorhanden ist. Gibt es Güter, die ohne den Staat nicht produziert würden? Damit ein Gut privat produziert wird, muss es möglich sein, das Recht auf den Konsum dieses Gutes auf bestimmte Personen zu beschränken. Nur derjenige, der bereit ist, den geforderten Kaufpreis eines Gutes zu bezahlen, darf auch in den Genuss dieses Gutes kommen; alle anderen müssen ausgeschlossen werden können. Funktioniert dieses **Ausschlussprinzip**[2] nicht, sind die einzelnen Nachfrager nicht bereit, dafür einen Preis zu bezahlen. Deshalb finden sich für solche Güter auch keine Anbieter. Wenn die Nutzung eines Gutes durch ein Individuum die Nutzung durch jemand anderen nicht beeinträchtigt **(Nicht-Rivalität im Konsum)**, ist ebenfalls niemand bereit, für dieses Gut einen Preis zu bezahlen. So profitieren alle Wanderer gleich von der guten Alpenluft, und der Genuss des einen schränkt den Genuss des anderen nicht ein.

[2] **Ausschlussprinzip:** Es funktioniert bei öffentlichen Gütern nicht, es kann aber auch bei privaten Gütern eingeschränkt sein: Bücher und CDs können kopiert werden; durch Raubkopien von Computerprogrammen entgehen den Produzenten Millionen von Franken.

> Funktioniert bei einem Gut sowohl das **Ausschlussprinzip** als auch die **Rivalität im Konsum** nicht, spricht man von **öffentlichen oder Kollektivgütern**. Die einzelnen Nachfrager können sich bei öffentlichen Gütern wie **Trittbrettfahrer** verhalten.

Sie können «mitfahren», ohne den Fahrpreis zu bezahlen. Beispiele für öffentliche Güter sind die öffentliche Sicherheit, die Landesverteidigung, die Strassenbeleuchtung oder ein Stadtpark. Auch die Umwelt hat in vielen Bereichen den Charakter eines öffentlichen Gutes. So nehmen sich nur wenige die Mühe z.B. durch Vermeidung von Emissionen «gute Luft» zu erhalten, weil man eben niemanden vom Konsum ausschliessen und keinen Erlös daraus erzielen kann. Eine intakte Umwelt wird einerseits nicht privat produziert, andererseits von allen genutzt und weil sie gratis ist, regelmässig auch übernutzt. Luftbefeuchter und Klimaanlagen dagegen finden ihre Käufer, weil es sich in diesen Fällen bei der Luft um ein privates Gut handelt (mehr zum Thema Umwelt erfahren Sie im Kapitel «Wirtschaftliches Wachstum»).

Weil bei **öffentlichen Gütern** alle die «Free-rider-Haltung» wählen, kommt es gar nicht zur Nachfrage und damit zur Produktion solcher Güter. Der Markt versagt: Güter, deren Produktion alle besserstellen würde, werden nicht produziert; der Markt sorgt nicht dafür, dass die entsprechenden Bedürfnisse befriedigt werden.

Marktversagen bei externen Effekten

Marktversagen tritt auch dann auf, wenn nicht alle Kosten, die bei der Produktion oder beim Konsum anfallen, vom Verursacher getragen werden. Wohnt z.B. jemand an einer Autobahn, wird er durch die Autofahrer durch Lärm und verschmutzte Luft belästigt, ohne dass der Verursacher dafür bezahlen muss. Weil diese Kosten auf Aussenstehende überwälzt werden, spricht man in solchen Fällen von **externen Kosten**. Sie, liebe Leser, verursachen z.B. externe Kosten, wenn Sie Ihre Nachbarn, die Liebhaber von klassischer Musik sind, mit Ihrer Techno-Musik konfrontieren; wenn Sie zur Spezies der Raucher gehören, oder wenn Sie die Gewohnheit haben, am Samstagmorgen um 7.00 Uhr den Rasen zu mähen.

Lehrmaterial:
«Road pricing»
(www.iconomix.ch)

> **Verursacht die Produktion oder der Konsum externe Kosten, versagt der Markt:** Solche Güter werden in zu grosser Menge hergestellt oder konsumiert, weil in die Kalkulation und Nutzenoptimierung zu tiefe Kosten eingehen.

Umgekehrt gibt es auch Fälle, wo die Produktion eines Gutes **externen Nutzen** stiftet. Private Gärten beispielsweise absorbieren Abgase, oder die sanfte Renovierung eines alten Hauses verschönert das Dorfbild und erfreut alle Betrachter. Sie, liebe Leser, verursachen z.B. externen Nutzen, wenn Sie Ihre Nachbarn, die Liebhaber von Pop-Musik sind, mit Ihrer Pop-Musik konfrontieren, oder wenn Sie mit humoristischen Einlagen die Sie umgebenden Menschen zum Lachen bringen. Weil auch hier das Ausschlussprinzip nicht funktioniert, ist niemand bereit, einen dem Nutzen entsprechenden Preis zu zahlen. Die Konsequenz davon ist, dass zu wenig Güter mit externem Nutzen produziert werden.

Aufgrund **externer Effekte** kann der Marktmechanismus die optimale Allokation der Produktionsfaktoren nicht gewährleisten, weil sie sich nicht in den Kosten bzw. in den Preisen widerspiegeln. Eigennütziges Verhalten führt nur dann zu einem Maximum an Wohlfahrt, wenn alle mit einer Aktivität zusammenhängenden Kosten von den Verursachern selbst getragen werden und der entstandene Nutzen ausschliesslich ihnen selbst zufällt.

Marktversagen bei asymmetrischer Information

Im Modell der vollkommenen Konkurrenz verfügen sämtliche Marktteilnehmer über eine lückenlose Information bezüglich qualitativer Eigenschaften der Produkte, der Nutzen und des Verhaltens der Tauschpartner. In der Realität haben die Marktteilnehmer aber oft Informationsdefizite, die zu einem Marktversagen führen. «Herr Apotheker, brauche ich ein Medikament gegen meine Halsentzündung?», «Frau Rechtsanwältin, glauben Sie, dass ich mit einer Schadenersatzklage Erfolg haben werde?», «Frau Doktor, muss ich Sie wegen meiner Kniever-

Fallstudie:
«Der Markt für Gebrauchtwagen»
(edu.somedia-buchverlag.ch)

letzung wirklich nochmals konsultieren?», «Herr Garagist, braucht mein Auto tatsächlich einen neuen Auspuff?», «Herr Fahrschullehrer, sind Sie überzeugt, dass ich noch mehr Lektionen brauche, um die Fahrprüfung zu bestehen?» Was werden Sie wohl für Antworten auf diese Fragen erhalten? Jedenfalls haben die Befragten einen Anreiz, Ihnen jene Antwort zu geben, die ihnen selbst zusätzliche Einnahmen ermöglicht. Es ist schwierig, die Richtigkeit der Antwort zu überprüfen, weil die Informationen sehr ungleich – eben asymmetrisch – verteilt sind.

Hat ein Tauschpartner die Möglichkeit und den Anreiz, Kosten auf den Tauschpartner zu überwälzen, liegt ein moral hazard Problem vor (moralisches Risiko).[1]

Solche Probleme ergeben sich insbesondere bei Versicherungsverträgen. Wer z.B. eine Diebstahl- oder Vollkaskoversicherung abgeschlossen hat, unterlässt mögliche Sicherheitsvorkehrungen oder verspürt sogar den Anreiz, den Schadensfall herbeizuführen. Versicherte benehmen sich eben anders als Nicht-Versicherte – den Schaden bezahlt ja die Versicherung. Dies führt zum paradoxen und ineffizienten Resultat, dass Versicherungsverträge zu einem erhöhten Risiko (einem Ansteigen der Schadensfälle) führen. Die Prämien für die Versicherung müssen das durchschnittliche Risiko abdecken. Versicherungsnehmer mit tiefem Risiko subventionieren deshalb solche mit hohem Risiko. Diejenigen, die ihr eigenes Risiko hoch einschätzen, werden sich dementsprechend auch hoch versichern; wer sein Risiko dagegen gering einschätzt, wird sich nur relativ tief oder gar nicht versichern. Die Versicherung hat dann genau jene Kunden, die sie eigentlich nicht möchte, nämlich jene, die eine hohe Wahrscheinlichkeit eines Schadenfalles aufweisen. Deshalb wird die Versicherung die Prämien erhöhen müssen, was wiederum zu Kündigungen von «guten» Kunden mit tiefem Risiko führt. Dieses Problem bezeichnet man mit **adverse selection** (falsche Auslese), weil nicht die «guten» Teilnehmer im Markt verbleiben, sondern gerade die «schlechten».

In allen Fällen, bei denen die eine Vertragspartei mehr weiss als die andere, findet eine falsche Auslese (adverse selection) unter den Marktteilnehmern statt und erzeugt ineffiziente Ergebnisse.

[1] «Moral hazard»: Nachdem die EU für Griechenland einen Rettungsplan genehmigt hat, kann jedes andere EU-Land damit rechnen, dass die EU auch ihm mit Notkrediten aus der Patsche helfen wird. Dadurch wird «moral hazard» zu einem unverrückbaren Bestandteil der EU, sowohl für die Staaten als auch für die Anleger.

Lehrmaterial:
«Negative Auslese»
Lernspiel «Erntehelfer»
(www.iconomix.ch)

3.3 Die Bedeutung der Eigentumsrechte

Wir haben bisher festgestellt, dass es einige «Fälle» gibt, bei denen der Markt nicht das gewünschte Ergebnis hervorbringt: Märkte garantieren keine saubere Luft zum Atmen, keine Landesverteidigung, keinen Schutz vor Lärm usw. Warum leistet in allen diesen Fällen der Markt nicht, was wir von ihm erhoffen? Es fehlt an der richtigen Verankerung von Eigentumsrechten. So besteht z.B. nicht der geringste Zweifel, dass saubere Luft wertvoll ist, nur hat niemand ein Recht dazu, dafür einen Preis zu verlangen, weil es kein Eigentumsrecht an der Luft gibt. Öffentliche Güter – wie eben die Luft – sind nicht rivalisierend im Gebrauch und niemand kann von der Nutzung ausgeschlossen werden. Es gibt auch Güter, bei denen zwar das Ausschlussprinzip nicht funktioniert, die aber im Gebrauch rivalisierend sind – man nennt diese Güter **Allmendegüter**. Ein klassisches Beispiel für solche Güter sind Fischbestände. Der einzelne Fisch ist rivalisierend im Gebrauch: Nur einer kann ihn fangen. Gleichzeitig funktioniert das Ausschlussprinzip nicht, weil es so gut wie unmöglich ist, auf einen Fisch ein Eigentumsrecht durchzusetzen, d.h. jeder kann aufs Meer hinausfahren und diesen Fisch fangen. Die Meere gehören zu den am wenigsten regulierten Ressourcen, weil sehr viele Länder Zugang zu den Meeren haben und die Meere zudem so gross sind, dass eine kontrollierte Durchsetzung von Vereinbarungen sehr schwer möglich ist. Deshalb – und wegen unterschiedlichen Wertvorstellungen – kommt es um die Fischereirechte, um die Walfangquoten oder um die Robbenbabys immer wieder zu erheblichen internationalen Spannungen. In einem einzelnen Land lassen sich Vereinbarungen oder Gesetze besser durchsetzen. Aus den genannten Gründen gibt es Gesetze zum Schutz der Wildbestände. Es werden Jagd- und Fischrechte verliehen, Prüfungen verlangt und Jahreszeiten zur Ausübung der Rechte festgelegt.

Lehrmaterial:
«Allmendegüter»
Lernspiel «Fischteich»
(www.iconomix.ch)

Warum ist der Handelswert von Elfenbein eine Existenzbedrohung für den Elefanten, der Handelswert von Fleisch jedoch eine Bestandessicherung für Kühe? Die Antwort ist einfach: Im Gegensatz zu den Elefanten haben Kühe Eigentümer, die sich Mühe geben, ihren Bestand an Kühen zu pflegen, um die Früchte der Pflege durch den Fleischverkauf zu ernten. Die zahlreichen Elefantenwilderer haben ein besonderes Interesse daran, den Elefanten zu erlegen, bevor es ein anderer tut. Weitere Beispiele, die mit der Besonderheit von Allmendegütern zusammenhängen, sind: die Umweltverschmutzung generell, die Klimaerwärmung, sauberes Wasser oder die Plünderung der Waldbestände in Entwicklungsländern. Es gibt bekannte Ökonomen, welche die Meinung vertreten, dass viele Menschen in Entwicklungsländern nur deshalb arm sind, weil sie an ihrem Besitz (Land, Wohnungen usw.) keine Eigentumsrechte nachweisen können und deshalb keine Hypotheken oder sonstige Kredite erhalten.

3.4 Die Rolle des Staates: Festlegen von Spielregeln

In den Ausführungen zum Marktversagen ist deutlich geworden, dass es einige Fälle gibt, bei denen wir von den Vorteilen der Marktwirtschaft nicht oder nur eingeschränkt profitieren können – der Ruf nach dem Staat liegt in diesen Fällen in der Luft. Die wohl wichtigste Aufgabe des Staates ist aber die Schaffung von Voraussetzungen, ohne die eine Marktwirtschaft überhaupt nicht funktionieren kann.

Garantieren von Eigentum- und Vertragsrechten

Damit die Marktwirtschaft die beschriebenen Funktionen überhaupt erfüllen kann, bzw. damit eine Marktwirtschaft überhaupt zustande kommt, sind verschiedene Voraussetzungen notwendig. So ist ein **Rechtssystem** mit der Garantie von Privateigentum und Vertragsfreiheit und Rechtssicherheit ein zentraler Grundpfeiler. **Privateigentum** ist die primäre Voraussetzung dafür, dass überhaupt ein Kauf und Verkauf von Gütern möglich ist: Eigentum muss man erwerben und veräussern können, Eigentumsrechte müssen geschützt sein.

In einer Marktwirtschaft, in der freier Handel ein zentrales Element ist, gibt die **Vertragsfreiheit** einer Person die Freiheit, darüber zu entscheiden, ob, mit wem, in welcher Ausgestaltung und mit welchem Inhalt sie einen Vertrag abschliessen will. Die **Rechtssicherheit** garantiert, dass Verträge auch erfüllt werden müssen und dass häufige Änderungen in den Gesetzen und der Rechtsprechung vermieden werden. Ein solches Rechtssystem scheint Ihnen vielleicht eine Selbstverständlichkeit zu sein. Aber denken Sie an Länder, in denen Korruption, staatliche Enteignungen, wertlose Verträge oder Machenschaften von kriminellen Gruppierungen zur Normalität gehören.

Sicherstellen von Wettbewerb

«Wettbewerb» kennzeichnet sich durch eine hohe Anzahl von Anbietern und Nachfragern. Denn nur wenn Konkurrenz herrscht, kann der Markt- und Preismechanismus seine Funktionen erfüllen. Der Staat muss deshalb dafür besorgt sein, dass interessierte Anbieter – ohne Benachteiligungen gegenüber bereits etablierten Unternehmen – am Markt teilnehmen können. Zutrittsschranken oder -hindernisse können z.B. durch staatliche Regulierungen wie Importbeschränkungen, Subventionen oder bei natürlichen Monopolen entstehen. Bei natürlichen Monopolen erschweren hohe fixe Kosten den Markzutritt, sodass es sich für eine zweite Firma gar nicht lohnt, das Produkt auch herzustellen (z.B. Schienennetz, Hochspannungsleitungen). Um Wettbewerb sicherzustellen, sind **Marktzutrittsschranken** abzubauen bzw. deren Aufbau zu verhindern.

Eine wichtige Beeinträchtigung des Wettbewerbs entsteht durch **Marktmacht**, die sich dadurch definiert, dass ein oder wenige Unternehmen eine dominante Stellung innehaben und keinem wesentlichen Wettbewerbsdruck ausgesetzt sind. Solche Situationen können zu Preiserhöhungen und einem Qualitätsabbau führen sowie die Investitions- und Innovationsanreize vermindern. Der Schutz des Wettbewerbs wird in der Schweiz in erster Linie durch das **Kartellgesetz** erfüllt. Dazu dienen die drei Hauptpfeiler des Kartellgesetzes: die Fusionskontrolle, die Missbrauchsaufsicht über marktbeherrschende Unternehmen und die Bekämpfung von Kartellen. Bei Kartellen handelt es sich um Absprachen zwischen Unternehmen zur Preissetzung, Mengen- oder Gebietsaufteilungen. In der Schweiz sind zwei Behörden für den Schutz des Wettbewerbs zuständig: die **Wettbewerbskommission** und die **Preisüberwachung**. Mit der Schaffung der Preisüberwachung leistet sich die Schweiz ein internationales Unikum: Der Preisüberwacher kann in Bereichen, in denen der Wettbewerb nicht genügend spielt (d.h. «unangemessene Preise» resultieren), Preissenkungen empfehlen oder sogar verfügen.[1]

1 «Unangemessene Preise»: Das Konzept unangemessener Preise ist eines der politisch umstrittensten Themen im Wettbewerbsrecht. Vgl. dazu avenir Standpunkte: «Unangemessene Preise?» (avenir suisse, Samuel Rutz, März 2017).

Verhindern von Marktversagen

- Um ein Marktversagen aufgrund von Wettbewerbsbeschränkungen zu verhindern, gilt es für offene Märkte zu sorgen und Wettbewerbshindernisse aller Art abzubauen. Diese Spielregeln (**Rahmenbedingungen**) für einen funktionierenden Wettbewerb muss der Staat aufstellen und durchsetzen.
- Damit die Gesellschaft auch in den Genuss von **öffentlichen Gütern** kommt, muss der Staat sie bereitstellen oder zumindest an ihrer Bereitstellung mitwirken. Welche Güter bereitgestellt werden sollen, ist prinzipiell eine politische Entscheidung.
- Auch bei **externen Effekten** muss der Staat eingreifen, um ein unerwünschtes Marktergebnis zu verhindern. Üblicherweise erlässt der Staat direkte Verbote und Normen, wie z.B. Abgas- und Lärmvorschriften. Ökonomen plädieren dafür, dass externe Kosten in das Marktsystem integriert werden, damit sie – wie alle anderen Kosten – in der Kalkulation berücksichtigt werden. Durch die **Internalisierung externer Effekte** können sich die Marktfunktionen entfalten, wodurch ein effizienter Umgang mit knappen Ressourcen sichergestellt wird. In dieser Richtung werden in einzelnen Ländern zaghafte Schritte unternommen – davon aber später mehr (im Kapitel «Wirtschaftliches Wachstum»).
- Dem Marktversagen bei **asymmetrischer Information** wird mit verschiedenen Massnahmen begegnet: mit Standesrichtlinien und Zulassungsbedingungen für bestimmte Berufsgruppen (mit der Gefahr von «rent seeking»), Konsumenten- und Arbeitnehmerschutz, staatlicher Information (z.B. Warentests), Versicherungspflicht, Selbstbehaltsklauseln, Bonus-Malus-Systemen, zwingenden ärztlichen Untersuchungen, Gruppenbildung in der Versicherung nach Beruf oder Alter usw.

Gewährleisten einer gerechten Einkommens- und Vermögensverteilung

Beim Marktversagen haben wir uns auf die Mängel in der Steuerung durch die «unsichtbare Hand» konzentriert. Aber selbst wenn der Marktmechanismus in vollkommener Weise funktionieren würde, würden ihn viele als nicht ideal beurteilen. Denn die Marktwirtschaft belohnt nur den, der im Wettbewerb zu bestehen vermag. Nur wer den Preis eines Gutes zu zahlen in der Lage ist, kann auch in den Genuss dieses Gutes kommen. Der Marktmechanismus verteilt die Einkommen einzig nach Leistungskriterien. Manche Leistungen führen zu Spitzenverdiensten (Tennisstar, Topmodel), mit anderen Leistungen lässt sich kaum ein existenzsicherndes Markteinkommen erzielen. Schliesslich gehen all diejenigen leer aus, die keine Marktleistungen erbringen können (Kranke, Invalide). Deshalb muss die Marktwirtschaft um eine **soziale Komponente**[2] ergänzt werden, die zu einer Umverteilung der Einkommen führt. Diese Umverteilung der Einkommen soll jenen zugute kommen, die kein oder kein «akzeptables» eigenes Einkommen erzielen. Als Hauptinstrumente der Umverteilung stehen die Sozialhilfe, staatliche Versicherungssysteme (vgl. Kapitel «Das Problem der sozialen Sicherheit») und die progressiven Einkommens- und Vermögenssteuertarife zur Verfügung (ein progressiver Steuertarif bedeutet, dass mit steigendem Einkommen die Steuerbelastung stärker steigt als das Einkommen).

2 **Ludwig Erhard** hatte einer entsprechend konzipierten Wirtschaftsordnung den Namen «**Soziale Marktwirtschaft**» gegeben und diese 1948 wie folgt präzisiert: «Nicht die freie Marktwirtschaft des liberalistischen Freibeutertums einer vergangenen Ära, auch nicht das freie Spiel der Kräfte, sondern die sozial verpflichtete Marktwirtschaft, die das einzelne Individuum wieder zur Geltung kommen lässt, die den Wert der Persönlichkeit obenanstellt und der Leistung dann auch den verdienten Ertrag zugute kommen lässt, das ist die Marktwirtschaft moderner Prägung.»

Das Ausbalancieren zwischen **Allokationseffizienz und Verteilungsgerechtigkeit** ist eine Herausforderung für die Wirtschaftspolitik. Objektive Kriterien für eine gerechte Verteilung der Einkommen gibt es nicht. Urteile über die Gerechtigkeit gründen immer auf subjektiven Werturteilen, die nur im Rahmen des gesellschaftlichen Willensbildungsprozesses ermittelt werden können.

Fördern der wirtschaftlichen Stabilität

Was nützt eine optimale Ausrichtung der Produktion nach den Wünschen des Konsumenten, wenn er plötzlich arbeitslos wird oder sein Erspartes einer grossen Entwertung unterliegt? Marktwirtschaften werden immer wieder von Perioden hoher Inflation (grosser Preissteigerungen) oder hoher Arbeitslosigkeit heimgesucht, welche das Bedürfnis nach einer Stabilisierungspolitik des Staates wecken. Andererseits sind – gerade in jüngster Zeit – auch die Grenzen einer solchen Politik sichtbar geworden. Die Diskussionen über die richtige Diagnose und Therapie sind jedenfalls wieder aktueller geworden. Mit den Fragen der staatlichen Einflussmöglichkeiten auf die wirtschaftliche Entwicklung werden wir uns im nächsten Teil des Buches intensiver beschäftigen.

Der Staat garantiert Eigentums- und Vertragsrechte und stellt die Voraussetzungen für einen funktionierenden Wettbewerb sicher. Staatliche Massnahmen dienen der Verhinderung von Marktversagen, der Gewährleistung einer gerechten Einkommens- und Vermögensverteilung und der Förderung der wirtschaftlichen Stabilität.

3.5 Staatsversagen

[1] Im **Sorgenbarometer** der Schweiz wird jährlich folgende Frage gestellt: «Haben Sie das Gefühl, die Politik von Regierung und Verwaltung versage in entscheidenden Dingen?» Im Jahr 2017 waren 24 % der Meinung, es liege oft ein Staatsversagen vor. (Sorgenbarometer 2017, S. 39)

Wir haben oben einige Gründe festgehalten, die ein staatliches Lenken und Eingreifen in die Marktwirtschaft rechtfertigen. Was tut der Staat eigentlich in der Realität? Er setzt, spricht und gewährleistet Recht; er betreibt Elektrizitätswerke, Bahnen, die Post, Schulen, Museen, Opernhäuser und Theater; er unterhält das Strassennetz und Entsorgungseinrichtungen; er sorgt durch die Polizei und die Armee für die innere und äussere Sicherheit; er sorgt für die soziale Sicherheit; er kontrolliert Lebensmittel, den Bleigehalt des Benzins, den Phosphatgehalt der Waschmittel und die Ladenöffnungszeiten; er setzt Qualitätsstandards für Weine und Mindestlöhne fest; er erlässt technische Normen für Automobile und vieles mehr. Im Laufe der 1960er-Jahre erlebten die meisten Industrieländer einen Schub von staatlichen Eingriffen, im Besonderen bei den Sozialausgaben. Als wichtig erachtet wurden damals Schutzmassnahmen zugunsten von Arbeitnehmern, Mietern und Konsumenten. Mit der Erdölkrise 1973 wuchs der Ruf nach **Protektionismus** (=Schutz der eigenen Wirtschaft vor ausländischer Konkurrenz), bedrohte Unternehmungen suchten Hilfe beim Staat und erhielten sie in Form von Subventionen, der Kündigungsschutz wurde ausgebaut und die Sozialausgaben erhöht. «Mehr Staat» war die Antwort auf die Rezession. Ende der 1970er-Jahre drehte aber der Wind: Schlankheitskuren für den Wohlfahrtsstaat, bedarfsgerecht zugeschnittene Sozialleistungen, Sanierung der Staatsfinanzen, Kürzung von Subventionen usw. waren und sind Forderungen. «Mehr Markt» war der Trend. Die jüngste Krise 2008/2009, welche mit zu grosszügigen Hypothekarkrediten in den USA anfing und sich zur weltweiten Finanzkrise ausweitete, hat den Ruf nach «mehr Staat» wieder lauter werden lassen. Darin kommt ein der Marktwirtschaft eigentümliches Dilemma zum Vorschein. Einerseits lässt die Lehre vom Marktversagen, das Verhindern von sozialen Ungleichgewichten und die Förderung der Stabilität den Ruf nach «mehr Staat» laut werden, andererseits erweist sich die Tätigkeit des Staates oft als nicht geeignet, die jeweiligen Probleme zu lösen, oder schafft sogar neue Probleme. Diese Fälle werden mit **Staatsversagen**[1] bezeichnet, welches wieder zur Forderung nach «mehr Markt» führt.

Aus der Sicht der **Neuen Politischen Ökonomie** (in Amerika als «Public Choice» bekannt) entstehen durch die Staatstätigkeit insbesondere folgende Probleme, welche zu einer Verschlechterung der Funktionsfähigkeit der Marktwirtschaft führen können:

- **Politisch motivierte Entscheidungen**
Weil die Regierungen in Demokratien vom Wohlwollen der Wähler und anderer Interessengruppen abhängig sind, besteht die Gefahr, dass nur Massnahmen ergriffen werden, die kurzfristig populär sind und den einflussreichen und gut organisierten Interessengruppen dienen. Genauso wie alle übrigen wirtschaftlichen Akteure zeichnen sich nämlich auch die Politiker

nicht durch selbstloses Verhalten aus, sondern durch den Versuch, ihren Nutzen zu maximieren. Der politische Prozess kann deshalb keineswegs sicherstellen, dass der Staat Marktversagen oder soziale Ungleichheiten zielbewusst behebt. Die Eingriffe in den Markt (durch Steuererleichterungen, Subventionen, Preisvorschriften, Importbeschränkungen usw.) können zwar gewissen Interessengruppen Vorteile verschaffen, der Allgemeinheit aber schaden – indem sie die Voraussetzungen für «rent seeking» schaffen.

- **Regulierungskosten**

Wird ein Regulierungsbedarf festgestellt, muss ein Instrumentarium für die Markteingriffe (z.B. Preisregulierungen, Marktzutrittsbarrieren usw.) ausgewählt werden. Dabei ergibt sich für den Staat zunächst ein Informationsbedarf, dessen Deckung mit Kosten verbunden ist. Zusätzlich versuchen die betroffenen Stellen ihren Informationsvorsprung zu ihren Gunsten auszunützen. Auch die Durchführung und Kontrolle der Markteingriffe erfordern einen gewissen Verwaltungsapparat und verursachen damit Kosten.

- **Verzerrung der Allokationseffizienz**

Im einleitenden Kapitel «Wie funktioniert die Marktwirtschaft?» haben wir gesehen, dass das eigennützige Verhalten der Einzelnen eine effiziente Allokation der Ressourcen gewährleistet: Die relativen Knappheiten widerspiegeln sich in den Preisverhältnissen und werden so in den Entscheidungen berücksichtigt. Im politischen Prozess aber bezahlt z.B. eine Branche, die durch Importbeschränkungen geschützt wird, keinen Preis, mit dem die Verlierer entschädigt werden könnten. Durch die Importbeschränkungen ergeben sich Änderungen der relativen Preise, entsprechende Anreize und Gewinnmöglichkeiten für die geschützte Branche zulasten der Konsumenten – es kommt eben zu einer Verzerrung der Allokationseffizienz.

Staatliche Eingriffe bergen die Gefahr, dass Marktversagen durch Staatsversagen ersetzt wird. Dann ist der Staat nicht mehr Wettbewerbsförderer, sondern Wettbewerbsbehinderer.

Der Ruf nach Zähmung der Marktwirtschaft

Seit dem Ausbruch der Finanz- und Wirtschaftskrise im Herbst 2008 hat die Zahl derjenigen zugenommen, die die Marktwirtschaft als Versager-System kritisieren. Angesichts der Vorkommnisse ist es auch verständlich, dass der Zorn über die Krise und das Versagen einzelner Exponenten der Wirtschaft weit verbreitet ist. Viele setzen deshalb ihre Hoffnungen auf eine viel stärker regulierte Wirtschaft als sie dies heute ist. An die Stelle der Marktkräfte will man nun den starken Arm und die helfende Hand des Staates heranziehen, um den angerichteten Schaden zu beheben und zukünftige Krisen zu vermeiden. Dabei ist zu bedenken, dass man sich in der Diagnose der Krise ziemlich einig ist: Im Zentrum der Krise steht die menschliche Natur. Denn der «Markt» ist keine handelnde Institution, es sind immer Menschen, die entscheiden – manchmal dumm, unvorsichtig, gierig, riskant. Der Glaube an den besseren Menschen in der Politik als in der Wirtschaft ist weltfremd. Fehlinvestitionen, Konkurse, Krisen und andere unschöne Dinge gehören zur Marktwirtschaft.

Eine Zähmung der Marktwirtschaft in dem Sinne, dass ein «Versagen» der Menschen ausgeschlossen wird und trotzdem ihre kreative und produktive Kraft bewahrt wird, gehört ins Reich der Illusionen. Die Frage, wie viel Markt bzw. Staat man wünscht, ist ein gesellschaftspolitischer Entscheid, der selbstverständlich mit entsprechenden Opportunitätskosten verbunden ist.

Lehrmaterial:
«Erdölmarkt»
Der Lebenssaft der
Weltwirtschaft
(www.iconomix.ch)

[1] «Abzocker»: Unter www.preisbarometer.ch lässt sich verfolgen, welche Produkte in der Schweiz gemäss den Konsumentenschützern zu teuer sind.

Exkurs: Hochpreisinsel Schweiz: «Abzockerei» auf Kosten der Konsumenten?

Die Schweiz ist eine Hochpreisinsel. In der Hitparade der teuersten Länder belegt die Schweiz gemäss dem europäischen statistischen Amt Eurostat Rang 1. Die Preise – gemessen an einem Warenkorb – liegen in der Schweiz rund 60% über dem europäischen Durchschnitt. Es verwundert deshalb nicht, dass über die «Hochpreisinsel Schweiz» eine hitzige Diskussion geführt wird. Für die Konsumentenschützer ist die Lage eindeutig: Die Schweizer Konsumenten werden von den ausländischen Produzenten «abgezockt». Beweis dafür sind die Preisunterschiede von Nivea oder Pampers im In- und Ausland.[1] Die Schweizer Produzenten ihrerseits brandmarken den Einkaufstourismus als «unpatriotisch» und die Grossverteiler betonen die Machtlosigkeit gegenüber den Markenartikelproduzenten.

Die Gründe für die höheren Preise in der Schweiz sind vielfältig. So liegen die Produktionskosten (z.B. Löhne, Mieten, Transportkosten, Dienstleistungen) deutlich über dem europäischen Durchschnitt und es erstaunt nicht, dass zwischen den hohen Löhnen und dem hohen Preisniveau ein enger Zusammenhang besteht. Allerdings kann das höhere Kosten- bzw. Einkommensniveau nicht ausschliesslich für die höheren Preise verantwortlich gemacht werden. «Mitschuldig» sind auch Wettbewerbsbeschränkungen und Handelshemmnisse wie beispielsweise der Schutz der einheimischen Landwirtschaft oder Sondervorschriften für die Deklarationspflicht und andere Regulierungen, wie z.B. die Ladenöffnungszeiten. All das erklärt allerdings noch nicht ausreichend, warum die meisten Markenartikel in der Schweiz teurer sind als im Ausland. Denn international tätige Hersteller nutzen eben die hohe Kaufkraft der Schweizer für höhere Preise, bzw. zur Preisdifferenzierung zwischen wohlhabenden und weniger wohlhabenden Märkten.

Was ist zu tun im Kampf gegen die Hochpreisinsel? Vorschläge sind schnell zur Hand. Sie reichen von mehr Macht für den Preisüberwacher und die Wettbewerbskommission bis zu regulatorischen Limitierungen des Einkaufstourismus oder einer Belieferungspflicht von Schweizer Importeuren zu den im Ausland geltenden Preisen. So wurde im Dezember 2017 eine Initiative für faire Preise eingereicht, welche verhindern soll, dass ausländische Lieferanten ihre Marktmacht ausnützen, die Preise in der Schweiz künstlich hochhalten und die Kaufkraft gezielt abschöpfen. Dabei wird gelegentlich «vergessen», dass die Hauptaufgabe des Staates darin besteht, den Schutz des Wettbewerbs zu garantieren. Staatliche Eingriffe in den Preismechanismus sind nur dann gerechtfertigt, wenn ein Marktversagen vorliegt. In freien Märkten darf das gleiche Produkt an verschiedenen Orten unterschiedlich viel kosten. Ein Preis ist eben nicht nur das, was der Anbieter verlangt, sondern auch das, was der Konsument zu zahlen bereit ist. Und wenn er sich entschliesst, etwas zum angebotenen Preis zu kaufen, dann zahlt er vielleicht einen – in den Augen der Wettbewerbsbehörde oder des Preisüberwachers – «unangemessenen» Preis, aber er entscheidet selbst gemäss seinen subjektiven Vorlieben. Vielleicht entscheidet sich der Konsument auch (Patriotismus hin oder her) dafür, das Produkt im Ausland zu kaufen, und hält so den Druck zu Preissenkungen auf den einheimischen Detailhandel und die internationalen Markenartikelhersteller aufrecht.

Abbildung 3.1   Was ist Marktwirtschaft?

Drei zentrale Fragen der wirtschaftlichen Ordnung
• WAS wird produziert? • WIE wird produziert? • Für WEN wird produziert?

MARKTWIRTSCHAFT

Funktionsmechanismen:	Voraussetzungen:	Aufgaben des Staates:
• Informationsfunktion • Allokationsfunktion • Koordinationsfunktion • «Unsichtbare Hand» führt zum Optimum	• Privateigentum • Vertragssicherheit und Rechtssicherheit • Freier Marktzugang • Grosse Anzahl von Marktteilnehmern	• Ordnungsfunktion • Verteilungsgerechtigkeit • Koordinationsfunktion • Korrektur von Marktversagen unter Vermeidung von Staatsversagen • Wirtschaftliche Stabilität

3.6   Die Wirtschaftsordnung der Schweiz

Grundlage: Verfassung und Gesetze

Die schweizerische Wirtschaftsordnung scheint nach dem Wortlaut der Verfassung auf dem Fundament des Liberalismus zu stehen, dessen beherrschende Idee die Forderung nach individueller Selbstständigkeit und Freiheit ist. Das äussert sich in den obersten Staatszielen (Unabhängigkeit des Landes gegen aussen, Ruhe und Ordnung im Innern) als auch im Schutz der Freiheitsrechte (Wirtschaftsfreiheit, Privateigentum, Vertragsfreiheit). **Freiheit ist ein anerkannter Grundwert**: Der Mensch soll sein Leben möglichst frei von staatlichen Zwängen führen können. Dabei sind Ökonomen – wie Sie wissen – besonders skeptisch gegenüber staatlichen Vorschriften und bevorzugen im Allgemeinen Anreize, die dem Menschen die Freiheit der Entscheidung überlassen.

Diverse Verfassungsartikel und darauf abgestützte Gesetze erlauben es aber, von den marktwirtschaftlichen Grundprinzipien abzugehen und die erwähnten Freiheitsrechte einzuschränken. Beispielhaft seien einige dieser Verfassungsartikel aufgeführt:
- Erhaltung und Förderung gefährdeter Wirtschaftszweige und Berufe
- Schutz wirtschaftlich bedrohter Landesteile
- Preisüberwachung
- Mieterschutz
- Erhaltung einer gesunden Bauernschaft
- Bodenrecht, Raumplanung

An diesen wenigen Beispielen sehen Sie, dass bereits in der Schweizerischen Bundesverfassung «harte» **Einschränkungen der Marktwirtschaft** vorgesehen sind. Weil sich aber zugleich die Interpretation der Verfassung vielfach von ihrem Wortlaut entfernte, kam es zu einer Vielzahl von Staatseingriffen. Besondere Kennzeichen, welche dem marktwirtschaftlichen Ideal zuwiderlaufen, sind die Marktzutrittsbeschränkungen und Kartelle.

Die Einflussmöglichkeiten von Interessenverbänden

Die Schweiz wird häufig als Verbandsdemokratie bezeichnet. In dieser Bezeichnung kommt die Tatsache zum Ausdruck, dass sich wirtschaftliche Akteure mit gleichen Interessen zu Verbänden zusammenschliessen, um dadurch wirtschaftspolitische Macht zu entfalten. Die bedeutendsten Verbände auf der Arbeitnehmerseite sind der **Schweizerische Gewerkschaftsbund (SGB)**, der **Schweizerische Kaufmännische Verband (SKV)** und der **Dachverband der christlichen Gewerkschaften (Syna)**. Der Dachverband der Arbeitgeber heisst **economiesuisse**. Kernaufgaben von eocnomiesuisse sind die Aussenwirtschafts-, die Finanz-, die Bildungs- und Forschungs-, die Energie- und die Umwelt- sowie die Infrastrukturpolitik. Eine besondere Bedeutung kommt der Zusammenarbeit mit dem **Schweizerischen Arbeitgeberverband** zu, der in der Arbeitsmarkt- und Sozialpolitik federführend ist. Auch der **Schweizerische Gewerbeverband** gilt als Spitzenverband der Wirtschaft. Neben den Arbeitgeber- und Arbeitnehmerverbänden gibt es eine Vielzahl von Verbänden, die sich aufgrund anderer Anliegen zusammenschliessen: Beispielsweise der Schweizerische Mieterinnen- und Mieterverband oder die Stiftung für Konsumentenschutz.[1]

> 1 **Verbände:** Es gibt natürlich auch eine Menge von kleinen **Verbänden**, die ihre ganz speziellen Interessen vertreten, wie z. B. der Eidgenössiche Differenzler Jass Verband oder der Schweizer Familiengärtner-Verband.

Den Verbänden kommt viel Macht zu, weil ihnen in frühen Phasen des politischen Prozesses Einflussmöglichkeiten geboten werden. Zur Vorbereitung für neue Gesetze oder Verfassungsartikel werden regelmässig **Expertenkommissionen** gebildet, in denen Vertreter der verschiedenen Verbände ihre Sachkenntnisse und ihre Interessen einbringen. Regierung und Verwaltung setzen bei ihrer Arbeit auf die Kooperation mit den Verbänden. Bevor die Expertenberichte an die Behörden und an das Parlament gehen, werden sie dem sogenannten **Vernehmlassungsverfahren** unterworfen, in welchem sämtliche Interessierten ihre Meinung zum Ausdruck bringen können. Diese Meinungsäusserungen beeinflussen den endgültigen Gesetzestext umso wirkungsvoller, je grösser die Finanzkraft und die Referendumsdrohung (in Abhängigkeit der Mitgliederzahl) der Interessengruppen sind. Aber nicht nur in der vorparlamentarischen Phase haben die Verbände eine starke Stellung. Auch im **Parlament** nehmen sie ihre Interessen wahr, indem sie entweder im Rahmen einer Partei selbst Einsitz im Parlament nehmen, oder indem sie mit Parteien zusammenarbeiten und sie finanziell unterstützen. Die Interessenverbände beeinflussen durch Werbung und Informationen auch die öffentliche Meinung und damit das Abstimmungs- und Wahlverhalten der Bürger. Wichtige Waffen der organisierten Interessengruppen sind zudem die direkten Volksrechte Referendum und Initiative.

Wir haben gesehen, dass sich die **verschiedensten Interessengruppen** – über schweizerische Eigenheiten im politischen System – am politischen Prozess beteiligen können. Allerdings lassen sich nicht alle Interessen gleich leicht organisieren. Die Leistungen von Konsumentenverbänden haben beispielsweise den Charakter von öffentlichen Gütern. Denken Sie z. B. an Warentests, deren Ergebnisse allen zugute kommen, ohne dafür einen Preis in Form eines Mitgliederbeitrages bezahlen zu müssen. Andererseits lassen sich dort schlagkräftige Interessengruppen bilden, wo handfeste wirtschaftliche Anliegen der einzelnen Mitglieder gefördert werden können (z. B. wenn es sich um den staatlichen Schutz vor ausländischer Konkurrenz oder um finanzielle Unterstützung einer gewissen Branche handelt).

Exkurs: Die freiesten Länder der Welt

Die Heritage Foundation (www.heritage.org) veröffentlicht jedes Jahr eine Liste von Staaten, geordnet nach einem Index für die wirtschaftliche Freiheit, dem **Economic-Freedom-Index**. Der Index setzt sich aus fünf Teilkomponenten zusammen: der Grösse des staatlichen Sektors, dem Rechtssystem (und dem Schutz der Eigentumsrechte), der Stabilität der Währung, dem freien Verkehr von Gütern, Kapital und Menschen und den Regulierungen auf den Kapital- und Gütermärkten. Der Economic-Freedom-Index misst lediglich die wirtschaftliche Freiheit, nicht jedoch die politischen Freiheitsrechte.

Die Schweiz belegt im Jahr 2018 insgesamt den Platz 4, hinter Hong Kong, Singapur und Neuseeland. Bei den offenen Grenzen liegt die Schweiz in der schlechteren Hälfte aller Länder. Die Schweiz brilliert beim Rechtssystem und bei den Regulierungen (vor allem wegen des Arbeitsmarktes und der allgemeinen Unternehmensregulierungen), während sie es bei der Grösse des öffentlichen Sektors immerhin noch ins erste Viertel des Rankings schafft. Wie erklärt sich der Ausreisser im aussenwirtschaftlichen Berereich? In erster Linie ist dafür der Wirrwarr und die Vielfalt von Zolltarifen verantwortlich, vorwiegend in der Landwirtschaft. Während die Schweizer Einfuhrzölle ausserhalb der Landwirtschaft bei durchschnittlich 2,3 % liegen, bewegen sie sich im Agrarsektor um etwas über 30 %.

In Ländern mit grösserer ökonomischer Freiheit sind die Lebenserwartung höher, die Kindersterblichkeit kleiner, die Umwelt sauberer, die Arbeitslosigkeit und die Armut tiefer, der Wohlstand und das Glück der Menschen höher.

Wie freiheitlich ist Ihr Kanton? Im Ländervergleich wird die Wirkung kantonaler Gesetze kaum berücksichtigt. Der Avenir-Suisse-Freiheitsindex schafft hier Abhilfe: Er bildet eine Vielzahl von Indikatoren auf kantonaler Ebene ab und erlaubt einen Vergleich der Kantone. (www.avenir-suisse.ch/freiheitsindex/)

Ökonomisches Denken: Umgang mit Komplexität

In diesem Kapitel wurde aufgezeigt, welch enorme Leistung Märkte für eine gesamte Wirtschaft erbringen (Allokations-, Distributions-, Koordinationsfunktion). Dabei geht oft vergessen, dass diese Leistung letztlich von Millionen von Menschen erbracht wird, indem sie täglich als Anbieter oder Nachfrager ihre dezentralen Entscheidungen treffen.

Die bei diesen Entscheidungen genutzte Informationsmenge ist gigantisch gross. Dies ist auch erforderlich, um die hohe Komplexität der drei Aufgaben erfüllen zu können.

Staatliche Eingriffe (als Subventionen, Verbote, Preisvorschriften, Auflagen etc.) in das komplexe Entscheidungsgefüge der Märkte mit dem Zweck, das Marktergebnis zu verbessern, bleiben deshalb oft erfolglos bzw. haben zumindest immer unerwünschte, nicht vorhersehbare Nebenwirkungen. Denn die relativ wenigen staatlichen Entscheidungsträger verfügen über einen Bruchteil an Informationen im Vergleich zu den Millionen von Nachfragern und Anbietern auf den Märkten.

Allein diese Tatsache macht deutlich, dass nicht-marktwirtschaftliche Bereiche einer Wirtschaft oder ganze Wirtschaftsordnungen mit zentralen Entscheidungen wesentlich ineffizienter sein müssen. Anders gesagt: Je grösser die Wirtschaftsfreiheit, desto grösser ist in der Regel der Wohlstand.

F.A. von Hayek formulierte das so:
«Dass in die Ordnung einer Marktwirtschaft viel mehr Wissen von Tatsachen eingeht, als irgendein einzelner Mensch oder selbst irgendeine Organisation wissen kann, ist der entscheidende Grund, weshalb die Marktwirtschaft mehr leistet als irgendeine andere Wirtschaftsform.»

Ökonomen vertrauen auf die Kreativität, den Erfindungsreichtum und die Motivation der Menschen, deren dezentrale Entscheidungen und den daraus entstehenden positiven externen Nutzen: Wohlstand für alle.

Interview (Mai 2018)

Monika Rühl
Vorsitzende der Geschäftsleitung, economiesuisse
(www.economiesuisse.ch)

Welches sind für Sie die wichtigsten Vorteile eines marktwirtschaftlichen Systems?

Markt bedeutet Wettbewerb: Gute Leistungen werden belohnt und die besten Lösungen setzen sich durch. Angebot und Nachfrage bestimmen den Preis. So ist beispielsweise garantiert, dass in einem Dorf mit drei Restaurants die Wirte das anbieten, was die Gäste nachfragen. Wer gute Ideen hat, wird sich mit seinem Restaurant durchsetzen. Und wenn zwei Restaurants dasselbe anbieten, müssen sie ihre Zutaten (Ressourcen) möglichst effizient einsetzen. Das heisst, sie dürfen nichts verschwenden. Und sie haben einen Anreiz, sowohl die Qualität ihres Angebots als auch die Kosten zu optimieren. Sie müssen also mit möglichst wenig Mitteln möglichst viel erreichen. Ein solches System fördert automatisch die Innovation und damit den Fortschritt. Der Schweizer Wirtschaft geht es wohl auch deshalb sehr gut, weil sie zu den innovativsten Volkswirtschaften weltweit gehört. Ein gutes Beispiel dafür ist ein Unternehmen von zwei Freunden aus Schaffhausen. Diese veredeln mit einem Schimmelpilz Schweizer Qualitätsfleisch. Damit sind sie dem Trend der Nachfrage auf dem Zürcher Gastronomiemarkt gefolgt und bieten dem Kunden gute Qualität aus der Region. Da die Nachfrage gross ist und das veredelte Rindfleisch nur in auserwählten Restaurants angeboten wird, kommen die beiden Freunde zu einem guten Preis – dank innovativen Ideen. Obwohl der Markt für viele positive Anreize sorgt, braucht er gewisse Leitplanken. Zu gross wäre sonst die Gefahr von schädlichen Monopolen oder Kartellbildungen. Zudem verhindert man so eine Externalisierung von Kosten zu Lasten der Allgemeinheit.

Hat ein marktwirtschaftliches System auch Nachteile bzw. Gefahren?

Marktwirtschaft zeichnet sich wie erwähnt durch Wettbewerb und dezentrale Markt- und Preismechanismen aus. Das bringt dem System sehr viele Vorteile, aber auch einige Nachteile. Ein Nachteil ist zum Beispiel die Tendenz zu marktbeherrschenden Stellungen einzelner Marktteilnehmer. Dies kann zu Wettbewerbsbeschränkungen, etwa durch verschiedene Formen von Kartellen oder zu Preisabsprachen mit Mitbewerbern, verleiten – zum Schaden der anderen Marktteilnehmer. Hier haben Wettbewerbshüter für das Funktionieren des freien Wettbewerbs zu sorgen, damit sich die Marktkräfte entfalten können. Weitere Risiken sind die Knappheit unrentabler «öffentlicher Güter» wie etwa Klimaschutz oder die Verschwendung von natürlichen Ressourcen. Aus marktwirtschaftlicher Sicht müssen die Preise für die vom Staat bereitgestellten Ressourcen und die Besteuerung von Umweltemissionen wettbewerbsneutral und international konkurrenzfähig sein.

Welches sind aus marktwirtschaftlicher Sicht die grössten Sünden der schweizerischen Wirtschaftspolitik?

Neun von zehn Unternehmen beurteilen die Rahmenbedingungen am Standort Schweiz positiv – insbesondere die Qualität von Bildung von Forschung, aber auch die Leistungsfähigkeit der Infrastrukturen und die Rechtssicherheit. Die Schweizer Wirtschaftspolitik macht also vieles richtig. Aber: Der Grundsatz einer freien Marktwirtschaft, wonach der Staat so wenig Einfluss wie nur irgendwie möglich ausübt, geht in unserem Land leider allzu häufig vergessen. Sei das bei der grosszügigen Gewährung von Subventionen für verschiedenste Branchen oder sei das bei der Regulierung bis hin zur Überregulierung. Jedes vierte Unternehmen in der Schweiz erteilt der Wirtschaftspolitik punkto Regulierung ein «ungenügend». Sie wird qualitativ als das dringlichste Problem angesehen, das die Politik anpacken soll.

Welche Themen, bei denen es um zentrale Elemente der Marktwirtschaft geht, stehen aus Ihrer Sicht in den kommenden Jahren speziell im Fokus?

Ein wichtiges Element ist sicher der liberale Schweizer Arbeitsmarkt. In der Schweiz ist es einfacher als etwa in Italien oder Frankreich, in einer Krise Personalbestände und damit Kosten zu reduzieren. Gerade deshalb überlegen es sich die Unternehmen nicht zehnmal, bevor sie eine neue Stelle schaffen und unternehmerische Chancen nutzen. Deswegen sinkt in unserem Land die Arbeitslosenquote bei einem wirtschaftlichen Aufschwung jeweils rasch wieder ab. Diese Flexibilität wird immer wieder attackiert, obwohl sie sich sehr bewährt hat.

Auch die Schweizer Landwirtschaftspolitik ist alles andere als marktwirtschaftlich ausgerichtet. Die vom Bundesrat lancierte agrarpolitische Reform sieht einige Schritte in Richtung mehr Markt vor, wird nun aber bereits wieder in Frage gestellt. Hier wird sich die Schweiz in den kommenden Jahren entscheiden müssen, wie eine zukunftsorientierte Landwirtschaft und die Interessen der Schweizer Exportwirtschaft unter einen Hut zu bringen sind.

Schlüsselbegriffe

Die folgenden Schlüsselbegriffe kommen in diesem Kapitel vor und werden zudem am Ende des Buches nochmals erläutert.

- Marktwirtschaft
- Allokationsfunktion
- «Die unsichtbare Hand»
- Markteffizienz
- Konsumentenrente
- Produzentenrente
- Marktversagen
- Effizienz
- «Rent seeking»
- Öffentliche Güter / Kollektivgüter
- Trittbrettfahrer
- Externe Effekte
- Externe Kosten
- Externe Nutzen
- «Moral hazard»
- «Adverse selection»
- Staatsversagen
- Allmendegüter
- Liberalismus
- Spieltheorie
- Kartelle

Repetitionsfragen

Die Antworten finden Sie im Text dieses Kapitels sowie auf der Homepage des Verlages, edu.somedia-buchverlag.ch.

1. Welche drei zentralen Fragen stellen sich infolge der Knappheit der Güter für jede Gesellschaft?
2. Nennen und erläutern Sie die drei wesentlichen Markt- und Preisfunktionen.
3. Welches sind die Voraussetzungen für die Funktionsfähigkeit der Marktwirtschaft?
4. Erläutern Sie das Theorem der «unsichtbaren Hand».
5. Sie haben gelernt, dass bei Marktversagen staatliche Eingriffe gerechtfertigt sind.
   a) Was bedeutet Marktversagen?
   b) In welchen Fällen versagt der Markt?
6. Welche Gründe können gemäss der neuen politischen Ökonomie zu einem Staatsversagen führen?
7. Nennen Sie vier Beispiele aus der Verfassung, die es erlauben, von den marktwirtschaftlichen Grundprinzipien abzuweichen.

Interessante Homepages
(Direkte Verlinkung: siehe edu.somedia-buchverlag.ch).

Marktwirtschaft mit Schwerpunkt Schweiz u.a.:
- vimentis.ch
- libinst.ch

Marktwirtschaft mit Schwerpunkt International u.a.:
- stiftung-marktwirtschaft.de
- mises.org (Englisch)
- cato.org (Englisch)

Viele Beispiele zum Thema Staatsversagen findet man unter:
- http://www.schwarzbuch.de/

Inwieweit sind die Menschen mit ihrer eigenen Wirtschaftsordnung zufrieden?
- http://www.oecdbetterlifeindex.org/
- http://www.happyplanetindex.org/data/

Welcher Zusammenhang besteht zwischen Wirtschaftsfreiheit und Armut, Korruption, Umweltschutz, Kindersterblichkeit und Lebenserwartung? Siehe:
- http://www.heritage.org/index/ranking

Teil III
Gesamtwirtschaftliche Entwicklungsprozesse und ihre Erfassung

4 Die Erfassung der gesamten Wirtschaftsleistung: Die Volkswirtschaftliche Gesamtrechnung (VGR)

> «Ein Wirtschaftswissenschaftler ist jemand, der sich mit Zahlen und grafischen Darstellungen beschäftigt, aber nicht das Format hat, Buchhalter zu werden.»
> (Ein unbekannter Zyniker)

4.1 Der einfache Wirtschaftskreislauf

Wie schon angesprochen, besteht ein Hauptziel der Makroökonomie darin, einen Überblick über die Gesamtwirtschaft zu vermitteln. Betrachten wir dabei als Erstes eine ganz einfache Volkswirtschaft, in der es nur Haushalte und Unternehmungen gibt. Die Unternehmungen stellen Konsumgüter her, die sie den Haushalten verkaufen. Die Haushalte stellen den Unternehmungen Produktionsfaktoren zur Verfügung, wofür sie als Entschädigung Löhne, Zinsen und Dividenden erhalten. Die *Abbildung 4.1* stellt das Gesagte schematisch dar:

Abbildung 4.1   Der einfache Wirtschaftskreislauf

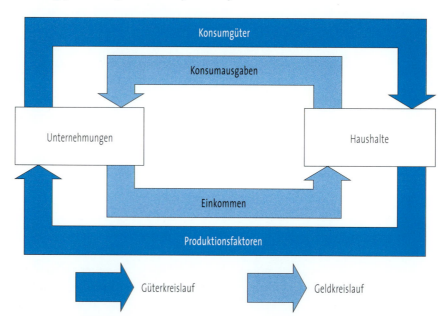

Die Beziehung von Unternehmungen und Haushalten zeigt sich dabei an zwei Kreisläufen: einem **Geldkreislauf** und einem **Güterkreislauf**. An diesem einfachen Wirtschaftskreislauf sehen Sie, dass die Unternehmungen die volkswirtschaftliche Leistung erstellen (**Produktion**) und an die Haushalte verkaufen, die Einnahmen aus dem Verkauf an die Haushalte weiterleiten (**Einkommensverteilung**) und die Haushalte ihrerseits das erhaltene Einkommen dazu verwenden, die Produktion der Unternehmungen zu kaufen (**Verwendung**). Die Erfassung der wirtschaftlichen Leistungsfähigkeit aus diesen drei Blickwinkeln veranschaulicht die *Abbildung 4.2*. Allerdings ist die Wirklichkeit doch einiges komplexer, als dies der einfache Kreislauf zum Ausdruck bringt. Um dieser Komplexität Rechnung zu tragen, wollen wir im Folgenden diese drei Blickwinkel einzeln analysieren und auf die schweizerische «Wirklichkeit» anwenden.

Das Ziel der VGR ist es, die Leistung einer Volkswirtschaft zahlenmässig zu erfassen, um den Unternehmern, den Arbeitnehmern, den Konsumenten, den Politikern und Wissenschaftlern die für ihre Tätigkeit notwendigen Informationen zu liefern.

Abbildung 4.2   Die drei Blickwinkel der VGR

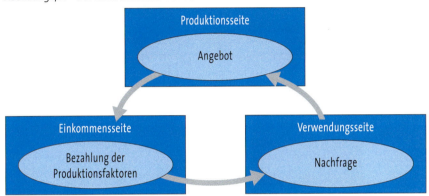

4.2 Die Analyse der Produktionsseite

Bei der Produktionsseite steht folgende Fragestellung im Zentrum des Interesses: Wer hat die Leistung erbracht? Was bedeutet überhaupt Leistung einer Volkswirtschaft, und wie kann man sie messen? Diese Frage werden Sie wahrscheinlich als sehr abstrakt erachten. Beginnen wir deshalb mit einer Problemstellung, die Ihnen näher liegt.

Wie messen wir die Leistung einer Unternehmung?

Das Instrument dafür ist die Erfolgsrechnung, und als Massstab dient – aus betriebswirtschaftlicher Optik – der Gewinn und der Umsatz. Aus volkswirtschaftlicher Optik ist allerdings der **Gewinn** allein kein guter Massstab. Denn neben dem Gewinn erbringt eine Unternehmung noch andere Leistungen. So bezahlt sie zum Beispiel ihren Mitarbeitern Löhne aus, welche für eine Volkswirtschaft von zentraler Bedeutung sind. Wir kommen darauf bei der Verteilungsrechnung zurück. Was halten Sie vom **Umsatz** als Kriterium für die volkswirtschaftliche Leistung einer Unternehmung? Im Gegensatz zum Gewinn überzeichnet der Umsatz die Leistung. Denn er enthält Werte, die nicht von der betreffenden Unternehmung geschaffen wurden. Ein Beispiel verdeutlicht dies: Wenn ein Möbelfabrikant Holz von einem Holzhändler kauft, würde der Wert des zugekauften Holzes im Wert der damit produzierten Möbel in die Berechnung eingehen. Das Holz würde dadurch mehrfach gezählt, einmal bei der Berechnung der Leistung des Holzhändlers und ein zweites Mal bei derjenigen des Möbelfabrikanten. Um diese Mehrfachzählungen zu vermeiden, dürfen wir alle Güter, die von anderen Unternehmungen eingekauft und im Produktionsprozess eingesetzt werden, nicht berücksichtigen, bzw. wir müssen sie vom Umsatz subtrahieren. Weil es sich dabei ja nicht um Leistungen des betreffenden Produzenten handelt, werden sie als **Vorleistungen** bezeichnet.

Vorleistungen sind alle nicht dauerhaften Produktionsmittel, die von anderen Produzenten bezogen werden.

Dazu zählen Sachgüter wie Roh- und Hilfsstoffe, Energie, Halbfabrikate und Handelswaren ebenso wie Dienstleistungen (z.B. Transportleistungen, Beratungshonorare, Leistungen der Swisscom). Ein Kauf eines Investitionsgutes (z.B. einer Maschine) gehört selbstverständlich nicht zu den Vorleistungen, da es sich dabei nicht um eine Aufwand-, sondern um eine Vermögenserhöhung handelt, die nicht in der Erfolgsrechnung, sondern in der Bilanz erfasst wird.

Der Volkswirtschafter interessiert sich also primär weder für den Gewinn noch für den Umsatz. Für ihn sind die Leistungen von Interesse, die von den verschiedensten Produzenten neu erbracht wurden. Mit anderen Worten geht es ihm um den Wert, welcher den Vorleistungen durch die Produktion und den anschliessenden Absatz hinzugefügt wurde. Deshalb bezeichnen wir diese Grösse mit dem Begriff **Wertschöpfung**.

Wertschöpfung ist die Differenz zwischen dem Wert der gesamten Produktion eines Unternehmens und den von ihm übernommenen Leistungen (Vorleistungen).

Abbildung 4.3   Wertschöpfung

Im **Produkionswert** sind nicht nur die Güter enthalten, die der Unternehmer aus der laufenden Produktion verkauft, sondern auch solche, die er für sich selber produziert oder die er ins Lager legt. Der Produktionswert entspricht somit der Summe aller Verkäufe, dem Wert der Bestandesveränderung des Lagers und dem Wert der selbsterstellten Anlagen. Bei der **Wertschöpfung**, die sich – wie dargestellt – aus der Differenz zwischen Produktionswert und Vorleistungen ergibt, handelt es sich exakt formuliert um die **Bruttowertschöpfung**, da in ihr auch die Abschreibungen enthalten sind, die dazu dienen, die in der laufenden Produktion abgenützten Investitionsgüter zu ersetzen. Die Bruttowertschöpfung abzüglich der Abschreibungen ergibt die **Nettowertschöpfung**.

Übersicht: Bruttowertschöpfung einer Unternehmung

Begriff	Definition
Produktionswert	Wert aller Verkäufe + Wert der Bestandesveränderungen an Fertigprodukten + Wert der selbsterstellten Anlagen. Bewertet zu Marktpreisen, also inklusive indirekte Steuern, aber ohne Subventionen.
– Vorleistungen	Alle von einer Unternehmung bezogenen und für die Produktion verbrauchten Güter und Dienstleistungen.
= Bruttowertschöpfung	Der erarbeitete Mehrwert
– Abschreibungen	Wertminderung des Anlagevermögens durch Verschleiss und Alterung.
= Nettowertschöpfung	Mehrwert, den man maximal verbrauchen könnte, ohne die Vermögenssubstanz einer Unternehmung zu gefährden.

4 Die Erfassung der gesamten Wirtschaftsleistung: Die Volkswirtschaftliche Gesamtrechnung (VGR)

Jetzt können wir den Blickwinkel erweitern und uns der eingangs gestellten Frage, nämlich der Leistungsfähigkeit einer gesamten Volkswirtschaft, zuwenden: Wer – ausser den Unternehmungen – produziert in einer Volkswirtschaft auch noch etwas, erbringt also eine Wertschöpfung?

Die institutionellen Sektoren der VGR

Um die Komplexität der gesamten Wirtschaft erfassen zu können, ist man auf Abstraktionen angewiesen. So können nicht alle Personen, die sich wirtschaftlich betätigen, einzeln analysiert werden, sondern man fasst diejenigen in Sektoren zusammen, welche mehrheitlich dieselbe Tätigkeit ausüben. Die VGR unterscheidet folgende Sektoren:

1. **Nicht finanzielle Kapitalgesellschaften:** Dieser Sektor umfasst alle Kapitalgesellschaften, deren Haupttätigkeit in der Produktion von Waren oder nichtfinanziellen Dienstleistungen liegt. Er umfasst Branchen wie die Chemie, die Maschinenindustrie oder die Bauwirtschaft.
2. **Finanzielle Kapitalgesellschaften:** Alle Kapitalgesellschaften, welche eine finanzielle Mittlertätigkeit übernehmen, gehören zu diesem Sektor. Es sind das Banken, die Nationalbank, Versicherungsgesellschaften, die Anlagefonds, die Pensionskassen und die Leasinggesellschaften.
3. **Staat:** Der Sektor Staat umfasst den Bund, die Kantone, die Gemeinden und die Sozialversicherungen. Das gemeinsame Merkmal dieser Einheiten ist die Produktion von Waren und Dienstleistungen (z. B. Bildung, Sicherheit, Gesundheit), die zum grössten Teil über obligatorische Abgaben der anderen Sektoren finanziert werden (Steuern, Sozialbeiträge usw.).
4. **Private Haushalte:** Alle natürlichen Personen werden diesem Sektor zugeordnet. Dazu gehören auch Einzelunternehmen.
5. **Private Organisationen ohne Erwerbszweck (POoE):** Dieser Sektor vereint alle Einheiten mit eigener Rechtspersönlichkeit, die Waren und Dienstleistungen ohne Erwerbszweck produzieren. Dazu gehören die Gewerkschaften, Verbraucherverbände, Parteien, Kirchen, Hilfswerke usw.
6. **Übrige Welt:** Die «übrige Welt» ist streng genommen kein Sektor, sondern fasst die übrigen Länder zusammen, mit welchen die inländischen Sektoren durch wirtschaftliche Transaktionen verbunden sind. Aus der Schweiz fliessen viele Leistungen ins Ausland bzw. stammen von dort.

Wir haben bereits dargelegt, wie man die **Wertschöpfung von Unternehmen**, also den Sektoren finanzielle und nichtfinanzielle Kapitalgesellschaften, berechnet (Produktion abzüglich Vorleistungen). Dazu gehört die Wertschöpfung von Maschinenproduzenten, Pharmaunternehmen, Banken ebenso wie diejenige von Unterhosenherstellern oder Wahrsagern. Die Leistung der gesamten Volkswirtschaft entspricht allerdings der Summe der Wertschöpfung aller Sektoren. Wenden wir uns deshalb der Messung der Wertschöpfung in den anderen Sektoren zu.

Wie misst man die Wertschöpfung im Sektor Private Haushalte?

Zweifellos werden in privaten Haushalten eine Menge von Leistungen erbracht: Reinigung, Erziehung, Krankenpflege, Unterhaltung, Bewirtung, Psychotherapie, Gartenarbeit, Kochen usw. Wie bei den Kapitalgesellschaften werden diese Leistungen unter erheblichem Einsatz von Produktionsfaktoren (Arbeit, Kapital, Know-how und Boden) erbracht. Weil dabei aber keine Markttransaktionen stattfinden, finden diese Leistungen auch keine Berücksichtigung in der VGR (Hausarbeit zum Nulltarif).[1] In der VGR werden aber dem Sektor «Private Haushalte» auch Einzelunternehmer und Selbstständige zugerechnet, ebenso die Produkte der Landwirtschaft, welche die Bauernfamilien selbst verbrauchen sowie die Eigennutzung von Einfamilienhäusern und Eigentumswohnungen.

---

[1] **Unbezahlte Arbeit:** Das Bundesamt für Statistik hat berechnet, dass in der Schweiz pro Jahr während **9,2 Milliarden Stunden unbezahlt** gearbeitet wird. Damit wird mehr unbezahlte Arbeit verrichtet als bezahlte (7,9 Milliarden Stunden). Frauen übernehmen 61 % des unbezahlten Arbeitsvolumens, die Männer 62 % der Erwerbsarbeit. (Quelle: BFS, Satellitenkonto Haushaltsproduktion)

Wie misst man die Wertschöpfung beim Staat und bei den POoE?

Auch wenn Sie von einigen staatlichen Tätigkeiten ohne Bedauern Abschied nehmen würden, müssen Sie eingestehen, dass ohne die verschiedenen staatlichen Leistungen das Leben doch unangenehmer wäre (Autobahnen, Ruhe und Ordnung, Rechtssicherheit, öffentliche Schulen usw.). Allerdings ist es schwierig, diese Leistungen zu bewerten. Denn wie bei den privaten Haushalten haben staatliche Leistungen in den meisten Fällen keinen Marktpreis, ihre Finanzierung findet eben nicht über den Verkauf, sondern über Steuern statt. Bei der Lösung dieses Problems bedient man sich mit einem statistischen Trick. Im Gegensatz zum Sektor Private Haushalte kennt man in der öffentlichen Verwaltung nämlich den Aufwand (insbesondere die Löhne), der für die Leistungserstellung erforderlich war. Man nimmt deshalb an, dass die Bruttowertschöpfung der Summe aller Aufwände abzüglich der Vorleistungskäufe entspricht. Auf dieselbe Weise wird sowohl die Wertschöpfung des Staates als auch der POoE berechnet.

Wie beziehen wir das Ausland in unsere Wertschöpfungsrechnung mit ein?

Bei der Produktionsseite bereitet die Berücksichtigung des Auslandes überhaupt keine Probleme, denn die Exporte sind selbstverständlich im Produktionswert enthalten. Die Importe sind Vorleistungen und werden, wie alle anderen Vorleistungen auch, vom Produktionswert abgezogen, um die Bruttowertschöpfung zu erhalten.

Um die **gesamtwirtschaftliche Wertschöpfung** zu erhalten, addieren wir die Wertschöpfung der Kapitalgesellschaften, des Staates, der POoE sowie die Wertschöpfung der Einzelunternehmen und Selbstständigen aus dem Sektor «Private Haushalte». Daraus ergibt sich folgende Definition des BIP:

Das Bruttoinlandprodukt (BIP) ist die Gesamtheit aller im Laufe eines Jahres oder Quartals erbrachten Wertschöpfungen von Unternehmen, Staat und POoE – innerhalb der geografischen Grenzen eines Landes.

Übersicht zur gesamtwirtschaftlichen Wertschöpfung

Begriff	2016 in Mio Fr.	Definition
Produktionswert	1'314'954	Wert aller Verkäufe + Wert der Bestandesveränderungen an Fertigprodukten + Wert der selbsterstellten Anlagen aller Unternehmungen, der öffentlichen Haushalte, der Sozialversicherungen und der POoE im Inland, bewertet zu Marktpreisen (inkl. Gütersteuern, ohne Subventionen).
– Vorleistungen	655'976	Alle bezogenen und für die Produktion verbrauchten Güter und Dienstleistungen.
= Bruttoinlandprodukt (BIP)	658'978	Summe aller Bruttowertschöpfungen von Unternehmungen, Staat und POoE im Inland. (Inklusive nicht abzugsfähige Mehrwertsteuer und Nettoeinfuhrabgaben.)
– Abschreibungen	136'519	Wertminderung des Anlagevermögens durch Verschleiss und Alterung.
= Nettoinlandprodukt (NIP)	522'458	Wertschöpfung, die man maximal verbrauchen könnte, ohne die Vermögenssubstanz der Volkswirtschaft zu gefährden.

Quelle: BFS, zu laufenden Preisen, provisorische Werte

Wir haben oben das theoretische Fundament der Produktionsseite der Wertschöpfung erarbeitet. Nun wollen wir die schweizerische Wirklichkeit betrachten:

4 Die Erfassung der gesamten Wirtschaftsleistung: Die Volkswirtschaftliche Gesamtrechnung (VGR)

Abbildung 4.4a **Produktionsseite: Institutionelle Sektoren** *Anteile 2016, zu laufenden Preisen*

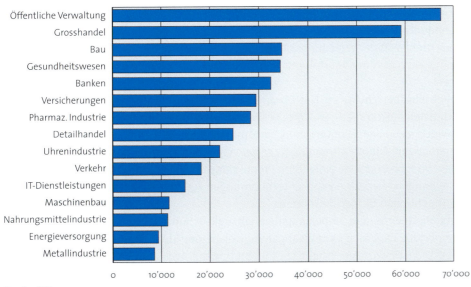

- POoE 2%
- Staat 11%
- Finanzielle Kapitalgesellschaften 9%
- Nicht finanzielle Kapitalgesellschaften und priv. Haushalte 78%

Quelle: BFS

Abbildung 4.4b **Produktionsseite: Die grössten Branchen** *2015, in Mio Franken, zu laufenden Preisen*

Öffentliche Verwaltung	~68'000
Grosshandel	~60'000
Bau	~35'000
Gesundheitswesen	~35'000
Banken	~32'000
Versicherungen	~30'000
Pharmaz. Industrie	~28'000
Detailhandel	~25'000
Uhrenindustrie	~22'000
Verkehr	~18'000
IT-Dienstleistungen	~15'000
Maschinenbau	~12'000
Nahrungsmittelindustrie	~12'000
Energieversorgung	~10'000
Metallindustrie	~9'000

Quelle: BFS

4.3 Die Analyse der Einkommensseite

Jeder Franken Wertschöpfung ist für irgend jemanden irgendwo ein Franken Einkommen. Wertschöpfung und Einkommen sind die beiden Seiten derselben Medaille. Wir können deshalb nicht nur analysieren, wer die Wertschöpfung erstellt hat, sondern auch wie dieser Wertschöpfungskuchen verteilt wird.

Wie werden die erzielten Einkommen verteilt?

Unter diesem Aspekt wird die Bezahlung der Produktionsfaktoren (Löhne und Gehälter, Gewinne, Vermögensrenditen) beleuchtet. Wir möchten also wissen, wie gross der Anteil der verschiedenen Arten von Entschädigungen an die Produktionsfaktoren ist.

Abbildung 4.5   Einkommensseite: Die Verteilung des BIP Anteile 2016, zu laufenden Preisen

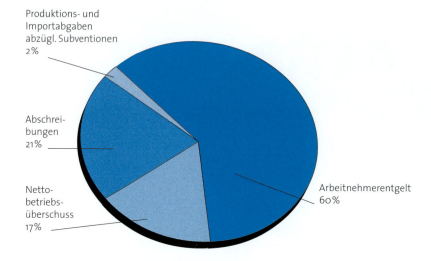

Erläuterungen zu den einzelnen Anteilen der Einkommensseite:
- **Arbeitnehmerentgelt:** Sozialpolitiker und Gewerkschaften interessieren sich speziell für die **Lohnquote** (Arbeitnehmerentgelt) und ihre Entwicklung. Um diesen «Einkommenskuchen» dreht sich der Verteilungskampf zwischen Arbeitgebern und Arbeitnehmern. Sie versuchen ein nach ihrer Beurteilung angemessenes – sprich möglichst grosses – Stück zu erhalten.
- **Nettobetriebsüberschuss:** Im Nettobetriebsüberschuss sind die im Produktionsprozess entstandenen Einkommen aus Unternehmertätigkeit und Vermögen enthalten (z.B. Zinsen, Dividenden, unverteilte Gewinne, Einkommen aus Grund und Boden).
- **Abschreibungen:** Die Abschreibungen entsprechen den Wertminderungen, welchen das Anlagevermögen durch Verschleiss im Produktionsprozess und Alterung unterliegt. Diese Abschreibungen werden von den Unternehmungen zurückbehalten, um die notwendigen Ersatzinvestitionen tätigen zu können.
- **Produktionssteuern und Importabgaben abzüglich Subventionen:** Produktionssteuern und Importabgaben sind Zwangsabgaben, welche der Staat auf den produzierten Waren und Dienstleistungen erhebt (z.B. nichtabzugsfähige Mehrwertsteuer, Tabaksteuer, Schwerverkehrsabgabe, Zölle). Diese Einkommen des Staates sind im Arbeitnehmerentgelt und im Nettobetriebsüberschuss nicht enthalten, zählen aber ebenfalls zum BIP. Die Subventionen des Staates andererseits sind in den Einkommen aus unselbstständiger Arbeit und/oder im Nettobetriebsüberschuss enthalten. Weil sie aber keiner Wertschöpfung entsprechen, sind sie nicht Bestandteil des BIP und werden deshalb subtrahiert.

Exkurs: Die Verteilung des Wohlstandes

Die Einkommensseite der volkswirtschaftlichen Gesamtrechnung gibt Auskunft, wie sich die Einkommen auf die Produktionsfaktoren Arbeit und Kapital verteilen. Was wir jedoch nicht erkennen können, ist, wer wie viel erhält – also die Verteilung der Einkommen auf die Haushalte. Über die «gerechte» bzw. gleichmässige Verteilung von Einkommen und Vermögen wird in der Schweiz eine intensive und emotionale Debatte geführt. Volksabstimmungen zu diesem Thema häufen sich entsprechend: Abzocker-Initiative, 1:12-Initiative, Mindestlohninitiative, die Erbschaftssteuerinitiative und ein bedingungsloses Grundeinkommen sind prominente Beispiele dafür. Wie steht es um die Verteilung von Einkommen und Vermögen in der Schweiz? Gemäss der Denkfabrik Avenir Suisse ist in kaum einem anderen Land die Verteilung der Einkommen so gleichmässig wie in der Schweiz. Mehr noch: Während sich die Einkommensschere in den meisten westlichen Industriestaaten seit den 1980er-Jahren geöffnet hat, ist die Spreizung der Einkommen in der Schweiz kaum gewachsen.

Die Verteilung der Einkommen kann mit der sogenannten **Lorenzkurve** dargestellt werden (vgl. *Abbildung 4.6.*). Auf der horizontalen Achse sind die addierten Prozentsätze der Haushalte und auf der vertikalen Achse die addierten Prozentsätze der Einkommen dieser Haushalte abgetragen. Wäre das Einkommen absolut gleich verteilt, so müssten 10 % der Haushalte genau 10 % des gesamten Einkommens bekommen. Alle Punkte auf der Diagonalen in der *Abbildung 4.6.* repräsentieren eine absolut gleichmässige Verteilung. Die Realität weicht natürlich von dieser egalitären Verteilung ab, so dass eine «bauchige» Kurve entsteht. Je kleiner der Bauch, desto gleichmässiger ist das Einkommen verteilt, je grösser der Bauch, desto ungleichmässiger ist die Verteilung.[1] In der Schweiz verfügen die ärmsten 40 % über ca. 20 % des gesamten Einkommens, wie auf der Lorenzkurve abzulesen ist. Mit der Lorenzkurve lassen sich natürlich auch andere Verteilungsfragen darstellen, z.B. die Verteilung des Vermögens. So besitzt gemäss Credit Suisse das reichste Prozent der Weltbevölkerung die Hälfte des Weltvermögens. (Credit Suisse Global Wealth Report 2017)

[1] **Gini-Koeffizient:** Ein Mass für die Ungleichverteilung ist der Gini-Koeffizient. Der **Gini-Koeffizient** setzt die Fläche des «Bauches» der Lorenzkurve in Beziehung zur gesamten Fläche unter der Diagonalen. Je grösser der Bauch, desto grösser der Gini-Koeffizient, desto ungleicher die Verteilung.

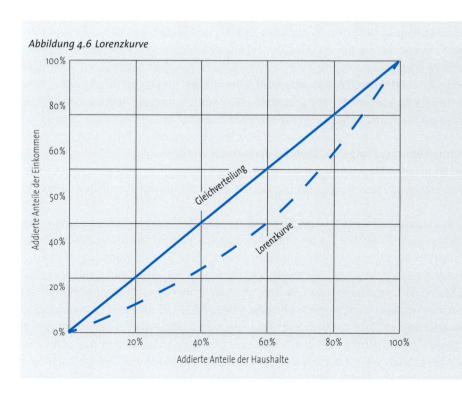

Abbildung 4.6 Lorenzkurve

4.4 Die Analyse der Verwendungsseite

Die dritte zu behandelnde Analyse der gesamtwirtschaftlichen Leistung ist die Verwendungsseite. Denn die Einkommen werden nicht nur **irgendwo erarbeitet**, an **irgend jemanden verteilt**, sondern sie werden auch **irgendwie verwendet**. Bei der Verwendungsrechnung steht die folgende Frage im Zentrum des Interesses:

Wie werden die erzielten Einkommen verwendet?

Grundsätzlich können Einkommen zum **Konsum** oder für **Investitionen** verwendet werden. Sie werden jetzt einwenden, dass ein Teil der Einkommen doch auch gespart werden kann. Sie haben recht: Was aber passiert mit diesen Ersparnissen? Diese Ersparnisse werden an diejenigen ausgeliehen, die zu wenig eigene Mittel erarbeitet haben, um ihre Investitionen zu finanzieren. Das heisst, dass schlussendlich immer so viel investiert wird, wie gespart wird. Falls Sparen und Investieren nicht gleich gross sind, treten Mechanismen auf, die wieder auf ein Gleichgewicht zwischen Sparen und Investieren hinwirken. Einzelne Sektoren (z. B. die privaten Haushalte) können aber sehr wohl mehr sparen als investieren, während andere Sektoren (z. B. die Unternehmungen) mehr investieren, als dass sie zu sparen in der Lage sind. Gesamtwirtschaftlich aber sind **Sparen und Investieren – rückblickend – immer ausgeglichen**. Nehmen wir an, dass die Haushalte mehr sparen als die Unternehmungen investieren wollen. Als Folge sinkt die gesamtwirtschaftliche Nachfrage. Das bedeutet, dass die Unternehmungen ihr geplantes Angebot nicht verkaufen können. Deshalb erzielen die Unternehmungen einen kleineren Gewinn, was ein Sinken ihrer Ersparnisse zur Folge hat. Weil sie nicht ihr ganzes Angebot verkaufen können, nehmen ihre Lager zu; dieser Lageraufbau entspricht einer ungeplanten Investition. Als Folge der tieferen Nachfrage entstehen auch tiefere Einkommen (z. B. infolge von Entlassungen); mit abnehmendem Einkommen sinken aber die Sparmöglichkeiten. Diese Prozesse führen letztlich dazu, dass die Lücke zwischen Ersparnis und Investitionen geschlossen wird.[1]

Sie sehen an diesem Beispiel, dass Sparsamkeit nicht immer etwas Gutes ist. Auch wenn es für den Einzelnen durchaus sinnvoll sein kann, in wirtschaftlich schwierigen Zeiten mehr zu sparen, kann es für die Volkswirtschaft, wenn das alle tun, verheerende Folgen haben. Der Versuch, mehr zu sparen, kann damit enden, dass die tatsächlichen volkswirtschaftlichen Ersparnisse zurückgehen. Dieses Phänomen wird als **Sparparadoxon** bezeichnet: «Mit steigender Ersparnis wird die Investitionstätigkeit der Unternehmen gebremst. Dadurch sinkt das Einkommen, worauf auch der Konsum und die Ersparnis vermindert werden.» Das Sparparadoxon ist nicht frei von Kritik. Denn sowohl einzelwirtschaftlich als auch gesamtwirtschaftlich ist Sparen ja eine Voraussetzung für Investitionen und damit für Wachstum. In der **langen Frist** bedeutet mehr Sparen denn auch mehr Investitionen und mehr Investitionen mehr Wohlstand. **Kurzfristig** aber kann nicht ausgeschlossen werden, dass ein Anstieg des Sparens zu Investitionsausfällen und damit zu rezessiven Tendenzen führt.

Das Einkommen kann für folgende Zwecke verwendet werden:

- **Konsum der privaten Haushalte und der POoE:** Privater Konsum im volkswirtschaftlichen Sinne sind alle Käufe von Güter und Dienstleistungen der privaten Haushalte und der POoE.
- **Konsum des Staates:** Wir haben schon festgehalten, dass der Staat seine Dienstleistungen nicht verkauft, weshalb wir sie bei der Entstehungsrechnung von der Aufwandseite her bewerten müssen. Vor demselben Problem stehen wir auch bei der Verwendungsrechnung: Die unentgeltlichen staatlichen Dienstleistungen konsumieren im Grunde genommen die Haushalte und die Unternehmungen; weil sie aber eben nicht verkauft werden, können sie ihnen auch nicht zugeordnet werden. Deshalb arbeitet die VGR mit der Fiktion des **Eigenkonsums des Staates**. Zum Konsum des Staates gehören also erstens alle unentgeltlich abgegebenen Dienstleistungen. Bewertet werden diese Dienstleistungen mit den dafür zu zahlenden **Löhnen**, z. B. für die Lehrer, die Polizisten, die Politiker usw. Zweitens gehören auch die Ausgaben des Staates für **Sachkäufe** zum Konsum des Staates – mit Ausnahme

---

[1] In einer **offenen Volkswirtschaft** können die inländischen Ersparnisse von den inländischen Investitionen abweichen. Falls die inländischen Ersparnisse grösser sind als die inländischen Investitionen, können diese auch im Ausland angelegt werden. Umgekehrt können, falls im Inland mehr investiert als gespart wird, die fehlenden Mittel vom Ausland zur Verfügung gestellt werden (vgl. Kapitel «Zahlungsbilanz»).

der Käufe von Investitionsgütern. Nicht zum Konsum des Staates gehören die Transferzahlungen, wie z. B. die Arbeitslosenunterstützung, weil sie keine Produktionsleistung widerspiegeln.
- **Bruttoinvestitionen**[1]: Ein Teil der Wertschöpfung wird von den Unternehmungen und vom Staat[2] in Produktionsanlagen, in die Lager und in öffentliche Einrichtungen investiert. Bei den Bruttoinvestitionen handelt es sich um alle jene Güter, die entweder von Produzenten gekauft werden, um für mehr als ein Jahr im Produktionsprozess eingesetzt zu werden oder um Vorratsveränderungen. Zu den Bruttoinvestitionen gehören z.B. Bauten, Ausrüstungen, aber auch die in den Läden «liegengebliebenen» TV-Geräte, Konserven oder Bücher. Die Bruttoinvestitionen lassen sich folgendermassen gliedern:

Abbildung 4.7   Die Unterteilung der Bruttoinvestitionen

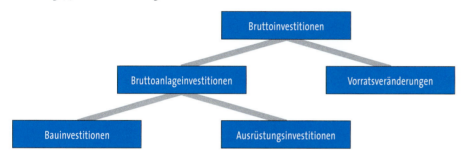

[1] **Investitionen:** «Ich investiere mein Geld in Aktien!» Diese Aussage zeigt, dass man im **allgemeinen Sprachgebrauch** oft auch Wertschriftenkäufe als Investition bezeichnet. Für den Ökonomen hingegen ist das eine Ersparnis. Bei Investitionen handelt es sich immer um die Erstellung neuer Kapitalgüter (Gebäude, Maschinen oder Vorräte).

[2] **Staatsausgaben:** Die Ausgaben des Staates werden in der VGR also aufgeteilt in Staatskonsum (staatliche Dienstleistungen) einerseits und staatliche Investitionen (Ausgaben für Bauten und Ausrüstungen) andererseits.

- **Bauinvestitionen** sind Ausgaben zur Erstellung und zum (wertsteigernden) Erhalt von Gebäuden, Tief- und Hochbauten. **Ausrüstungsinvestitionen** umfassen die Ausgaben für Geräte, Maschinen, Einrichtungen und Software. **Vorratsveränderungen** entsprechen der Differenz zwischen dem Wert der Lagerzugänge abzüglich der Lagerausgänge bei den Unternehmungen.
- **Nettoexporte:** Im Konsum und den Investitionen der genannten Sektoren sind einerseits die Importe von Waren und Dienstleistungen aus dem Ausland enthalten, andererseits fehlen die Exporte. Da die Importe zum Einkommen des Auslandes und nicht des Inlandes gezählt werden, müssen wir diese subtrahieren, die Exporte aber addieren, um die Leistung des Inlands zu erhalten.

Von der **Verwendungsseite** her lässt sich das **BIP** folgendermassen errechnen:
Privater Konsum
+ Staatlicher Konsum
+ Bruttoinvestitionen
+ Nettoexporte

Welche Erkenntnisse lassen sich aus der Verwendungsseite ziehen?
- Eine wichtige Strukturgrösse, die sich aus der Verwendungsseite ergibt, ist die **Investitionsquote** (Investitionen in % des BIP), die für das Wirtschaftswachstum eine entscheidende Rolle spielt. Je höher die Investitionsquote ist, desto grösser sind die Wachstumsmöglichkeiten in der Zukunft.
- Die **Konsumquote** (Konsum der privaten Haushalte und POoE in % des BIP) von 54 % belegt, dass mehr als die Hälfte der in der Schweiz hergestellten Waren und Dienstleistungen unmittelbar von den privaten Haushalten und den POoE konsumiert wurden. Allerdings erfolgt ein Teil des Konsums indirekt, nämlich dadurch, dass die Unternehmungen und die Haushalte Dienstleistungen des Staates konsumieren. Dieser Teil – Sie wissen es – wird aber in der VGR als Konsum des Staates bezeichnet.

- Zwischen **Investition** und **Konsum** besteht ein «trade-off». Erhöht eine Volkswirtschaft die Investitionen, wird sie in Zukunft mehr Güter produzieren und konsumieren können. Dieses Wachstum ist aber nicht gratis zu haben. Um den zukünftigen Konsum steigern zu können, muss in der Gegenwart auf Konsum zugunsten von Investitionen verzichtet werden.
- Die **Export- und die Importquote** (Exporte bzw. Importe in % des BIP) belegen die hohe Verflechtung der schweizerischen Volkswirtschaft mit dem Ausland. Die Exportquote beträgt rund 60 %, die Importquote 50 %.

Abbildung 4.8   Verwendungsseite: Die Verwendung des BIP Anteile 2016, zu laufenden Preisen

- Nettoexporte 11 %
- Bruttoinvestitionen 23 %
- Konsum des Staates 12 %
- Konsum der privaten Haushalte und der POoE 54 %

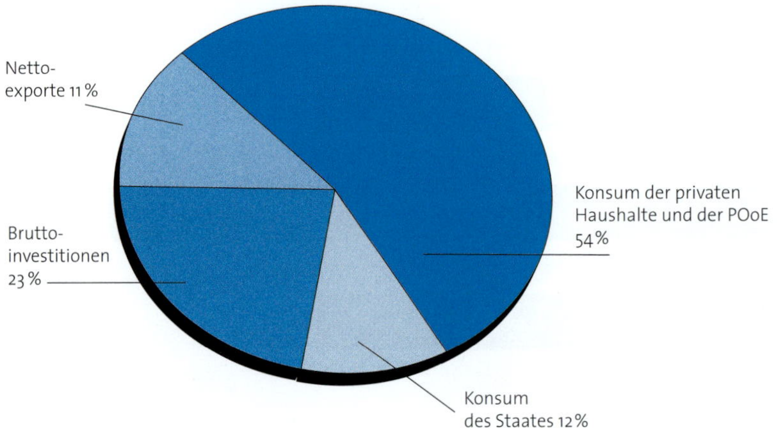

Quelle: BFS

Die *Abbildung 4.9* gibt einen zusammenfassenden Überblick über die Produktions-, Einkommens- und Verwendungsseite des Bruttoinlandproduktes der Schweiz.

Abbildung 4.9   Produktions-, Einkommens- und Verwendungsseite des BIP 2016, zu laufenden Preisen, in Mrd. Franken

Produktion
Nichtfinanzielle Kapitalgesellschaften + Private Haushalte	511,6
Finanzielle Kapitalgesellschaften	63,4
Staat	71,0
POoE	13,0

Bruttoinlandprodukt 659,0 Mrd. Fr.

Einkommen
Arbeitnehmerentgelt	391,7
Nettobetriebsüberschuss	112,2
Abschreibungen	136,5
Produktionssteuern und Importabgaben abzüglich Subventionen	18,6

Verwendung
Konsum der privaten Haushalte und der POoE	353,8
Konsum des Staates	78,9
Bruttoinvestitionen	152,3
Nettoexporte	74,0

Quelle: BFS

4.5 Der erweiterte Wirtschaftskreislauf

Diese Ausführungen haben gezeigt, dass wir den einfachen Wirtschaftskreislauf erweitern müssen, um ein genaueres Bild der gesamtwirtschaftlichen Vorgänge zu erhalten. Bei der Interpretation der Abbildung 4.10 ist Folgendes zu beachten:
- Die Abbildung zeigt nur die Geldströme, die aus Güter- und Faktormärkten resultieren.
- Der Sektor Ausland wird nur summarisch erfasst. Um die Wirklichkeit korrekter abzubilden, müsste man zwischen Güter-, Kapital- und Faktorströmen sowie Transfers (einseitige Transaktionen) unterscheiden.
- Der Bereich Vermögensveränderung ist kein Sektor, sondern widerspiegelt eine buchhalterische Trennung, die das Erfassen von Ersparnisbildung und -verwendung bzw. der Investitionstätigkeit erlaubt.
- Die punktierten Pfeile sind keine Transaktionen, sondern stellen den Übertrag von Salden dar.
- Die Abschreibungen sind ein fiktiver Strom in dem Sinne, dass kein Geld fliesst. Hier ist nur ihr geldwerter Gegenstrom (Nettoinvestitionen=Bruttoinvestitionen abzüglich Abschreibungen) dargestellt.

Abbbildung 4.10 Der erweiterte Wirtschaftskreislauf

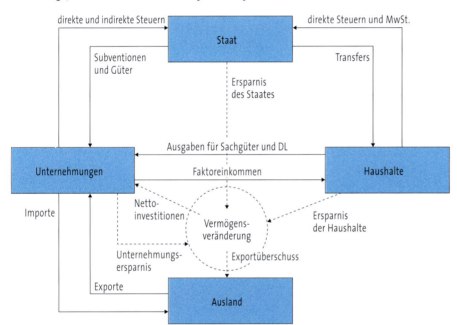

Exkurs: Statistik-Revision gibt dem BIP Auftrieb!

Die Schweiz hat die Volkswirtschaftliche Gesamtrechnung (VGR) im Jahr 2014 umfassend revidiert. Damit befindet sich die Schweiz in bester Gesellschaft. Weltweit haben Länder ihre VGR auf das Europäische System Volkswirtschaftlicher Gesamtrechnung (ESGV 2010) umgestellt. Durch die Revision wurde das BIP grösser. Ein Grund dafür ist, dass Ausgaben für **Forschung und Entwicklung (F+E)** neu nicht mehr als Vorleistungen, sondern als Investition gelten. In der Schweiz resultierte daraus ein **Anstieg des BIP um rund 2,5 %**. Diese Statistikumstellung machte die Schweiz mit einem Schlag um rund 14 Milliarden Franken reicher.

Eine weitere Änderung betrifft **militärische Güter**. Neu werden Rüstungsausgaben, z.B. für Kampfflugzeuge, als Investition verbucht, falls die Lebensdauer der Rüstungsgüter mindestens ein Jahr ist. Bisher galten diese Ausgaben als Staatskonsum. Somit wurde der Anstieg der Investitionen beim BIP durch den rückläufigen Staatskonsum kompensiert. Aber die Staatsquoten (Staatsausgaben in % des BIP) sind gesunken, weil die Rüstungsausgaben nicht mehr als Staatskonsum, sondern als Investitionen gelten.

In vielen Ländern steigt das BIP durch die Revision auch deshalb, weil neu auch **Sex**, **Drogenhandel** und **Schmuggelgeschäfte** zur nationalen Wertschöpfung zählen – so will es eine neue Richtlinie des Europäischen Systems Volkswirtschaftlicher Gesamtrechnungen.

Wenn sich die EU-Politiker nach der Revision auf die Schulter klopften und Fortschritte bei der Konsolidierung des Staatshaushaltes verkündeten, war das nicht zwingend eine «gute» Nachricht. Denn die Schuldenquoten (Schulden in Prozent des BIP) sind nur schon deshalb gesunken bzw. weniger stark gestiegen, weil die Revision der VGR zu einem länderspezifischen Anstieg von 1% bis bis 5% des BIP geführt hat.

4.6 Grenzen der Volkswirtschaftlichen Gesamtrechnung

Fallstudie:
«Schwarzarbeit»
(edu.somedia-buchverlag.ch)

Die Messung der volkswirtschaftlichen Leistung mit Hilfe der VGR gelingt nur mit einiger Ungenauigkeit.

- **Unzureichende Erfassung der Daten**
  Seit September 2014 werden in der VGR gemäss einer europäischen Richtlinie auch illegale Aktivitäten erfasst, bzw. geschätzt (vgl. Exkurs «Statistik-Revision»). In der Schweiz sind seit 2012 Schätzungen über Prostitution[1] und Drogenhandel gemäss Bundesamt für Statistik Bestandteile der VGR. Trotzdem bleibt die Erfassung der Schwarzarbeit unzureichend und weitgehend im Schatten. Sie wird in der Schweiz auf knapp 7% des BIP geschätzt.
  Eine besondere Herausforderung für die BIP-Statistik ist die **Digitalisierung**, also die Vernetzung von Mensch und Maschine und die Verlagerung von physischen Produkten in virtuelle Räume. Das «Unsichtbare» und weder dem «Inland» noch dem «Ausland» zurechenbare Neue der Digitalisierung bleibt mehr oder weniger unberücksichtigt. Im Zeitalter der Digitalisierung bemessen sich Werte nicht mehr an oder in örtlich zurechenbaren Stückzahlen, sondern in Daten, die in Sekundenschnelle um die Welt gejagt werden. Dafür gibt es weder eine klar definierte Wertschöpfung, noch einen Exportwert im klassischen Sinne.

[1] Der Sex im BIP: Käufliche Liebe steuert ca. 0,5% zum BIP der Schweiz bei.

- **Die VGR erfasst nur monetäre Flüsse**
  Auch nicht alle legalen Leistungen werden von der VGR erfasst. Angenommen, Sie kaufen in einer Metzgerei einen Kalbsbraten. Im Verständnis der VGR werden Sie diesen Kalbsbraten roh konsumieren – guten Appetit! Das Zubereiten des Kalbsbratens wird nicht erfasst, weil es eine Eigenleistung ist, gerade so wie alle Haus- oder Do-it-yourself-Arbeiten. Nur wenn Sie diesen Kalbsbraten im Restaurant geniessen, findet die Leistung des Kochens Eingang in die volkswirtschaftliche Gesamtrechnung. Ein zweites Beispiel: Heiratet jemand seine Hausangestellte, dann sinkt demzufolge das BIP (allerdings steigt es wieder, wenn das Ehepaar sich scheiden lässt).

- **Problematische Bewertung von Leistungen**
  Bei den erfassten Leistungen stellt sich zudem die Frage nach der richtigen Bewertung. Sie kennen dieses Problem bereits bei den staatlichen Leistungen, die mit ihren Kosten bewertet werden. Eine Erhöhung der Beamtenlöhne z. B. bedeutet somit unmittelbar und im selben Umfang eine Steigerung ihrer Leistung, wodurch die Zweifelhaftigkeit der Bewertung deutlich wird.

- **Aufgepasst bei internationalen Vergleichen**
  Bei internationalen Vergleichen darf nicht vergessen werden, dass man dabei eine einheitliche Währung anwenden muss. Alleine Wechselkursschwankungen können demzufolge grosse Veränderungen in den Ranglisten auslösen. Weiter ist zu berücksichtigen, dass man mit der gleichen Summe Geld in verschiedenen Ländern unterschiedlich viel kaufen kann. Diesem Problem wird in OECD-Statistiken begegnet, indem die nationalen BIP mit Hilfe der Kaufkraftparitäten (vgl. *Kapitel 15*) bereinigt werden.

- **Das BIP ist kein Messinstrument für Wohlfahrt und Lebensqualität[2]**
  Keine andere ökonomische Kennzahl wird so häufig zitiert wie das Bruttoinlandprodukt. Dabei wird das BIP fälschlicherweise oft mit Wohlstand, Wohlfahrt oder sogar mit Lebensqualität gleichgesetzt (vgl. auch nachfolgenden Exkurs: «Sind reiche Menschen glücklicher?»). Denn das BIP vernachlässigt wichtige Aspekte, die ein nachhaltiger Wohlfahrtsindikator berücksichtigen muss. So werden die externen Kosten nicht erfasst (z. B. die Verminderung der Lebensqualität durch Umweltverschmutzung). Es werden eben nur die quantitativ messbaren Leistungen erfasst, die qualitativen Aspekte des Wirtschaftens sind im BIP nicht erkennbar. So kann das BIP steigen und die Lebensqualität sogar sinken – ein Beispiel: Das BIP steigt, wenn die Anzahl Autounfälle zunehmen (Einsatz der Polizei, Sanitäter und Ärzte, Reparaturen der Autos usw.), die Lebensqualität aber vermindert sich.

[2] How's Life? Measuring Well-being (OECD, 2017)

Ideen für ein neues Armaturenbrett

Zur Messung des Wohlbefindens einer Bevölkerung ist ein komplexer Kranz an Daten nötig. Ein Beispiel für einen ganzheitlichen Wohlstandsindikator ist der Human Development Index der UNO, welcher das Einkommen, die Ausbildung und die Lebenserwartung beinhaltet. Weit mehr Indikatoren umfasst ein Bericht unter der Leitung des Nobelpreisträgers Joseph Stiglitz, etwa die Qualität der Umwelt, der soziale Frieden, das Niveau der Krankenpflege, Armut, der Anteil erneuerbarer Energien, öffentliche Entwicklungshilfe, Bürgervertrauen, Wählerbeteiligung, demografische Veränderungen, nachhaltige Konsumstruktur, Freiwilligenarbeit usw. Bisher hat sich kein Ansatz mit Erfolg durchsetzen können. Ein Grund dafür ist, dass auch ein erweitertes Armaturenbrett wohl oder übel mit Zahlen gemessen werden muss, wofür es kaum Zahlenmaterial gibt (z. B. sozialer Frieden). «Zahlen» sind auch notwendig, um zusammenzufassen, was nur sehr schwer zusammenfassbar ist – z. B. Umweltqualität, Einkommen, Niveau der Krankenpflege. Es stellen sich Fragen bezüglich der Verfügbarkeit, der Vergleichbarkeit und der Gewichtung einzelner Indikatoren. Man darf gespannt sein, wohin die Suche nach alternativen Wohlfahrtsindikatoren führen wird. Das BIP ist ohne Zweifel kein geeigneter Massstab für die Lebensqualität, es hat aber den Vorteil, dass es auf objektiven Marktpreisen basiert und frei von politischen Werturteilen ist.

Die volkswirtschaftliche Gesamtrechnung ist nicht in der Lage, sämtliche wertschöpfende Leistungen vollständig zu erfassen und «richtig» zu bewerten. Das BIP ist zudem kein geeigneter Massstab zur Messung der Lebensqualität. Dafür wird es oft kritisiert, obwohl es gar nicht dazu entwickelt wurde.

Exkurs: Sind reiche Menschen glücklicher?

Sind reiche Menschen glücklicher? Die Frage, ob Geld glücklich mache, ist so alt wie die Menschheit. Häufig wird angenommen, die Reichen seien nicht glücklicher. Diese Vorstellung beruht auf einem Vorurteil. Das wird dann deutlich, wenn wir uns umgekehrt fragen, ob die Armen glücklicher sind. Dies ist – im Allgemeinen – sicherlich nicht der Fall. Glück hängt wesentlich von den wirtschaftlichen Bedingungen ab, dazu gehört auch der Einfluss des Einkommens auf das Glück. Personen, die in Ländern mit einem tiefen Durchschnittseinkommen leben, betrachten sich selbst als deutlich weniger glücklich als solche, die in reichen Ländern zu Hause sind. Der positive Zusammenhang zwischen Einkommen und Zufriedenheit gilt vor allem für die ärmsten Länder der Welt. Wenn einmal ein höheres Durchschnittseinkommen erreicht ist, schwächt sich der Zusammenhang ab. So sind die Menschen in der Schweiz im Durchschnitt wesentlich glücklicher als die Menschen in Moldawien, der Ukraine oder in Peru, wo das Durchschnittseinkommen deutlich unter 15'000 verdient, denn das bringt sozialen Status. Ein weiterer Bremseffekt für das Glücksempfinden kommt dadurch zustande, dass die Menschen sich relativ rasch an ein höheres Einkommensniveau gewöhnen und dieses nach kurzer Zeit als selbstverständlich betrachten. So weiss man etwa, dass ein Lottogewinn den Empfänger für kurze Zeit sehr glücklich macht, aber bald danach pendelt sich das Glücksempfinden wieder auf seinem Normalzustand ein. Dieses Beispiel ist typisch für die Freude an materiellen Dingen, die meist nur von kurzer Dauer ist. Egal ob ein neues Auto, ein neues Haus oder ein neues Handy.

Welche Aktivitäten machen die Menschen glücklich? Daniel Kahneman, ein Nobelpreisträger in Ökonomie, hat eine Befragung von tausend werktätigen texanischen Frauen durchgeführt – mit folgenden Resultaten: Mit Abstand am glücklichsten sind die texanischen Frauen beim Sex; auch das Treffen mit Freunden und Freundinnen, Essen und Relaxen bereitet grosses Glück. Das sind alles Tätigkeiten, welche nicht unmittelbar an den materiellen Wohlstand gekoppelt sind, sondern stattdessen mit steigendem Einkommen unter die Räder zu kommen drohen. Denn die freie Zeit, die den Menschen für die glücklich machenden Aktivitäten zur Verfügung steht, wird mit zunehmendem materiellem Wohlstand knapper. Dahinter stecken die mit steigendem Einkommen höheren Opportunitätskosten der freien Zeit.

Glücksindices: Grossbritanniens Premierminister lässt das «Wohlbefinden» seiner Bevölkerung bereits statistisch erfassen. Das New Economic Foundation's Centre for Well-Being hat den **«Happy Planet Index»** entwickelt. Das **Königreich Bhutan** ist wohl das einzige Land der Welt, welches die Steigerung des Bruttoglücksproduktes als oberstes Staatsziel angibt.

Neueste Forschungsergebnisse: Der britische Ökonom Richard Layard publizierte im März 2014 eine Studie «Wellbeing and Policy». Das überraschende Ergebnis: Die Korrelation zwischen Glücksempfinden und Einkommen ist viel geringer als bisher angenommen. So sind z. B. Geistliche mit einem bescheidenen Einkommen zufriedener als Chefs mit sehr hohem Einkommen.

Macht Geld doch glücklich? In Ländern mit hohem Einkommen sind die Menschen in der Regel glücklicher, freier, sicherer und gesünder, werden die Menschenrechte kompromissloser geachtet und geht es der Umwelt besser. Dies zeigt der Social-Progress-Index des Internationalen Währungsfonds IMF.

Anhang: BIP und Nationaleinkommen

Vom BIP zum Nationaleinkommen

Das BIP zeigt die Wertschöpfung, welche bei der Produktion von Waren und Dienstleistungen entstanden ist. Dabei geht man vom sogenannten Inlandprinzip aus. Das BIP erfasst also die Summe der Wertschöpfung im Inland – massgebend ist der **inländische Entstehungsort**.

Interessiert man sich allerdings für die Frage: «Wie viel Einkommen erzielen die in der Schweiz wohnhaften Personen?», gibt darauf das BIP keine geeignete Antwort, denn im BIP sind die Zinsen, die uns auf Anlagen im Ausland gutgeschrieben werden, nicht enthalten. Ebenso bleiben im BIP die Einkommen unberücksichtigt, welche die Personen beziehen, die in der Schweiz wohnen, aber im Ausland arbeiten. Andererseits sind im BIP auch Einkommen enthalten, welche an im Ausland Wohnhafte ausbezahlt werden: Zinsen auf Anlagen in der Schweiz und Löhne von ausländischen Grenzgängern. Das **Nationaleinkommen** gibt Antwort auf die Frage der Höhe der Einkommen von in der Schweiz wohnhaften Personen. Es beruht auf dem **Inländerprinzip** – massgebend ist also der **inländische Wohnsitz**.

Die folgende *Tabelle 4.1* zeigt, wie man vom BIP zum Nationaleinkommen gelangt: Weil die Schweiz über ein sehr grosses Nettovermögen im Ausland verfügt, das jährlich hohe Erträge abwirft (vgl. *Kapitel 14*), ist das BNE im Normalfall grösser als das BIP. 2008 waren infolge der Finanzkrise die Vermögenseinkommen aus dem Ausland so stark geschrumpft, dass das BIP grösser war als das BNE.

Tabelle 4.1   *Vom Bruttoinlandprodukt zum Nettonationaleinkommen*
(in Mrd. Franken, 2016, provisorische Daten)

	BIP	658'978
–	Kapital- und Arbeitseinkommen an das Ausland	120'244
+	Kapital- und Arbeitseinkommen aus dem Ausland	126'382
=	Bruttonationaleinkommen (BNE)	665'116
–	Abschreibungen	136'519
=	Nettonationaleinkommen	528'597

Ökonomisches Denken: Modellhaft

In diesem Kapitel wurden verschiedene Modelle beschrieben: Kreislaufmodelle, das Modell der Volkswirtschaftlichen Gesamtrechnung oder die Lorenzkurve zur Darstellung der Einkommensverteilung.

Unter Modellen versteht man vereinfachte, abstrakte Darstellungen der Wirklichkeit. Im ökonomischen Denken werden sie deshalb verwendet, weil «die ökonomische Realität» in der ganzen Komplexität kaum vollständig erfasst werden kann. Obwohl die oben erwähnten Modelle (und viele andere) teilweise stark vereinfachen, sind sie dennoch nützlich und werden mit Erfolg verwendet.

Denken in Modellen ist nicht nur typisch für ökonomisches Denken bzw. für die Volkswirtschaftslehre, sondern auch für viele andere Wissenschaften. Allerdings sollte man sich über die Grenzen der Aussagekraft und die Anwendungen von Modellen bewusst sein.

Interview (April 2018)

Eric Scheidegger
Leiter der Direktion für Wirtschaftspolitik
im Staatssekretariat für Wirtschaft
(www.seco.admin.ch)

Herr Scheidegger, das Bruttoinlandprodukt (BIP) misst die landesweite Wirtschaftsleistung. Warum ist diese Kennzahl unverzichtbar?
Das BIP ist die umfassendste Kennzahl zur Leistungsfähigkeit einer Volkswirtschaft. Eine seriöse Beobachtung der Wirtschaftsentwicklung achtet zwar auch auf weitere Indikatoren, wie z. B. Arbeitsmarktdaten. Für die Messung der landesweiten Wirtschaftsleistung ist das BIP aber alternativlos. Dank der zeitnah verfügbaren BIP-Zahlen konnte die Wirtschafts- und Geldpolitik während der letzten grossen Krise zügig zu einer korrekten Einschätzung der Lage gelangen und angemessen reagieren.

Eine beachtliche Fülle von Konsumgütern wird heute im Internet beinahe kostenlos zur Verfügung gestellt (z. B. Videos auf Youtube). Die freie Onlinenutzung ersetzt Produkte, die früher am Markt gekauft wurden. Wird das BIP deshalb systematisch unterschätzt bzw. bewirkt diese Veränderung ein Anstieg der Konsumentenrente?
Nein, solche scheinbar kostenlose Dienstleistungen stellen die Wirtschaftsstatistiken nicht auf den Kopf. Ein Beispiel ist Google: Zwar kostet eine Suchanfrage für die Nutzer scheinbar nichts, doch das Unternehmen generiert Umsätze, z. B. indem es Anzeigen schaltet. Diese Wertschöpfung kann gemessen werden. Ähnliches gilt für andere Internetplattformen wie Youtube. Richtig ist hingegen, dass sich gewisse Produktionsprozesse vom Marktbereich in den Nicht-Marktbereich verschieben. So fliesst der Verkauf von Lexika ins BIP ein, während die Erstellung von Wikipedia-Beiträgen eine Freizeitaktivität darstellt. Daher würde das BIP bei einer Substitution von Lexika durch Wikipedia zunächst sinken. Allerdings können die Haushalte anstelle von Lexika nun andere Dinge erwerben. Der Nettoeffekt auf das BIP ist unklar. Ausserdem sind auch Verschiebungen in den Marktbereich hinein zu beobachten, z. B. bei einer zunehmenden Nutzung von familienexterner Kinderbetreuung. Letztlich sind strukturelle Verschiebungen nichts Neues. Deshalb werden die methodischen Grundlagen der VGR auch immer wieder angepasst.

Im Zeitalter der Digitalisierung verändern sich die gesamten Wertschöpfungsprozesse. Die Wertschöpfung löst sich teilweise von Raum und Material, es findet ein Handel mit digitalen Daten statt, und die Sharing-Economy breitet sich aus. Vermag das BIP diese Trends abzubilden?
Die fortschreitende Digitalisierung stellt die VGR vor Herausforderungen. Das Geflecht an internationalen Transaktionen wird komplexer, z. B. im E-Commerce, und der informelle Charakter bestimmter Transaktionen verstärkt sich. Die Haushalte beteiligen sich stärker am Produktionsprozess (z. B. Online-Check-in) und profitieren von scheinbar kostenlosen Angeboten. Zudem ist die Unterscheidung zwischen Preis- und Qualitätsveränderungen bei technologieintensiven Gütern besonders schwierig. Auch Entwicklungen dieser Art sind nichts Neues und stellen die Messkonzepte der VGR nicht grundlegend in Frage. Nach Schätzungen der OECD führt die Digitalisierung derzeit kaum zu einer signifikanten Unterschätzung des BIP.

Es ist bekannt, dass im BIP illegale Transaktionen wie Drogenhandel unberücksichtigt bleiben. Wie viel Prozent des erfassten BIP findet in der «Schattenwirtschaft» statt? Wie schneidet die Schweiz dabei im internationalen Vergleich ab?
Die VGR hat das Ziel, die wirtschaftliche Aktivität möglichst vollständig und vergleichbar über die Zeit und die Länder abzubilden, unabhängig der rechtlichen Rahmenbedingungen. Daher ist die «Schatten-» respektive «nicht beobachtete Wirtschaft» gemäss den internationalen Richtlinien grundsätzlich im BIP zu erfassen. Dazu zählen auch gewisse illegale Transaktionen, wie etwa der Drogenhandel. In der Praxis ist dies naturgemäss schwer umzusetzen. In vielen Fällen sind Schätzverfahren nötig, und die Ergebnisse bleiben lückenhaft. Der Umfang der «Schattenwirtschaft» lässt sich daher nur grob quantifizieren. Schätzungen legen jedoch nahe, dass ihre Bedeutung in der Schweiz im internationalen Vergleich eher gering ist.

Ebenfalls bekannt ist, dass das BIP kein guter Gradmesser des Wohlstandes ist. Deshalb sind ergänzende Indikatoren heute Standard. Welches sind die wichtigsten ergänzenden Indikatoren in der Schweiz?
Aufgepasst: Das BIP wurde als Messgrösse der Wirtschaftsleistung und nicht der Wohlfahrt konzipiert. Somit ist es naheliegend, dass es gewisse Faktoren nicht berücksichtigt. Das BIP pro Kopf ist zwar eine anerkannte Kennzahl für den durchschnittlichen materiellen Wohlstand, jedoch berücksichtigt es z. B. keine Verteilungsfragen. International werden deshalb verschiedene ergänzende Wohlfahrtsindikatoren eingesetzt. Auch in der Schweiz existiert seit einigen Jahren ein «Indikatorensystem Wohlfahrtsmessung», das immaterielle Aspekte der Lebenssituation – z. B. Bildung, Gesundheit, soziales Netz – und subjektive Einschätzungen berücksichtigt. Es ist aber nicht das Ziel, eine Alternative zum BIP zu schaffen. Vielmehr geht es darum, ergänzend die verschiedenen Dimensionen der Wohlfahrt abzubilden.

Schlüsselbegriffe

Die folgenden Schlüsselbegriffe kommen in diesem Kapitel vor und werden zudem am Ende des Buches nochmals erläutert.

- Vorleistungen
- Wertschöpfung
- Bruttoinlandprodukt (BIP)
- Nettoinlandprodukt (NIP)
- Lohnquote
- Lorenzkurve
- Sparen
- Sparparadoxon
- Staatskonsum
- Exportquote
- Importquote
- Bruttoinvestitionen
- Investitionsquote
- Konsumquote
- Nationaleinkommen

Repetitionsfragen

Die Antworten finden Sie im Text dieses Kapitels sowie auf der Homepage des Verlages, edu.somedia-buchverlag.ch.

1. Zeichnen Sie einen Wirtschaftskreislauf für eine einfache Volkswirtschaft, in der es nur Unternehmungen und Haushalte gibt, in der nur Konsumgüter hergestellt werden und in der die ganzen Einkommen der Unternehmungen an die Haushalte ausbezahlt werden.
2. Aus welchen drei Blickwinkeln lässt sich das BIP betrachten?
3. Erläutern Sie den Zusammenhang zwischen Produktions-, Verteilungs- und Verwendungsseite.
4. Welche institutionellen Sektoren werden in der volkswirtschaftlichen Gesamtrechnung unterschieden?
5. Welche Strukturmerkmale (sogenannte Quoten) lassen sich aus der Verwendungsseite berechnen?
6. Erklären Sie den Zusammenhang zwischen Sparen und Investieren.
7. Nennen Sie drei Kritikpunkte an der volkswirtschaftlichen Gesamtrechnung.
8. Nennen Sie vier Indikatoren, die zur Messung des Wohlbefindens einer Bevölkerung dienlich sind.

Interessante Homepages
(Direkte Verlinkung: siehe edu.somedia-buchverlag.ch)

Die statistischen Angaben zur VGR der Schweiz findet man unter:
http://www.bfs.admin.ch

Die Zahlen zu den Ländern der EU findet man unter:
http://ec.europa.eu/eurostat/home

Weltweite statistische Daten publiziert z. B. die OECD auf Deutsch:
http://www.oecd.org/berlin/

Weltweite statistische Daten publiziert z. B. der Internationale Währungsfonds IWF:
https://www.imf.org/external/data.htm

Eine Metadatenbank sammelt aus verschiedenen Quellen:
http://www.factfish.com/de/land/schweiz

5 Das Konjunkturphänomen: Kurzfristige Betrachtung der wirtschaftlichen Entwicklung

> «Das Regelmässigste am Konjunkturverlauf ist seine Unregelmässigkeit.»
> P. A. Samuelson

5.1 Das Erscheinungsbild der Konjunktur

«Wie schätzen Sie die Konjunkturlage ein?» Diese Frage wird sehr oft gestellt, wenn Wirtschaftsvertreter oder Politiker sich unterhalten. Denn die Entwicklung des aktuellen Wirtschaftsgeschehens interessiert fast so wie das Wetter. Auch in den Medien vergeht keine Woche ohne Konjunkturnachrichten. Konjunkturnachrichten sind beispielsweise Meldungen über Entwicklungen der Produktion, der Arbeitslosigkeit, der Zinsen oder des Konsums. Veränderungen dieser und anderer Indikatoren haben Auswirkungen auf die Schwankungen des BIP und damit auf den Wohlstand der Bevölkerung eines Landes. Es erstaunt deshalb nicht, dass sich die Ökonomen für die **Ursachen**, die **Folgen** und die **Steuerung** bzw. Beseitigung von solchen Schwankungen interessieren.

Schwankungen des BIP führen dazu, dass die Mitarbeiter in gewissen Jahren Überstunden leisten müssen und die Produktionsmaschinen auf Hochtouren laufen, während es in anderen Jahren zu wenig Arbeit gibt und die Maschinenkapazitäten nicht ausgelastet sind. Das **Produktionspotenzial** – die maximale Produktion von Gütern und Dienstleistungen – wird also in gewissen Zeiten voll ausgeschöpft, während in anderen Zeiten eine Unterauslastung besteht. Bei normalem (weder besonders hohem noch besonders tiefem) Produktionsniveau beträgt der Auslastungsgrad der Produktionsanlagen in der Industrie ca. 85 %.

Schwankungen im Auslastungsgrad des Produktionspotenzials nennt man Konjunkturschwankungen.

Konjunkturforscher haben seit jeher versucht, Gesetzmässigkeiten in den Schwankungen der Konjunktur zu erkennen und diese in einem Muster eines typischen Konjunkturzyklus einzufangen. In der **Hochkonjunktur** (vgl. *Abbildung 5.1.*) laufen die Maschinen auf vollen Touren und die Mitarbeiter in den Unternehmen leisten Überstunden. Die Kapazitätsauslastung liegt über der Normalauslastung. Wenn immer mehr Engpässe in der Produktion auftreten und die Schwierigkeiten zunehmen, das notwendige Personal zu finden, führt das zu Lohn- und Preiserhöhungen, zu steigenden Investitionen und höheren Zinsen, sodass in dieser Phase von einem **Boom** gesprochen wird.

Eine solche Boomphase ist meist nicht von langer Dauer. Sie wird abgelöst durch eine Abschwächung des Konsums, der Investitionen oder auch der Exporte. Diese Phase ist dadurch gekennzeichnet, dass die Auslastung der Kapazitäten abnimmt, aber noch über dem Durchschnitt liegt. Diese Phase wird als **Konjunkturabschwung** bezeichnet.

Lassen die wirtschaftlichen Aktivitäten so stark nach, dass die Kapazitätsauslastung unter der Normalkapazität zu liegen kommt, spricht man von einer **Rezession**[1]. Ist der Rückgang der

[1] Gängige **Definition einer Rezession**: Eine Abnahme des BIP in mindestens zwei aufeinanderfolgenden Quartalen.

[1] Faustregel für eine **Definition einer Depression:** Der Rückgang des realen BIP beträgt mindestens 10% oder die Phase des Negativwachstums dauert mindestens drei Jahre.

Kapazitätsauslastung besonders gross oder hält diese Phase überdurchschnittlich lange an, spricht man von einer **Depression**[1].

Abbildung 5.1   Musterablauf eines Konjunkturzyklus

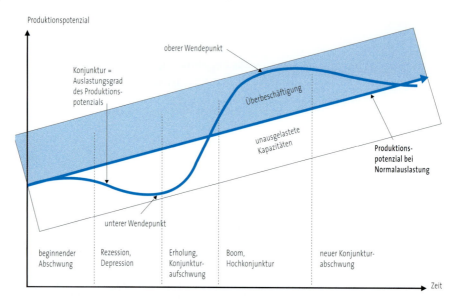

Ist dieses «Tal der Tränen» überwunden, folgt die Phase 4, in welcher die Hoffnung auf bessere Zeiten steigt, die Zukunftserwartungen sich aufhellen, die Konsumlaune sich bessert, die Investitionen wieder zunehmen und der Abbau von Arbeitsplätzen sein Ende findet. Diese Phase des Konjunkturzyklus wird als **Konjunkturaufschwung** bezeichnet.

Die Messung des Auslastungsgrades des Produktionspotenzials ist in der Realität mit einigen Problemen verbunden. Deshalb wird die Konjunktur an der Veränderung des BIP gemessen.

In der Praxis wird der Konjunkturverlauf anhand der Wachstumsrate des realen BIP gemessen.

Real bedeutet, dass die Veränderungen des BIP, welche auf Preisveränderungen zurückzuführen sind, korrigiert werden. Würde beispielsweise mengenmässig gleich viel produziert, aber die Preise würden sich verdoppeln, hätte sich das BIP zu laufenden Preisen (das **nominale BIP**) ebenfalls verdoppelt. Indem man vom nominalen BIP die Teuerung herausrechnet, erhält man das **reale BIP**. Mit dem realen BIP lässt sich über mehrere Jahre hinweg die Konjunkturentwicklung besser beschreiben.

Allerdings lassen sich die Konjunkturphasen auch mit den Veränderungsraten des realen BIP nicht so einfach bestimmen. Das liegt aber weniger an der Datenverfügbarkeit, sondern vielmehr daran, dass die Ökonomen sich nicht einig sind, was z. B. unter einer Rezession zu verstehen ist. Oft wird von einer Rezession gesprochen, wenn das reale BIP mindestens zwei Quartale in Folge im Vergleich zum Vorquartal sinkt. In welcher Konjunkturphase befinden wir uns aber, wenn das BIP in einem Quartal sinkt, dann konstant bleibt und im nächsten Quartal schon wieder sinkt? Ist eine Rezession bereits zu Ende, wenn auf mehrere Quartale mit negativen Wachstumsraten, ein oder zwei Quartale mit leicht positiven Vorzeichen folgen? Sie sehen: **Eine klare Abgrenzung der verschiedenen Konjunkturphasen** ist in der Realität mit Schwierigkeiten verbunden, weil die Konjunkturentwicklung sich keinen Deut um unser lehrbuchmässiges Muster eines Konjunkturzyklus kümmert.

Abbildung 5.2 zeigt anhand der Wachstumsraten des realen BIP den Konjunkturverlauf in der Schweiz. Darin kommt das ständige Auf und Ab deutlich zum Ausdruck, und ebenso wird ersichtlich, dass der lehrbuchmässige Musterablauf dem realen Konjunkturverlauf nicht entspricht. Die einzelnen Zyklen weichen in ihrer Dauer und in ihrer Stärke teilweise sehr stark voneinander ab. In früheren Konjunkturzyklen war die Differenz zwischen den niedrigsten und den höchsten Wachstumsraten um einiges grösser, als dies heute der Fall ist. Die Konjunkturschwankungen sind also kleiner – deswegen aber nicht unangenehmer – geworden. Die Konjunktur ist im Wesentlichen geblieben, was sie schon immer war: ein Phänomen des ständigen Auf und Ab der wirtschaftlichen Tätigkeit.

Lehrmaterial:
«Konjunkturtendenzen» Prognosen zur Schweizer Wirtschaft
(www.oeconomix.ch)

Die periodischen Muster von Auf- und Abschwüngen des BIP werden als Konjunkturzyklen bezeichnet. Obwohl jeder Konjunkturzyklus einzigartig ist, werden sie in vier Phasen unterteilt: Boom, Abschwung, Rezession und Aufschwung.

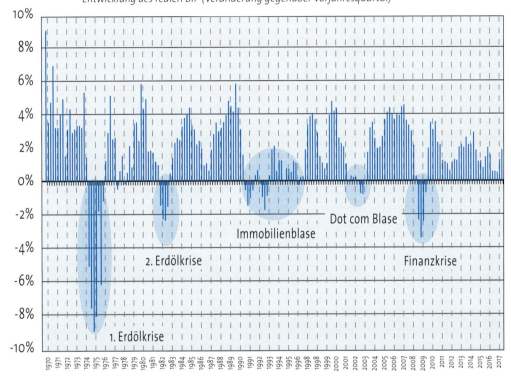

Abbildung 5.2   Konjunkturentwicklung in der Schweiz
Entwicklung des realen BIP (Veränderung gegenüber Vorjahresquartal)

5.2 Konjunkturindikatoren

Bei der Kurzbeschreibung der einzelnen Konjunkturphasen haben Sie bereits gesehen, dass es mehrere Massstäbe gibt, um die jeweilige Wirtschaftslage zu beschreiben. Diese Massstäbe nennt man Konjunkturindikatoren.

Konjunkturindikatoren dienen als «Anzeiger» für den Konjunkturverlauf einer Volkswirtschaft.

Den Hauptindikator für den konjunkturellen Zustand – die Veränderungsraten des realen BIP – haben wir bereits angeschaut. Welche anderen Massstäbe würden Sie heranziehen, um den Konjunkturverlauf einer Volkswirtschaft umfassender aufzuzeigen? Zu diesem Zweck bietet sich eine Menge von Indikatoren an, beispielsweise:
- die Preisentwicklung
- die Bestellungseingänge
- das Investitionsverhalten
- die Lohnentwicklung
- die Entwicklung der Arbeitslosigkeit
- die Veränderung der Geldmenge
- die Wechselkursentwicklung
- der Verlauf des Konsums
- die Konsumentenstimmung

Experiment:
«Konsumentenstimmung». Die Offenlegung Ihrer Konsumlaune
(edu.somedia-buchverlag.ch)

- die Entwicklung der Exporte und Importe
- die Entwicklung der Zinsen

Bei der Analyse des Verlaufs der Indikatoren stellt man fest, dass gewisse Indikatoren mit der Konjunktur – gemessen an der Wachstumsrate des BIP – zeitlich gleichlaufen, andere der Konjunktur nachhinken und wieder andere ihr vorauseilen.

Gleichlaufende Indikatoren zeigen die gegenwärtige konjunkturelle Entwicklung an. Zu ihnen gehören beispielsweise die Investitionen (vgl. *Abbildung 5.3*), die Umsätze, die Exporte und Importe sowie der private Konsum.

Nachhinkende Indikatoren zeichnen die konjunkturelle Entwicklung der Vergangenheit nach, sie unterliegen also einer gewissen zeitlichen Verzögerung (time lag). So reagiert der Arbeitsmarkt mit einem time lag auf die Konjunktur. Die Löhne steigen beispielsweise erst im Nachgang eines Aufschwungs (vgl. *Abbildung 5.4*), nachdem sich die Umsätze und die Ertragslage der Unternehmen verbessert haben. Ebenso sinkt die Arbeitslosigkeit erst, nachdem sich der Aufschwung bestätigt hat und wenn die Unternehmen aufgrund von gestiegenen Aufträgen zusätzliches Personal einstellen. Neben Löhnen und Arbeitslosigkeit sind Preise, Zinsen und Konkurse weitere Beispiele für nachhinkende Indikatoren.

Vorauseilende Indikatoren laufen der BIP-Entwicklung voraus und geben deshalb wichtige Hinweise auf die zukünftige konjunkturelle Entwicklung. Zu ihnen zählen z. B. die Auftragseingänge, die Konsumentenstimmung, die Baubewilligungen und offene Stellen. Ein bekannter vorauseilender Indikator in der Schweiz ist der **Einkaufsmanagerindex** – oder auch **PMI** genannt (Purchasing Managers' Index). Er wird aufgrund einer Umfrage bezüglich Produktion, Auftragsbestand, Einkaufsmengen und -preise, Lieferfristen und Lagerveränderungen berechnet und monatlich publiziert. Ebenfalls monatlich publiziert wird der **Konjunkturbarometer der KOF/ETH,** der mit Hilfe von 219 Indikatoren berechnet wird (vgl. *Abbildung 5.5*).

[1] **Bierkonsum und Konjunktur:** In den USA ist allerdings eine erstaunlich hohe Korrelation zwischen den US-Wirtschaftsabschwächungen und dem jeweiligen **Anstieg des Bierkonsums** erkennbar. Liegt es wohl daran, dass in schlechten Zeiten viele ihren Frust in Bier ertränken oder ihre unfreiwillige Freizeit in der Kneipe mit einem Bier in der Hand verbringen?

Wenn Sie die einzelnen Indikatoren betrachten, erkennen Sie, dass sich ihre Entwicklung nicht nur in der zeitlichen Abfolge vom Verlauf des BIP unterscheidet, sondern ebenso in ihrer **Intensität**. So sind z. B. die Schwankungen des privaten Konsums deutlich kleiner als die des BIP. Umgekehrt verhalten sich z. B. die Investitionen, ihre Ausschläge sind bedeutend stärker als diejenigen des BIP. Dieses unterschiedliche Verhalten hängt mit der Reagibilität der Nachfrage nach den entsprechenden Produkten und Dienstleistungen im Konjunkturverlauf zusammen. Die Messgrösse für die Stärke der Reaktion auf **Einkommensveränderungen** ist die Einkommenselastizität (Sie erinnern sich aus *Kapitel 2.5* daran). Der **private Konsum** macht die Schwankungen des BIP nur beschränkt mit, weil darin Güter enthalten sind, die lebenswichtig sind und deshalb nicht auf sie verzichtet werden kann.[1] Je mehr es sich beim privaten Konsum um Luxusgüter oder langlebige Gebrauchsgüter handelt, desto stärker ist die Reaktion auf Konjunktur- und damit Einkommensveränderungen. Die **Investitionen** verändern sich sehr stark, sie tragen somit wesentlich zu Konjunkturschwankungen bei. Wenn die Zukunftserwartungen schlecht eingeschätzt werden, wird zuerst auf Investitionen verzichtet, beziehungsweise sie werden hinausgeschoben. Erst wenn die Nachfrage wieder anzieht und die Lager schrumpfen, werden die Investitionen überproportional gesteigert.

Branchen, in denen vorwiegend **Investitionsgüter** hergestellt werden, erfahren eine Rezession sehr viel stärker als beispielsweise das Gesundheitswesen. Die Maschinenindustrie ist ein Musterbeispiel für eine besonders leidtragende Branche in Rezessionen. Es erstaunt auch nicht, dass unsere **Exportwirtschaft** empfindlich auf Konjunkturschwankungen reagiert, entfällt doch mehr als ein Drittel unserer gesamten Produktexporte auf Investitionsgüter. Die **Branchenzusammensetzung** ist deshalb mitentscheidend für die unterschiedliche Konjunkturempfindlichkeit von ganzen Regionen und Ländern.

Konjunkturschwankungen sind zwar definiert als kurzfristige Schwankungen des BIP, sie lösen aber in der Regel auch langfristige Veränderungen der wirtschaftlichen Aktivität aus, z. B. wenn neue Technologien aufkommen, Finanzmärkte kollabieren und neue staatliche Regulierungen in Kraft treten (vgl. dazu die Kapitel «Wachstum» und «Strukturwandel»).

Diese unterschiedliche Reagibilität der Nachfrage nach bestimmten Produkten und Dienstleistungen bringt es mit sich, dass ganze Branchen von Konjunkturveränderungen unterschiedlich getroffen werden.

Abbildung 5.3   Gleichlaufender Indikator: BIP und Bruttoanlageinvestitionen

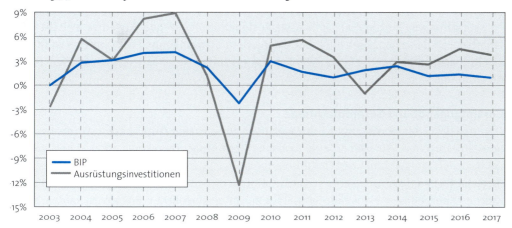

Quelle: Seco

Abbildung 5.4   Nachhinkender Indikator: BIP und Löhne (real)

Quelle: Seco, BFS

Abbildung 5.5   Vorauseilender Indikator: Konjunkturbarometer KOF
(BIP reale Veränderung Vorjahresquartal, Barometer KOF Index 100 = langjähriger Durchschnitt)

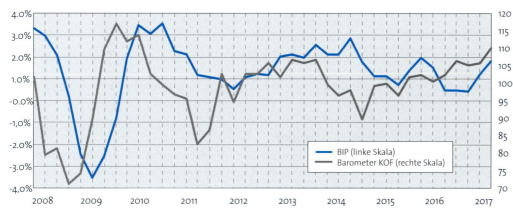

Quelle: KOF, Seco

5.3 Warum gibt es Konjunkturschwankungen?

Die Frage nach den Ursachen von Konjunkturschwankungen ist für die Volkswirtschaft von besonderem Interesse. Denn konjunkturelle Schwankungen bewirken Veränderungen im Leben von allen Wirtschaftssubjekten, die oft von zentraler Bedeutung sind: Entlassungen, Preissteigerungen, Einkommenseinbussen, Kostenerhöhungen oder Konkurse. Will die Wirtschaftspolitik diese negativen Effekte von Konjunkturschwankungen bekämpfen – womit wir uns im nächsten Kapitel befassen werden – muss zunächst geklärt werden, worauf sie zurückzuführen sind.

Gesamtangebot und Gesamtnachfrage

Das Modell für Angebots- und Nachfragekurven für einzelne Güter haben wir im *Kapitel 2* bereits besprochen. Wir können nun auch eine **Gesamtnachfragekurve** aufzeichnen, welche die Beziehungen zwischen der Gesamtmenge an nachgefragten Gütern und dem gesamtwirtschaftlichen Preisniveau erfasst. Die Gesamtnachfragekurve zeigt die Menge von Gütern, welche Unternehmen, Haushalte und Staat zu unterschiedlichen Preisen zu kaufen bereit sind. Darin enthalten sind Autos, Bohnen, Flugreisen, Maschinen, usw. Die Gesamtnachfrage umfasst den privaten und öffentlichen Konsum, alle Investitionen und die Nettoexporte (die Verwendungsseite des BIP). Sinkt das Preisniveau, ist das Geld im Portemonnaie mehr wert, die Konsumenten fühlen sich wohlhabender und kaufen entsprechend mehr; deshalb hat die Gesamtnachfragekurve eine negative Steigung.

Ebenso können wir eine **Gesamtangebotskurve** zeichnen, welche die Beziehungen der Gesamtmenge an angebotenen Gütern und dem gesamtwirtschaftlichen Preisniveau erfasst. Die Gesamtangebotskurve zeigt die Menge von Gütern, welche Unternehmen zu unterschiedlichen Preisen produzieren und verkaufen möchte (die Produktionsseite des BIP). Sinkt das Preisniveau für die angebotenen Güter, reagieren die Unternehmen mit kleinerer Produktion und weniger Beschäftigung; deshalb hat die Gesamtangebotskurve eine positive Steigung.

Abbildung 5.6   Gesamtangebots- und Gesamtnachfragekurve

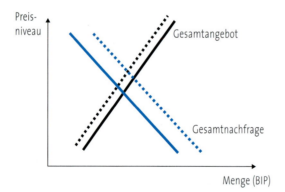

Verschieben sich die Gesamtnachfrage- oder / und die Gesamtangebotskurve, kommt es zu Veränderungen in der Produktion und damit zu Konjunkturschwankungen.

Ursachen für Konjunkturschwankungen

Eine Veränderung des Preisniveaus bewirkt also eine **Bewegung** auf der Gesamtangebots- bzw. der Gesamtnachfragekurve. Die Nachfrage und das Angebot von Gütern sind jedoch zusätzlich von vielen anderen Einflussfaktoren abhängig. Verändert sich nicht das Preisniveau, sondern die übrigen Einflussfaktoren, dann **verschieben** sich die Kurven – Sie kennen das aus dem *2. Kapitel*. Beispiele dafür sind:

- **Die Nationalbank senkt die Zinsen und erhöht dadurch die Geldmenge:** Dies führt zu einer erhöhten Nachfrage nach Konsum- und Investitionsgütern. Die Gesamtnachfragekurve verschiebt sich nach rechts, d.h. die Konjunktur wird angekurbelt. Die **monetären Konjunkturtheorien** erkennen in der Veränderung der Geldmenge die entscheidende Ursache für Konjunkturschwankungen.

- **Durch eine neue Technologie lassen sich die Produktionskosten senken:** Die Gesamtangebotskurve verschiebt sich deshalb nach rechts, die Preise sinken und das reale BIP steigt. Die **Theorie realer Konjunkturzyklen** erklärt Konjunkturschwankungen ausschliesslich mit Schwankungen der Gesamtangebotskurve, welche auf reale Veränderungen zurückzuführen sind. Beispiele dafür waren die Erdölschocks in den 70er- und 80er-Jahren oder die Nuklearkatastrophe in Fukushima im Jahr 2011. Die Digitalisierungswelle ist die jüngste Entwicklung, welche die Gesamtangebotskurve nach rechts verschiebt.

- **Eine pessimistische Welle erfasst die Bevölkerung und führt zu erhöhten Sparanstrengungen und Einschränkungen im Konsum:** Die Gesamtnachfragekurve verschiebt sich nach links. **Die psychologischen Konjunkturtheorien** gehen von sich gegenseitig ablösenden, pessimistischen oder optimistischen Wellen als Hauptgrund für Konjunkturschwankungen aus. Die aktuellen geopolitischen Unsicherheiten und die Terroranschläge sind Beispiele, die eine Linksverschiebung der Gesamtnachfragekurve auslösen können.

- **Aufgrund der bevorstehenden Wahlen versuchen die Politiker durch Ausgabenerhöhungen und Steuersenkungen Wähler zu gewinnen:** Die Gesamtnachfragekurve und die Gesamtangebotskurve verschieben sich nach rechts. **Politische Konjunkturmodelle** untersuchen den Zusammenhang zwischen Wahl- und Konjunkturzyklen.

Das war (nur) eine Auswahl von Beispielen, welche zu Konjunkturschwankungen führen können. **Die** Konjunkturtheorie gibt es nicht. Das rührt vor allem daher, dass das Konjunkturphänomen selber einem steten Wandel unterworfen ist. Jeder Erklärungsansatz wird deshalb von der jeweiligen Situation geprägt, in welcher er entwickelt wurde. Die Konjunkturtheorien stellen auch nicht Gegensätze dar, sondern sie setzen andere Schwerpunkte.

Trotzdem kann vereinfacht festgestellt werden, dass das **Trendwachstum** (vgl. *Abbildung 5.1*) primär von der gesamtwirtschaftlichen **Angebotsseite** und die **konjunkturellen** Schwankungen um diesen Trend herum von der gesamtwirtschaftlichen **Nachfrageseite** her bestimmt werden.

Marktveränderungen beeinflussen verschiedene volkswirtschaftliche Grössen, z.B. den Konsum, die Investitionen, die Gewinne oder die Löhne. Wie Sie aus der Darstellung des volkswirtschaftlichen Kreislaufes ebenfalls wissen, haben Veränderungen einer Grösse auch Veränderungen von anderen Grössen zur Folge: Im volkswirtschaftlichen Kreislauf sind alle Grössen miteinander vernetzt.

In einer Marktwirtschaft werden Aktivitäten von individuellen Entscheidungen ausgelöst. Diese Entscheidungen werden unter dem Einfluss einer Vielzahl von Impulsen gefällt, die unaufhörlich auf uns einwirken und unser Handeln bestimmen. Ein komplexes Zusammenspiel aller wirtschaftlichen Entscheidungen und der dadurch ausgelösten Aktivitäten führt zu Veränderungen an den verschiedenen Märkten und damit letztlich zu Konjunkturschwankungen.

Abbildung 5.7   Impulse, die eine Konjunkturschwankung auslösen können

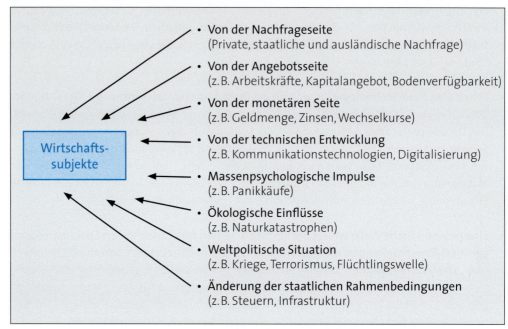

Einige dieser Impulse werden Ihnen vorläufig noch nicht ganz klar sein. Durch das Studium der weiteren Kapitel dieses Buches werden sich die Schwierigkeiten allerdings nach und nach auflösen – verlassen Sie sich darauf!

Konjunkturelle Verstärker

Die durch Impulse ausgelösten Schwankungen haben die Tendenz, sich aus eigener Kraft zu beschleunigen. Diese Selbstbeschleunigung ist auf verschiedene **Verstärker** zurückzuführen. Da Entscheidungen immer zukunftsgerichtet sind, spielen die Erwartungen eine entscheidende Rolle. Diese Erwartungen hängen im grossen Masse von Stimmungswellen ab. Auch wenn diese psychischen Faktoren nicht von jedermann als eigentliche Ursache von Konjunkturschwankungen erachtet werden, sind sie doch als psychologische Verstärker anerkannt. Bei der Betrachtung von Konjunkturindikatoren haben wir bereits festgestellt, dass die Investitionen ein überdurchschnittliches Mass von Schwingungsintensität aufweisen.

Investitionen bewirken zwei Effekte:
1. Einmal lösen sie einen **Kapazitätseffekt** aus, es werden Kapazitäten geschaffen, die das Potenzial*wachstum* mitbestimmen.
2. Im Zuge der Herstellung dieser Kapazitäten entsteht aber auch ein **Einkommenseffekt**, d.h. es entstehen Einkommen, die in Nachfrage umgesetzt werden und somit die Potenzial*auslastung* mitbestimmen.

Es liegt nun auf der Hand, dass der Relation von Kapazitäts- und Einkommenseffekt eine zentrale Rolle zukommt. Nur wenn Kapazitäts- und Einkommenseffekt identisch sind, gerät die Konjunktur nicht in Schwingungen. Ist der Kapazitätseffekt grösser als der Einkommenseffekt, bleiben Kapazitäten unausgelastet. Die Folge wird ein Kapazitätsabbau sein, d.h. die Investitionen werden zurückgehen. Ist der Kapazitätseffekt kleiner als der Einkommenseffekt, werden Kapazitäten überbeansprucht mit der Folge, dass es zu einem Kapazitätsaufbau, d.h. zu einer Beschleunigung der Investitionstätigkeit kommt. Wie ausgeprägt diese Schwankungen sind, hängt von den Bedingungen ab, auf die im Folgenden eingegangen wird.

Die Multiplikatortheorie

Welche gesamtwirtschaftlichen Einkommenswirkungen entstehen, wenn dank einer Investition eine Nachfrage von Fr. 500'000 ausgelöst wird? Vermutlich überrascht es Sie, dass die

Einkommen gesamthaft um mehr als 500'000 Franken zunehmen. Der Grund dafür liegt darin, dass die Bezüger dieser Einkommen, ob Arbeitnehmer in Form von Lohn oder Unternehmer in Form von Gewinn, einen Teil davon wieder ausgeben und damit zusätzliche Einkommen auslösen. Die Stärke dieses Prozesses ist vom Anteil der Einkommen abhängig, welcher wieder ausgegeben, also nicht gespart wird. In der Fachsprache nennt man das die **Grenzneigung zum Konsum**. Eine Erhöhung der Nachfrage wirkt also multiplikativ, weil ein Einkommenseffekt erzeugt wird, der bedeutend grösser ist als die ursprüngliche Nachfrageerhöhung. Deshalb bezeichnet man diese Erkenntnis als Multiplikatortheorie.

Wir wollen diese **Multiplikatortheorie** an einem Beispiel verdeutlichen: Nehmen wir an, der Staat löse eine zusätzliche Investition von 100 Mio. aus und die Grenzneigung zum Konsum sei 0,8 oder 80 %. Dadurch wird der in *Abbildung 5.8* dargestellte Prozess ausgelöst. In unserem Fall beträgt der Multiplikator 5, der gesamte Einkommenseffekt ist fünfmal grösser als die ursprüngliche Investition. Die Wirkung des Multiplikators wird immer kleiner und verpufft schliesslich. Man kann sich den zeitlichen Ablauf des Multiplikatorprozesses veranschaulichen, indem man sich vorstellt, in einem Auto zu sitzen und kräftig auf das Gaspedal zu drücken. Das Auto beschleunigt zunächst stark und erreicht schliesslich eine höhere konstante Geschwindigkeit. In der genau gleichen Weise kann eine Nachfrageerhöhung um 100 Mio. multiplikative Beschäftigungswirkungen auslösen. Denn auch auf dem Arbeitsmarkt kann die Summe der gesamthaft geschaffenen Arbeitsplätze grösser sein als die unmittelbar entstandenen. Ebenso wie die Einkommen oder die Beschäftigung bei einer Erhöhung der Nachfrage um ein Vielfaches zunehmen, nehmen sie bei einer Verringerung der Nachfrage um ein Vielfaches ab.

Die Multiplikatortheorie besagt, dass Veränderungen in der Nachfrage überproportionale Veränderungen der Einkommen und der Beschäftigung auslösen. Der Multiplikator berechnet sich wie folgt: 1/(1−Grenzneigung zum Konsum).

Exkurs: Krieg um den Multiplikator!

Der «Multiplikator» klingt eigentlich wie eine sehr technische, langweilige Grösse. Aber von ihm hängt das Schicksal von Millionen Europäern ab. Es geht dabei nämlich um die Frage, ob die von Krisen geplagten Länder mit ihren Sparanstrengungen in einer Spirale aus Rezession und Schulden versinken oder ob ihnen eine Erholung ihrer Volkswirtschaften gelingt. Eine der entscheidenden Fragen dabei ist eben, wie gross der Multiplikator von Staatsausgabenveränderungen ist. Der Multiplikator drückt nämlich die Hebelwirkung von Veränderungen der Staatsausgaben aus. Ein Wert von grösser als eins bedeutet, dass das BIP bzw. die Gesamteinkommen der Bevölkerung auf die Kürzungen der Ausgaben überproportional schrumpft. Je höher also der Multiplikator, desto schlechter lassen sich Sparmassnahmen zur Sanierung des Staatshaushaltes rechtfertigen: **«Man kann sich auch zu Tode sparen!»** Sparmassnahmen treiben in diesem Fall Volkswirtschaften in eine starke Rezession oder sogar in eine Depression, weil sie über Zweitrundeneffekte den Konsum und die Investitionen spiralförmig nach unten drehen.

Über viele Jahre galt ein Konsens, dass der Multiplikator eher klein ist. Die mittleren Schätzungen in Amerika ergaben einen Multiplikator von 0,7 und für Europa 0,5. Mit einem Artikel im «World Economic Outlook» vom Oktober 2012 vollzog der Chefökonom des Internationalen Währungsfonds (IWF) aber eine spektakuläre Wende: Die tatsächlichen Multiplikatoren seien viel höher, sie lägen in einer Spanne von 0,9 bis 1,7, hiess es dort. Mit dieser Aussage reizte der IWF andere Institutionen bis aufs Blut. Sie bezeichneten die vom IWF geschätzten Multiplikatoren als **«Voodoo-Multiplikatoren»**.

Der **Streit um die Höhe des Multiplikators** ist noch nicht entschieden. Aus der jüngsten Krise und den aktuellen Diskussionen ist aber erkennbar, dass die Höhe des Multiplikators und damit der Sinn oder Unsinn von Sparmassnahmen von der spezifischen Lage einer Volkswirtschaft abhängt, so beispielsweise vom Schuldenniveau, von der Höhe der Zinsen, von der internationalen Verflechtung, von der konkreten Ausgestaltung der Sparprogramme und von den Erwartungen. Im Idealfall können staatliche Sparbemühungen die Wirtschaft sogar anregen, weil die Unternehmen und Konsumenten künftig einen gesunden Staatshaushalt und tiefere Steuern erwarten. Zudem sind bei dieser Diskussion die **kurz- und langfristigen Wirkungen** zu unterscheiden. So können Sparmassnahmen in kurzer Frist das BIP schrumpfen lassen, aber langfristig ist Sparen die Voraussetzung für Investitionen und damit für Wachstum.

An der Debatte zeigt sich einmal mehr, wie in «neuen» Zeiten altbewährte Dogmen unter Druck geraten. Die Volkswirtschaftslehre ist eine dynamische Wissenschaft, die ständig bereit sein muss, alte Erkenntnisse zu überprüfen, allenfalls über Bord zu werfen und neue Erkenntnisse zu integrieren.

Die Akzeleratortheorie

Wie viel Investitionen werden durch die Veränderung der Nachfrage ausgelöst? Wir wollen auch diese Frage mit Hilfe eines Beispiels beantworten. Dazu treffen wir folgende Annahmen: Eine Unternehmung, in der Teigwaren hergestellt werden, verfügt über einen voll ausgelasteten Maschinenpark im Wert von Fr. 600'000.–. Die periodischen Abschreibungen betragen 10 %; in diesem Umfang werden entsprechende Ersatzinvestitionen vorgenommen. In der 2. Periode steigt die Nachfrage nach Teigwaren dieser Unternehmung um 10 %, in der 3. Periode bleibt sie konstant. In *Abbildung 5.9* ist die Reaktion der Investitionen dargestellt. Das Zahlenbeispiel zeigt, dass Veränderungen in der Nachfrage viel grössere («akzelerierte») Veränderungen der Investitionen hervorrufen. In der 2. Periode erhöht sich die Nachfrage um 10 %, weshalb 10 % mehr Produktionskapazitäten geschaffen werden müssen. Als Folge davon steigen die Investitionen sprunghaft um 100 % an. Diesen produktionstechnischen Beschleunigungseffekt nennt man **Akzeleratortheorie**. In der 3. Periode zeigt das Beispiel, wie der Akzelerator zu einem Umkippen der Investitionen führt, auch wenn die Nachfrage konstant bleibt. Der Akzelerator erklärt die überproportionale Reaktion der Investitionen auf Nachfrageänderungen nun auf eindrückliche Weise.

Die Akzeleratortheorie besagt, dass Veränderungen in der Nachfrage überproportionale Veränderungen der Investitionen auslösen.

Der Akzelerator wirkt sich weniger ausgeprägt aus, wenn leerstehende Kapazitäten oder ausreichende Lager vorhanden sind. Mitentscheidend für Neuinvestitionen sind neben der Nachfrage natürlich noch weitere Kriterien, z. B. die Zukunftserwartungen. So ist es einerseits durchaus denkbar, dass bei pessimistischen Erwartungen trotz Nachfrageerhöhung zunächst keine Neuinvestitionen getätigt werden, andererseits kann Optimismus zu Neuinvestitionen führen, auch wenn sich die Nachfrage zunächst nicht erhöht. Der Multiplikator- und der Akzeleratoreffekt verstärken sich gegenseitig: Bereits ein Rückgang des Nachfragezuwachses kann zu sinkenden Aufträgen in der Investitionsgüterindustrie führen und so Multiplikatorprozesse in Gang setzen und ein Umkippen der Konjunktur bewirken. Allein diese beiden Effekte können also die Konjunktur in Schwingungen versetzen.

Konjunkturschwankungen lassen sich aus einem komplexen Zusammenspiel von Impulsen und Verstärkern erklären. Konjunkturschwankungen sind für eine Marktwirtschaft ein typisches Phänomen, da eine Vielzahl von individuellen Entscheidungen in einer arbeitsteiligen und international verflochtenen Volkswirtschaft schwer voraussehbare Reaktionen aller Wirtschaftssubjekte hervorrufen.

Abbildung 5.8 *Die Wirkung des Multiplikators*

Multiplikator = 1/ (1-Grenzneigung zum Konsum) = 1 / (1-0.8) = 5

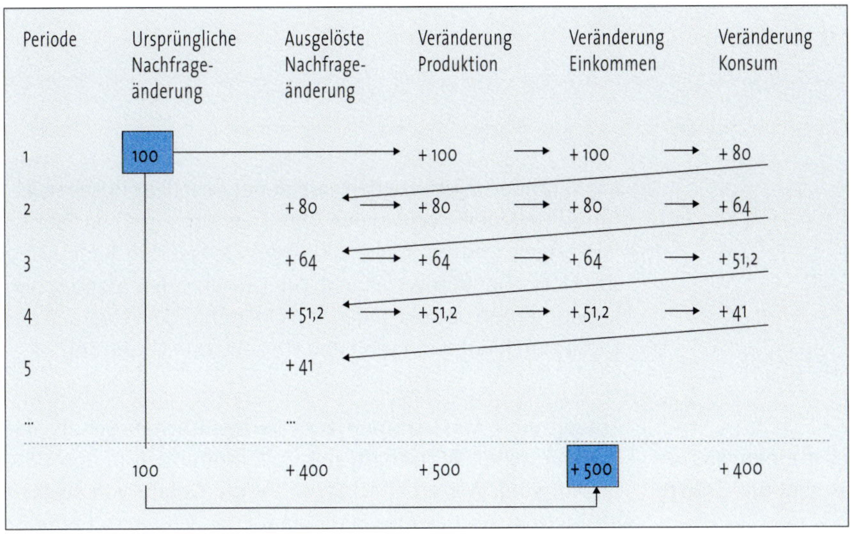

Periode
Ursprüngliche Nachfrageänderung
Ausgelöste Nachfrageänderung
Veränderung Produktion
Veränderung Einkommen
Veränderung Konsum
1
100
+ 100
+ 100
+ 80
2
+ 80
+ 80
+ 80
+ 64
3
+ 64
+ 64
+ 64
+ 51,2
4
+ 51,2
+ 51,2
+ 51,2
+ 41
5
+ 41
...
...
100
+ 400
+ 500
+ 500
+ 400

Abbildung 5.9 *Die Wirkung des Akzelerators (in Franken)*

Nachfrageveränderung
Wert Maschinenpark
Investitionen
Periode 1
600'000.-
60'000.- Ersatzinvestitionen
Periode 2
+ 10%
660'000.-
(+10%)
60'000.- Ersatzinvestitionen
60'000.- Neuinvestitionen
120'000.- Bruttoinvestitionen
+ 100%
Periode 3
+/- 0%
660'000.-
(voll ausgelastet)
66'000.- Ersatzinvestitionen
- 45%

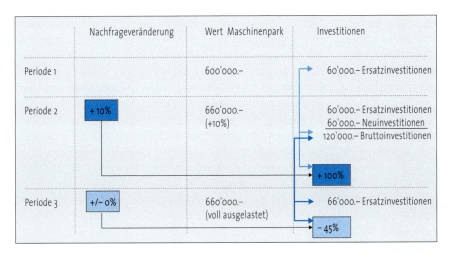

Ökonomisches Denken: zyklisch und nicht-linear

Die kurzfristigen Konjunkturschwankungen, wie sie in diesem Kapitel dargestellt wurden, weisen typische Merkmale auf:

1. Sie verlaufen zyklisch und nicht-linear.
2. Sie enthalten kaum Regelmässigkeiten.
3. Sie können sich sehr schnell verändern und bieten deshalb immer Chancen und Risiken.
4. Sie lassen sich nicht exakt prognostizieren, und die Voraussagen – insbesondere der Wendepunkte – sind alles andere als treffsicher.

Typisch ökonomisches Denken berücksichtigt die Risiken der konjunkturellen Entwicklung: Staaten, Unternehmungen und Haushalte planen deshalb z. B. ihre Budgets vorsichtig; sie legen Reserven (Vermögen) an, indem sie in guten Zeiten sparen. Sie sind sich bewusst, dass sich die wirtschaftliche Lage relativ schnell und unerwartet verbessern, aber auch verschlechtern kann.

Interview (April 2018)

Jan-Egbert Sturm
Direktor der KOF Konjunkturforschungsstelle der ETH Zürich
(www.kof.ethz.ch)

Herr Sturm, die Weltwirtschaft befindet sich in einem aussergewöhnlich synchronen Aufschwung. Was sind die Gründe dafür?
Momentan brummt die Wirtschaft in fast allen Regionen dieser Welt. Teile Europas und Schwellenländer wie Brasilien und Russland waren hierfür das Zünglein an der Waage. Auch hat sich die chinesische Wirtschaft weniger stark abgekühlt, als erwartet wurde. Die relativ robuste Entwicklung der restlichen Weltwirtschaft hat sich praktisch seit dem Ende der Finanzkrise durchgesetzt, und die krisenmüden Europäer sowie die klaren Bekenntnisse insbesondere seitens der Europäischen Zentralbank, den Euro unter allen Umständen zu retten, haben die Wende eingeläutet.

Die Löhne sind in der Regel ein nachhinkender Konjunkturindikator. Bestätigt sich diese Regel auch in der aktuellen Konjunkturbeobachtung und -prognose?
Ja, eindeutig. In den Jahren nach der Finanz- und Eurokrise haben viele Firmen einfach Zeit gebraucht, um ihre Produktion wieder auf ein normaleres Niveau hochzufahren. In solch einer Phase wächst die Wirtschaft zwar wieder, aber die Kapazitäten der Firmen sind weiterhin noch unterausgelastet. Die Arbeitslosigkeit sinkt, aber die Anzahl an Arbeitslosen ist immer noch hoch. Lohn- und Preisdruck sind damit gering. Jetzt, wo die Produktionslücke, wie wir Ökonomen das nennen, einigermassen geschlossen ist, wird auch der Preisdruck wieder zunehmen können. In Ländern wie Deutschland merkt man das zum Beispiel bereits an den Lohnverhandlungen im öffentlichen Sektor. Lohnabschlüsse in diesem Bereich von über 3 Prozent sind für deutsche Verhältnisse historisch gesehen als hoch einzustufen.

Der Detailhandel als Teil des privaten Konsums ist hingegen in der Regel mit dem BIP gleichlaufend, wenn auch weniger volatil. Nun verzeichnet der Detailhandel aber bereits zum dritten Mal in Folge negative Wachstumsraten. Wie ist das angesichts einer steigenden Bevölkerung und steigender Einkommen zu erklären?
Die Detailhandelsumsätze machen nur circa 25 bis 30 Prozent des privaten Konsums aus und sind in der Regel volatiler als die des gesamten privaten Konsums. Sie spiegeln daher oft den Konjunkturzyklus weniger deutlich wider. Die strukturellen Veränderungen werden, neben der Bevölkerungsentwicklung, durch den wachsenden Anteil des Konsums von Dienstleistungen und beispielsweise der wachsenden Bedeutung des Onlinehandels verursacht. Die Umsätze der inländischen Konsumenten bei ausländischen Onlinehändlern werden per Definition nicht zur nationalen Umsatzstatistik gezählt.

Zurzeit sind Massnahmen zum vermeintlichen Schutz der einheimischen Wirtschaft, z. B. Zollerhöhungen in den USA, im Aufwind. Wie gross schätzen Sie die Gefahr von solchen protektionistischen Massnahmen für die Weltwirtschaft ein?
Ich glaube die meisten Volkswirte würden mir zustimmen, dass neben dem reinen technologischen Fortschritt die Spezialisierung, welche die Globalisierung der letzten Jahrzehnten erlaubt hat, mit dazu beigetragen hat, dass es dem Durchschnittsbürger in nahezu allen Ländern dieser Welt besser geht. Auch den Ärmeren geht es heute besser als früher. Eines der Millenniums-Entwicklungsziele der Vereinten Nationen war, den Anteil der Menschen, deren Einkommen weniger als 1,25 US-Dollar pro Tag beträgt, zwischen 1990 und 2015 zu halbieren. Dieses Ziel wurde, auch dank der Globalisierung, fünf Jahre vor Ablauf der Frist erreicht. Protektionistische Massnahmen wirken definitorisch in die entgegengesetzte Richtung. Auch wenn es einzelne Gewinner solcher Prozesse geben wird, werden die Staaten und die Weltwirtschaft als Ganzes darunter wirtschaftlich leiden. Auch wenn ich glaube, dass nichts so heiss gegessen wird, wie es gekocht wird, bedeutet es trotzdem einen Dämpfer für die mittelfristige wirtschaftliche Entwicklung.

Welche Wachstumsraten des BIP erwarten Sie für die Jahre 2018 und 2019? Wo sehen Sie die grössten Prognoserisiken?
Für die Schweiz erwarten wir eine BIP-Wachstumsrate von 2,5 Prozent im Jahr 2018 und 1,8 Prozent im Jahr 2019. Für 2017 steht aus heutiger Sicht eine Rate von 1,0 Prozent in den Büchern. Dieses Hoch und Runter ist allerdings nicht ausschliesslich der Konjunkturentwicklung geschuldet. In der Schweiz geht ein Teil des Anstiegs im Jahr 2018 (und damit auch das tiefere Wachstums 2019) auf Lizenzeinnahmen aus internationalen Sportveranstaltungen zurück. Als Standort einiger gewichtiger internationaler Sportverbände wie des IOC oder der FIFA fliessen erhebliche Teile der Einnahmen der damit zusammenhängenden sportlichen Grossveranstaltungen in das schweizerische BIP. Neben diesen Sonderfaktoren wird die positive Entwicklung der Schweizer Wirtschaft durch die verbesserte wirtschaftliche Lage der wichtigsten Handelspartner getrieben. Die schwer für die Weltwirtschaft abzuschätzenden Auswirkungen der kürzlich beschlossenen US-Steuerreform und eines drohenden Handelskrieges sind dann auch wichtige Prognoserisiken.

Schlüsselbegriffe

Die folgenden Schlüsselbegriffe kommen in diesem Kapitel vor und werden zudem am Ende des Buches nochmals erläutert.

- Konjunktur
- Produktionspotenzial
- Boom
- Hochkonjunktur
- Konjunkturabschwung
- Rezession
- Depression
- Nominelle Grössen
- Reale Grössen
- Konjunkturzyklus
- Konjunkturindikatoren
- Einkommenselastizität
- Gesamtnachfragekurve
- Gesamtangebotskurve
- Trendwachstum
- Konjunkturelle Impulse
- Einkommenseffekt
- Kapazitätseffekt
- Multiplikatortheorie
- Akzeleratortheorie
- Grenzneigung zum Konsum

Repetitionsfragen

Die Antworten finden Sie im Text dieses Kapitels sowie auf der Homepage des Verlages, edu.somedia-buchverlag.ch.

1. Beschreiben Sie die Phasen eines typischen Konjunkturzyklus.

2. Teilen Sie die folgenden Indikatoren den gleichlaufenden, nachhinkenden und vorauseilenden zu:
   - Veränderung der Preise
   - Lohnentwicklung
   - Auftragseingänge
   - Entwicklung der Arbeitslosigkeit
   - Exporte
   - Anzahl offener Stellen

3. Welche der folgenden Aussagen ist richtig?
   - Politische Konjunkturtheorien ergründen die Hauptursache für Konjunkturschwankungen im Verhalten des Staates.
   - Die Multiplikatortheorie besagt, dass eine Nachfrageerhöhung sich unterproportional auf die Einkommen auswirkt.
   - Die schweizerischen Exporte sind besonders konjunkturreagibel, weil ein grosser Teil unserer Exporte auf Investitionsgüterverkäufen beruht.
   - Die Landwirtschaft reagiert besonders empfindlich auf Konjunkturveränderungen, während die Maschinenindustrie Schwankungen des BIP nur gedämpft zu spüren bekommt.

4. Von welchen Impulsen erwarten Sie im laufenden oder im kommenden Jahr einen besonders starken Einfluss auf die Konjunktur?

   (Die Anwort auf diese Frage finden Sie nicht in den Unterlagen. Die Frage soll dazu beitragen, dass Sie sich nochmals mit den verschiedenen Impulsen aus Abbildung 5.7 auseinandersetzen. Vergleichen Sie Ihre Anworten mit Konjunkturberichten aus Zeitungen.)

5. Erläutern Sie den Kapazitäts- und Einkommenseffekt von Investitionen.

Interessante Homepages
(Direkte Verlinkung siehe edu.somedia-buchverlag.ch)

Die Konjunkturforschungsstelle der ETH zählt in der Schweiz zu den am meisten beachteten Institutionen bezüglich Konjunkturfragen: **www.kofethz.ch**

Das Staatssekretariat für Wirtschaft (seco) publiziert vierteljährlich die neuesten Konjunkturdaten: **www.seco.admin.ch**

Die Schweizerische Nationalbank beobachtet aus geldpolitischen Gründen den Konjunkturverlauf und publiziert die Resultate in den Quartalbulletins:
http://www.snb.ch

Die Konjunkturentwicklung wird auch von Banken genau verfolgt, z.B.:
http://www.ubs.com

6 Konjunkturpolitik

> «Politiker folgen stets den Lehren
> längst verstorbener Ökonomen.»
> J. M. Keynes

Vorbemerkung

«Sparen ist eine Tugend. Der gute Politiker sorgt für ausgeglichene Staatsfinanzen!» Sind Sie mit dieser Aussage einverstanden? Bis in die 30er-Jahre des letzten Jahrhunderts war dies auch unter Ökonomen die herrschende Lehre. Doch als dann die Arbeitslosigkeit stark anstieg, kam diese Tugend in Bedrängnis. Plötzlich forderten Politiker und Ökonomen entgegen ihrer bisherigen Ansicht höhere Ausgaben bzw. Defizite des Staates, um mit zusätzlicher Staatsnachfrage die Arbeitslosigkeit zu bekämpfen. Dieses Beispiel zeigt erstens, dass das wahrgenommene Ausmass von wirtschaftspolitischen Problemen einen unmittelbaren Einfluss auf die Prioritätensetzung in der Wirtschaftspolitik hat. Zweitens zeigt es aber auch, dass sich der ökonomische Zusammenhang zwischen verschiedenen Variablen, wie Staatsausgaben und Arbeitslosigkeit, nicht einer ein für allemal fixierten Gesetzmässigkeit folgt, sondern sich aufgrund komplexer Beziehungen je nach Konjunkturlage und wirtschaftlicher Entwicklung verändert. Beinahe schon exemplarisch zeigen sich diese Veränderungen in der historischen Entwicklung der Ansätze in der Konjunkturpolitik, mit denen wir uns im Folgenden auseinandersetzen.

6.1 Die klassische Konzeption

Welche Grundüberlegungen prägen die klassische Konzeption?

Bis zum Ausbruch der Weltwirtschaftskrise Anfang der 1930er-Jahre war folgende Meinung vorherrschend: Konjunkturelle Ungleichgewichte werden durch den Preis- und Marktmechanismus von selbst überwunden und die Wirtschaft findet ohne staatliche Unterstützung auf den Weg zum Gleichgewicht zurück. Durch einen Konjunkturabschwung werden Exzesse der Hochkonjunktur beseitigt und die Wirtschaft geht gestärkt aus der Krise hervor. Solche Störungen lassen sich zwar nicht abwenden, aber durch die **Selbstheilungskräfte** der Marktwirtschaft werden sie überwunden! Nach Ansicht der sogenannten Klassiker kann es keine gesamtwirtschaftliche Überproduktion geben, weil das Güterangebot sich seine Nachfrage selbst schaffe. Denn aus jeder Produktion resultiere Einkommen, welches zu Nachfrage werde. Ein Konsumrückgang infolge einer erhöhten Sparanstrengung beispielsweise löse durch den Anstieg des Kapitalangebotes einen Zinsrückgang aus und bewirke deswegen zusätzliche Investitionen (**Zinsmechanismus**). An die Stelle der Konsumnachfrage trete dann eben die Investitionsnachfrage. Denkbar seien zwar Absatzkrisen bei gewissen Produkten, die aber eine Übernachfrage nach anderen Produkten impliziere. **Der Preismechanismus** führe automatisch wieder zum Gleichgewicht zurück. Gemäss den Klassikern hängt die Produktionsmenge nicht vom Preisniveau ab, sondern von der Arbeitsmenge, vom Realkapital und der Technologie. Nach ihrer Meinung ist der Arbeitsmarkt immer in einem Gleichgewicht. Veränderungen im Arbeitsangebot oder in der Arbeitsnachfrage lösen sofort Lohnveränderungen aus, die für Vollbeschäftigung sorgen. Weil es keine frei verfügbaren Arbeitskräfte gibt, kann auch bei steigendem Preisniveau die Produktion nicht erhöht werden. Dies bedeutet, dass die **Gesamtangebotskurve senkrecht verläuft** (vgl. *Abbildung 6.1*). Daraus ergeben sich wichtige Konsequenzen: Vermindert sich die Gesamtnachfrage (Verschiebung der Gesamtnachfragekurve nach links), vermindert sich kurzfristig die Produktion von Punkt A nach Punkt B. Da bei Punkt B die Produktion aber unter ihrer potenziellen Kapazität liegt, führen sinkende Preise von Punkt B zu Punkt C. So hat die ursprünglich gesunkene Gesamtnachfrage zwar zu Preissenkungen, nicht aber zu Veränderungen in der Produktion geführt. Die senkrechte Gesamtangebotskurve impliziert somit, dass die Angebotspreise auf Veränderungen der Nachfrage sehr flexibel reagieren. Preisveränderungen haben also keinen Einfluss auf die produzierte Menge (unelastische Angebotskurve).

Abbildung 6.1   Gesamtangebots- und Gesamtnachfragekurve im klassischen Modell

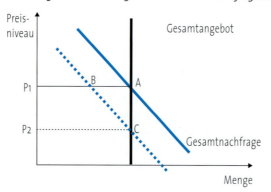

Preise reagieren auf Veränderungen der Nachfrage sehr flexibel (senkrechte Angebotskurve). Veränderungen der Nachfrage lösen deshalb nur Preisschwankungen aus. Entscheidend für die Höhe des BIP ist das Angebot.

Welche Konsequenzen ergeben sich daraus für die Konjunkturpolitik?

Staatliche Massnahmen zur Unterstützung der Nachfrage haben keine realen Effekte. Staatliche Eingriffe werden deshalb abgelehnt. Der Staat hat sich darauf zu beschränken, ein reibungsloses Funktionieren der Marktwirtschaft sicherzustellen, indem er für optimale Rahmenbedingungen sorgt **(Nachtwächterstaat)**. Verbessern sich die Rahmenbedingungen, erhöhen die Unternehmen ihre Produktion: Die Gesamtangebotskurve verschiebt sich nach rechts, das BIP steigt. Staatliche Eingriffe behindern die marktwirtschaftlichen Kräfte nur.

Jedes Angebot schafft sich die entsprechende Nachfrage! Bei einem funktionierenden Preis- und Zinsmechanismus kann es keine dauerhaften Ungleichgewichte geben. Der Staat hat sich deshalb auf eine «Nachtwächterfunktion» zu beschränken.

6.2   Die keynesianische Konzeption

Vor welchem Hintergrund entstand die keynesianische Konzeption?

Im Lichte der Massenarbeitslosigkeit während den 1930er-Jahre häuften sich die Zweifel an den Selbstheilungskräften der Marktwirtschaft. Die klassische Theorie wurde vor allem von **J. M. Keynes** aufs Heftigste bekämpft. Er wollte zeigen, dass unter bestimmten Bedingungen ein **Gleichgewicht** auf den Gütermärkten **mit Arbeitslosigkeit** bestehen kann, dass ein marktwirtschaftliches System nicht aus sich heraus Kräfte freisetzt, um Vollbeschäftigung zu erreichen, und dass solche Ungleichgewichte durchaus korrigierbar sind.

Welche Grundüberlegungen prägen die Konzeption von Keynes?

Seine Grundüberlegungen wollen wir hier auf vereinfachte Weise darstellen. Zu diesem Zweck erinnern wir uns an den Wirtschaftskreislauf (vgl. *Abb. 4.1*), in welchem die Lohneinkommen von den Unternehmungen zu den Konsumenten fliessen und dann zurück an die Firmen zur Bezahlung der Produkte, die die Verbraucher kaufen. Angebot und Nachfrage sind also gleich gross. Dieser Zusammenhang wird aber durch Zu- und **Abflüsse** *(vgl. Abb. 4.10)* durchbrochen. Die Abflüsse sind dadurch bedingt, dass die Verbraucher nicht ihr gesamtes Einkommen ausgeben, ein Teil des Einkommens für Importe verwenden, und dass der Staat Steuern erhebt. Die **Zuflüsse** kommen zustande, wenn die Unternehmer exportieren und zusätzliche Maschinen anschaffen (investieren), und wenn der Staat Ausgaben tätigt. Weil die Zu- und Abflüsse normalerweise nicht gleich gross sind, entspricht das gesamtwirtschaftliche Angebot nicht zwangsläufig der gesamtwirtschaftlichen Nachfrage, sodass es zu Gleichgewichtsstörungen bzw. Konjunkturschwankungen kommt. Zur Veranschaulichung dient das Bild einer Badewanne: Wenn mehr Wasser zufliesst, als abfliesst, steigt der Wasserspiegel, und es kann zu einer Überschwemmung kommen, im umgekehrten Fall sinkt der Wasserspiegel, und man sitzt auf dem Trockenen. Sind die Investitionen, die Staatsausgaben und die Exporte grösser als das Sparen, die Staatseinnahmen und die Importe, kommt es demgemäss zu einer «Überschwemmung» der Wirtschaft mit Inflation als Folge. Sitzt die Wirtschaft auf dem «Trockenen», sind also die Abflüsse grösser als die Zuflüsse, dann bedeutet dies Arbeitslosigkeit.

Die Nachfrage ist massgebend für die Produktion und damit auch für die Höhe des BIP. Nach Keynes bestimmt nicht das Angebot die Nachfrage, sondern die Nachfrage bestimmt das Angebot.

So einfach diese Grundthese erscheint, so bedeutete sie für die damalige Zeit eine Umkehr des bisher Gültigen. Bis dahin glaubte man den Klassikern, gemäss welchen jedes Angebot eine gleich grosse Nachfrage schaffen würde. Ist die gesamte Nachfrage kleiner als die Vollbeschäftigungsproduktion, so besteht eine **Nachfragelücke**. Die Unternehmer reagieren darauf mit einer Drosselung der Produktion. Keynes bestritt also nicht die Tendenz zu Gleichgewicht auf dem Gütermarkt. Nach ihm ist es aber nicht auszuschliessen, dass bei diesem Gleichgewicht die Zahl der Arbeitsuchenden grösser ist als die zur Produktion erforderlichen Arbeitskräfte. Weil im Gleichgewicht die Unternehmungserwartungen erfüllt sind, sehen sie auch keine Veranlassung, abweichende Investitions- oder Produktionsentscheidungen zu treffen.

Für diese Situation prägte Keynes den Begriff **«Gleichgewicht bei Unterbeschäftigung»**. Eine solche Situation wird also gemäss Keynes – im Gegensatz zu den Klassikern – nicht von selbst (durch die marktwirtschaftlichen Kräfte) beseitigt. Denn die Preise sind nach Ansicht der Keynesianer in kurzer Frist relativ starr, weil Preisänderungen auch Kosten verursachen. So müssen z.B. neue Preisschilder angebracht werden, neue Kataloge gedruckt und verschickt werden. Diese Kosten werden als **«menu costs»** (Speisekarten-Kosten) bezeichnet. Zudem bezweifelte Keynes die Wirksamkeit des **Lohnmechanismus**, weil die Löhne nach unten infolge von staatlichen Eingriffen, wegen der Gewerkschaften und anderen Gründen, relativ starr seien. Er äusserte auch grundsätzliche Bedenken am **Zinsmechanismus**. Eine unzureichende Investitionstätigkeit sei nicht auf das Zinsniveau, sondern auf die schlechten Ertragserwartungen zurückzuführen; auch wenn der Zins auf null sinke, würden die Unternehmer dennoch nicht investieren.

Diese Situation der ausbleibenden Investitionen trotz tiefen Zinsen bezeichnete Keynes als **Investitionsfalle**. Tiefe Zinsen können in der Investitionsfalle also keine belebende Wirkung entfalten. Eine zweite Begründung für die «monetäre Impotenz» ist gemäss Keynes die **Liquiditätsfalle**. Sie tritt ein, wenn das durch die Nationalbank zusätzlich bereitgestellte Geld nicht zur Nachfrage nach Gütern eingesetzt wird, sondern einfach «flüssig» gehalten wird. Bis sich eine Investitionsbeschleunigung einstellen würde, müsste ein massiver und lang anhaltender Preis- und Lohnrückgang durchgestanden werden. Dies hielt Keynes aber für sehr problematisch, denn: **«In the long run we all are dead!»**

Im Gegensatz zu den Klassikern basiert der keynesianische Ansatz auf unflexiblen Preisen, Löhnen und Zinssätzen. Deshalb verläuft die **Gesamtangebotskurve relativ flach** (vgl. *Abbildung 6.2*). Sinkt die Nachfrage, sinkt das Produktionsniveau von M1 nach M2, die Preise sinken und es entsteht Arbeitslosigkeit.

Welche Konsequenzen ergeben sich daraus für die Konjunkturpolitik?

Um Vollbeschäftigung zu erreichen, muss die Nachfrage gesteigert werden. Wie kann aber eine Erhöhung der Nachfrage bewirkt werden? Welche «Medikamente» kann der Staat einer kränkelnden Wirtschaft verabreichen, um die einzelnen Komponenten der Nachfrage zu stimulieren? Erinnern wir uns daran, wie sich die **gesamtwirtschaftliche Nachfrage** zusammensetzt: **Privater Konsum + Export + Investitionen + Staatskonsum**.

Der private Konsum ist in erster Linie abhängig vom Volkseinkommen, andererseits bestimmt der private Konsum zu einem wesentlichen Teil die Höhe des Volkseinkommens. Es besteht also eine gegenseitige Abhängigkeit. Auf den privaten Konsum kann der Staat insofern indirekt Einfluss nehmen, als er durch seine Steuerpolitik das verfügbare Einkommen mitbestimmt. **Der Exportwirtschaft** kann durch staatliche Unterstützungen bzw. steuerliche Entlastungen unter die Arme gegriffen werden. Zudem kann sie allenfalls durch eine künstliche Tiefhaltung der eigenen Währung begünstigt werden. Was die **Investitionen der Unternehmer** betrifft, führen nach Keynes tiefe Zinsen nicht automatisch zum Aufschwung, weil für Investitionen vor allem die Zukunftserwartungen entscheidend sind. Indirekt kann der Staat versuchen, die privaten Investitionen durch Zuschüsse oder steuerliche Entlastungen anzukurbeln. Bleiben die staatlichen **Investitionen und der Staatskonsum:** Bei ihnen liegt der ideale Ansatzpunkt, weil sie **direkt** vom Staat bestimmt werden können. Die Keynesianer sehen deshalb in Ausgabenerhöhungen das geeignetste Mittel für die Bekämpfung einer Rezession und der Arbeitslosigkeit. Zudem empfehlen sie in Krisenzeiten Steuersenkungen, um das frei verfügbare Einkommen zu erhöhen und damit den privaten Konsum, die Exporte und auch die Unternehmerinvestitionen zu stimulieren. Ausgabenerhöhungen und Steuersenkungen führen zu – in Krisenzeiten erwünschten – Budgetdefiziten. In der Boomphase plädieren sie andererseits für eine Senkung der Staatsausgaben und eine Erhöhung der Steuern, d.h. für einen Budgetüberschuss.

Nach Keynes liegt das Schwergewicht der Konjunktursteuerung also auf der **Finanzpolitik**. In Zeiten des konjunkturellen Abschwungs sollte der Staat seine Ausgaben erhöhen, im Aufschwung kürzen. Da dieses Verhalten der Konjunkturentwicklung entgegenläuft, wurde dafür der Ausdruck **antizyklische Finanzpolitik** geprägt. Durch diese Feinsteuerung sollte es gelingen, die unangenehmen Konjunkturschwankungen zu glätten.

Zusätzlichen Aufwind erhält die antizyklische Finanzpolitik durch die **konjunkturellen Verstärker** – Sie erinnern sich an den Multiplikator und Akzelerator aus dem letzten Kapitel. Eine Erhöhung der Staatsausgaben bewirkt, dass gewisse Leute ein Einkommen erhalten, dass sie sonst nicht bekommen hätten. Weil ein Teil dieses Zusatzeinkommens ausgegeben wird, kommt dieses Geld wieder anderen Leuten zugute. Auch die werden einen Teil davon wieder ausgeben, und insgesamt steigt deshalb das Einkommen um ein Vielfaches der zusätzlichen Staatsausgaben an. Eine Steuersenkung hat selbstverständlich die gleichen Auswirkungen.

---

*Weil die Selbstheilungskräfte der Marktwirtschaft nicht funktionieren, muss der Staat eine **antizyklische Finanzpolitik** betreiben, d.h. in Krisenzeiten die Ausgaben erhöhen, die Steuern senken und ein Budgetdefizit in Kauf nehmen; in der Hochkonjunktur muss er die Ausgaben senken, die Steuern erhöhen und einen Budgetüberschuss erzielen. So stabilisiert der Staat durch die Steuerung der Nachfrage die konjunkturelle Lage.*

Abbildung 6.2   Die keynesianische Konzeption

Ausgangslage: Gesamtangebots- und Gesamtnachfragekurve

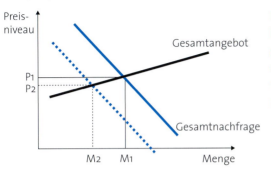

Die Preise sind kurzfristig nur wenig flexibel (flache Angebotskurve). Veränderungen der Nachfrage bewirken deshalb grosse Schwankungen des BIP. Entscheidend für die Höhe des BIP ist die Nachfrage, und nicht das Angebot.

Zentrales Problem: Konjunkturelle Arbeitslosigkeit

Erklärung:

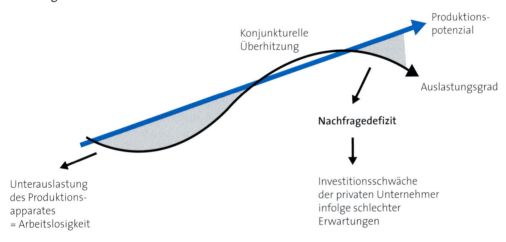

Therapie: Der Staat muss intervenieren, um das Nachfragedefizit zu füllen.
1. Erhöhung der Staatsausgaben (schafft Nachfrage)
2. Senkung der staatlichen Einnahmen (verbessert die Erwartungen der Unternehmungen und fördert den Konsum)
Infolge 1. und 2. entstehen Defizite im Staatshaushalt
3. Finanzierung der Defizite durch Anleihen
(Brachliegende Spargelder werden kreislaufmässig «reaktiviert»)

Kennzeichen: 1. Antizyklische Intervention = Feinsteuerung = abwechselndes Bremsen und Gasgeben
2. Konzentration auf die Finanzpolitik
(Geldpolitik wird zur Bekämpfung der Arbeitslosigkeit als wenig geeignet betrachtet)

Quelle: F. Kneschaurek, «Unternehmung und Volkswirtschaft», Verlag Neue Zürcher Zeitung; eigene Anpassungen.

Gibt es Einwände gegen die Konjunkturpolitik von Keynes?

Obwohl dieses keynesianische Gedankengut durchaus logisch erscheint, ergeben sich in der praktischen Umsetzung doch einige Probleme:

- **Zeitverzögerungen (Time-Lags):** Bei Konjunkturprogrammen besteht die grosse Gefahr, dass sie nicht **rechtzeitig** («timely») wirken. Bereits bei der Diagnose können sich aufgrund fehlender aktueller Daten Zeitverzögerungen ergeben (**Diagnose-Lag**). Darauf folgt die Ausarbeitung von Konjunkturmassnahmen und die parlamentarische Diskussion und Entscheidung (**Entscheidungs-Lag**). Nun müssen die Massnahmen (z.B. Bauinvestitionen) umgesetzt werden (**Umsetzungs-Lag**). Bis die Massnahmen einkommens- und nachfragewirksam werden, verstreichen schliesslich weitere Monate (**Wirkungs-Lag**). Weil sich inzwischen die konjunkturelle Situation verändert haben kann, besteht die Gefahr, dass die Therapie prozyklisch statt antizyklisch wirkt, d.h. dass die konjunkturelle Phase verstärkt statt gebremst wird. Stellen Sie sich zudem den Kampf im Parlament und die damit verbundene Zeit vor, wenn es konkret um die Frage geht, welche Ausgaben und Einnahmen verändert werden sollen und wie stark die zu verabreichende Dosis sein soll.

- Ein weiteres Problem besteht im **Rückweg**: Steuererleichterungen und Ausgabenerhöhungen lassen sich noch politisch relativ leicht beschliessen. Aber im Aufschwung Steuererhöhungen und Ausgabenkürzungen durchzubringen, ist eine schwere Aufgabe und nicht gerade populär. Einmal gemachte Geschenke lassen sich nämlich nur äusserst mühsam zurückfordern. Die Massnahmen müssen deshalb **vorübergehender Art** («temporary») sein.

- Oftmals wirken staatliche Massnahmen nicht **zielgerichtet** («targeted»). Statt gezielt bei den Problembereichen und -branchen anzusetzen, werden die Gelder nach dem Giesskannenprinzip verteilt. Staatliche Ankurbelungsprogramme sind deshalb mit der Gefahr der **«Strukturerhaltungs-Falle»** behaftet. Werden knappe finanzielle Mittel in ineffiziente Projekte und Branchen gelenkt, lösen sie nur ein kurzes Strohfeuer aus, verzerren marktwirtschaftliche Anreizstrukturen und zementieren überholte Strukturen. Sie lenken die Energien auf die Erhaltung der Arbeitsplätze von gestern, anstatt zukünftige Arbeitsplätze ins Visier zu nehmen.[1]

- Gelingt es nicht, in der Hochkonjunktur Budgetüberschüsse zu erzielen, entstehen Probleme mit der **Finanzierung der Defizite**. Werden sie mittels Anleihen im Inland finanziert, erhöht sich das Zinsniveau. Durch den Zinsanstieg werden aber insbesondere Unternehmerinvestitionen verdrängt, weshalb ein Aufschwung nicht zustande kommen kann. Diese Verdrängung wird als **crowding-out-Effekt** bezeichnet. Die Stärke des crowding-out-Effektes hängt von der Wirkung der Fiskalpolitik auf die Zinsen und der Zinselastizität der privaten Investitionen ab. Wird das Defizit nicht durch Anleihen, sondern durch die Nationalbank finanziert, vergrössert sich die Geldmenge, und es werden Inflationsgefahren geschürt.

- Ein weiterer Einwand stammt aus der **Theorie der rationalen Erwartungen**. Diese Theorie geht davon aus, dass staatliche Eingriffe wirkungslos sind, weil die Wirtschaftsteilnehmer sie durchschauen und sich nicht in die Irre führen lassen. Sie passen sich der veränderten Situation an, sodass die Wirkung der Eingriffe verpufft. Betreibt der Staat beispielsweise eine expansive Konjunkturpolitik, stellen sich die rational handelnden Menschen darauf ein, die Arbeitnehmer fordern höhere Löhne, und die Unternehmer setzen höhere Preise fest. Durch diese Reaktionen wird die expansive Wirkung aber gelähmt. Führt ein staatliches Ankurbelungsprogramm zu mehr Vertrauen in die wirtschaftliche Entwicklung und damit zu Mehrkonsum? Oder rechnen die Wirtschaftssubjekte als Reaktion auf die höheren Ausgaben mit einem Anstieg der Steuern? Ein Anstieg der Steuern vermindert das zukünftige verfügbare Einkommen und kann deshalb schon heute zu einem Anstieg der Ersparnisse führen. Dadurch kann aber der erhoffte Konjunkturaufschwung schon im Keime erstickt werden, und es können negative Multiplikatoreffekte auftreten.

Wir wollen dieses Kapitel nicht verlassen, ohne die schweizerische Finanzpolitik mit der keynesianischen Konzeption zu konfrontieren:

---

[1] **«Gips statt Grips»:** Dieser Vorwurf haftete allen Impulsprogrammen an, die auf Bauinvestitionen setzen. Die Gegner kritisieren die Baulastigkeit jeweils mit dem Slogan «Gips statt Grips».

Wirkt die schweizerische Finanzpolitik antizyklisch?

Aus den bisherigen Überlegungen neigen wir dazu, ein Budgetdefizit mit einer expansiven (ankurbelnden) Finanzpolitik gleichzusetzen. Hinter dieser Interpretation verbirgt sich allerdings ein Fehler. Budgetverschlechterungen stellen sich im Laufe einer Rezession nämlich automatisch ein: Die Steuereinnahmen sinken und die Ausgaben (vor allem die Arbeitslosenunterstützung) steigen. Diese «**automatischen Stabilisatoren**» sorgen für eine Stabilisierung der Konjunktur. So steigen die Steuereinnahmen von Privatpersonen und Unternehmen, wenn die Wirtschaft wächst. Den wachsenden Einnahmen stehen sinkende Ausgaben gegenüber, so sinken z.B. die Ausgaben für die Arbeitslosenunterstützung in der Hochkonjunktur. Auch andere Sozialversicherungen und die Schuldenbremse (vgl. *Kap. 11.5*) wirken konjunkturstabilisierend. In Boomzeiten entsteht ein Überschuss, in Rezessionsjahren ein Defizit – ohne eine aktive Veränderung der Finanzpolitik.

Wir können also nicht einfach auf das Budget schauen, um zu beurteilen, ob die Finanzpolitik **restriktiv** (bremsend) oder **expansiv** (beschleunigend) wirkt. Für die Beurteilung der Finanzpolitik müssen die konjunkturellen Gründe für die Schwankungen des Budgets eliminiert werden. Dazu wird das BIP geschätzt, wie es bei einer Normalauslastung der Kapazitäten ausgefallen wäre. Ein Vergleich mit dem tatsächlichem BIP ergibt die **Outputlücke**, mit deren Hilfe die Einnahmenausfälle und Mehrausgaben des Staates im Vergleich zur Normalauslastung berechnet werden können. So kann das Defizit in eine konjunkturelle Komponente und den Rest, eine strukturelle Komponente unterteilt werden.

Der **strukturelle Saldo** dient somit zur Beurteilung der Finanzpolitik. Die Veränderung des strukturellen Saldos in Prozent des BIP ergibt den **Fiskalimpuls**: Eine Erhöhung des strukturellen Defizits bedeutet einen positiven Fiskalimpuls und somit eine expansive Finanzpolitik. Die *Abbildung 6.3* zeigt den Fiskalimpuls im Vergleich mit der tatsächlichen Entwicklung des realen BIP. Mehrheitlich war die Finanzpolitik der Schweiz antizyklisch ausgerichtet. Insbesondere im Rezessionsjahr 2009 wirkte der Fiskalimpuls stark belebend.

Erfolgreiche Investitionsprogramme?

Das Schweizerische Parlament hat **1997** auf die Lehre von Keynes im Sinne eines Ankurbelungsprogramms Rückgriff genommen: Es bewilligte die Bereitstellung von finanziellen Mitteln in der Höhe von 481 Mio. Franken für ein Investitionsprogramm, welches sich auf die Bauwirtschaft konzentrierte. Im Jahr 2001 veröffentlichte das Staatssekretariat für Wirtschaft (Seco) einen Schlussbericht, in welchem Bilanz gezogen wurde. Diese fiel bescheiden aus. Zwar wurden in der Bauwirtschaft zusätzliche Aufträge in der Höhe von 2,5 Mrd. Franken ausgelöst, aber der BIP-Gewinn lag bei lediglich 0,14% und das Arbeitsvolumen erhöhte sich nur sehr geringfügig. Ein Grund dafür liegt darin, dass die erhöhte Nachfrage zu über 70% durch Importe befriedigt wurde. Auch löste das Zückerchen des Bundes **Mitnahmeeffekte** aus: Vorab private Investitionen wären auch ohne die staatlichen Vergünstigungen getätigt worden. Immerhin hatte die Konjunkturspritze laut Seco keine prozyklische Wirkung. Die Gründe dafür, dass die Schweizer Wirtschaft 1997 aus der konjunkturellen Schwäche herausfand, seien jedoch nicht beim Investitionsprogramm zu suchen.

2008 kroch der **Geist des Keynesianismus** wieder aus der Flasche. Der Absturz der Börse und Rezessionsängste in den USA liessen weltweit den Ruf nach Gegenmassnahmen erschallen: Ausgabenprogramme und Steuersenkungen sowie eine Lockerung der Geldpolitik sind nicht nur in den USA «in», sondern auch in Europa feiern die Keynesianer eine Wiedergeburt. Im Frühjahr 2009 hat der Bundesrat zusammen mit den Kantonen und Gemeinden ein Paket von Stabilisierungsmassnahmen im Umfang von 8,2 Milliarden Franken beschlossen. Diese Gelder wurden z.B. für Massnahmen im Umwelt- und Energiebereich, für die Exportförderung, für die Strassen- und Schieneninfrastruktur, für Forschung, für den Tourismus und für die Arbeitslosenversicherung (Weiterbildungsmassnahmen) eingesetzt. Bei den Stabilisierungsmassnahmen bemühte sich die öffentliche Hand, die Kriterien des Lehrbuchs zu be-

[1] Evaluationsbericht:
www.seco.admin.ch/
stabilisierungsmassnahmen/
index.html?lang=de

rücksichtigen: Wirken die Massnahmen **zielgerichtet** («targeted»), **rechtzeitig** («timely») und sind sie **vorübergehend** («temporary»)? Das Gesamturteil[1] fällt nicht schlecht aus: Knapp die Hälfte der Massnahmen hat diese drei Lehrbuch-Kriterien weitgehend erfüllt, ein Drittel nur teilweise, knapp ein Zehntel nicht erfüllt und der Rest ist nicht beurteilbar. Die Mehrausgaben von 8,2 Milliarden Franken, etwa 1,5 Prozent des BIP, haben gemäss Schätzung des Staatssekretariats für Wirtschaft das BIP 2009 und 2010 um total 0,6 Prozent erhöht. Alles in allem ergibt das eine Gesamtnote von 4 bis 5.

Abbildung 6.3   Der Fiskalimpuls der öffentlichen Hand

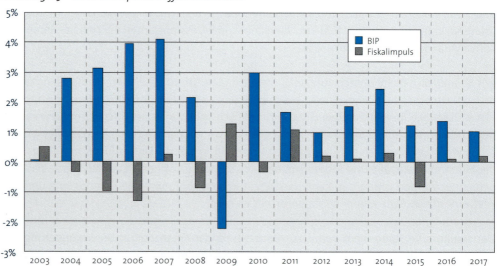

Quelle: Seco, KOF

6.3   Die monetaristische Konzeption

(Hinweis: In diesem Kapitel werden Sie mit dem Thema «Geld» konfrontiert. Dazu wird Ihnen allerdings nur das vermittelt, was Sie zum Verständnis der monetaristischen Konzeption unbedingt benötigen. Sollten Sie an dieser Stelle bereits mehr Informationen über «Geld» wünschen, konsultieren Sie das Kapitel 9.)

Vor welchem Hintergrund entstand die monetaristische Konzeption?

Nach dem Zweiten Weltkrieg entstand ein ungeheurer Nachhol- und Wiederaufbaubedarf der darniederliegenden Volkswirtschaften. Die Kapazitätsausdehnung konnte mit der hohen Nachfrage nach Export-, Investitions- und Konsumgütern nur schwer Schritt halten. Wächst aber die Nachfrage schneller als das Produktionspotenzial, besteht die Gefahr einer Erhöhung der Preise. Ein Anstieg des Preisniveaus (Inflation) war denn auch das vorherrschende Problem der Nachkriegsjahre. Gegenüber inflationären Entwicklungen war aber die keynesianische Konjunkturpolitik ziemlich zahnlos. Mit dieser Veränderung der Problemlage war deshalb auch eine andere «Therapie» gefordert.

Welche Grundüberlegungen prägen die monetaristische Konzeption?

Milton Friedman begründete die monetaristische Schule, die sich in erster Linie mit der Rolle des Geldes und dem Inflationsproblem auseinandersetzte. Wie ist es möglich, dass es zu einem Nachfrageüberhang kommt, dass die Nachfrage also stärker zunehmen kann als das Angebot (das Produktionspotenzial)? Die Monetaristen argumentierten, dass dies nur möglich sei, wenn es im Verhältnis zu den vorhandenen Gütern zu viel Geld gebe.

6 Konjunkturpolitik

Die Hypothese der Monetaristen mündet grundsätzlich gesagt darin, dass Veränderungen der Geldmenge im Wesentlichen für Konjunkturschwankungen verantwortlich sind.

Für die Bestimmung des Geldwertes ist allein entscheidend, wie viele Güter man für eine bestimmte Geldmenge kaufen kann. Diese Beziehung zwischen Geld und Gütern wollen wir an einem stark vereinfachten Beispiel veranschaulichen.

- Angenommen, in einem Land werden im ersten Jahr einerseits 1'000 Stück Güter produziert. Andererseits gibt es in diesem Land 1'000 Stück Banknoten mit dem Aufdruck Fr. 10.–. Wenn wir davon ausgehen, dass alle Güter einen Käufer finden, wie hoch ist dann der durchschnittliche Preis eines Gutes? Ganz klar: Fr. 10.– pro Stück. Die Geldmenge (1'000 Noten zu Fr. 10.– = Fr. 10'000.–) ist also gleich gross wie die Gütermenge (1'000 Stück zu Fr. 10.– = Fr. 10'000.–).
- Nehmen wir nun an, der Staat würde sich im zweiten Jahr entschliessen, weitere 1'000 Banknoten zu Fr. 10.– unter die Leute zu bringen. Welchen Einfluss hat diese Ausdehnung der Geldmenge auf den Preis der Güter? Gibt es nun 1000 Stück Güter und Fr. 20'000.– Geldmenge, wird der durchschnittliche Preis auf Fr. 20.– pro Stück steigen, die Geldmenge ist damit wieder gleich gross wie die Gütermenge (je Fr. 20'000.–).
- Im dritten Jahr kann die Produktion der Güter dank grösserer Effizienz der Arbeiter und längeren Arbeitszeiten auf 2'000 Stück gesteigert werden. Welchen Einfluss hat diese Angebotsausweitung auf die durchschnittlichen Preise? Nun stehen 2'000 Stück Güter einer Geldmenge von Fr. 20'000.– gegenüber, der Preis sinkt deshalb wieder auf Fr. 10.– pro Stück. Geldmenge und Gütermenge sind je Fr. 20'000.–.
- Nehmen wir an, dass im vierten Jahr die Konsumenten die Hälfte der 2'000 Banknoten nicht ausgeben. 1'000 Banknoten kommen also nicht in den Umlauf. Damit halbiert sich die Umlaufsgeschwindigkeit des Geldes, was dasselbe bewirkt wie eine Reduktion der Geldmenge: der durchschnittliche Preis wird fallen, und zwar auf Fr. 5.– pro Stück. Es ist also nicht nur wichtig, wie viel Geld physisch vorhanden ist, sondern auch wie schnell dieses Geld durch Tauschaktionen von Hand zu Hand geht.

Diesen Zusammenhang von Gütermenge, Geldmenge, Umlaufsgeschwindigkeit und Preisniveau können wir nun in eine Formel **(Quantitätsgleichung des Geldes)** fassen:

Geldmenge x Umlaufsgeschwindigkeit = Gütermenge x Preisniveau

Aus welchen Gründen kann es gemäss Monetaristen zu Preissteigerungen kommen? Inflation ist die Folge von steigender Geldmenge oder / und erhöhter Umlaufsgeschwindigkeit bei weniger stark wachsender, konstanter oder schrumpfender Gütermenge. Die Grundüberlegungen, welche den Monetarismus prägen, lauten deshalb:

Zwischen dem Wachstum der Geldmenge und jenem des BIP besteht eine stabile Beziehung. Verändert sich die Geldmenge, reagieren mit einer Verzögerung von einigen Monaten Produktion und Beschäftigung – allerdings nur vorübergehend. Langfristig beeinflussen Geldmengenveränderungen nur das Preisniveau. Steigt die Geldmenge (multipliziert mit der Umlaufsgeschwindigkeit) schneller als die Gütermenge, entsteht Inflation. Nur wenn Geldmenge (multipliziert mit der Umlaufsgeschwindigkeit) und Gütermenge sich gleichmässig entwickeln, bleibt auch der Geldwert stabil.

Die Monetaristen unterscheiden sich von den Keynesianern dadurch, dass sie die Vorrangigkeit der Geldmenge für die Höhe der Gesamtnachfrage betonen: **«Was zählt, ist Geld!»** Antizyklische Finanzpolitik lehnen sie ab. Ein Grund dafür zeigt sich im Verlauf der Gesamtangebotskurve. Da Preise und Löhne auf Veränderungen flexibel reagieren, ist die Gesamtangebotskurve dementsprechend steil. Für die Monetaristen wirken sich deshalb Änderungen der Gesamtnachfrage vor allem auf die Preise aus (vgl. *Abbildung 6.4*).

Welche Konsequenzen ergeben sich aus diesen Überlegungen für die Konjunkturpolitik?
Da nach monetaristischer Auffassung eine stabile Beziehung zwischen Geldmenge und Entwicklung des BIP besteht und ein stärkeres Wachstum der Geldmenge als der Gütermenge einen Anstieg der Preise bewirkt, stellen die Monetaristen folgende Regel auf:

Um eine inflationsfreie Entwicklung der Wirtschaft zu ermöglichen, muss dafür gesorgt werden, dass die Geldmenge sich im Gleichschritt mit dem Produktionspotenzial entwickelt.

Die Zentralbanken sollen sich also darauf konzentrieren, über eine **strikte Kontrolle der Geldmenge** die Entwicklung des BIP zu stabilisieren, und damit den besten Schutz gegen Inflation zu gewährleisten. Diese Regel impliziert auch, dass die Monetaristen den Einsatz der Geldpolitik zur Ankurbelung der Konjunktur ablehnen. Der Harvard-Volkswirtschafter J.K. Galbraith äusserte sich folgendermassen dazu: «Die monetäre Politik versagt gänzlich, wenn via tiefe Zinsen eine Wirtschaft wieder angekurbelt werden sollte. Man kann wohl an einer Schnur ziehen und so eine Notbremse einleiten – aber versuchen Sie einmal eine Schnur zu stossen.» Von Keynes stammt zum gleichen Thema folgender Vergleich: Eine Ausdehnung der Geldmenge zur Wiederbelebung der Wirtschaft ist, wie wenn Sie «zunehmen wollen und deshalb einen grösseren Gürtel kaufen.» Im **Zentrum der monetaristischen Konjunkturpolitik** steht also die **Wachstumsrate der Geldmenge**. Für die Überwachung und Steuerung der Geldmenge ist die Nationalbank zuständig. Damit wechselt im Vergleich mit der keynesianischen Konzeption auch die Verantwortlichkeit für die Konjunkturpolitik von der Regierung zum Direktorium der Nationalbank.

Wir haben nun die wesentlichen Merkmale der monetaristischen Konzeption dargestellt. Trotzdem werden bei Ihnen beim Lesen dieses Textes noch einige Fragen aufgetaucht sein: Was versteht man unter Geldmenge? Wie kann die Nationalbank die Geldmenge steuern? Wer oder was verbirgt sich eigentlich hinter der Nationalbank? Diese Fragen werden wir im *Kapitel 9* beantworten.

6 Konjunkturpolitik

Abbildung 6.4   Die monetaristische Konzeption

Ausgangslage: Gesamtangebots- und Gesamtnachfragekurve

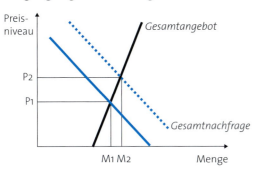

Entscheidend für die Gesamtnachfrage ist das Geld. Die Preise sind flexibel (steile Angebotskurve). Veränderungen der Geldmenge bewirken grosse Preisschwankungen. Deshalb ist der Entwicklung der Geldmenge grosse Bedeutung zuzumessen.

Zentrales Problem: Inflation

Erklärung:

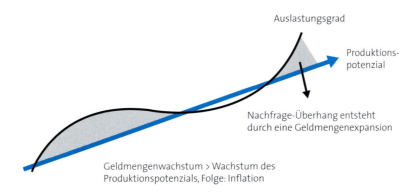

Therapie: Primär muss die Notenbank intervenieren und für ein Gleichgewicht zwischen Geldmengen- und realem Wachstum sorgen.

Kennzeichen:
1. Konzentration auf die Geldmengensteuerung der Notenbank (Finanzpolitik wird als ungeeignetes Instrument zur Konjunkturpolitik betrachtet)
2. Keine antizyklische Finanzpolitik. Absage an das Konzept der Feinsteuerung.
   a) Das Geldmengenwachstum ist auf das Wachstum der Produktionspotenzials auszurichten.

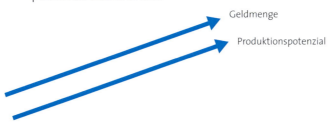

   b) Konjunkturneutraler Finanzhaushalt. Auch die Finanzpolitik soll langfristig ausgerichtet werden.

Quelle: F. Kneschaurek, «Unternehmung und Volkswirtschaft», Verlag Neue Zürcher Zeitung; eigene Anpassungen.

Welche Einwände gibt es gegen die monetaristische Konzeption?

Friedman und seine Anhänger haben in der Tat die Volkswirtschaftslehre verändert. Ihre energische und überzeugende Art, mit der sie die Rolle des Geldes betonen, hat die Ansicht der meisten Volkswirtschafter über die Bedeutung der Geldpolitik geprägt. Es wird anerkannt, dass keine bedeutende Inflation ohne schnelles Geldmengenwachstum stattfindet, und zu schnelles Geldmengenwachstum verursacht eine Inflation. Jede Politik, die die Wachstumsrate des Geldes am Güterwachstum orientiert, wird letztendlich eine niedrige Inflationsrate erreichen. Unproblematisch ist aber auch die monetaristische Konzeption nicht:

- Zur Bekämpfung einer Inflation befürworten die Monetaristen eine strikte Kontrolle des Geldmengenwachstums. Dabei treten deutliche **Zielkonflikte** zum Vorschein: Wird die Geldmenge zu stark eingeschränkt, erhöht sich die Gefahr einer Rezession. Die Geldpolitik kommt denn auch einer Art Gratwanderung gleich. Der Vorwurf an die Monetaristen lautet deshalb, sie seien Inflationsfanatiker, die mit einer harten Geldpolitik stur das Ziel der Preisstabilität verfolgten, selbst wenn dadurch viele Menschen ihre Arbeitsplätze verlören.
- Und wie verhält es sich mit der **Umlaufsgeschwindigkeit**? Die Umlaufsgeschwindigkeit ist die Zahl, die angibt, wie oft die Geldmenge pro Jahr zur Abwicklung von Güter- und Dienstleistungskäufen umgeschlagen wird. Weil die Monetaristen die Umlaufsgeschwindigkeit als wenig veränderlich betrachten, sind sie der Ansicht, dass man über die Kontrolle der Geldmenge auch das BIP kontrollieren kann. Tatsächlich ist die Umlaufsgeschwindigkeit nicht konstant. Vielmehr hängt sie von den Zinssätzen, der Höhe der Einkommen, vom Zahlungssystem (z.B. Kreditkarten), von den Finanzierungsmöglichkeiten und anderen Faktoren ab.
- Erschwerend für den Erfolg einer monetaristischen Politik wirken zudem die vielen **finanztechnischen Innovationen** einerseits und die gewaltig zunehmenden **grenzüberschreitenden Finanzströme** andererseits.
- Erfahrungsgemäss ist es auch aus **politischen Gründen** schwierig, eine auf das Produktionspotenzial ausgerichtete Geldmengenpolitik zu verfolgen: Immer wieder erleben wir, wie unter der Last von stagnierender Produktion und drohender Arbeitslosigkeit der Druck auf die Nationalbanken steigt, mittels Lockerung der Geldmengenzügel die Zinsen zu senken.[1]

1 Zitat Friedman: «Meine Politik funktioniert erst, wenn die **Notenbankdirektoren** durch **Computer** ersetzt werden.»

In den siebziger und achtziger Jahren zielte die Geldpolitik der Nationalbank auf die Steuerung der Geldmenge. Gegen Ende der 1980er-Jahre wurden die Probleme der Geldmengensteuerung immer offensichtlicher. Die Prognose der Inflation auf der Grundlage der Entwicklung der Geldmenge verlor ihre Verlässlichkeit. Gründe dafür waren eine stark schwankende Umlaufsgeschwindigkeit und Innovationen auf den Finanzmärkten. Deshalb richtete die Schweizerische Nationalbank ihre Politik zunehmend weniger an der Geldmenge aus (vgl. *Kapitel 9*).

Geldpolitik jenseits der monetaristischen Lehre

Stellen Sie sich vor, Sie sind Mitglied des Direktoriums der Schweizerischen Nationalbank und diskutieren über die Geldpolitik. Die empfangenen Signale aus der Wirtschaft lauten: «Rezessionsgefahr in der Europäischen Union, steigende Schulden in den USA, Schweizer Franken zeigt Muskeln, Investitionen schwächeln!» Welche Weichen würden Sie in der Geldpolitik stellen?

Als Anhänger der reinen **monetaristischen Lehre** wären Sie sehr zurückhaltend gegenüber geldpolitischen Stimulierungsmassnahmen. Denn nach Ansicht der Monetaristen führt eine übermässige Steigerung der Geldmenge zur Inflation, gefährdet also das oberste Ziel der Nationalbank. In den letzten Jahren setzte sich allerdings die Meinung durch, dass bei Rezessionsgefahren die Geldpolitik in Kombination mit der Fiskalpolitik die Nachfrage unterstützen muss.

Wie kann die Geldpolitik die **Investitionsnachfrage** stimulieren? Wie Sie aus dem Kapitel «Preisbildung» bereits wissen, reduziert eine Erhöhung des Angebotes, in unserem Fall des Geldangebotes, den Preis. Der Preis für Geld sind die Zinsen. Deshalb bieten die Nationalbanken den Geschäftsbanken Geld zu tiefen Zinssätzen an. Tiefe Zinsen vermindern die Investitionskosten und erhöhen die Anreize für Investitionen. Zugleich vermindern tiefere Zinssätze die Attraktivität von Anlagen in Schweizer Franken. Das wiederum senkt tendenziell den Wert des Frankens gegenüber ausländischen Währungen oder schwächt zumindest den Aufwertungsdruck, wovon die Exporte profitieren. So erhöht eine Geldpolitik der tiefen Zinsen die gesamtwirtschaftliche Nachfrage dank steigenden Investitionen und Exporten sowie sinkenden Importen. Seit 2008 haben die wichtigsten Nationalbanken der Welt die Zinsen gegen oder sogar unter null gesenkt und experimentieren unterdessen mit dem Einsatz von «unkonventionellen» Massnahmen – auch die Schweizerische Nationalbank. Mehr dazu erfahren Sie im *Kapitel 9*.

6.4 Die angebotsorientierte Konzeption

Vor welchem Hintergrund entstand die angebotsorientierte Konzeption?

In den 1970er-Jahren änderte sich die wirtschaftliche Problemlage erneut. Im Zuge des Ölpreisschocks 1973 traten Arbeitslosigkeit und Inflation gleichzeitig in einem Masse auf, wie das bisher nicht der Fall gewesen war. Gegen diese neue Konstellation der Wirtschaftslage war weder das keynesianische Rezept erfolgversprechend, da durch die Steigerung der Staatsausgaben die Inflation zusätzlich angeheizt würde, noch konnte die monetaristische Position befriedigen, da durch eine Reduktion der Geldmenge die Arbeitslosigkeit erhöht würde. Eine Konstellation, in der die Wirtschaft **stag**niert und die In**flation** trotzdem wächst, wird mit dem Begriff Stagflation gekennzeichnet. **Stagflation** ist das zentrale Problem, mit dem sich die Angebotsökonomen auseinandersetzen.

Welche Grundüberlegungen prägen die angebotsorientierte Konzeption?

Die Angebotsökonomen orten grosse Anreizeffekte im Steuersystem (zur Bedeutung von Anreizen vgl. *Kapitel 1.6*). Gemäss ihrer Ansicht haben Steueränderungen grosse Auswirkungen auf das Sparen, das Investieren, das Arbeitsangebot und auf die Steuereinnahmen. Zu den radikalen Angebotsökonomen gehört Arthur Laffer, ein Wirtschaftsberater des ehemaligen amerikanischen Präsidenten Ronald Reagan. In seiner Kurve – der **Laffer-Kurve** – setzte er die Steuereinnahmen mit dem Steuersatz in Beziehung (vgl. *Abbildung 6.5*). Die Kurve zeigt, dass die gesamten Steuereinnahmen bei steigendem Steuersatz zunächst zunehmen und ab einem gewissen Punkt abnehmen. Die Begründung dafür lautet wie folgt: Beträgt der Steuersatz null (Punkt 1 auf der Kurve), sind logischerweise auch die Steuereinnahmen null. Beträgt der Steuersatz 100 %, müssen die gesamten Einkommen an den Staat abgeliefert werden; deshalb wird bei diesem Steuersatz nicht gearbeitet, womit sowohl das Einkommen als auch die Steuereinnahmen null betragen (Punkt 2). Steigt der Steuersatz ausgehend von null, werden die Steuereinnahmen zuerst ebenfalls ansteigen, aber wie lange? Ab einem gewissen Steuersatz (Punkt 3) beginnen die Steuereinnahmen wieder zu sinken, weil ab dieser Steuerhöhe der Anreiz, Einkommen zu erzielen, abnimmt (also die Opportunitätskosten des Arbeitens übermässig steigen, vgl. *Kapitel 1.2*), Schwarzarbeit blüht, Steuerhinterziehungen zunehmen und in Steuerparadiese abgewandert wird.

Die Angebotsökonomen behaupteten im Jahre 1981, dass sich die amerikanische Wirtschaft rechts von Punkt 3 befinde. Deshalb empfahlen sie der Reagan-Administration ein Senken der Steuersätze mit folgenden Konsequenzen: Erstens würden die **Steuereinnahmen ansteigen – aufgrund der Senkung des Steuersatzes** – und damit das Defizit verkleinern. Zweitens würden die Schwarzarbeit, die Steuerhinterziehung und die Abwanderung gebremst und sich damit wiederum die Steuereinnahmen erhöhen. Drittens würde die Sparquote steigen, weil Sparen bei geringeren Steuersätzen attraktiver wird. Viertens würden dadurch die Investitionen belebt und das Wachstum angekurbelt, was sich schliesslich in tieferen Arbeitslosenraten niederschlagen würde. Reagan folgte diesen Anweisungen und kürzte die Steuersätze zwischen 1981 und 1983 in einem dreistufigen Prozess um 30 % – und tatsächlich stiegen die Staatseinnahmen. Die Wirtschaft der USA blühte in den Folgejahren auf, aber unter Präsident Reagen schnellte eben auch die Neuverschuldung in die Höhe. Da sich der Effekt von Steuerveränderungen kaum isoliert von anderen Faktoren untersuchen lässt, finden sowohl Gegner als auch Befürworter der angebotsorientierten Ökonomie geeignete Fallbeispiele für ihre Hypothesen. Dass die allgemeine Theorie der Laffer-Kurve aber grundsätzlich stimmt, bestreitet niemand ernsthaft.

Die Angebotsökonomen setzen auf Verbesserungen der staatlichen Rahmenbedingungen. Zudem verleihen sie der Bedeutung von Anreizen in einer Marktwirtschaft neues Gewicht und stellen diese in den Mittelpunkt ihrer Überlegungen.

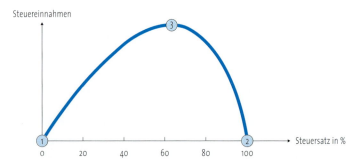

Abbildung 6.5   Die Laffer-Kurve

Welche Konsequenzen ergeben sich daraus für die Konjunkturpolitik?

Aus dieser Diagnose lässt sich ohne Mühe eine Therapie ableiten. Die Vertreter dieser Denkschule sind der Ansicht, man müsse die Angebotsbedingungen verbessern, um die Initiative und Innovationskraft der Unternehemen zu erhöhen. Angebotspolitik heisst **radikaler Abbau des staatlichen Einflusses** auf die Wirtschaft.

Die Angebotsökonomen bezweifeln die Wirkungen einer Konjunktursteuerung über die Nachfrageseite. Ihre Vorschläge beziehen sich auf eine **Verbesserung der Angebotsbedingungen**. Damit sollen die Grundlagen für eine dauerhafte Zunahme des BIP geschaffen werden. Die kurzfristige Steuerung der Konjunktur halten sie für unnötig. Die folgende Abbildung 6.6 gibt einen Überblick über die angebotsorientierte Konzeption und illustriert die Auswirkungen einer angebotsorientierten Politik. **Steuersenkungen**[1] – ein wichtiges Element der angebotsseitig orientierten Schule – steigern den Einsatz der Produktionsfaktoren und verschieben die Gesamtangebotskurve nach rechts. Da die Angebotsökonomen von einer relativ **steilen Gesamtangebotskurve** ausgehen, führt die Verschiebung zu einer grossen Erhöhung der Produktion. Zudem führen Steuersenkungen auch zu einer Rechtsverschiebung der Gesamtnachfragekurve. So führen Steuerkürzungen zu einer Erhöhung des BIP (von M1 auf M2) und einem Anstieg der Beschäftigung. Angebotsorientierte Politik ist dann am effektivsten, wenn sich die Wirtschaft nach dem klassischen Modell verhält: flexible Preise, Löhne und Zinsen.

[1] Steuersenkung in den USA: Auch der Präsident der USA setzt auf Steuersenkungen. Die US-Steuerreform 2018 will mit tieferen Unternehmens- und Einkommenssteuern die Wirtschaft ankurbeln. Die Gefahr dabei ist, dass das Loch im Staatshaushalt noch grösser werden könnte.

Schaffung von Anreizen durch Steuersenkungen, Deregulierungen, Privatisierungen, Abbau von Subventionen, Erweiterung der freien Handlungsspielräume, Verbesserungen der Rahmenbedingungen für die wirtschaftliche Tätigkeit, weniger Staat und mehr Markt – so lautet die Therapie der Angebotsökonomen.

Gibt es Einwände gegen die Konzeption der Angebotsökonomen?

Bei der praktischen Umsetzung der Angebotsökonomie stellen sich verschiedene Probleme:
- **Politische Schwierigkeiten**: Ein Abbau von staatlichen Regulierungen gefährdet immer auch die Besitzstände von betroffenen Interessengruppen, die sich entsprechend zur Wehr setzen. Erinnern Sie sich an die Ausführungen zum «rent-seeking» und zur Wirtschaftsordnung der Schweiz *(vgl. Kapitel 3.2)*?

- Es stellt sich aber auch die Frage, **wie stark und wie schnell die vorgeschlagenen Politiken wirken**, das heisst, ob sie das zukünftige Wachstum im erhofften Masse und in der erhofften Zeit fördern. Kritiker werfen den Angebotsökonomen vor, dass sie die Selbstheilungsmechanismen der Wirtschaft überschätzen. Selbst wenn die Marktwirtschaft grundsätzlich stabil sei, dauere der Anpassungsprozess viel zu lange. Deshalb müsse die Wirtschaftspolitik zügig auf Störungen reagieren.
- Unter der Annahme, dass die angebotsorientierte Konzeption wirksam ist, stellt sich zudem die Frage, wie weit man gehen kann, um Anreize für die Erhöhung des Wachstums zu schaffen. Einer einseitig ausgerichteten angebotsorientierten Wirtschaftspolitik drohen massive **Verteilungskonflikte**. Die angebotsorientierte Konzeption – so lautet der Vorwurf – vernachlässigt soziopolitische Zusammenhänge.
- Von den Kritikern werden **Widersprüche in der Finanzpolitik** der Angebotsökonomen ausgemacht. Gleichzeitiger Steuerabbau und eine Verminderung der Staatsverschuldung lasse sich nur in Ausnahmefällen erreichen, weil der Verlauf der Laffer-Kurve nicht bekannt sei.

Die Angebotsökonomie ist eigentlich gar kein Rezept gegen Konjunkturkrisen. Ihre Ansätze stärken die langfristigen Wachstumskräfte.

Abbildung 6.6   Die angebotsorientierte Konzeption

Ausgangslage: Gesamtangebots- und Gesamtnachfragekurve

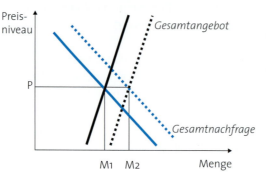

Die Angebotskurve ist steil. Eine Erhöhung des Gesamtangebots hat eine grosse Wirkung auf das BIP. Eine alleinige Nachfrageerhöhung führt vor allem zu Preissteigerungen.

Zentrales Problem: Stagflation
Erklärung:

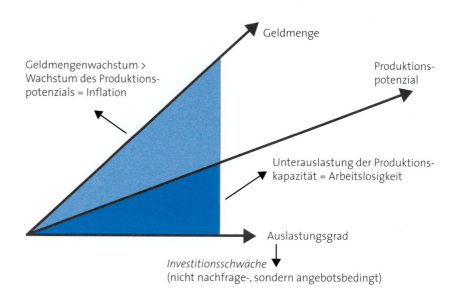

Diagnose:
1. Kosteninflation, die zum Teil nicht auf die Preise überwälzt werden kann; Verschlechterung der Ertragserwartungen; Kostenwachstum ⇢ Produktivitätswachstum wegen übersetzten Lohnforderungen, einem übersetzten Ausbau der Sozialleistungen und überproportional wachsenden Steuern.
2. Ungebührliche Einschränkung der freien Handlungsspielräume der Unternehmer (Erhöhung der Staatsquote, Reglementierung und Bürokratisierung des Wirtschaftslebens)
3. Zu viel Interventionismus des Staates (Unsichere Erwartungen)

Therapie:
1. Verzicht auf kurzfristige Eingriffe in die Konjunktur. Für eine längerfristig günstige Entwicklung sind die Angebotsbedingungen zu verbessern.
2. Deregulierung, Abbau der Staatsquote, Reprivatisierung, Erweiterung der freien Handlungsspielräume der Unternehmer, aktive Wettbewerbspolitik
3. Entlastung der Unternehmer vom Kostendruck durch Steuersenkungen, eine marktorientierte Lohnbildung und die Beachtung der Grenzen des Wohlfahrtsstaates.
4. Verbesserung der übrigen Rahmenbedingungen der unternehmerischen Tätigkeit.

Quelle: F. Kneschaurek, «Unternehmung und Volkswirtschaft», Verlag Neue Zürcher Zeitung; eigene Anpassungen.

6.5 Wer hat Recht?

Langfristig oder kurzfristig?
In diesem Kapitel mussten Sie feststellen, dass die Ökonomen bezüglich der «richtigen» Konjunkturpolitik unterschiedlicher Meinung sind. Es gibt aber auch Erkenntnisse, welche heute von den meisten Ökonomen unterschrieben würden:

- **Langfristig hängt das Wirtschaftswachstum von der Qualität und Quantität der Produktionsfaktoren ab.** Über einen längeren Zeitraum betrachtet sind Löhne, Zinsen und Preise flexibel. Die Gesamtangebotskurve verläuft senkrecht. Änderungen in der Gesamtnachfrage beeinflussen nur das Preisniveau. Eine Veränderung der Preisniveaus hat langfristig keinen Einfluss auf die das Wachstum bestimmende Arbeit, Kapital, Wissen und die natürlichen Ressourcen. Die wichtigste Erkenntnis daraus ist, dass langfristig die staatliche Wirtschaftspolitik das BIP nur durch eine Verbesserung der Produktionskapazitäten – die Angebotsbedingungen – erhöhen kann. Veränderungen in der Geldmenge beeinflussen langfristig nur die Höhe der Inflationsrate.

- **Kurzfristig wird das BIP auch durch die Gesamtnachfrage beeinflusst.** Kurzfristig sind die Preise und Löhne nicht völlig flexibel und können sich deshalb nicht unverzüglich an die veränderte Nachfrage anpassen. Die Gesamtangebotskurve verläuft nicht senkrecht. Änderungen in der Gesamtnachfrage beeinflussen deshalb die Produktionshöhe.[1] Alle Faktoren, welche sich auf die Gesamtnachfrage auswirken, haben Effekte auf die Schwankungen des BIP. Geld- und finanzpolitische Massnahmen haben deshalb Auswirkungen auf den Verlauf der Konjunktur.

> Kurzfristige konjunkturelle Störungen werden vorwiegend von der Nachfrage ausgelöst. Langfristige Störungen in der wirtschaftlichen Entwicklung haben ihre Ursachen vorwiegend auf der Angebotseite.

Selbst wenn Einigkeit darüber herrscht, dass die Wirtschaftspolitik die Konjunkturschwankungen beeinflussen kann, heisst das noch nicht, dass sie es auch tun soll. Die wichtigste offene Frage bleibt deshalb:

Soll die Wirtschaftspolitik versuchen, Konjunkturschwankungen zu stabilisieren?
Wie in den Einwänden gegen die keynesianische Konjunkturpolitik dargelegt, stehen dem Erfolg einer aktiven Konjunkturpolitik verschiedene Hindernisse im Wege: Die zeitlichen Verzögerungen, der schwierige Rückweg, rationale Erwartungen, Unsicherheiten über die zukünftige Entwicklung usw. Aufgrund dieser Einwände fordern gewisse Ökonomen denn auch eine passive Konjunkturpolitik, die sich an festen Regeln orientiert (konstantes Geldmengenwachstum, ausgeglichenes Budget). Auch wenn sich die Ökonomen darüber streiten, ob und inwieweit antizyklische Finanz- und Geldpolitik wirken können, darf nicht übersehen werden, dass es keinen seriösen Ökonomen gibt, der eine prozyklische Konjunkturpolitik befürwortet. Einig sind sich die meisten Ökonomen auch darin, dass die staatliche Finanzpolitik, wenn auch nicht antizyklisch, so doch zu verstetigen ist. Das gilt insbesondere für die staatlichen Investitionsausgaben.

Sind diese konjunkturpolitischen Ansätze heute noch «gültig»?
Die in diesem Kapitel dargestellten Lehrmeinungen zur Konjunkturpolitik in ihrer «ursprünglichen» Form werden heute von kaum jemandem mehr vertreten. Aber sie haben den Gang der Wissenschaft und der wirtschaftspolitischen Praxis entscheidend geprägt und feiern immer wieder Auferstehung, so z. B. im «Neuen Keynesianismus» oder in der «Neuen Klassi-

---

[1] Der **liebe Gott** hat den Ökonomen deshalb zwei Augen gegeben, eines für das Angebot und eines für die Nachfrage (P. A. Samuelson).

schen Makroökonomie», die ohne die Tradition ihrer Vorgänger in ihrer heutigen Form nicht denkbar wären. In diesem Sinne sind sie lebendiger denn je und werden vermutlich noch über Generationen hinweg die Zukunft mitprägen.

Im Laufe der Entwicklung wissenschaftlicher Lehrmeinungen ergaben sich gewisse Konvergenzen. So übernahm der «moderne» Keynesianismus die monetäre Erklärung des Inflationsprozesses und akzeptierte die Theorie der rationalen Erwartungen. Umgekehrt haben Monetaristen von einer allzu strikten Regelbindung der Geldpolitik Abstand genommen. Die praktische Geldpolitik der Zentralbanken nimmt heute vermehrt Rücksicht auf die Konjunkturlage und die Situation am Arbeitsmarkt.

Ökonomisches Denken: Komplexität, Irrtum und Trade-offs

Die unterschiedlichen Ansätze (Theorien) zur Konjunkturpolitik, wie sie in diesem Kapitel dargestellt wurden, zeigen Typisches: Angeblich richtige oder wahre Theorien werden im Laufe der Zeit widerlegt oder zumindest ergänzt und verfeinert. Auch die Wissenschaft der Ökonomie stolpert von Irrtum zu Irrtum... und trotzdem geht es der Menschheit insgesamt immer besser. Das ist die positive Seite des Scheiterns, respektive der Fehler.

Der Grund für diesen Fortschritt dank Fehlern liegt v. a. in der Komplexität der wirtschaftlichen Zusammenhänge, die man eben nicht alle oder nur teilweise kennt, aber doch immer etwas besser.

Staatliche Massnahmen, hier im Sinne einer aktiven Konjunkturpolitik, haben durchaus Wirkungen, vielleicht aber nicht im erwünschten Ausmass und in der erwünschten Richtung. Bei der Konjunkturpolitik gilt das Gleiche wie bei verordneten Medikamenten: «Für Risiken und Nebenwirkungen lesen Sie die Packungsbeilage...».

In der Ökonomie sind es sehr oft die Trade-offs und Opportunitätskosten, die zu wenig in Betracht gezogen werden. Schliesslich gilt doch: Wer einem bestimmten Ziel eine höhere Priorität zuordnet, setzt gleichzeitig ein anderes etwas zurück. Oder: Wer für die Ankurbelung der Konjunktur mehr staatliche Mittel ausgibt, hat sie für etwas anderes nicht mehr zur Verfügung. Ökonomen gehören deshalb in der Regel eher zu den Skeptikern, wenn es um staatliche Massnahmen zur Ankurbelung der Konjunktur geht.

Interview (April 2018)

Reiner Eichenberger
Professor für Theorie der Finanz- und Wirtschaftspolitik,
Universität Freiburg
(www.unifr.ch/finwiss/de)

In der Konjunkturpolitik der Schweiz, aber auch in der EU und den USA hat in den letzten Jahren die Geldpolitik das Ruder übernommen. Mit welchem Erfolg?
Mit totalem Misserfolg. Eine so lockere Geldpolitik ist angemessen, um kurzfristig grosse Schocks abzufedern und die Liquidität der Wirtschaft sicherzustellen. Aber nicht über zehn Jahre nach dem Schock 2008. Die gegenwärtige «Erholung der Wirtschaft» ist keine Folge der lockeren Geldpolitik, sondern des ganz natürlichen technischen Fortschritts über die letzten zehn Jahre. Er hat das Potential der Wirtschaft stark erhöht. Diese wächst nun einfach in ihr erweitertes Korsett hinein. Die Geldpolitik der EU und der USA und die Reformunfähigkeit haben diesen Anpassungsprozess bisher verzögert. Nötig wäre nun endlich ernsthafte Strukturreformen: Flexibilisierung der Arbeits-, Immobilien-, Produkte- und Dienstleistungsmärkte; Steuerreformen; Reformen der politischen Prozesse hin zu besseren Anreizen für die Politiker. In den meisten europäischen Ländern sind die Reformen verglichen mit dem Problemstau minim. Die USA haben wenigstens die Unternehmenssteuern reformiert.

Das extreme Öffnen der Geldschleusen müsste nach dem Lehrbuch zu Inflation führen. Gilt diese bewährte Regel der Ökonomie nicht mehr, muss sie durch neue Denkansätze abgelöst werden?
Das viele Geld bringt Inflation, sobald es in Umlauf kommt. Vorläufig wird es aber weiterhin bei den Nationalbanken parkiert. Bürger und Firmen geben das Geld nicht aus, weil ihr Zukunftsvertrauen tief ist. Die Politik der europäischen, aber auch der amerikanischen Zentralbank ist in sich widersprüchlich: Tiefe Zinsen sind, ceteris paribus, grundsätzlich konjunkturanregend. Wenn aber die Zentralbanken die Zinsen so lange so tief halten, weil sie Krisenangst haben, ist eben die Kausalität umgekehrt: Krise bringt tiefe Zinsen. Zudem halten die Nationalbanken die Zinsen ja nicht tief, um sie langfristig tief zu halten, sondern sie wollen Inflation erzeugen, um dann die Zinsen anheben zu können. Diese Widersprüchlichkeit verwirrt die Bürger und die Wirtschaft.

Der Ruf nach einer «Normalisierung» der Geldpolitik wird immer lauter. Wo liegen dabei die Gefahren?
Eine Normalisierung im Sinne höherer Zinsen bringt Banken in Schwierigkeiten, die hohe langfristigen Kredite – etwa Hypotheken – zu tiefen Zinsen ausgegeben haben, sich aber eher kurzfristig finanzieren und deshalb schnell höhere Zinsen zahlen müssen und dieses Risiko nicht abgesichert haben. Zudem könnten auch die Gegenparteien von Zinsabsicherungsgeschäften in Probleme kommen. Falls die Inflation nicht steigt, kommen auch Staaten in Probleme. Ihre Zinszahlungen steigen. Das vertragen einige nur, wenn gleichzeitig auch die Inflation steigt und ihre Schuldenlast wegwäscht. Die Angst um Staaten, Banken und Gegenparteien liess die Zentralbanken die Zinsen so lange so tief halten. Wenn die Staaten rechtzeitig Reformen durchgeführt hätten und ihre Ausgabewut gezügelt hätten, hätten die Nationalbanken viel früher die Zinsen normalisieren können.

Welche Konsequenzen ergeben sich aus den jüngsten Erfahrungen mit der Geldpolitik für deren Bedeutung als Instrument der Konjunkturpolitik?
Business as usual. Die Stimulierung der Nachfrageseite kann kein langfristiges Wachstum bringen. Dafür braucht es eine Befreiung der Angebotsseite. Nicht Subventionen, sondern Abbau von Hindernissen.

Apropos «Befreiung der Angebotsseite», wo sehen Sie den grössten Handlungsbedarf?
Die Arbeitsmärkte und die Wohnraummärkte sind vielenorts völlig überreguliert. Die Schweiz ist in den letzten Jahren – Stichwort flankierende Massnahmen zur Personenfreizügigkeit – auch in diese Richtung gegangen. Sodann sind die hohen Steuern auf Arbeit und Konsum überall ein Problem. Dabei ist nicht nur die Gesamtsteuerlast, sondern vor allem die Grenzsteuerlast das grosse Problem. Die Steuern müssen also runter, und zwar stark. In der Schweiz sollten wir das finanzieren, indem wir unsere zwei dümmsten heiligen Kühe schlachten: Der private Verkehr wird jährlich implizit mit 7 bis 8 Milliarden Franken subventioniert, indem er die Kosten der externen Effekte nicht tragen muss. Der öffentliche Verkehr wird sogar mit rund 9 Milliarden subventioniert, 7 Milliarden durch öffentliche Mittel und wohl etwa 2 Milliarden durch unabgegoltene Umweltkosten. Das Rezept ist also ganz einfach: Kostenwahrheit im Verkehr, und gleichzeitig massive Senkung der Einkommens- und Mehrwertsteuern.

In den letzten Jahren hat insbesondere der Bund immer wieder Überschüsse erzielt. Über die Verwendung dieser Überschüsse wird heftig gestritten. Was ist der sinnvollste volkswirtschaftliche «Umgang» mit diesen Überschüssen?
Die Überschüsse sind eine Folge zu hoher Steuern. Wir haben ein sehr progressives Steuersystem. Wenn wir da Realwachstum haben, steigt das Steueraufkommen und damit die Staatsquote überproportional. Deshalb müssen wir permanent die Steuern senken, nur schon, um ein Explodieren der Staatsquote zu vermeiden.

Schlüsselbegriffe

Die folgenden Schlüsselbegriffe kommen in diesem Kapitel vor und werden zudem am Ende des Buches nochmals erläutert.

- Klassische Konzeption
- Zinsmechanismus
- Preismechanismus
- Nachtwächterstaat
- Keynesianische Konzeption
- Nachfragelücke
- Lohnmechanismus
- Investitionsfalle
- Liquiditätsfalle
- Time lags
- Antizyklische Finanzpolitik
- Konjunkturelle Verstärker
- Crowding-out-Effekt
- Theorie der rationalen Erwartungen
- Strukturerhaltungs-Falle
- Automatische Stabilisatoren
- Strukturelles Defizit
- Fiskalimpuls
- Monetaristische Konzeption
- Quantitätsgleichung des Geldes
- Umlaufsgeschwindigkeit des Geldes
- Angebotsorientierte Konzeption
- Stagflation
- Laffer-Kurve

Repetitionsfragen

Die Antworten finden Sie im Text dieses Kapitels sowie auf der Homepage des Verlages, edu.somedia-buchverlag.ch.

1. Ordnen Sie folgende Aussagen den verschiedenen Lehrmeinungen zu:
   - «Störungen werden durch die Selbstheilungskräfte der Marktwirtschaft automatisch überwunden.»
   - «Steuersenkungen lösen grosse Anreizeffekte für Investitionen und Sparen aus.»
   - «In Krisenzeiten muss der Staat die Ausgaben erhöhen, die Steuern senken und ein Budgetdefizit in Kauf nehmen.»
   - «Die Erweiterung der freien Handlungsspielräume ist für den Aufschwung der Wirtschaft eine entscheidende Voraussetzung.»
   - «Die Nachfrage ist bestimmend für das Angebot.»
   - «Jedes Angebot schafft sich die entsprechende Nachfrage.»
   - «Die Geldmenge muss sich im Gleichschritt mit dem Produktionspotenzial entwickeln.»
   - «Der Staat hat die Funktion eines ‹Nachtwächters› zu übernehmen.»
   - «Steigt die Geldmenge schneller als die Gütermenge, entsteht Inflation.»

2. a) Welches war das zentrale Problem, das zur Politik der Keynesianer, der Monetaristen und der Angebotsökonomen führte?

   b) Erläutern Sie schwerpunktmässig die Therapie, die gemäss den drei Theorien der Wirtschaft verabreicht werden sollte.

3. Übernehmen Sie die Position des Kritikers, und machen Sie auf die Schwächen der drei Denkschulen aufmerksam.

Interessante Homepages
(Direkte Verlinkung siehe edu.somedia-buchverlag.ch)

Ausführliche Beschreibung der konjunkturpolitischen Massnahmen der Schweiz in den Jahren 2008 bis 2010:
http://www.seco.admin.ch/

Interessantes zum Modell der Lafferkurve: **www.laffercenter.com**

Die geld- und währungspolitische Chronik der Schweizerischen Nationalbank: http://www.snb.ch

Die ursprüngliche Sicht von Keynes, die Weiterentwicklung seiner Theorie sowie die Kritik daran: **http://www.keynes-gesellschaft.de/**

7 Wachstum: Langfristige Betrachtung der wirtschaftlichen Entwicklung

> «Von Leuten, die nicht einmal eine ordentliche Mahlzeit pro Tag haben, kann man nicht verlangen, dass sie sich auch noch um die Umwelt kümmern.»
>
> R. Leakey

7.1 Was ist wirtschaftliches Wachstum?

Wenn in der Öffentlichkeit Diskussionen über Wirtschaftsfragen geführt werden, beziehen sie sich häufig auf die aktuellen Schlagzeilen der Zeitungen: die Entwicklung der Arbeitslosigkeit, der Zinsen, des Euro-Kurses, der Konsumentenpreise usw.
Solche Probleme sind zwar aus Sicht der Konjunkturentwicklung durchaus interessant, sie verursachen aber meistens am Trend des langfristigen Wachstums nur ein leichtes Kitzeln. Nicht nur das Auf und Ab der Konjunktur steht im Mittelpunkt der wirtschaftspolitischen Diskussion, sondern auch und immer öfters der langfristige **Wachstumstrend** (vgl *Abbildung 7.1*).

Lehrmaterial:
«Wachstum und Entwicklung»
Das Rätsel wirtschaftlichen Wohlstands
(www.iconomix.ch)

«Konjunktur» beschäftigt sich mit dem Wachstum des BIP in kurzer Frist, also in Quartalen oder ein bis zwei Jahren. In dieser kurzfristigen Sicht interessieren die Schwankungen des BIP um den langfristigen Trend herum.
«**Wachstum**» beschäftigt sich mit dem Wachstum des BIP pro Kopf in der langen Frist, also mit dem Trend des Wachstums über mehrere Jahre und Jahrzehnte, unabhängig von Quartals- oder Jahresschwankungen.

Um das Jahr 1000 lag das weltweite jährliche Pro-Kopf-Einkommen bei etwa 400 $ (Kaufkraftbasis von 1990) und damit etwa gleich hoch wie zur Zeit von Christi Geburt. Um 1820 lagen die Pro-Kopf-Einkommen zwischen 400$ (Afrika) und 1260 $ (USA). Seither haben Afrika und Indien ihren Wohlstand verdreifacht, China und Russland vervierfacht; für Europa liegt der Faktor aber bei über 10, für die USA bei gegen 20 und für Japan bei fast 30. Mit diesem Blick in die Geschichte haben wir eigentlich definiert, was wirtschaftliches Wachstum ist: Unter wirtschaftlichem Wachstum versteht man die **langfristige Entwicklung des realen BIP pro Kopf**. Dabei ist es wichtig, die Entwicklung des BIP **pro Kopf** zu betrachten. Denn wenn das BIP nur so stark wächst wie die Bevölkerung, dann stagniert das BIP pro Kopf bzw. das Einkommen pro Einwohner. Der einzelne Bürger eines Landes kann sich in diesem Fall also trotz Anstieg des realen BIP nicht mehr bzw. bessere Güter leisten.

Die Wachstumstheorie und -politik beschäftigt sich mit der langfristigen Entwicklung der Wirtschaft, gemessen an der Entwicklung des realen BIP pro Kopf.

Das Wachstum in der Schweiz

Betrachtet man das reale BIP pro Kopf, standen im Jahr 1950 knapp 24'000 Franken pro Kopf zu Verfügung, 2017 waren es rund 71'200 Franken. Unser Wohlstand pro Kopf hat sich also preisbereinigt etwa verdreifacht. Nach dem Zweiten Weltkrieg setzte ein starkes Wachstum ein, das reale BIP pro Kopf stieg von 1950 bis 1970 pro Jahr um 3,2 %. Von 1970 bis 1990 betrug das Wachstum noch 1,4 % pro Jahr. Von 1990 bis 2010 stieg das reale BIP pro Kopf um 0,7 % und von 2010 bis 2017 noch um 0,5 %.

Lehrmaterial:
«Kaufkraft»
1921 bis heute
(www.iconomix.ch)

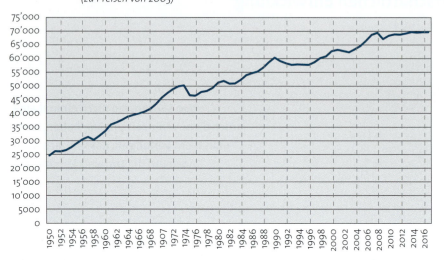

Abbildung 7.1   Entwicklung des realen BIP pro Kopf in der langen Frist
                 (zu Preisen von 2005)

Quelle: Seco, BFS

Die Vorteile des Wachstums

Wirtschaftswachstum ist grundsätzlich erwünscht und wird positiv beurteilt, weil es folgende Vorteile bietet:

- Dank der höheren Produktion von Gütern und Dienstleistungen können die Menschen ihre **Bedürfnisse besser befriedigen.** Diese Begründung gilt in ganz besonderem Masse für die Länder, in welchen es um die Deckung elementarer Grundbedürfnisse geht.
- Bei Ländern mit hohem BIP pro Kopf geht es vor allem um die **Qualität**, nicht um die **Quantität**. Das Wachstum entspricht nicht der Anzahl, sondern dem Wert der produzierten Güter – eben der **Wertschöpfung** einer Volkswirtschaft. Das BIP pro Kopf steigt also nicht per se, weil wir mehr Kühlschränke kaufen, sondern effizientere, die weniger Energie brauchen, leichter sind, aber anspruchsvoller in der Herstellung. Auch bei Nahrungsmitteln achten wir auf bessere Qualität oder essen Biogemüse.
- Eine wachsende Wirtschaft erhöht die **Nachfrage nach Arbeitskräften** und senkt die Arbeitslosigkeit.
- Eine **Erhöhung der Freizeit ohne Einbusse beim Einkommen** ist nur in einer wachsenden Wirtschaft, das heisst bei wachsender Arbeitsproduktivität, möglich.
- Wirtschaftliches Wachstum erleichtert die **Lösung sozialpolitischer Probleme** (Altersvorsorge, Einkommensverteilung usw.). Was einer Gruppe zusätzlich gegeben werden soll, braucht nicht anderen weggenommen zu werden, sondern kann aus dem Einkommenszuwachs abgezweigt werden. Hohe Wachstumsraten erlauben dem Staat die Erfüllung seiner Aufgaben, ohne dass er die Steuersätze erhöhen muss. Sie tragen somit zu einer Konfliktmilderung zwischen Staat und Privaten als auch innerhalb des privaten Sektors (z. B. in Lohnverhandlungen) bei.

Wachstum, natürliche Ressourcen und Umweltverschmutzung

[1] Regenwald: Während der Minute, die Sie für das Lesen dieses Abschnitts brauchen, sind 30 Hektaren Regenwald gerodet worden.

Vom ersten Erscheinen des homo sapiens (vor rund 300'000 Jahren) bis 1930 stieg die Weltbevölkerung auf gut 2 Milliarden an. Seit 1930 bis heute ist die Bevölkerung auf 7,5 Milliarden angewachsen und wird im Jahr 2050 gemäss UNO-Schätzung 9,6 Milliarden betragen. Bei dieser Bevölkerungszunahme stellt sich die Frage, ob das damit verbundene wirtschaftliche Wachstum nicht zwangsläufig zu einer **Ausbeutung der natürlichen Ressourcen**[1] führt. Es gibt doch nur einen begrenzten Vorrat an Erdöl, Kupfer, Aluminium usw. Diese Bedenken sind natürlich nicht neu, schon 1972 veröffentlichte der Club of Rome einen Bericht über das bevorstehende Ende des Wachstums infolge der begrenzten Ressourcen. Neben der Ausbeutung der Ressourcen müssen wir feststellen, dass die Menschheit gegenwärtig über ihren «Verhältnissen» lebt.

Der **ökologische Fussabdruck** (vgl. www.footprintnetwork.org) misst, wie viel produktives Gebiet es braucht, um das zu produzieren, was eine Bevölkerung konsumiert und um deren Abfall zu entsorgen. So braucht ein Amerikaner gut 9 Hektaren, während der durchschnittliche Europäer 4,5 benötigt. Der Fussabdruck pro Einwohner in Haiti oder in Bangladesch beträgt hingegen rund eine halbe Hektare. Die Schweizer haben einen Fussabdruck von rund 5 Hektaren. Lebten alle so wie wir Schweizer, bräuchte es 2,8 Planeten Erde. Die ganze Menschheit lebt so, als würden 1,5 Planeten Erde zur Verfügung stehen. Die Auswirkungen des ökologischen Fussabdrucks zeigen sich z.B. im Klimawandel, beim Verlust der Artenvielfalt, bei abnehmenden Fischbeständen, knapper werdendem Süsswasser, schmelzenden Gletschern und steigendem Meeresspiegel.

Führt wirtschaftliches Wachstum also zur endgültigen **Erschöpfung von natürlichen Ressourcen** und zum **ökologischen Kollaps**? Nein, zumindest nicht zwangsläufig. In einer Marktwirtschaft spiegelt sich die Knappheit bekanntlich in den Preisen. Je knapper die Vorräte bestimmter natürlicher Ressourcen in der Welt werden, desto stärker werden die Preise dieser Ressourcen ansteigen und somit Anreiz zum sparsameren Verbrauch, zum Recycling und zu Innovationen sein. Allerdings kommt ein **Marktversagen** (vgl. *Kapitel 3.2*) nirgends so deutlich zum Vorschein wie bei der Umweltverschmutzung. Umso dringender muss die Wirtschaftspolitik aktiv werden und das Marktversagen verhindern, bzw. die Ursachen und Folgen der Umweltverschmutzung bekämpfen. Wie gut es gelingt, das Wachstum der Weltwirtschaft in eine «Nachhaltige Entwicklung» (vgl. *Kapitel 7.4.*) zu führen, ist stark von technischen Fortschritten abhängig. Dabei ist zu bedenken, dass auch Ausgaben in der Verhinderung und Bekämpfung von Umweltverschmutzung zu einer Erhöhung des wirtschaftlichen Wachstums beitragen[1]. Eine saubere Umwelt ist ein Luxusgut mit einer Einkommenselastizität, die grösser als eins ist. Die Nachfrage nach einer intakten Umwelt steigt deshalb mit steigendem Einkommen überproportional an. Je höher der Wohlstand, desto mehr ist eine Volkswirtschaft bereit und in der Lage, die Aufwendungen für den Schutz der Umwelt zu erhöhen.

[1] **Wachstum und Umweltschutz:** Gemäss einer Studie des WWF ist der Umweltschutz ein Wachstumstreiber. Während 1998 der Umsatz aller Umweltmärkte in der Schweiz noch 18,2 Mrd. Franken betrug, waren es 2015 mehr als 32 Mrd. Franken.

Wenn wir technischen Fortschritt wollen, wenn wir unsere Arbeit effizienter erledigen wollen, wenn wir unser «Know-how» erhöhen wollen, dann bzw. so lange wird es wirtschaftliches Wachstum geben.

7.2 Die Bestimmungsfaktoren des wirtschaftlichen Wachstums

Die «Wirtschaftsarchäologen» sind schon seit längerer Zeit damit beschäftigt, nach den Wurzeln des wirtschaftlichen Wachstums zu graben. Die Frage bleibt aber aktuell: «Was sind die Quellen des Wachstums?» Unbestritten ist, dass die Produktionsmöglichkeiten einer Volkswirtschaft von der **Menge und der Produktivität der Produktionsfaktoren** (vgl. *Kapitel 1.1*) abhängen. Wirtschaftliches Wachstum kann also sowohl durch eine mengenmässige Vermehrung der Produktionsfaktoren als auch durch eine qualitative Verbesserung und damit einer erhöhten Produktivität erreicht werden.

Natürliche Ressourcen: Quelle des Wachstums für einzelne Länder

Natürliche Ressourcen wie Erdöl sind verantwortlich für den Reichtum einzelner Nationen wie z.B. Kuwait oder Saudi Arabien. Aber sie sind keine Bedingung für ein hohes BIP. So gehören Japan und die Schweiz zu den Ländern mit den höchsten Pro-Kopf-Einkommen, obwohl sie selber über wenige natürliche Ressourcen verfügen und deshalb auf deren Importe angewiesen sind. Die Entdeckung neuer Ressourcenvorkommen kann ebenso wie eine Erhöhung der Ressourcenproduktivität (sinkender Einsatz von Ressourcen pro produzierte Einheit) zu einer Beschleunigung des Wachstums führen.

Arbeit: Ein wachstumslimitierender Faktor?

Es ist offensichtlich, dass das Bevölkerungswachstum den Lebensstandard eines Landes mitbestimmt. Mit einer steigenden Zahl von Erwerbstätigen lässt sich auch ein höheres BIP erarbeiten. Für den Wohlstand ist aber das BIP pro Kopf entscheidend. So kann ein Anstieg der Bevölkerung, ausgelöst durch eine höhere Geburtenquote, das BIP pro Kopf verkleinern. Ein Problem, mit dem sich vor allem arme Länder konfrontiert sehen. Das wirtschaftliche Wachstum kann auch durch einen Mangel an Arbeitskräften begrenzt werden. Die Szenarien des Bundesamtes für Statistik zeigen, dass in der Schweiz ab dem Jahr 2020 mit einer **Abnahme der Erwerbsbevölkerung** (vgl. *Kapitel 12.4*) zu rechnen ist. Dabei wächst die Gesamtbevölkerung infolge der steigenden Lebenserwartung weiter an. Ein Rückgang der Erwerbsbevölkerung – bei einer wachsenden Gesamtbevölkerung – limitiert das Wachstumspotenzial pro Kopf.

Realkapital: Ohne Investitionen kein Wachstum

Der Produktionsfaktor Realkapital umfasst eine Vielzahl von materiellen Gütern, die sich für die Produktion weiterer Güter einsetzen lassen, wie z. B. Computer, Traktoren oder Werkzeugmaschinen. Mit mehr Realkapital kann ein höheres BIP pro Kopf erzeugt werden. Der Produktionsfaktor Kapital lässt sich durch Investitionen vergrössern. Dass die Investitionsquote (Investitionen in % des BIP) für die Entwicklung des wirtschaftlichen Wachstums von zentraler Bedeutung ist, bestätigen auch empirische Analysen, wie aus folgender Tabelle ersichtlich wird. Hinter dieser schlichten Erkenntnis steckt z. B. das Erfolgsgeheimnis des raschen Wiederaufbaus Deutschlands nach dem Zweiten Weltkrieg, oder das enorme Wirtschaftswachstum in China in den letzten Jahren.

Tabelle 7.1   Investitionsquote und wirtschaftliches Wachstum

Region	Investitionen in % des BIP pro Jahr (2010–2017)	Zuwachsrate des realen BIP pro Jahr (2010–2017)
China	42,0 %	7,9 %
Indien	31,0 %	7,4 %
Deutschland	20,5 %	2,3 %
USA	19,5 %	2,1 %

Quelle: OECD

Wissen: Moderne Welt als Resultat von Innovationen

Nicht nur die Investitionsquote, sondern eben auch die Effizienz der Investitionen ist für das Mass des wirtschaftlichen Wachstums mitentscheidend. Der Produktionsfaktor Wissen umfasst im Wesentlichen den Ausbildungs- und Qualifikationsgrad (das Humankapital) und den technischen Fortschritt; er bestimmt weitgehend die Produktivität der Investitionen. Der **Produktionsfaktor Wissen** ist hauptverantwortlich dafür, dass ein stetiger Strom von Erfindungen zu einer ungeheuren Ausweitung der Produktionsmöglichkeiten geführt hat, sei das die Einführung der Dampfmaschine, der Bau der Eisenbahnen, die Erfindung der Elektrizität und des Automobils, die Computerrevolution, die Telekommunikation und vieles mehr. Die Erstellung neuer Güter **(Produktinnovationen)** trägt wesentlich zur Hebung des Wohlstandes bei. Die Anwendung neuer Produktionsverfahren **(Prozessinnovationen)** steigert die Kapital- und die Arbeitsproduktivität, welche die Basis für die Erhöhung des Lebensstandards sind. Die wesentliche Kraft für das Wirtschaftswachstum ist deshalb der **technische Fortschritt**. Technischer Fortschritt ermöglicht es grundsätzlich, unseren Wohlstand immer weiter zu erhöhen. Denn technischer Fortschritt ist unlimitiert, und dank ihm gelingt es immer wieder, die limitierten Ressourcen effizienter einzusetzen.

Die **neue Wachstumstheorie** stellt **das Humankapital** ins Zentrum ihrer Untersuchungen. Neueste Studien ermitteln eine enge Korrelation zwischen der Ausbildung (als Mass für das Humankapital) und dem Einkommenswachstum. Wer in seine Ausbildung investiert[1] – was Sie, liebe Leser, ja gerade tun –, leistet gleichzeitig einen Konsumverzicht in Form von Einkommen oder Freizeit. Er wird dies tun, wenn er daraus einen zusätzlichen Ertrag oder Nutzen ziehen kann. Die Vertreter der **neuen Wachstumstheorie** betonen die Wichtigkeit von Investitionen in die Förderung des Humankapitals. Denn Bildung lohnt sich nicht nur für die einzelnen Individuen, sondern auch für die einzelne Unternehmung und für die gesamte Volkswirtschaft. Die Akkumulation von Humankapital durch einzelne Personen erzeugt also positive externe Effekte, von denen die ganze Volkswirtschaft profitiert.

Weitere Bestimmungsfaktoren des Wachstums

Auf der Suche nach den Quellen des wirtschaftlichen Wachstums belegen neue Ansätze, dass länderspezifische Charakteristika als dominierende Determinanten zu betrachten sind. Diese Einsicht hat zu einer Reihe von Arbeiten geführt, in denen **die Rahmenbedingungen** mittels verschiedener Variablen hinsichtlich ihrer Bedeutung für das Wachstum untersucht werden: Dabei kann zwischen gestaltbaren und nicht gestaltbaren Determinanten unterschieden werden. Zu den **nicht gestaltbaren** gehören: die geografische Lage, Rohstoffvorkommen, Nähe zu starken Volkswirtschaften usw. Zu den **gestaltbaren** Rahmenbedingungen zählen: politische Stabilität, Rechtssicherheit, die Infrastruktur-, die Arbeitsmarkt-, die Finanz-, die Bildungs- und Forschungspolitik usw.

[1] **Neue Wachstumstheorie:** Bildungsausgaben sind als Investitionen zu betrachten. Geld und Zeit wird eingesetzt, um in Zukunft ein höheres Einkommen zu erzielen. Diese Definition weicht von derjenigen in der Nationalen Buchhaltung ab, wo alle Ausgaben der privaten Haushalte als Konsumausgaben definiert sind. Empirische Studien über die Bildungsrenditen bestätigen, dass sich Bildung für die Einzelnen auch in Form von höheren Einkommen lohnt. Zudem ist Bildung die beste Versicherung gegen Arbeitslosigkeit.

Wirtschaftliches Wachstum kann durch eine quantitative Steigerung oder eine qualitative Verbesserung der Produktionsfaktoren Arbeit, natürliche Ressourcen, Realkapital oder Wissen erreicht werden. Dabei kommt dem Produktionsfaktor Wissen und der damit verbundenen Innovationskraft eine wachsende Bedeutung zu.

Abbildung 7.2   Die Bestimmungsfaktoren des wirtschaftlichen Wachstums

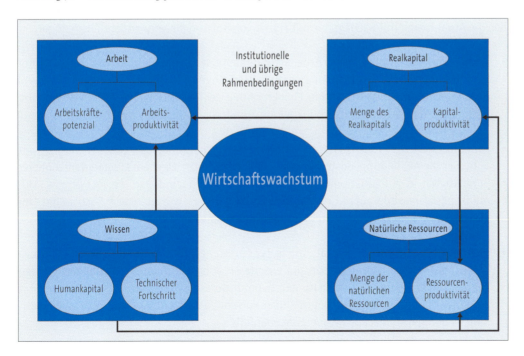

7.3 Ansatzpunkte für die Wirtschaftspolitik

Der Wohlstand einer Volkswirtschaft hängt also von den Produktionsfaktoren bzw. davon ab, wie viel Güter und Dienstleistungen produziert werden können. Was kann die Wirtschaftspolitik aber tun, um das Wachstum der Produktionsmenge zu erhöhen? Grundsätzlich kann eine Volkswirtschaft auf zwei Arten wachsen: Entweder es werden mehr Arbeitsstunden geleistet oder die Produktion pro Arbeitsstunde – die Produktivität – wird erhöht (vgl. *Abbildung 7.3*).

Erhöhung der Anzahl Arbeitsstunden

Die Anzahl Arbeitsstunden kann gesteigert werden, indem jede Person länger arbeitet oder wenn die Anzahl der Erwerbstätigen erhöht werden kann. Die Anzahl Erwerbstätiger wiederum wird durch folgende Faktoren bestimmt:

- **Zuwanderung:** Die Zuwanderung von Arbeitskräften aus dem Ausland beeinflusst die Höhe des Wachstumspotenzials. Die Ausgestaltung der Ausländerpolitik ist entscheidend für die Höhe der Zuwanderung.

- **Erwerbsquote:** Die Anzahl der Arbeitsstunden kann auch erhöht werden, wenn es gelingt, mehr Personen in den Arbeitsprozess zu integrieren (Erwerbsquote: Verhältnis der Erwerbspersonen zur Bevölkerung im Alter von 15–64 Jahren). Eine Erhöhung des Pensionierungsalters, ein besseres Angebot an Kindertagesstätten oder vermehrte steuerliche Anreize für Altersarbeit können beispielsweise zu einer Steigerung der Erwerbsquote beitragen.

Erhöhung der Arbeitsproduktivität

Lehrmaterial:
«Produktivität»
Einflussfaktoren und
Entwicklungen
(www.iconomix.ch)

Die Arbeitsproduktivität (die Menge von Waren und Dienstleistungen, die eine Person in einer bestimmten Zeit herstellen kann) nimmt bei der Bestimmung des Wachstums eine Schlüsselrolle ein. Eine steigende Produktivität ermöglicht mehr Konsum, höhere Einkommen oder mehr Freizeit. Die Arbeitsproduktivität hat im Wesentlichen drei Bestimmungsfaktoren, nämlich die Ausstattung mit Sachkapital, mit Humankapital und die verwendete Technologie.

- **Sachkapital:** Die Produktion pro Arbeitsstunde steigt, wenn ein Arbeiter mehr Kapitalgüter zur Verfügung hat. Die Ausrüstung der Arbeitskräfte mit Sachkapital ist mitentscheidend für die Leistung pro Arbeitsstunde. Eine Erhöhung der Investitionsquote kann einer Volkswirtschaft zu höherer Arbeitsproduktivität verhelfen.

- **Humankapital:** Die Produktivität hängt zweitens von den Fähigkeiten der Arbeitskräfte ab. Je besser die Ausbildung, desto höher ist die Produktivität. Deshalb steigen dank höherer Produktivität in gut funktionierenden Arbeitsmärkten auch die Löhne. Der Begriff «Humankapital» weist darauf hin, dass zu dessen Steigerung – wie auch beim Sachkapital – Investitionen in die Aus- und Weiterbildung notwendig sind.

- **Technik:** Drittens führt der Einsatz von fortgeschrittenen Technologien zu höherer Produktivität. Technologie ist das Wissen, auf welche Art Arbeit und Kapital kombiniert werden können, um Güter und Dienstleistungen zu produzieren. Technischer Fortschritt, das heisst die Entwicklung neuer Technologien (über Forschung und Entwicklung oder über «learning by doing») steigert das Wachstum ebenfalls.

Was hat zum Wachstum in der Schweiz beigetragen? Lesen Sie dazu den folgenden Exkurs.

Abbildung 7.3 Ansatzpunkte für die Wirtschaftspolitik

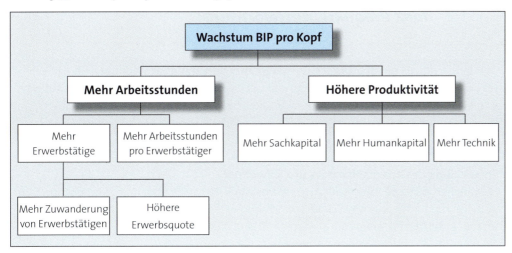

Fünf wirtschaftspolitische Bereiche

Aus diesen Bestimmungsfaktoren für das Wachstum lassen sich fünf wirtschaftspolitische Bereiche unterscheiden, von denen ein wesentlicher Einfluss auf das Wachstumspotenzial ausgeht (vgl. auch *Kapitel 3.5*):

1. **Die Wettbewerbspolitik:** Intensiver Wettbewerb im Inland erhöht die Effizienz und schafft Anreize für Innovationen. Ansatzpunkte zur Erhöhung des Wettbewerbs im Inland sind das öffentliche Beschaffungswesen, das Kartellgesetz, das Binnenmarktgesetz und Liberalisierungen im Versorgungsbereich.

2. **Die Aussenwirtschaftspolitik:** Wirtschaftlich offene Länder wachsen nachweisbar stärker als Länder, welche sich von den Auslandsmärkten abschotten. Die wichtigsten Elemente der schweizerischen Aussenwirtschaftspolitik sind die Abkommen im Rahmen der WTO (World Trade Organisation) sowie der bilateralen Abkommen mit der EU.

3. **Die Bildungspolitik:** Die Produktivität und die Innovationsfähigkeit hängen sehr eng mit dem Ausbildungsstand der Beschäftigten zusammen.

4. **Die Innovationspolitik:** Die Schaffung und Verbreitung von Technologie gehört zu den Kernpunkten jeder Diskussion über das Wachstum. Deshalb muss eine hohe Qualität der Forschung erhalten bzw. gefördert werden. Zudem ist der Transfer der Technologie und des Wissens von den Bildungsinstitutionen zu den Unternehmern zu erleichtern.

5. **Die Finanzpolitik:** Die Lage der Staatsfinanzen, aber auch die Art der Verwendung sowie die Finanzierung der staatlichen Ausgaben haben einen wesentlichen Einfluss auf das wirtschaftliche Wachstum.

Grundsätzlich kann eine Volkswirtschaft auf zwei Arten wachsen: entweder durch eine Erhöhung der Arbeitsstunden oder durch eine Erhöhung der Arbeitsproduktivität (Produktion pro Arbeitsstunde). Die Wettbewerbs-, die Aussenwirtschafts-, die Bildungs-, die Innovations- und die Finanzpolitik lösen wesentliche Impulse auf das Wachstum aus.

Exkurs: Mehr Wohlstand dank Produktivitätswachsum

Der Bundesrat will mit dem Wachstumsprogramm die Rahmenbedingungen für ein weiteres Wachstum verbesern. *Abbildung 7.3* stellt dar, dass ein Wachstum des BIP nur auf zwei Wegen zu erreichen ist: Entweder man arbeitet mehr oder man steigert die Produktivität. Worauf ist nun in langfristiger Sicht das wirtschaftliche Wachstum der Schweiz zurückzuführen?

Entwicklung des Arbeitseinsatzes pro Einwohner
Die durchschnittliche Arbeitszeit pro erwerbstätige Person ist vom Jahr 2000 bis zum Jahr 2016 um rund 6 % gesunken. Da die Erwerbsquote der Bevölkerung im erwerbsfähigen Alter (der Anteil der Personen, die erwerbstätig sind) aber gestiegen ist, ist der durchschnittliche Arbeitseinsatz pro Einwohner um rund 1 % angewachsen.

Entwicklung der Produktivität
Grundsätzlich ist es aber nicht das Ziel einer Volkswirtschaft, dass die Bevölkerung einen höheren Arbeitseinsatz erbringt, sondern dass die Erwerbstätigen ihre Produktivität steigern können und damit zur Erreichung eines bestimmten Wohlstands immer weniger zu arbeiten brauchen. Von 2000 bis 2016 konnte die Produktivität um rund 16 % gesteigert werden.

Entwicklung des BIP
Weil die Produktivität um 16 % und der Arbeitseinsatz um 1 % gestiegen sind, betrug das BIP-Wachstum pro Einwohner rund 17 %. Der Anstieg des Wohlstandes in der Schweiz ist fast ausschliesslich dem Wachstum der Produktivität zu verdanken:

BIP pro Einwohner = Arbeitseinsatz pro Einwohner + Arbeitsproduktivität pro Arbeitsstunde
17 %   = 1 %   16 %

Tiefes Produktivitätswachstum in den letzten Jahren
In den letzten Jahren ist die Produktivität in der Schweiz nur noch schwach und im Vergleich zu anderen Ländern unterdurchschnittlich gewachsen. Zu den Ursachen gehören – gemäss Seco – Faktoren wie z. B. verschiedene Wettbewerbshindernisse, unzureichende Verfügbarkeit von Fachkräften, zu geringe Investitionen in ICT-Kapital und neue Technologien sowie zu wenig Innovationskraft in gewissen Branchen. Im Mittelpunkt der Wachstumspolitik des Bundesrates für die kommenden Jahre steht aufgrund dieser Entwicklung die Erhöhung der Arbeitsproduktivität. Denn das zukünftige Wachstum des BIP pro Einwohner hängt entscheidend davon ab, ob die Schweiz wieder zu einem höheren Produktivitätswachstum zurückfinden wird.

Exkurs: Bitte mehr BIP?!

Während die einen sich über eine anhaltende Wachstumsschwäche Sorgen machen, fragen sich andere: «Warum reden Politiker und Ökonomen eigentlich immer von Wachstum? Muss es denn immer mehr sein? Haben wir denn nicht schon genug?»

Wofür mehr BIP?
Eine Erhöhung des BIP bedeutet, dass der Wert der produzierten Güter und Dienstleistungen steigt. Wofür dieses Wirtschaftswachstum? Zum Selbstzweck? Nein, Wachstum ist kein Selbstzweck. Wäre eine Gesellschaft mit dem Erreichten zufrieden, würde der Wachstumsprozess enden. Zumindest latent scheinen die Bedürfnisse unserer Gesellschaft aber unbegrenzt zu sein. Wachstum entsteht jedenfalls deshalb, weil wir Menschen Bedürfnisse haben, die noch nicht befriedigt sind. Sei es beispielsweise der Wunsch nach leistungsfähigeren Computern, schönerem Wohnen, intakterer Umwelt oder auch das Bedürfnis nach einem noch besseren Bildungs-, Gesundheits- und Sozialwesen. Grundlage zur Erfüllung dieser Wünsche sind steigende Einkommen, die nur dank Wirtschaftswachstum bezahlt werden können. Die wichtigste Triebfeder für Wirtschaftswachstum und Wohlstand ist der technische Fortschritt und die damit verbundenen Innovationen. Wachstum ist also keineswegs selbstverständlich oder gar vom Schicksal vorgegeben, sondern liegt in den Händen und Köpfen unserer Gesellschaft.

Leiden wir unter einem Wachstumszwang?
Die Einnahmen und auch die Ausgaben der öffentlichen Hand sind stark mit dem wirtschaftlichen Wachstum verknüpft. Wer zunehmende Ansprüche an den Staat stellt, muss deshalb ein eifriger Verfechter von Wirtschaftswachstum sein. Insbesondere unsere Sozialsysteme sind so konzipiert, dass ihre Finanzierung ohne Wachstum stark gefährdet ist. Will man diesen Wachstumszwang ablegen, müssen die Sozialwerke neu konzipiert oder zumindest stark revidiert werden. Jedenfalls ist es problematisch, soziale Sicherungssysteme aufzubauen, deren Existenz auf ein unendliches Wachstum der Wirtschaft angewiesen ist.

Illusion Nullwachstum
Den heutigen Wohlstand einfach halten zu wollen, ist aus den bereits genannten Gründen ohne Wachstum kaum möglich. Zudem wäre die Verteilung bzw. Umverteilung des Einkommens bei Nullwachstum ein unangenehmes Nullsummenspiel: Ein Plus des einen müsste zwangsläufig ein Minus des andern zur Folge haben. Materiell reicher werden ohne jemanden anderen ärmer zu machen, ist ohne Wachstum ein Ding der Unmöglichkeit. Wollte man Nullwachstum als staatspolitisches Ziel definieren, wäre wohl jede Regierung mit dieser Feinsteuerung absolut überfordert. Insofern ist Nullwachstum eine wirtschaftspolitische Illusion.

Wie wachsen?
Es ist unbestritten, dass wirtschaftliches Wachstum unerwünschte Begleiterscheinungen hat. Zu bedenken ist aber, dass Wachstum keinesfalls «immer mehr» bedeutet – im Gegenteil Wachstum wandelt sich vom «immer mehr» zum «immer besser»: bessere Handys, bessere medizinische Geräte, effizientere Motoren und Heizungssysteme und vieles mehr. «Immer besser» kann aber auch von einer anderen Seite betrachtet werden. Legt man den Fokus nicht auf den Output, sondern auf den Input, stellt man fest, dass von «immer besser» – im Sinne einer Erhöhung der Produktivität – zwar in langer Frist, in den letzten Jahren aber nicht viel zu sehen war. (vgl. nachfolgeder Exkurs). Der Wandel vom «immer mehr» zum «immer besser» bleibt die Herausforderung für unsere Volkswirtschaft.

7.4 Nachhaltige Entwicklung

Im Jahr 1987 wurde von den Vereinten Nationen die Weltkommission für Umwelt und Entwicklung eingesetzt. Unter dem Vorsitz der norwegischen Ministerpräsidentin Gro Harlem Brundtland erarbeitete sie einen Bericht mit dem Titel «Unsere gemeinsame Zukunft». Das Hauptthema dieses Berichts ist die **nachhaltige Entwicklung** *(sustainable development)*, die folgendermassen definiert wird:

«Nachhaltige Entwicklung ist die Entwicklung, die die Bedürfnisse der Gegenwart befriedigt, ohne zu riskieren, dass künftige Generationen ihre eigenen Bedürfnisse nicht befriedigen können.»

Das Hauptziel nachhaltiger Entwicklung ist die Befriedigung menschlicher Bedürfnisse, eine zentrale Leitlinie ist **Wohlstand für alle**. Dabei wird ausdrücklich betont, dass das BIP nicht die alleinige Zielgrösse sein kann, weil es ausserökonomische Bedürfnisse ausblendet. Besonders im Fokus steht dabei die Umweltverschmutzung. Bereits im *Kapitel 3.2.* und in der Einleitung zu diesem Kapitel haben wir darauf hingewiesen, dass beim Schutz der Umwelt ein **Marktversagen** vorliegt. Bei der Produktion und beim Konsum von Gütern fallen Kosten an, die nicht vom Verursacher, sondern von der Gesellschaft getragen werden müssen (**externe Effekte**). Die Konsequenz davon ist, dass von diesen Gütern «zu viel» produziert und konsumiert wird. Der Markt versagt und es kommt zur Verschwendung von wertvollen Umweltgütern. In vielen Fällen ist die Umwelt zudem ein **öffentliches Gut bzw. ein Allmendegut,** das von jedermann gratis beansprucht und deshalb von allen genutzt und eben auch übernutzt wird. Tritt ein Marktversagen auf, ist der Staat bzw. die Wirtschaftspolitik aufgefordert, mit geeigneten Instrumenten dagegen vorzugehen.

Instrumente zur Förderung einer nachhaltigen Entwicklung
1. Gebote und Verbote

Gebote und Verbote sind der populärste Weg, externe Kosten zu verhindern. Der Staat kann die Verwendung von Produktionsverfahren oder Produkten mit Auflagen versehen. Er kann die maximale Menge an Schadstoffen durch Grenzwerte festlegen. Er kann als Grundlage für Bewilligungen eine Umweltverträglichkeitsprüfung vorschreiben oder er kann gewisse Produkte und Produktionsverfahren gänzlich verbieten. Solche polizeilichen Massnahmen sind wirksam und insofern gerecht, als die Gebote und Verbote von allen eingehalten werden müssen. Sie haben aber auch Nachteile: Das Einhalten von Verboten und Geboten muss mit einem beträchtlichen Aufwand überwacht werden. Zudem bieten sie keinen Anreiz, sich ökologiegerecht zu verhalten. Eine Unternehmung, welche die Grenzwerte einhält, wird sich nicht um weitere Umweltschutzmassnahmen bemühen, selbst wenn dies technisch und wirtschaftlich zu verkraften wäre.

2. Selbstregulierungen

Unternehmungen und Branchen-Verbände auferlegen sich selbst Standards, Kontrollen und Zielvorgaben für die Verringerung der Umweltverschmutzung und schliessen mit den Behörden entsprechende Verträge ab. Der Vorteil dieser Selbstregulierungen liegt darin, dass die Unternehmungen diejenigen Informationen über Technologien und Emissionen besitzen, welche die Regierung zum Erlass wirksamer Richtlinien bräuchte. Selbstregulierungen kommen deshalb weniger teuer als Vorschriften, für welche sich die Behörde zuerst die notwendigen Informationen beschaffen muss. Doch wodurch können die Unternehmungen zur Selbstregulierung veranlasst werden? Verschiedenartige Gründe können dazu führen: Verhinderung von staatlichen Regulierungen, Ansehen in der Öffentlichkeit, selbstständige Wahl des kostengünstigsten Weges oder Minimierung des ökologischen Risikos.

3. Internalisierung externer Kosten

Wenn die Verursacher für die von ihnen zu verantwortenden Schäden aufkommen müssen, spricht man von Internalisierung externer Kosten. So muss beispielsweise ein Stromproduzent für alle benutzten Ressourcen bezahlen, für die Mitarbeiter genauso wie für die Beanspruchung der Luft. Bekommen die Umweltgüter auf diese Weise einen Preis, so wirkt sich dies auf die Kosten aus. Die Verursacher bemühen sich deshalb aus eigenem Interesse, die Umweltbelastung gering zu halten. Zur Internalisierung externer Kosten sind verschiedene Instrumente möglich:

a) *Einrichten von Eigentums-, Nutzungs- und Klagerechten*
   Externe Effekte treten dann auf, wenn für Güter keine Eigentums-, Nutzungs- und Klagerechte definiert sind. Denn um die Kosten verursachergerecht abrechnen zu können, muss nicht nur das, was den Schaden verursacht, jemandem gehören, sondern auch das, was geschädigt wird, muss jemandem gehören bzw. dieser Jemand muss ein Nutzungs- und Klagerecht geltend machen können – was eben bei Umweltgütern meistens nicht der Fall ist. Das Recht auf gesunde Luft, sauberes Wasser, intakte Landschaften usw. muss geltend gemacht werden können. So erhalten die Schädiger Anreize, Schädigungen von ihrer Seite zu vermeiden. Dank klar geregelten Eigentumsrechten kann es gemäss dem **Coase-Theorem**[1] durch freiwillige Verhandlungen zwischen den betroffenen Parteien zu einer Abschwächung der externen Effekte kommen. Haben Sie z. B. das Recht auf Ruhe am Samstagmorgen, so muss Ihr Nachbar Ihnen dieses Recht abkaufen, wenn er zu dieser Zeit seinen Rasen mähen will. Hat Ihr Nachbar jedoch das Recht auf Lärmerzeugung am Samstagmorgen, dann müssen Sie ihm dieses Recht abkaufen, falls Sie ausschlafen wollen. So wird die Unvollständigkeit des Marktsystems durch klar definierte Eigentumsrechte – aber ohne direkte Staatseingriffe – ausgebügelt. Voraussetzung dazu ist eine geringe Zahl der Betroffenen (kleine Transaktionskosten). Zudem müssen die Gewinner und Verlierer der externen Effekte eindeutig bestimmt werden können. Das Coase-Theorem verdeutlicht, dass für das Funktionieren des ökonomischen Prozesses ein verlässliches Rechtssystem vorliegen muss, welches für alle knappen Güter durchsetzbare Eigentumsrechte definieren und verteilen sollte.

b) *Besteuerung*
   Um externe Kosten zu verringern, kann man umweltbelastende Aktivitäten mit einer besonderen Steuer belegen. Die Wirkung lässt sich anhand eines einfachen Schaubildes demonstrieren:

Abbildung 7.4   Die Wirkung einer Umweltsteuer

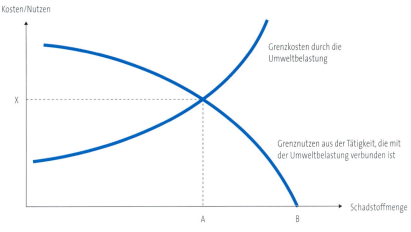

[1] Das **Coase-Theorem** stammt vom Nobelpreisträger Ronald Coase, einem der sogenannten «Chicago-Boys», wie die Ökonomen der Universität von Chicago genannt werden. Sie zeichnen sich durch eine besondere Skepsis gegenüber staatlichen Eingriffen aus.

Sind Produzenten und Konsumenten nicht verpflichtet, für Umweltschäden aufzukommen, werden sie ihre Tätigkeit so weit ausdehnen, wie sie ihnen Gewinn oder Nutzen bereitet, das heisst, so weit, wie ihr Grenznutzen noch positiv ist (Punkt B). Gesamtwirtschaftlich sinnvoll wären aber diese verschmutzenden Tätigkeiten nur bis zum Punkt A. Denn bis dahin ist der anfallende Nutzen noch höher als die Grenzkosten der Umweltverschmutzung. Deshalb müssen die umweltbelastenden Tätigkeiten in Höhe von Punkt X besteuert werden. Niemand hätte noch Interesse daran, Tätigkeiten auszuüben, die eine höhere Schadstoffbelastung als bei Punkt A mit sich bringen, weil ab diesem Punkt die abzuführende Steuer höher ausfällt als der zu erzielende Grenznutzen. Die Steuer reduziert die Schadstoffemissionen auf das volkswirtschaftlich erwünschte Mass. (Es gibt also – das mag Sie erstaunen – eine optimale Schädigung der Umwelt.)

c) *Lenkungsabgaben*

Durch Lenkungsabgaben kann dem Problem der Kostenbestimmung ausgewichen werden, indem von festgelegten Grenzwerten für Schadstoffe ausgegangen wird und diese mit einer Abgabe belegt werden, mit dem Ziel, eine Verhaltensänderung zu bewirken, welche die gewünschte Schadstoffreduktion zustande bringt (z. B. Kohlendioxyd-Abgabe). Wie viel jedes Wirtschaftssubjekt seine Verschmutzung verringert, wird dem Markt überlassen. Der Anreiz wird aber – je nach Abgabesatz – gross sein, derartige Kosten zu verhindern oder zumindest zu vermindern. Grundsätzlich sollen Lenkungsabgaben die Wirtschaft in eine umweltfreundlichere Richtung lenken und nicht etwa dem Staat höhere Einnahmen verschaffen. Deshalb ist darauf zu achten, dass Lenkungsabgaben vollumfänglich an die Wirtschaftssubjekte zurückbezahlt werden. Die Rückgabe an die Bevölkerung bewirkt, dass diejenigen, welche die Umwelt überdurchschnittlich verschmutzen, weniger erhalten, als sie bezahlen. Diejenigen, die sich umweltgerecht verhalten, werden belohnt, indem sie mehr erhalten, als sie bezahlen.

d) *Umweltzertifikate*

Beim Konzept der Umweltzertifikate (oder Emissionszertifikate) schafft der Staat Nutzungsrechte an der Natur. Er verteilt die gesamte zulässige Umweltbelastung auf Zertifikate (Belastungsrechte). Wer die Umwelt belastet, muss sich – für die von ihm abgegebenen Schadstoffe – das Recht dafür kaufen. Die Zertifikate können auch versteigert oder vom Staat gratis abgegeben werden. Wer Umweltschutzmassnahmen einleitet, braucht weniger Zertifikate und kann sie an jemanden verkaufen, der solche Verschmutzungsrechte benötigt. Wer die Umwelt belastet, muss also bereit sein, dafür zu bezahlen; wer die Umwelt schützt, erhält dafür eine materielle Entschädigung. Vor allem diejenigen, die mit relativ billigen Massnahmen eine Reduktion der Umweltbelastung erreichen können, werden durch die Zertifikate veranlasst, diese Massnahmen auch durchzuführen. Entwerten sich die Zertifikate mit der Zeit, so kann der Umweltstandard kontinuierlich erhöht werden. Der Handel mit Emissionszertifikaten ist sowohl im CO_2-Gesetz der Schweiz als auch in den Vereinbarungen der UNO-Klimakonferenz vorgesehen.

Welche Instrumente sind überlegen?

Die nachhaltige Entwicklung verlangt eine **optimale Mischung** der angesprochenen Instrumente. Es muss ermittelt werden, wo Gebote und Verbote am besten funktionieren, und wie sie durch Instrumente zur Internalisierung externer Kosten und durch Selbstregulierungen ergänzt werden können. Die Auswahl muss so erfolgen, dass die effektivsten und für die Gesellschaft kostengünstigsten Massnahmen getroffen werden. Die bis jetzt stiefmütterlich eingesetzten Instrumente zur Internalisierung der externen Kosten sollten aber ein grösseres Gewicht erhalten, weil bei ihnen die Kosten für die Unternehmer und den Staat geringer sind, weil sie Innovationen fördern, weil sie Anreize zur Vermeidung von Umweltbelastung auslösen und trotzdem die Freiheit des Einzelnen weniger einschränken als Polizeimassnahmen.

Worauf sollte bei der Einführung von Lenkungsabgaben geachtet werden? Lenkungsabgaben lösen einen Strukturwandel aus (mit dem wir uns im nächsten Kapitel befassen werden). Damit eine «Schockwirkung» vermieden wird, sollten sie stufenweise eingeführt werden; der Wirtschaft muss eine gewisse Zeit eingeräumt werden, um die optimale Lösung zu planen. Weil viele Umweltprobleme zudem einen globalen Charakter aufweisen (die Zerstörung der Ozonschicht trifft beispielsweise alle gleich, ob die Zerstörung von der Schweiz oder von einer anderen Ecke der Welt ausgeht), sollten Lenkungsabgaben entsprechend global konzipiert werden.

Zur Förderung einer nachhaltigen Entwicklung sollten die externen Kosten internalisiert werden. Dazu bieten sich z. B. Lenkungsabgaben, die Besteuerung von externen Kosten, die Einführung von Umweltzertifikaten oder das Definieren von Eigentums-, Nutzungs- und Klagerechten an.

Internationale und nationale Umweltpolitik

Umweltverschmutzung macht nicht an den Landesgrenzen halt und erfordert deshalb eine internationale Koordination. Das wichtigste globale Umweltproblem ist die Klimaerwärmung. Bereits 1992 fand dazu eine Konferenz in Rio de Janeiro statt, die zu einer Vereinbarung von 189 Ländern zur Reduktion der Klimaerwärmung führte. 1997 verpflichteten sich viele Industrieländer mit dem **Kyoto-Protokoll** zu konkreten Massnahmen und Anfang 2005 trat das Kyoto-Protokoll formell in Kraft. In der Zwischenzeit fanden etliche weitere Klimakonferenzen statt – mit eher ernüchternden Ergebnissen. Die Klimakonferenz in **Paris 2015** kann als Erfolg gewertet werden: Die Staaten konnten sich auf einen neuen Weltklimavertrag einigen[1]. Fast 190 Staaten haben ihre Klimaschutzpläne vorgelegt. Das Ziel: die Erderwärmung auf weniger als zwei Grad Celsius zu begrenzen, womöglich gar auf 1,5 Grad. Dazu sollen die globalen Netto-Treibhausgasemissionen in der zweiten Hälfte dieses Jahrhunderts auf null reduziert werden. An der UN-Klimakonferenz in **Bonn 2017** einigten sich die Teilnehmer darauf, den Fonds zur Unterstützung der armen Länder bei der Anpassung an Klimafolgen weiterzuführen.

[1] **Kündigung USA:** Der US-Präsident hat angekündigt, das Pariser Klimaabkommen zu kündigen.

Wie sieht die Umweltpolitik der Schweiz aus? Die Schweiz hat sich im Kyoto-Protokoll verpflichtet, den Ausstoss von Treibhausgasen wesentlich zu senken. Dazu wurde 2008 eine **CO_2-Abgabe** eingeführt (Lenkungsabgabe auf fossilen Brennstoffen), deren Einnahmen vollständig an die Bevölkerung zurückverteilt werden. Mit der Revision des CO_2-Gesetzes, das seit dem 1. Januar 2013 in Kraft ist, wurde zudem auf Gesetzesstufe der «**Klimarappen**» verankert: Die Importeure fossiler Treibstoffe sind im Zeitraum 2013 bis 2020 dazu verpflichtet, einen Teil der durch fossile Treibstoffe verursachten CO_2-Emissionen zu kompensieren. Dazu wird eine Abgabe von derzeit 1,5 Rappen pro Liter auf alle Benzin- und Dieselimporte geschlagen. Die Erträge werden für die Finanzierung von Projekten zur Reduktion von Treibhausgasen eingesetzt. Die Grüne Partei der Schweiz fordert per Volksinitiative, dass die Schweiz ihren ökologischen Fussabdruck bis ins Jahr 2050 von heute 2,8 auf 1 reduziert. Der Bundesrat hält die Erreichung dieser Zielsetzung für aussichtslos und lehnt die Initiative deshalb ab. Stattdessen schlägt er eine **Revision des Umweltgesetzes** vor. Zudem hat die Schweiz eine «**Strategie Nachhaltige Entwicklung**» in der Verfassung festgehalten.

Bereits im Jahr 2011 haben **Bundesrat und Parlament** einen Grundsatzentscheid für einen schrittweisen **Ausstieg aus der Kernenergie** gefällt. Die bestehenden fünf Kernkraftwerke sollen am Ende ihrer sicherheitstechnischen Betriebsdauer stillgelegt und nicht durch neue Kernkraftwerke ersetzt werden. Dieser Entscheid erfordert einen sukzessiven Umbau des Schweizer Energiesystems. Hierfür hat der Bundesrat die Energiestrategie 2050 erarbeitet. Der Bundesrat setzt in erster Linie auf eine konsequente Erschliessung der vorhandenen Energieeffizienzpotenziale und in zweiter Linie auf eine ausgewogene Ausschöpfung der vorhandenen Potenziale der Wasserkraft und der neuen erneuerbaren Energien. In einer zweiten Etappe der Energiestrategie 2050 wollte der Bundesrat das bestehende Fördersystem durch ein **Lenkungssystem** ablösen. Das Parlament hat sich allerdings gegen Energie-Lenkungsabgaben ausgesprochen.

Exkurs: Ökologische Wirtschaftspolitik – die Sicht der Neuen Politischen Ökonomie

Mitte 1992 kamen in Rio de Janeiro weit über 100 Staats- und Regierungschefs zu einer Mammutkonferenz der UNO zusammen, die dem Thema Umwelt und Entwicklung gewidmet war. Seither fanden etliche Nachfolge-Konferenzen statt. Haben diese Konferenzen die grosse Wende und die Welt auf einen nachhaltigen Entwicklungspfad gebracht? Auch wenn gewisse Fortschritte erzielt werden konnten, sind die Resultate doch ernüchternd. Trotz Rio steigen die Treibhausgasemissionen weiter und die Abholzung der Wälder sowie die Zerstörung der Arten schreitet weiter voran. Aus der Sicht der Neuen Politischen Ökonomie hat in repräsentativen Demokratien eine ökologisch orientierte Wirtschaftspolitik aus folgenden Gründen wenig Realisierungschancen:

- Die Umweltqualität hat den Charakter eines **öffentlichen Gutes**. Somit besteht für den Wähler wenig Anreiz, die Stimme zugunsten eines solchen Massnahmenkatalogs abzugeben. Statt dessen legt das eigennützige Kalkül des Wählers nahe, jene Parteien zu wählen, die für die eigenen Privatinteressen eintreten.
- Da **Politiker** primär an ihrer **Wiederwahl** interessiert sind, sind die Durchsetzungschancen einer ökologischen Wirtschaftspolitik ebenfalls gering. Eine solche Wirtschaftspolitik gerät nämlich sehr leicht in Widerspruch zur Präferenz von wiederwahlorientierten Politikern, die jene Massnahmen bevorzugen, die einen unmittelbaren und deutlich spürbaren Nutzen und erst viel später wirksame Kosten verursachen. Der nur sehr langfristig spürbare Nutzen von ökologischen Massnahmen verspricht kaum Wählerstimmen. Die geringe Durchsetzbarkeit einer ökologisch orientierten Wirtschaftspolitik enthält die Aufbürdung von steuerlichen Lasten, die zu Wählerverlusten führen. Im Hinblick auf die einzusetzenden Instrumente ist festzuhalten, dass sich die Politiker in vielen Fällen für eine ineffiziente Instrumentenkombination entscheiden. Denn die unter Wiederwahlaspekten sehr bedeutsamen Kriterien sofortiger Nutzenzurechnung und erst später sichtbarer Kosten sind gerade bei Verboten und Subventionen für Umweltschäden eher erfüllt als bei Lenkungsabgaben und Umweltzertifikaten, die mit Blick auf die Wiederwahl deshalb schädlich sind.
- Auch die direkt **betroffenen Interessengruppen** ziehen **Auflagen und Verbote** anderen ökologischen Instrumenten vor. Dabei müssen nämlich nur die Verschmutzungen vermieden werden, welche bestimmte Emissionsgrenzen übersteigen. Die restlichen Emissionen, deren Umfang die Grenzwerte nicht erreichen, bleiben kostenlos. Darüber hinaus ergeben sich für die beteiligten Unternehmen bei umweltpolitischen Auflagen häufig Spielräume. Durch die bessere und einseitige Information (asymmetrische Informationsverteilung) der Unternehmen über Technologien und Kosten können sie Ausnahmeregelungen durchsetzen und Vereinbarungen im überwiegenden Interesse der Produzenten treffen. Da zudem Verstösse gegen Auflagen nur unzureichend kontrolliert und geahndet werden können, lassen sich die Umweltschutzkosten in Grenzen halten.
- **Staatliche Umweltbehörden** besitzen ein vitales Interesse an umweltpolitischen Massnahmen, die **arbeits- und ressourcenintensiv** sind, dadurch können sie rasch wachsen und Mitarbeiter einstellen. Auch die Verwaltungen werden daher alles daransetzen, jene Massnahmen mit hohem Verwaltungsaufwand vordringlich durchzuführen. Ganz anders als bei Ökosteuern oder Lenkungsabgaben besteht bei Auflagen und Subventionen ein vergleichsweise hoher Regelungsbedarf (Definition der Ziele, Mindestanforderungen, Kontrollaufgaben, Sanktionen), der zu einem Machtzuwachs beiträgt, was durchaus mit den Präferenzen der Bürokratie übereinstimmt. Welche Möglichkeiten zur Überwindung der aufgezeigten Hindernisse gibt es?

- In kleinen überschaubaren Einheiten können die Kosten und der Nutzen von Umweltproblemen bzw. Umweltmassnahmen besser lokalisiert und den Betroffenen zugerechnet werden. Auch in der Umweltpolitik sollte deshalb das **Subsidiaritätsprinzip** zur Anwendung kommen.
- Mit Hilfe von direkten **Volksabstimmungen** können die aufgezeigten Hindernisse besser überwunden werden als in repräsentativen Demokratien.
- **Umweltbewusste Produzenten** sollten in effizienter Weise gestärkt werden. Bei Abgaben sollte deshalb die Verwendung der Mittel zugunsten umweltpolitischer Projekte festgelegt werden.
- Zu prüfen ist die Errichtung einer **autonomen Umweltzentrale**, die für Einzelbereiche der Bereitstellung dieses öffentlichen Gutes unabhängig von Wahlterminen und Gruppeninteressen verantwortlich wäre.

Ökonomisches Denken: kurz- und langfristig

J.M. Keynes, der geistige Vater der kurzfristigen antizyklischen Konjunkturpolitik (vgl. *Kapitel 6*) schrieb 1923: «Aber die lange Sicht ist ein schlechter Führer in Bezug auf die laufenden Dinge. Auf lange Sicht sind wir alle tot.»

Dennoch haben wir uns in diesem Kapitel mit dem langfristigen Prozess des wirtschaftlichen Wachstums befasst. Warum? Weil es nicht darum geht, entweder eine kurzfristige oder langfristige Betrachtung zu wählen, sondern um ein sowohl als auch. In diesem Kapitel wurde die Wichtigkeit einer langfristigen Perspektive hervorgehoben.

Denn langfristige Prozesse resp. Veränderungen werden in ihrer Wirkung oft zu wenig wahrgenommen und deshalb unterschätzt. Die einzelnen Veränderungen sind als Momentaufnahme häufig nur klein und kaum merklich. Wenn z.B. die Produktivität pro Jahr um 2% zunimmt, wird das von vielen als relativ kleine Veränderung aufgefasst. Wenig im Bewusstsein ist, dass eine Produktivitätserhöhung von 2% pro Jahr schon nach 36 Jahren zu einer Verdoppelung des Wohlstandes eines Landes führt.

Langfristig haben z.B. auch unterschiedliche Anreize in einem Wirtschaftssystem enorme Folgen: Im Jahr 1990 war die Planwirtschaft der ehemaligen DDR im Vergleich zur Marktwirtschaft Bundesrepublik rund dreimal weniger produktiv. Vierzig Jahre fehlender Anreize zu Motivation, Innovation und wirtschaftlichem Erfolg haben, kurzfristig kaum spürbar, zum langfristig gewaltigen Wohlstandsunterschied geführt.

In einer Demokratie werden kurzfristige wirtschaftspolitische Lösungen à la Keynes wegen des meist vierjährigen Wahlzyklus grundsätzlich von den Wählern mehr belohnt. Das langfristige ökonomische Denken wird deshalb im (politischen) Alltag eher vernachlässigt.

Eine interessante, statistisch animiert dargestellte langfristige Entwicklung von 200 Ländern sehen Sie unter:
http://www.youtube.com/watch?v=jbkSRLYSojo

Interview (Mai 2018)

Christian Levrat
Parteipräsident SP
(www.sp.ch)

Petra Gössi
Parteipräsidentin FDP
(www.fdp.ch)

Albert Rösti
Parteipräsident SVP
(www.svp.ch)

Gerhard Pfister
Parteipräsident CVP
(www.cvp.ch)

Die Diskussionen über das Wachstumspotenzial der Schweiz nehmen einen hohen Stellenwert ein. Welche Bedeutung messen Sie der Steigerung des Wachstumspotenzials bei und welche Massnahmen stehen für Sie im Vordergrund?

Gössi: In der Schweiz garantiert ein gesundes Wirtschaftswachstum hunderttausenden Menschen einen Arbeitsplatz und ein sicheres Einkommen. Es sichert dem Staat die nötigen Ressourcen, so dass er für die Menschen sorgen kann. Die Politik muss die Rahmenbedingungen so setzen, dass die Wirtschaft in Freiheit wachsen kann – das garantiert Fortschritt. Entsprechend verteidigen wir Freisinnige eine liberale Wirtschaftsordnung, damit nicht überbordende Regulierungen Wachstum und Innovation im Keim ersticken. Dies ist gerade mit Blick auf die voranschreitende Digitalisierung zentral, wenn man auch inskünftig Wachstum ermöglichen will. Wachstum bringt aber auch Verantwortung mit sich: Wollen wir weiterhin liberale Regelungen, müssen alle Verantwortung übernehmen und dafür sorgen, dass Wirtschaftswachstum letztlich allen Menschen in unserem Land etwas nützt. Dies ist Teil unseres Gemeinsinns und somit Teil des Erfolgsmodells Schweiz. Wenn die Verantwortung verloren geht, drohen mehr Regulierung und weniger Freiheit.

Levrat: Wachstum ist zweischneidig. Natürlich brauchen wir ein Wirtschaftswachstum, um unseren Lebensstandard zu erhalten, um unsere Sozialwerke zu finanzieren und um den Werkplatz Schweiz konkurrenzfähig zu halten. Aber Wachstum darf nicht blind und rücksichtslos zulasten der Umwelt oder der sozialen Gerechtigkeit geschehen. Für die SP ist Wachstum dann nachhaltig, wenn wirklich alle, auch die schwächsten Mitglieder der Gesellschaft, profitieren. Ein Pseudo-Wachstum, bei welchem sich nur die Schere zwischen Reich und Arm weiter öffnet oder die Umwelt zerstört wird, lehnen wir ab. Kurzfristig geht es darum, dass alle vom sich abzeichnenden Aufschwung profitieren können. Vor allem die Arbeitnehmer haben mit Mehrarbeit und mit dem Verzicht auf Lohnerhöhungen wesentlich dazu beigetragen, dass die Schweizer Wirtschaft die Überbewertung des Frankens seit 2015 glimpflich überstanden hat und sich derzeit so gut wie schon seit vielen Jahren nicht mehr entwickelt. Die Zeit ist gekommen, die Kaufkraft zu stärken und die Löhne zu erhöhen, vor allem dort, wo sie in den letzten Jahren stagniert haben.

Pfister: Ein nachhaltiges Wirtschaftswachstum ist für die Schweiz unabdingbar. Will die Schweiz ihren Wohlstand erhalten, braucht sie auch in Zukunft eine starke und innovative Wirtschaft. Für uns ist dies nur in einer sozialen Marktwirtschaft möglich. Die Schweiz ist ein Land der KMUs, sie sind eine wichtige Stütze der Volkswirtschaft. Wir setzen uns ein, dass das so bleibt. Wir fördern wirtschaftliche Leistung, die von Arbeitnehmern und Unternehmern partnerschaftlich erarbeitet und getragen wird. Damit dies möglich ist, braucht es einen offenen und flexiblen Arbeitsmarkt sowie eine Wirtschaftspolitik, welche die Rahmenbedingungen so festlegt, dass sich innovative Unternehmen in der Schweiz entwickeln können. Das aktuell zentralste Geschäft für den Wirtschaftsstandort Schweiz ist die Steuervorlage 17. Nur mit einer international konkurrenzfähigen Steuerpolitik kann die Schweiz auch in Zukunft für innovative Firmen attraktiv bleiben und neue Unternehmen anziehen, welche Arbeitsplätze schaffen und Wirtschaftswachstum generieren.

Rösti: Wirtschaftswachstum ist unverzichtbar, darf jedoch nicht auf Kosten zukünftiger Generationen erwirtschaftet werden. Die Hebel müssen so gestellt werden, dass Wachstum einerseits ermöglicht wird, andererseits müssen negative Auswirkungen auf Mensch und Umwelt tief gehalten werden. Die SVP vertritt den finanz- und steuerpolitischen Grundsatz, dass ein nachhaltiges Wirtschaftswachstum nur dann möglich ist, wenn der Staat über einen gesunden, ausgeglichenen Finanzhaushalt verfügt und seinen Bürgern sowie der Wirtschaft den notwendigen Handlungsspielraum gewährt. Konkret heisst dies keine Schulden erwirtschaften bei gleichzeitig tiefen Steuersätzen für juristische und natürliche Personen. Der heutigen Personenfreizügigkeit, die als Grund für wirtschaftliches Wachstum genannt wird, steht die SVP grundsätzlich kritisch gegenüber. Die negativen volkswirtschaftlichen Gesamtkosten erachten wir hier höher als das zugeschriebene erzeugte BIP-Wachstum.

Die Beziehungen der Schweiz zu Europa sind für die längerfristige Entwicklung der Wirtschaft von zentraler Bedeutung. Teilen Sie diese Einschätzung? Welche Strategie verfolgt Ihre Partei in der Europapolitik?

Gössi: Die Bilateralen sind nicht nur für die Wirtschaft wichtig. Sie haben nach der Flaute der 90er-Jahre den Menschen in diesem Land Arbeitsplätze und Wohlstand gebracht. Zum Beispiel alle jenen, die Produkte in die EU verkaufen möchten, die gerne reisen oder die sich an unseren wettbewerbsfähigen Universitäten bilden wollen. Die EU ist die wichtigste wirtschaftliche und kulturelle Partnerin unseres Landes. Der bilaterale Weg verschafft uns Zugang zum EU-Binnenmarkt, ohne dass wir EU-Mitglied sein müssen. Doch er hat sich seit vielen Jahren nicht mehr weiterentwickelt, was zu Rechtsunsicherheit führt. Diesen Zustand wollen wir stabilisieren. Ein Ende des bilateralen Wegs liesse nur noch zwei Optionen: Den EU-Beitritt oder die völlige Isolation – beides wollen wir nicht. Sondern wir wollen eine Weiterentwicklung des bilateralen Wegs. Das institutionelle Rahmenabkommen muss den Marktzugang zwischen gleichberechtigten Partnern sicherstellen sowie die direkte Demokratie und die Eigenheiten der Schweiz wahren. So können wir den bilateralen Weg stärken und den EU-Beitritt verhindern.

Levrat: Die Integration unseres Landes in den Europäischen Binnenmarkt ist aus ökonomischen, politischen und kulturellen Gründen prioritär. Die Zeit ist deshalb reif, um nicht mehr passiv die Entscheide der EU über die Schweiz abzuwarten, sondern zur Weiterentwicklung unserer bilateralen Abkommen beizutragen. Prioritär ist der rasche Abschluss der Verhandlungen über das institutionelle Abkommen. Unsere Position ist klar: Verhandeln wir jetzt dieses Rahmenabkommen und sichern wir die flankierenden Massnahmen. Erst dieses Abkommen schafft wieder ein starkes Fundament und die erforderliche Rechtssicherheit für gute und stabile Beziehungen zur EU. Mit diesem Abkommen verbindet die SP die Erwartung, dass die Tür offen bleibt für eine weitere Vertiefung der Beziehungen und die Mitwirkungsmöglichkeiten der Schweiz in der EU ausgebaut werden. Für die SP ist selbstverständlich, dass die Schweiz zum guten Funktionieren des Binnenmarktes beiträgt, von dem sie so stark profitiert, und deshalb ihren Kohäsionsbeitrag zur Verminderung der wirtschaftlichen und sozialen Ungleichheiten in den EU-Staaten leistet.

Pfister: Die Schweiz gehört heute zu den innovativsten und wettbewerbsfähigsten Ländern der Welt. Diese wirtschaftlich gute Lage gründet unter anderem auf den bilateralen Verträgen und dem Zugang zum Binnenmarkt der Europäischen Union (EU). Die Schweiz hat konsequent und mit mehrfacher Bestätigung durch das Stimmvolk den bilateralen Vertragsweg mit EU gewählt. Um diese Errungenschaften zu erhalten, befürwortet die CVP den Grundsatz eines beschränkten Marktzugangsabkommens, das die Spielregeln für Marktzugangsbereiche gegenseitig festlegt, unter Vorbehalt der fundamentalen Grundsätze der Schweiz (Föderalismus, direkte Demokratie etc.). Ein solches materiell und institutionell begrenztes Abkommen soll die Teilnahme an ausgewählten Bereichen des EU-Binnenmarktes regeln. Bei der Streitbeilegung will die CVP eine Lösung mittels Schiedsgericht, bei der die Schweiz ihre Interessen wahren kann. Sie darf nicht benachteiligt werden. Die CVP ist überzeugt, dass der bilaterale Weg für die Schweiz der richtige ist. Die CVP schliesst eine EU-Mitgliedschaft aus.

Rösti: In der heutigen globalisierten Welt sind die Aussenbeziehungen für jeden Staat von zentraler Bedeutung. Das gilt vor allem auch für die Beziehungen der Schweiz zu Europa, da diese Länder wichtige Handelspartner der Schweiz sind. Die SVP verfolgt die Strategie, dass die Schweiz in der Europapolitik auf bilaterale Beziehungen setzt. Insbesondere mit der EU müssen diese Beziehungen auf Augenhöhe sein. Es darf nicht sein, dass der vermeintlich stärkere Partner die Bedingungen diktiert. So müssen auch die bilateralen Verträge immer im gegenseitigen Interesse stehen und dürfen nicht nur der EU Vorteile verschaffen. Insbesondere bei der Personenfreizügigkeit ist das leider nicht der Fall. Sie brachte nicht die erhoffte Zuwanderung von hochqualifizierten Fachkräften. Auch die harten Fakten wie BIP-Wachstum, Lohnwachstum, Erwerbslosigkeit, Kosten für Sozialwerke usw. können keinen signifikanten Nutzen der Personenfreizügigkeit für die Schweiz nachweisen. Gegen einen institutionellen Rahmenvertrag, der allen bilateralen Verträgen übergeordnet sein soll und damit der Schweiz ihre Souveränität und den Stimmbürgern das Stimmrecht nimmt, wehrt sich die SVP mit allen Mitteln.

Schlüsselbegriffe

Die folgenden Schlüsselbegriffe kommen in diesem Kapitel vor und werden zudem am Ende des Buches nochmals erläutert.

- Pro-Kopf-Einkommen
- Nicht gestaltbare Wachstumsfaktoren
- Gestaltbare Wachstumsfaktoren
- Arbeitsproduktivität
- Nachhaltige Entwicklung (sustainable development)

- Internalisierung externer Kosten
- Coase-Theorem
- Lenkungsabgaben
- Umweltzertifikate

Repetitionsfragen

Die Antworten finden Sie im Text dieses Kapitels sowie auf der Homepage des Verlages, edu.somedia-buchverlag.ch

1. Welche Argumente sprechen grundsätzlich für die Wünschbarkeit eines weiteren wirtschaftlichen Wachstums?
2. Welches sind die wesentlichsten Bestimmungsfaktoren für wirtschaftliches Wachstum?
3. Was war seit 1950 der Haupttreiber für das Wachstum des BIP pro Kopf?
4. Gibt es Grenzen des wirtschaftlichen Wachstums?
5. Zur Vermeidung externer Kosten sind verschiedene Instrumente möglich.
    a) Wo sehen Sie den Nachteil von Geboten und Verboten?
    b) Welche Idee steckt hinter den Lenkungsabgaben? Welche Wirkungen verspricht man sich von ihrem Einsatz?
    c) Erläutern Sie die Funktionsweise von Umweltzertifikaten.
6. Weshalb sollten Umweltabgaben global konzipiert und stufenweise eingeführt werden?

Interessante Homepages
(Direkte Verlinkung siehe edu.somedia-buchverlag.ch)

Hier können die Umweltberichte über die Schweiz gelesen werden:
http://www.bafu.admin.ch/

Die Umweltindikatoren des Bundesamtes für Statistik zeigen Wechselbeziehungen zwischen der Gesellschaft und der Umwelt auf:
http://www.bfs.admin.ch/

Hier findet man alle Publikationen des Weltklimarates; in Deutsch:
http://www.ipcc.ch/

Die Global Warming Policy Foundation, ein englischer Think Tank, ist das wissenschaftlich fundierte kritische Gewissen zur aktuellen Klimaforschung gemäss IPCC:
http://www.thegwpf.org/

Bericht des Bundesrates zur neuen Wachstumspolitik:
http://www.admin.ch

Eine übersichtliche Präsentation von Statistiken zur volkswirtschaftlichen Gesamtrechnung der OECD ist zu finden unter:
http://www.oecd.org/

8 Strukturwandel als Charakteristikum wirtschaftlicher Entwicklung

> Ökonomen sind Leute, die, wenn sie mit einem Fuss auf einer heissen Herdplatte und mit dem anderen in einer Tiefkühltruhe stehen, erklären: «Durchschnittlich gesehen gehts mir nicht schlecht.»
> (Unbekannter Autor)

8.1 Die Komplexität des Strukturwandels

Stellen Sie sich bitte die Welt und insbesondere die Wirtschaft vor, wie sie aussah, als Ihr Grossvater seine erste Arbeitsstelle antrat. Die Wahrscheinlichkeit ist relativ hoch, dass Ihr Grossvater in der Landwirtschaft arbeitete. Jedenfalls hätte er zu den Ausnahmen gehört, wenn er seine erste Arbeitstelle im Tourismus, in der Pharmaindustrie, in der Vermögensverwaltung oder in der Kommunikationsbranche angetreten hätte. Und wo arbeitete Ihre Grossmutter? Von der damaligen Zeit bis heute hat sich auch in der Wirtschaft sehr vieles verändert. In diesem Zeitraum ist die Wirtschaft enorm gewachsen (vgl. Kapitel 7) und die Konjunktur hat etliche Zyklen mit Boom- und Rezessionszeiten durchgemacht (vgl. Kapitel 6). Zusätzlich aber haben sich auch wesentliche Bereiche in der **Zusammensetzung**, in der **Struktur der Wirtschaft** verändert. So sind gewisse Branchen stark gewachsen oder sogar neu entstanden, z. B. die Telekommunikation, die IT-Branche, die Chemie- und Pharmaindustrie, die Clean-Tech-Branche oder die Medizinaltechnik. Die Anteile anderer Branchen wie z. B. der Landwirtschaft, der Textilbranche oder der Druckereien sind sehr viel kleiner geworden, sowohl was den Anteil an der Wertschöpfung als auch an den Beschäftigten betrifft.

> Die Entwicklung der Wirtschaft wird von einem Strukturwandel begleitet: Darunter versteht man insbesondere die Veränderung der Anteile von einzelnen Branchen und Sektoren in einer Volkswirtschaft, bezogen auf die Wertschöpfung und die Anzahl Arbeitsplätze.

Strukturwandel bedeutet immer, dass sich die Anteile, die Grösse und damit die Proportionen von Teilbereichen einer Volkswirtschaft verändern. Dieser Wandel beschränkt sich nicht nur auf die Wertschöpfung und auf die Beschäftigung, sondern beispielsweise auch auf **Einkommensstrukturen**, auf **Unternehmensgrössen**, auf Veränderung der **Bevölkerung** bezüglich Alter, Nationalität oder Ausbildung oder auf die **Globalisierung** der Wirtschaft. Ein Strukturwandel ist neben den Konjunkturschwankungen und dem Wirtschaftswachstum das dritte Kennzeichen der wirtschaftlichen Entwicklung. Wir werden uns in diesem Kapitel insbesondere mit dem Wandel der Sektor- und Branchenstrukturen beschäftigen.

Konjunktur-, Struktur- oder Wachstumskrise?

Die wirtschaftspolitische Diskussion in schwierigen wirtschaftlichen Zeiten wird oft von drei Lagern geprägt: Während das erste Lager den Kern der wirtschaftlichen Probleme vor allem in einer **konjunkturellen Schwäche** ortet, diagnostiziert das zweite Lager primär grundlegende **Struktur-** und das dritte Lager **Wachstumsprobleme**. Diese Unterschiede in der Diagnose sind wichtig, weil auf ihrer Grundlage andere Therapien verordnet werden. Wie wir bereits gesehen haben, sind **Konjunkturschwankungen** dadurch gekennzeichnet, dass es sich bei ihnen um **periodische Bewegungen** der wirtschaftlichen Aktivität handelt. Ein **Strukturwandel** dagegen ist durch eine **dauerhafte Veränderung** gekennzeichnet, der keine Kräfte in sich birgt, die wieder zum ursprünglichen Zustand zurückführen. Ein Strukturwandel ist also ein dauerhafter, qualifizierter Wandel, der die Grundlagen und Rahmenbedingungen der Tätigkeiten einzelner Unternehmen, ganzer Branchen, Regionen und Länder betrifft.

In Wirklichkeit lassen sich **Konjunktur- und Strukturprobleme** nicht säuberlich trennen. Oft ist es nur schwer erkennbar, ob es sich um dauerhafte und trendmässig irreversible Strukturwandlungen oder um kurzfristige und versible Verschiebungen im Laufe eines Konjunkturzyklusses handelt. Konjunkturelle und strukturelle Probleme können sich überlagern und gegenseitig verstärken.

Zwischen **Wachstum** und **Strukturwandel** besteht folgende Interdependenz: Während ein Wachstumsprozess in der Regel mit einem Strukturwandel verbunden ist, können durch den Strukturwandel selber Wachstumsimpulse auf breiterer Front ausgelöst werden. Ein Strukturwandel kann somit einerseits **Folge** der wirtschaftlichen Entwicklung sein, andererseits kann er auch die **Voraussetzung** für die Weiterentwicklung der Wirtschaft bilden. Veränderungen im Qualifikationsniveau, in der Technologie, im gesellschaftlichen Wertesystem, in den politischen Strukturen oder in den Rahmenbedingungen der internationalen Arbeitsteilung können beispielsweise Katalysatoren für das Wachstum einer Volkswirtschaft darstellen. Hilfreich für die Diagnose der wirtschaftlichen Situation ist die Kenntnis der Ursachen eines Strukturwandels.

8.2 Die Ursachen des Strukturwandels

J. Fourastié hat 1949 eine Evolutionstheorie veröffentlicht, die für alle Länder einen Entwicklungsverlauf vorsieht, der folgendermassen skizziert werden kann: Zu Beginn der Industrialisierung eines Landes sind etwa 80 % der Bevölkerung in der Landwirtschaft tätig, 10 % in der Industrie und 10 % im Dienstleistungssektor; im Verlauf der Industrialisierung wächst der Beschäftigtenanteil im sekundären Sektor weitgehend zulasten des primären; im «Zustand der reifen Wirtschaft» aber beschäftigt der Dienstleistungssektor gegen 80 % aller Erwerbstätigen, während in den anderen beiden Sektoren nur je 10 % tätig sind.[1]

[1] **Wirtschaftssektoren:** Der **primäre Sektor** wird mit der Landwirtschaft gleichgesetzt, der **sekundäre Sektor** umfasst die eigentlichen Industriezweige und die Bauwirtschaft, die Versorgung mit Elektrizität, Gas und Wasser sowie den Umweltschutz. Der **tertiäre Sektor** umfasst alle übrigen Branchen. Würde man die Erwerbstätigen nicht nach Branchen auf die Sektoren verteilen, sondern gemäss ihrer eigentlichen Funktion, würde man feststellen, dass Arbeiten mit Dienstleistungscharakter auch im 1. und 2. Sektor stark zugenommen haben, z. B. in der F&E, der Verwaltung, der Rechtsabteilung oder im Marketing. Allerdings arbeitet auch in Dienstleistungsbranchen eine wachsende Anzahl von Erwerbstätigen mit naturwissenschaftlicher Ausbildung, wie z. B. Mathematiker, IT-Spezialisten und auch Ingenieure, die traditionell eher zum 2. Sektor zählen würden.

Abbildung 8.1 Sektorale Entwicklung der Beschäftigungsstruktur nach Fourastié

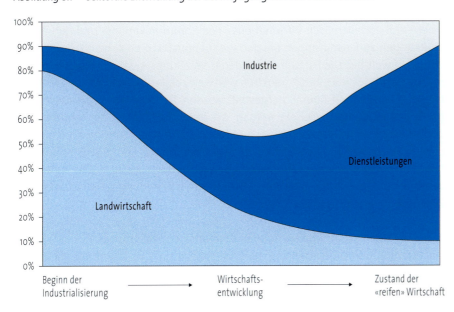

Vergleicht man die Theorie von Fourastié mit der Wirklichkeit, stellt man eine grosse Übereinstimmung fest. Wie konnte Fourastié diese Veränderung in der Beschäftigungsstruktur «voraussehen»? Was sind die Ursachen eines Strukturwandels?

Strukturwandel als Folge der Nachfragedynamik

Mit steigendem Einkommen verändert sich die Nachfrage nach Gütern und Dienstleistungen nicht gleichmässig. So sinkt mit steigendem Einkommen der Anteil der Ausgaben für Nahrungsmittel, insbesondere für Grundnahrungsmittel, weil in diesem Bereich relativ schnell eine Sättigungsgrenze erreicht wird. Davon betroffen ist der Landwirtschaftssektor. Auch die Nachfrage nach Konsumgütern stösst mit zunehmendem Versorgungsgrad an eine mengenmässige Sättigungsgrenze. Diese zeigt sich z.B. in einer stagnierenden Nachfrage nach Radios, Bekleidungen, Wohnungseinrichtungen, TV-Apparaten und Autos – Güter des industriellen Sektors. Für einzelne Produkte oder ganze Branchen zeichnet sich mit wachsendem Wohlstand eine zunehmende Marktsättigung ab. Dagegen expandiert die Nachfrage nach Dienstleistungen wie Reisen, Theaterbesuche, Anlageberatung, Schönheitspflege, Unterhaltung usw. Dienstleistungen weisen also im Gegensatz zu Nahrungsmitteln und anderen Konsumgütern eine hohe **Einkommenselastizität** aus.

Strukturwandel als Folge der Angebotsdynamik

Sowohl in der Landwirtschaft als auch in der Industrie konnte die **Arbeitsproduktivität** durch den **technischen Fortschritt** massiv gesteigert werden. Es werden deshalb immer weniger Arbeitskräfte gebraucht, um dieselbe Menge an Produkten zu erzeugen. Die Möglichkeiten zur Steigerung der Arbeitsproduktivität im Dienstleistungsbereich scheinen begrenzt zu sein, zumindest in den Bereichen, in welchen die Persönlichkeit des Dienstleistenden eine zentrale Rolle spielt. So ist eine Produktivitätssteigerung eines Kellners, eines Lehrers oder eines Friseurs relativ schwer vorstellbar. Durch den Einsatz neuer Technologien hat aber auch der Dienstleistungssektor in jüngster Zeit zur Aufholjagd angesetzt – an vorderster Front die Banken. Mengenmässig **stagnierende Nachfrage** und **höhere Arbeitsproduktivität** verschärfen die Tendenz zur Überproduktion. Empirische Beispiele lassen sich leicht finden: beginnend in der Landwirtschaft, über die Textil- und Bekleidungsindustrie bis zum Kohlenbergbau, der Eisen-, Stahl- und Autoindustrie. Schliesslich bleibt nichts anderes übrig, als die Produktion einzuschränken und Arbeitsplätze abzubauen. Die unterschiedliche Entwicklung der Nachfrage und der Arbeitsproduktivität in den Sektoren und Branchen waren die Hauptbegründungen für die Prognosen von Fourastié.

Der **technische Fortschritt** ist der wichtigste Motor des Strukturwandels[1]. Die neuen Supertechnologien betreffen vor allem den Informations-, den Kommunikations- und den Steuerungsbereich. Sie tragen zu Einsparungen bei den Produktionsfaktoren Arbeit, Kapital, Energie, Rohstoffe und Umwelt bei. Die Fortschritte in den Herstellungsverfahren machen es den Unternehmern zusehends leichter, ihre Produktion weltweit zu planen, industrielle Fertigung wird mobiler, gute Qualität kann überall hergestellt werden. Der Herstellungsprozess kann in kleine rentable Einheiten aufgegliedert werden; die sinkenden Kosten der Internationalisierung ermöglichen die Wahl des günstigsten Standortes für jede einzelne Komponente des Produkts.[2] Nicht nur der technische Fortschritt, sondern auch das ständige Bemühen der Unternehmer, sich im harten Konkurrenzkampf durch neue Produkte, neue Marketingmethoden oder neue Organisations- und Produktionsprozesse einen Vorsprung zu verschaffen, beschleunigen den Strukturwandel von der Angebotsseite her.

Strukturwandel als Folge von Veränderungen in den Rahmenbedingungen

Die Internationalisierung und **Globalisierung** der Wirtschaft konnte und kann vor allem deshalb so rasch zunehmen, weil sich immer mehr Länder den internationalen Märkten öffnen. Dazu gehören die ehemaligen Planwirtschaften des Ostblocks und neben anderen Staaten auch China und Indien, welche bestrebt sind, ihre Volkswirtschaften in die Weltwirtschaft zu integrieren. Innert kürzester Zeit drängen fast 50% des internationalen Arbeitskräftepotenzials auf den Weltmarkt; die 50%, die noch in den 1980er-Jahren entweder durch Planwirtschaften oder durch protektionistische Massnahmen weitgehend abgeschottet waren. Diese Entwicklung widerspiegelte sich in den jährlich zweistelligen Zuwachsraten des Welthandels.

---

[1] «The Future of employment»: Gemäss Forschern der Universität Oxford arbeiten 2014 in den USA 47% der Beschäftigten in Berufen, die künftig durch Computer und Roboter ausgeführt werden können.

[2] **Mobilität von Unternehmen:** Man spricht in diesem Zusammenhang von **funktionaler Mobilität von Unternehmen:** Produktion in China, Call-Center in Indien, Forschung in den USA, Verwaltungssitz in der Schweiz.

Beachtliche Zuwachsraten erreichen auch ausländische **Direktinvestitionen** (Kauf oder Aufbau von Tochtergesellschaften, Filialen, Beteiligungen) und grenzüberschreitende Kooperationen. 1980 wurden weltweit Direktinvestitionen von 57 Mrd. Dollar getätigt, 1990 waren es 150 Mrd. Dollar und im Jahr 2007 wurde die noch immer gültige Rekordhöhe von 2'000 Mrd. Dollar erreicht. Mit dem Anstieg der Direktinvestitionen steigt die Bedeutung von **multinationalen Unternehmungen**, die einen grossen Beitrag zur Vernetzung nationaler Volkswirtschaften leisten. Sie sind über komplexe Unternehmungsstrategien in der internationalen Produktion engagiert und fördern eine integrierte Weltproduktion, in welcher Länder oder Regionen zu spezialisierten Produktionsstandorten für einen bestimmten Ausschnitt eines Industriezweiges werden (z.B. Motoren für Automobile, Halbleiter im Elektronikbereich usw.).[1] Die internationale Arbeitsteilung wird durch die **fallenden Transportkosten** erleichtert; der räumliche Distanzschutz verliert zunehmend an Bedeutung. Einen besonderen Impuls vermitteln zudem die Bestrebungen im Rahmen der **WTO** (World Trade Organisation, vgl. *Kapitel 13.3*) und die **regionalen Integrationsbemühungen** wie das Binnenmarktprogramm der Europäischen Union, die nordamerikanischen Freihandelszone (NAFTA: USA, Kanada und Mexiko) oder die APEC (Asean Pacific Economic Community).

[1] **Volkswagen:** So wird z.B. ein **Volkswagen** aus Bestandteilen zusammengesetzt, die – je nach Typ – aus 17 bis 24 Ländern stammen.

Neben diesen Veränderungen in den internationalen Rahmenbedingungen nimmt **die nationale und regionale Wirtschaftspolitik** eine wichtige Rolle im Strukturwandlungsprozess ein. So werden z.B. Strukturen durch Deregulierungen von Märkten, durch Revitalisierungsprogramme, Förderungsmassnahmen der Forschungs- und Technologiepolitik, Regulierungen in Form von wettbewerbsbeschränkenden Bestimmungen oder Subventionen für bestimmte Branchen verändert oder geschützt. Auch die übrigen Rahmenbedingungen (z.B. politische Stablität, Geld-, Währungs-, Steuer-, Aussen- und Infrastrukturpolitik) beeinflussen die Unternehmungsstrategie und damit den Strukturwandel. Die weltweite Finanzkrise im Jahr 2009 im Allgemeinen und der zunehmende Druck auf das schweizerische Bankgeheimnis im Besonderen führen zu Anpassungen der Rahmenbedingungen, welche im Bankensektor einen Strukturwandel auslösen.

Lehrmaterial:
«Energiewende»
(www.iconomix.ch)

Strukturwandel ist eine Begleiterscheinung jeder wirtschaftlichen Entwicklung. Die Bereitschaft zum Wandel ist der Schlüssel zur Zukunftssicherung. Zu den wesentlichsten Ursachen eines Strukturwandels gehören die Nachfrage- und Angebotsdynamik sowie die Veränderungen in den Rahmenbedingungen. Die hauptsächliche Triebkraft ist der technische Fortschritt.

8.3 Wie zeigt sich der Strukturwandel in der Schweiz?

Der sektorale Strukturwandel

- **Die Periode 1950 bis 1970** zeichnete sich durch ein aussergewöhnlich starkes Wirtschaftswachstum aus. Das jährliche Wachstum des BIP betrug im Durchschnitt 3,2 %, die Zahl der Erwerbstätigen nahm um jährlich 1,4 % zu. Sektoral betrachtet musste einzig die Landwirtschaft eine Stagnation der Wertschöpfung und einen Abbau der Erwerbstätigen hinnehmen.
- **In der Periode 1970 bis 1990** brach der steil nach oben gerichtete Pfad – ausgelöst durch den Erdölpreisschock – ab. Das BIP wuchs nur noch um 1,4 % jährlich und die Zahl der Erwerbstätigen sowie der Produktivität nahmen nur noch leicht zu. Die Wertschöpfung in der Industrie stagnierte und diejenige in der Landwirtschaft war rückläufig. Gewinner des Strukturwandels waren der Dienstleistungssektor und das Baugewerbe, Verlierer die Industrie und die Landwirtschaft.
- **In den Jahren 1990 bis 2017** wuchs das schweizerische BIP nur mit 1,1 % pro Jahr. Die Verlagerung der Erwerbstätigkeit in den dritten Sektor hat seine Fortsetzung erfahren.

Die *Tabelle 8.1* zeigt die Aufteilung der Erwerbstätigen nach Sektoren. Sie belegt die These von Fourastié.

Tabelle 8.1   Entwicklung der Erwerbstätigen in den drei Wirtschaftssektoren

Sektoren	Prozentuale Verteilung der Erwerbstätigen				
	1950	1970	1990	2010	2017
Landwirtschaft	21,7 %	8,2 %	4,3 %	3,4 %	3,1 %
Industrie	41,5 %	45,4 %	32,2 %	22,5 %	21,2 %
Dienstleistungen	36,8 %	46,4 %	63,5 %	74,1 %	75,7 %

Quelle: BFS

Der Strukturwandel auf Branchenebene

Der Strukturwandel beschränkt sich selbstverständlich nicht bloss auf die drei Wirtschaftssektoren, sondern auch die einzelnen Branchen werden von ihm erfasst. In folgender Abbildung 8.2 werden für ausgewählte Branchen die Veränderung der Produktivität, der Wertschöpfung und der Erwerbstätigen dargestellt. Welchen Zusammenhang zwischen diesen drei Grössen stellen Sie dabei fest? Folgende Erkenntnisse können aus der Abbildung abgeleitet werden:

- **Das Wachstum der Bruttowertschöpfung lässt sich in das Wachstum der Produktivität und der Beschäftigung aufgliedern.** Die Wertschöpfung einer Branche kann nämlich aus zwei Gründen wachsen: entweder aufgrund von mehr Erwerbstätigen (genauer: mehr Arbeitsstunden) und/ oder aufgrund von höherer Produktivität. Sie kennen diese Regel bereits aus dem *Kapitel 7*, Wachstum. In der *Abbildung 8.2.* erkennt man, dass das Wachstum der Wertschöpfung in der Pharmaindustrie und in der Telekommunikation etwa zu gleichen Teilen einer höheren Produktivität und mehr Beschäftigten zu verdanken ist. Im Sozial- und Gesundheitswesen ist die Beschäftigung stärker gewachsen als die Wertschöpfung, weil die Produktivität gesunken ist.

- **Wächst die Produktivität, steigt im Allgemeinen auch die Wertschöpfung.** Höhere Produktivität heisst nichts anderes als höhere Wettbewerbsfähigkeit, und dank dieser steigt auch die Wertschöpfung. Gute Beispiele dafür sind die Pharmaindustrie, die Telekommunikation, der Grosshandel und die Versicherungen. Hingegen konnte die steigende Produktivität in der Textil- und der Maschinenindustrie den Rückgang der Wertschöpfung nicht verhindern.

- **In Ausnahmenfällen kann trotz sinkender Produktivität die Wertschöpfung steigen.** Beispiele dafür sind das Sozial- und Gesundheitswesen, bei denen die Nachfrage trotz gesunkener Produktivität gestiegen ist und zu einer höheren Wertschöpfung geführt hat. Das kann insbesondere in Branchen eintreffen, bei denen die Preiselastizität klein ist und zudem die Kosten von Versicherungen oder vom Staat mitfinanziert werden.

Abbildung 8.2   Der branchenmässige Strukturwandel in der Schweiz 2003 bis 2013
nominelle Werte, Veränderungen in % (Auswahl von Branchen)

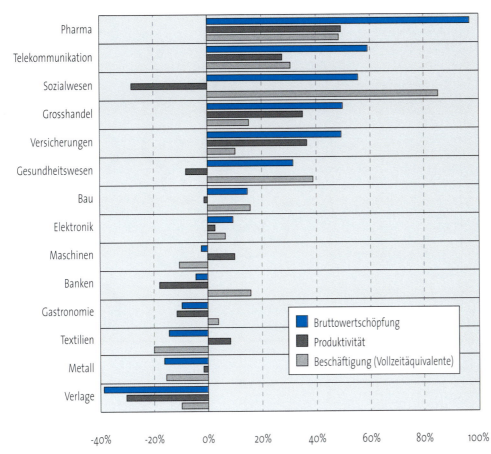

Quelle: BFS

Auf der Grundlage dieser Zusammenhänge lassen sich auch längerfristige Branchen-Prognosen[1] ableiten. In *Abbildung 8.3* wird auf der vertikalen Achse das zukünftige Nachfragepotenzial prognostiziert (bezeichnet als Marktattraktivität). Auf der horizontalen Achse wird die Wettbewerbsfähigkeit abgetragen, für die in erster Linie die Entwicklung der Produktivität massgebend ist. Hohe Produktivität und hohes Nachfragepotenzial versprechen eine goldene Zukunft. Die Grösse der Kreise im Diagramm symbolisiert die Wertschöpfung der einzelnen Branchen.

[1] Über **Prognostiker** gibt es viele Witze, wie z.B. folgenden: «Wie merkt man, dass ein Prognostiker lügt? Seine Lippen bewegen sich!»

Abbildung 8.3   Längerfristige Branchenpositionierung Schweiz (2017)

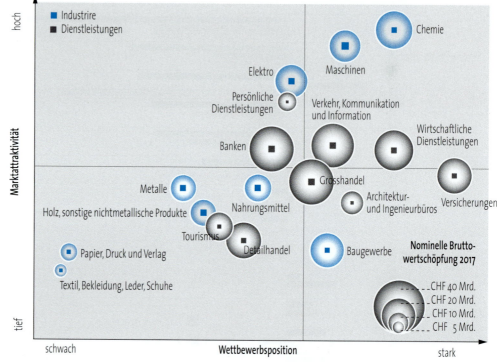

Quelle: BAK Basel, KOF, BFS, UBS

Exkurs: Haben Detailhandelsläden und Bankfilialen ausgedient?

Die Digitalisierung wirbelt die Finanzwelt auf. Beispiele digitaler Finanztechnologien sind etwa mobile Zahlungssysteme, virtuelle Währungen oder die Online-Kreditvergabe. Diese und weitere Entwicklungen beschleunigen den Strukturwandel im Bankgeschäft. Dabei werden traditionelle Banken durch branchenfremde Wettbewerber wie Google, Apple oder Facebook herausgefordert. Sie zielen darauf ab, mit personenbezogenen Daten in den Wettbewerb einzusteigen. Neben den Internetriesen bietet eine rasant steigende Anzahl von Fintech-Start-ups Finanzdienstleistungen an, z. B. in der Vermögensverwaltung, der Kreditvergabe und im Zahlungsverkehr. Die Anzahl der Banken in der Schweiz nimmt ab. 1990 zählte man noch 631 Bankinstitute. Seither hat sich diese Zahl mehr als halbiert. Betrachtet man die Anzahl Bankfilialen in der Schweiz, ergibt sich eine Abnahme von rund 5'500 auf ca. 3'300. Das ergibt einen Rückgang von mehr als 40 %. Die Zahl der Kundenkontakte an Bankschaltern geht jährlich um gut 10 % zurück.

Auch im Detailhandel ist der Anpassungsdruck riesig. Die via online abgewickelten Verkäufe nehmen Jahr für Jahr stark zu. In der Sparte Heimelektronik werden bereits heute 31 % der Verkäufe online abgewickelt. In der digitalen Welt spielt geografische Nähe keine Rolle, das Angebot ist global, die Preistransparenz ist beinahe vollkommen. Traditionelle Geschäfte mit Kundenkontakt sind nur dann zukunftstauglich, wenn sie gegenüber dem Online-Shopping einen Mehrwert schaffen. Mehr Erlebnis z. B. dank digitaler Technik, eine besondere Atmosphäre oder besseres Eingehen auf die Kundenbedürfnisse heissen Rezepte für den stationären Handel. Lädelisterben war einmal. Dem kleinen Lädeli mit seiner lokalen Kundschaft wird mittlerweile eine bessere Überlebenschance eingeräumt als grossen Ladenketten in Einkaufscentern. Alles in allem: Die Herausforderungen für einzelne Detailhandelsgeschäfte, für Shoppingcenter und für die Innenstädte sind gross und der Veränderungsdruck hoch.

8.4 Strukturwandel als Herausforderung für Unternehmen, Staat und Gesellschaft

Wir haben festgestellt, dass die neuen Supertechnologien den weltweiten Informationsfluss erleichtern und es erlauben, in unterschiedlichen Weltregionen in einheitlicher Qualität zu produzieren und die Aktivitäten zu koordinieren. Für einzelne Produkte und ganze Branchen zeichnet sich zudem in bestimmten Regionen eine Marktsättigung ab und löst eine Veränderung der Nachfrage aus. Besonders für die wirtschaftlich stark mit dem Ausland verflochtene Schweiz wird der sektorale und branchenmässige Strukturwandel von den Veränderungen im internationalen Umfeld mitgeprägt: Die Öffnung nationaler Märkte, die WTO und regionale Integrationsbemühungen eröffnen **Chancen für Markterweiterungen** im grossen Stil. Allerdings bewirken und setzen solche Markterweiterungen Strukturanpassungen voraus. Importe aus den neuen Industrieländern sind die Voraussetzung für Exporte aus den alten Industrieländern. Integration kann nicht einseitig als verbesserte Exportchance wahrgenommen werden. Verschiebungen in den Branchen- und damit in den Beschäftigungsstrukturen sind unausweichlich. Für die Volkswirtschaft Schweiz, die besonders stark in die Weltwirtschaft integriert ist und deren Wohlstand deshalb auf das Engste mit dem Ausland verknüpft ist (Sie erinnern sich an die Analyse der Verwendungsrechnung des BIP), kommt wohl nur eine Strategie in Betracht: **Dabeisein im Globalisierungsprozess!** Daraus ergeben sich grosse Herausforderungen für Unternehmen, den Staat und auch die Gesellschaft.

Strukturpolitische Handlungsalternativen für den Staat

Obwohl die Bewältigung des Strukturwandels primär Aufgabe der Unternehmen ist, wird auch die Politik gefordert. Denn das Verhalten von Unternehmen wird auch durch die Interaktion mit dem politisch-administrativen Umfeld bestimmt. Dabei kann die Strukturpolitik des Staates grundsätzlich darauf ausgerichtet werden, einen Strukturwandel abzuschwächen (**Strukturerhaltung**), zu erleichtern (**Strukturanpassung**) oder gar in eine gewünschte Richtung zu steuern (**Strukturgestaltung**). Die Frage, welches strukturpolitische Verhalten richtig ist, wird kontrovers beurteilt. Die Kritiker einer **Strukturerhaltungspolitik** (mittels Subventionen und Marktabschottungsmassnahmen) argumentieren, dass dadurch die Problemlösung nur aufgeschoben wird, falsche Anreize gesetzt und volkswirtschaftliche Kosten verursacht werden. Ein Beispiel dafür ist die Landwirtschaftspolitik. Strukturerhaltungspolitik bedeutet für sie die Verteidigung des Vergangenen, statt die Zukunft ins Visier zu nehmen. Insbesondere bei der **Strukturgestaltungspolitik** muss der Staat darüber entscheiden, welche Branchen gute Zukunftsaussichten haben. Dies ist mit zwei Problemen behaftet. Erstens verfügt der Staat über weniger Informationen als die Wirtschaft, welche Aktivitäten Zukunftspotenzial enthalten. Zweitens besteht eine gewisse Gewöhnungsgefahr an die staatlichen Krücken, die in der Praxis – einmal gewährt – oft schwierig zu beseitigen sind (vgl. dazu die Ausführungen zum «rent seeking» im Kapitel 3). Typische Beispiele für die Strukturgestaltungspolitik sind die staatliche Förderung von Forschung und Technologie in ausgewählten Bereichen, die Subventionierung des Umweltschutzes oder die Entwicklung von erwünschten regionalen Strukturen.

Unbestritten ist die Aufgabe des Staates, den erforderlichen Spielraum für den Wandel der Strukturen zu schaffen.

Erfolgsfaktoren für die Bewältigung des Strukturwandels

Erster Erfolgsfaktor: «Wandel als Chance erkennen – Innovationsfähigkeit erhöhen»

a) *Herausforderung für die Unternehmen:*
Die Wettbewerbsfähigkeit unserer Unternehmen scheint im gegenwärtigen Umfeld des rasanten Wandels in Gefahr zu geraten. Die Wettbewerbsfähigkeit beruht im wesentlichen auf zwei Pfeilern. Der eine Pfeiler ist die **Leistungsfähigkeit**. Mindestens ebenso wichtig, mit Blick auf die Zukunftssicherung noch bedeutender, ist jedoch der zweite Pfeiler: **Die Innovationsfähigkeit** – die Fähigkeit, neue Ideen zu entwickeln, zu realisieren und auf dem Markt einzuführen.

b) *Herausforderung für den Staat:*
Für die Innovationsfähigkeit stellt sich die Frage, durch welche staatlichen Regelungen Innovationen behindert werden. Verschiedene Branchen fühlen sich durch Raumplanungs-, Bauvorschriften und die Umweltschutzgesetzgebung in ihren Innovationsbemühungen behindert. Sie bemängeln die grossen Ermessensspielräume, die zu Rechtsunsicherheit führen, die hohe Zahl von Entscheidungsinstanzen und dadurch bedingt die langen Behandlungsfristen. Als weitere Hindernisse werden die Steuerbelastung und die Schwierigkeiten bei der Kapitalbeschaffung – insbesondere **Risikokapital**[1] – genannt.

Zweiter Erfolgsfaktor: «Stärkung der Leistungsfähigkeit – Förderung des Wettbewerbs und der Standortqualität»

a) *Herausforderung für die Unternehmen:*
Der globale Wettbewerb und der Strukturwandel führen zu einem anhaltenden **Preis- und Kostendruck**. Dieser erfordert von den Unternehmen die ständige Suche nach kostengünstigen Produktions- und effizienten Vermarktungsmethoden. Die preisliche Wettbewerbsfähigkeit wird durch die relativen Stückkosten (massgebend dafür sind die Lohn-, Rohstoff-, Kapital- und Energiekosten sowie die steuerliche Belastung), die Produktivitätsfortschritte sowie den Wechselkurs bestimmt. Der Zwang zu Herstellung von wertschöpfungsintensiven Produkten und Dienstleistungen steigt.

b) *Herausforderung für den Staat:*
Dieser zweite Erfolgsfaktor kann vom Staat durch mehr Wettbewerb verfolgt werden. Wettbewerb erzeugt Kosten- und Innovationsdruck, stärkt die Marktposition von Unternehmen und schafft somit die Voraussetzung für Beschäftigung. Grundsätzlich muss deshalb der Staat für **mehr Wettbewerb** sorgen – insbesondere in der reglementierten und mit vielen Schranken behafteten Binnenwirtschaft (vgl. Kapitel *«Die Marktwirtschaft»*).
Je leichter es ist, Produktionsstandorte international zu verlagern, desto deutlicher treten nationale Unterschiede in den Rahmenbedingungen hervor und desto grösser wird der **Wettbewerb der Standorte**. Denn die mobilen Produktionsfaktoren wandern dorthin, wo ihr Ertrag am höchsten ist.

Dritter Erfolgsfaktor: «Bildung und Wissen»

a) *Herausforderung für die Unternehmen*:
Zu den Hindernissen der Innovationsfähigkeit gehört der Mangel an qualifiziertem Personal. Der Zwang zu raschem Anpassungsvermögen verlangt eine permanente Änderung des Qualifikationsprofils. Der **intelligente Umgang mit Wissen** in Unternehmen wird als Form des lebenslangen Lernens immer wichtiger. Es liegt im eigenen Interesse der Unternehmen, ihren Bestand an «Know-how» zu pflegen und kontinuierlich zu steigern.

---

[1] **Risikokapital:** Unter **Risikokapital** wird Eigenkapital verstanden, welches zur Finanzierung von Innovationen dient. Vor allem kleine und mittlere Unternehmen (KMU), deren Aktien nicht an der Börse gehandelt werden, haben oft Mühe, Risikokapital zu erhalten.

b) *Herausforderung für den Staat*:
Im Zuge der Globalisierung, des technischen und wirtschaftlichen Wandels spielt die «richtige» Qualifikation eine wichtige Rolle. **Bildung und Wissen** – wie schon mehrmals in diesem Buch betont – werden zur Schlüsselgrösse für die erfolgreiche Bewältigung der Zukunft. Dabei wird auch der Staat in die Verantwortung genommen, nicht zuletzt deshalb, weil Bildungsaktivitäten positive externe Effekte ausstrahlen.[1]

c) *Herausforderung für das Individuum*:
Heutigen und zukünftigen Arbeitnehmern und Arbeitnehmerinnen muss bewusst sein, dass es in ihrer Verantwortung und in ihrem Interesse ist, die Herausforderung der lebenslangen Aus- und Weiterbildung anzunehmen. Veränderungen in den Produktionsprozessen erfordern eine hohe Flexibilität in Bezug auf veränderte Aufgaben und neue Arbeitsmodelle.

Die Erhöhung der Innovationsfähigkeit, der Förderung des Wettbewerbs, die Verbesserung der Standortqualität sowie Anpassungen und Verbesserungen im Bildungssystem sind wichtige Erfolgsfaktoren zur Bewältigung des Strukturwandels.

---

[1] «If you feed peanuts – you get monkeys!» So lautet ein Kommentar zu Kürzungen von Ausgaben im Aus- und Weiterbildungsbereich.

Die folgende Abbildung grenzt die drei Entwicklungsprozesse – Konjunktur, Wachstum, Strukturwandel – voneinander ab.

Abbildung 8.4   Dynamische Entwicklungsprozesse

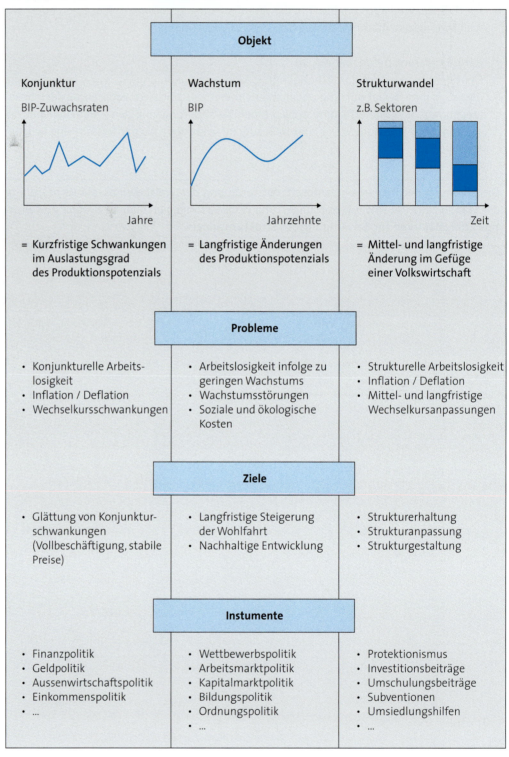

Exkurs: Mythos Deindustrialisierung?

Die Klage über die Deindustrialisierung der Schweiz hat in den siebziger Jahren Auftrieb erhalten. Damals hatte die Industrie ihren Spitzenplatz in Sachen Beschäftigung an die Dienstleistungen abgegeben. Der Anteil der Industrie an der Wertschöpfung sank von 1973 bis 1979 von fast 30% auf unter 24%. Von 1979 bis 2013, also innert 34 Jahren, sank der Anteil der Industrieproduktion an der Wertschöpfung nur noch um 3,5 Prozentpunkte. In anderen Ländern wie Grossbritannien, Frankreich, Italien und Deutschland betrug der Rückgang im gleichen Zeitraum zwischen 12 und 19 Prozentpunkte. In diesen Ländern kann mit Fug und Recht von einer Deindustrialisierung gesprochen werden. Die Schweiz aber ist nach wie vor eine industrielle Grossmacht. Misst man die **Industrieproduktion pro Kopf**, steht die Schweiz an der Spitze, weit vor dem zweitplatzierten Japan.

Diese hohe Wertschöpfung der Industrie in der Schweiz ist zu einem beträchtlichen Teil die Folge der Produktion von **hochwertigen Gütern**, bei denen die **Innovation** eine besondere Rolle spielt, wie Medizinaltechnik, Pharmazeutika, Präzisionsinstrumente oder Luxusuhren. Aber auch eine konsequente Markenpflege, die es zusammen mit einer weit getriebenen Automatisierung erlaubt, trotz hohen Arbeitskosten in der Schweiz zu produzieren.

Trotz all dem ist die Deindustrialisierung ein Prozess, von dem auch die Schweizer Wirtschaftsstruktur geprägt wird. Zwar ist der Wertschöpfungsanteil seit 1979 nur noch wenig zurückgegangen, aber die **Beschäftigungsbilanz** offenbart den Strukturwandel. Anfang der 70er-Jahre arbeitete beinahe jeder zweite Erwerbstätige in der Industrie, 1980 waren es noch 38% und heute sind es noch knapp 22%. Allerdings sind in den vergangenen 15 Jahren kaum noch Stellen abgebaut worden.

Diesmal ist die Lage ernster

Das Risiko der Deindustrialisierung ist in den Augen von vielen Experten massiv gestiegen. Neben dem starken Franken machen den Unternehmen die Flut von Initiativen, Regulierungen und die Unsicherheit über unser Verhältnis zur EU grosse Sorgen. Entscheidend für die Zukunft der Industrie in der Schweiz wird zudem sein, ob unsere Unternehmen in Sachen Innovation und Digitalisierung mit den Besten mithalten können. «Rund 50% der Volkswirtschaft muss bis 2030 neu erfunden werden.» Dieses Zitat weist auf einen grossen bevorstehenden Strukturwandel hin.

Am Schluss dieses Exkurses sei angemerkt, dass im Zeitalter der Globalisierung und nachindustriellen Revolution in Robotik, Informatik und Kommunikation die Grenzen zwischen Industrie und Dienstleistungen nur noch willkürlich zu ziehen sind. Der industriell-gewerbliche Sektor präsentiert sich weitgehend tertiarisiert, extrem spezialisiert und internationalisiert.

Ökonomisches Denken: kurz- und langfristig

Wegen der enormen Zunahme der Transportbedürfnisse stieg die Zahl der Pferdekutschen im 19. Jahrhundert schnell an. Gemäss einer Prognose von 1879 werde London um das Jahr 1910 unter einer meterhohen Schicht von Pferdemist «ersticken». Auch eine interessante Prognose stammt von Gottlieb Daimler aus dem Jahr 1910: «Die weltweite Nachfrage nach Kraftfahrzeugen wird eine Million nicht überschreiten – allein schon aus Mangel an verfügbaren Chauffeuren.» Der Gründer der IMB, Thomas J. Watson, erklärte 1943: «Ich denke, dass es einen Weltmarkt für vielleicht 5 Computer gibt.» Und der Gründer von Microsoft, Bill Gates, prognostizierte 2010: «Aus dem iPad von Apple wird nichts, Netbooks sind die Zukunft.»

Der in diesem Kapitel aufgezeigte Strukturwandel macht uns klar, dass die Bedürfnisse der Menschen im Wesentlichen konstant sind, aber sich deren Erfüllung ökonomisch und technisch sehr stark verändern kann. Unerwartete technische Innovationen verändern auch die Produktions- und Beschäftigungsstrukturen nachhaltig und meist irreversibel. Substitutionsprozesse sind laufend im Gang. Ökonomische Entwicklung beinhaltet deshalb auch oft einen unerwarteten Strukturwandel.

Dank den neuen Ideen und technischen Möglichkeiten werden qualitativ bessere und effizientere Güter hergestellt, was wiederum neue Wachstumsmöglichkeiten eröffnet. Strukturwandel und Wachstum finden gleichzeitig statt, weshalb Prognosen, welche einfach die jüngsten Entwicklungen extrapolieren, häufig «Mist» sind.

Der technische Fortschritt, der ökonomische und soziale Strukturwandel wird hier am Beispiel der Waschmaschine dargestellt:
http://www.youtube.com/watch?v=6sqnptxlCcw

Interview (April 2018)

Hans Hess
Präsident Swissmem
(www.swissmem.ch)

Hat die Maschinen-, Elektro- und Metall-Industrie (MEM-Industrie) die schwierigen Jahre im Zusammenhang mit der Frankenstärke überstanden? Wie bzw. woran zeigt sich der Strukturwandel in den MEM-Industrien in den letzten Jahren?

Fast ein Viertel der MEM-Unternehmen sind wegen den Aufwertungswellen des Schweizer Frankens von 2011 und 2015 in die Verlustzone geraten, weil sie die Preise senken mussten, um ihre Kunden nicht zu verlieren. Gleichzeitig waren sie gezwungen, rasch die Kosten zu reduzieren. Dabei haben sie den Druck teilweise an ihre Zulieferer weitergegeben. Viele Firmen mussten auch Teile der Produktion ins Ausland verlagern. Durch verschiedene Massnahmen wie Lean-Production, Design-to-Cost oder Automatisierung wurden zudem grosse Anstrengungen gemacht, die Produktivität zu steigern. Insgesamt gingen von 2011 bis 2017 rund 14'000 Arbeitsplätze in der Schweiz verloren. Auch wenn sich der Strukturwandel in der MEM-Industrie seit 2017 wieder etwas verlangsamt hat, wird er aus verschiedenen Gründen weitergehen. Die MEM-Unternehmen investieren und wachsen zwar wieder. Die meisten tun dies aber vor allem im Ausland, wo sie bereits heute Produktionsstandorte oder Zulieferer haben.

Wie wird der Trend zur Digitalisierung den Strukturwandel in den kommenden Jahren beeinflussen? Wird die Digitalisierung insgesamt zu mehr oder weniger Arbeitsplätzen führen?

Der grösste Hebel für die Verbesserung der Konkurrenzfähigkeit sowie der Margen sind neue, innovative Produkte und Dienstleitungen. Sie ermöglichen es, bessere Preise zu erzielen. Die Digitalisierung eröffnet diesbezüglich neue Chancen für die Schweizer MEM-Industrie. Stichworte dazu sind «smart products und services». Die Digitalisierung macht es aber auch möglich, durch Vernetzung und Vereinfachung der Abläufe (smart factories and value chains) die Kosten weiter zu reduzieren. Und schliesslich bietet die Digitalisierung auch die Möglichkeit, durch innovative Geschäftsmodelle neue Chancen im Markt zu nutzen. Wir gehen heute davon aus, dass durch die Digitalisierung und Automatisierung weitere Arbeitsplätze verloren gehen werden. Gleichzeitig werden aber auch neue, zukunftsträchtige Stellen geschaffen. Entscheidend ist, wie schnell die Unternehmen die digitalen Chancen nutzen. Hier spielt der rasche und wirkungsvolle Technologietransfer von den Universitäten wie ETHZ/EPFL und Fachhochschulen in die Firmen eine wichtige Rolle. Die Förderung von Start-ups alleine wird bei weitem nicht genügen. Die ganze MEM-Industrie muss sich digital transformieren. Deshalb bleiben Themen wie Forschung, Bildung und Innovation sowie die Sicherstellung genügend qualifizierter Fachkräfte für den Erfolg der Schweizer MEM-Industrie von grosser Bedeutung.

Bei vielen Arbeitnehmenden wird die Digitalisierung einen «Berufswechsel» notwendig machen. Welche Unterstützung leistet ihr Verband dabei?

Es ist klar, dass in den nächsten zehn Jahren nicht mehr alle traditionellen Berufe im gleichen Ausmass gefragt sein werden. Die Mitarbeitenden werden sich also weiterbilden und ein Teil von ihnen sogar umschulen müssen. Swissmem hat deshalb ein Umschulungsmodell entwickelt, das sich auf bereits qualifizierte Personen fokussiert. Es richtet sich sowohl an Beschäftigte mit einem Berufsabschluss als auch an Personen mit einem Tertiärabschluss. Es ist somit keine Berufslehre im herkömmlichen Sinn. Das Modell ermöglicht Erwachsenen eine Zweitausbildung mit entsprechendem Abschluss. Bereits vorhandene Fähigkeiten werden berücksichtigt und anerkannt, so dass sich die Bildungsmassnahmen auf das absolut Notwendige beschränken. Wichtig ist, dass die Umschulung erwachsenengerecht erfolgt. In Zusammenarbeit mit einigen Kantonen und ausgewählten MEM-Unternehmen will Swissmem dieses Umschulungsmodell in Pilotversuchen in den nächsten zwei, drei Jahren testen und weiterentwickeln.

Für den erfolgreichen Wandel der Strukturen in der MEM-Branche sind die staatlichen Rahmenbedingungen mitentscheidend. Welche Forderungen an die Politik haben Sie diesbezüglich?

Für die Schweizer MEM-Industrie, die 80 % ins Ausland exportiert, ist entscheidend, dass sie möglichst diskriminierungsfrei Handel mit den Kunden im Ausland treiben kann. Dabei stehen der Erhalt und die Weiterentwicklung des bilateralen Wegs mit der EU, in die 60 % unseres Exports gehen, weiterhin im Vordergrund. Aber auch weitere Freihandelsabkommen mit wichtigen aufstrebenden Ländern wie Brasilien oder Indien wären für uns sehr wichtig. Es geht aber auch darum, dass wir in der Schweiz diejenigen qualifizierten Fachkräfte bekommen, die wir brauchen. Dafür müssen wir das einheimische Fachkräftepotenzial möglichst gut nutzen sowie die Menschen in Richtung der geforderten Qualifikation aus- und weiterzubilden. Darüber hinaus muss es den Schweizer Unternehmen weiterhin möglich sein, in vernünftigem Ausmass rasch und unbürokratisch Fachleute aus dem Ausland rekrutieren zu können.

Schlüsselbegriffe

Die folgenden Schlüsselbegriffe kommen in diesem Kapitel vor und werden zudem am Ende des Buches nochmals erläutert.

- Strukturwandel Definition
- Strukturpolitik (Strukturerhaltungs-, Gestaltungs-, Anpassungspolitik)
- Strukturwandel nach Fourastié
- Drei Wirtschaftssektoren

Repetitionsfragen

Die Antworten finden Sie im Text dieses Kapitels sowie auf der Homepage des Verlages, edu.somedia-buchverlag.ch

1. Nennen Sie fünf Grössen, an denen sich ein Strukturwandel beobachten lässt.
2. Welche Überlegungen führten Fourastié zur Überzeugung, dass in einer «reifen» Volkswirtschaft der Anteil der Beschäftigten im Dienstleistungssektor 80% betrage, während im primären und sekundären Sektor nur gerade je 10% der Bevölkerung eine Beschäftigung finden?
3. Welche Ursachen für den verstärkten Strukturwandel kennen Sie?
4. a) Wie haben sich die Sektoren in der langfristigen Sicht in der Schweiz entwickelt?
   b) Welche Branchen gehörten in den letzten zehn Jahren zu den Gewinnern, welche zu den Verlierern des Strukturwandels?
5. a) Welche Konsequenzen und Herausforderungen ergeben sich aus dem Strukturwandel für die Unternehmungen?
   b) Welche drei Formen von staatlicher Strukturpolitik werden unterschieden?
6. Weshalb hat sich der Wettbewerb der Standorte in letzter Zeit massiv verschärft?
7. a) Nennen Sie typische konjunkturelle Probleme.
   b) Welches Ziel verfolgt die Wachstumspolitik?
   c) Welche Instrumente werden in der Strukturpolitik eingesetzt?

Interessante Homepages
(Direkte Verlinkung siehe edu.somedia-buchverlag.ch)

Zentrale Informationen zur Struktur der Schweizer Wirtschaft findet man unter «STATENT»:
http://www.bfs.admin.ch

Studien zum Strukturwandel, Lage und Aussichten verschiedenster Branchen findet man z. B. unter:
http://www.ubs.com/
oder unter:
https://www.credit-suisse.com
oder unter:
http://www.pwc.ch/de/publikationen.html

Zitate von interessanten und amüsanten Fehlprognosen findet man unter:
http://www.wiwo.de/

Teil IV
Einige volkswirtschaftliche Problemstellungen

9 Geld, Geldpolitik und das Problem der Preisstabilität

«Es ist egal, ob Sie reich oder arm sind,
solange Sie nur Geld haben.»
(J. E. Lewis)

9.1 Was ist Geld?

Wir haben in unseren Ausführungen schon des Öfteren über Geld gesprochen. In diesem Kapitel wollen wir uns nun speziell mit diesem Stoff, aus dem so manche Träume gewoben sind, auseinandersetzen. Im *Kapitel 1.2* haben wir die Frage, was Geld ist, von den Funktionen her beschrieben und festgehalten, dass Geld ein ideales **Zahlungsmittel**, eine **Recheneinheit** und ein **Wertaufbewahrungsmittel** ist, weil mit ihm Transaktionskosten eingespart werden können. Nun wollen wir dieselbe Frage von einem anderen Blickwinkel aus betrachten:

Was gehört alles zum Geld?
Gehören zum Geld:
- unsere Münzen und Banknoten?
- unsere Guthaben auf dem Lohn-, Kontokorrent- und Postkonto?
- unsere Festgeldanlagen (für eine gewisse Zeit gebundene Gelder, auch Termineinlagen genannt)?
- unsere Sparguthaben?

Es ist unbestritten, dass die genannten drei Funktionen nicht nur vom Bargeld (Münzen und Noten) erfüllt werden. Denn der Löwenanteil des Zahlungsverkehrs läuft ab, ohne dass **Bargeld** die Hände wechselt: Unsere Rechnungen bezahlen wir mittels Bank- oder Postüberweisung und unsere Einkäufe bezahlen wir mit Debit- und Kreditkarten. Bankguthaben, die sofort verfügbar sind (Kontokorrentguthaben) und Guthaben auf Postkonten sind auch Geld (sogenanntes **Buchgeld**), weil sie die Funktionen des Geldes ebenso erfüllen wie Bargeld. Die Zahlungsmittelfunktion kann dank Buchgeld sehr schnell und kostensparend erfüllt werden und dank Zinsgutschriften wird auch die Wertaufbewahrungsfunktion besser erfüllt. Diese Art von Guthaben bei Banken und der Post werden als **Sichtguthaben** oder **Giroguthaben** bezeichnet, weil sie jederzeit (auf Sicht) als Zahlungsmittel verfügbar sind.

Wir «parkieren» unser Geld allerdings nicht nur auf Kontokorrentkonten, sondern auch auf Lohn-, Spar-, Depositen- und Einlagekonti, die bis zu einer bestimmten Summe ebenfalls für den Zahlungsverkehr eingesetzt werden können. Die Bestände auf solchen Konten, die wie die Sichtguthaben für Zahlungen verwendet werden können, zählen deshalb auch zum Geld. Man nennt diese Konti **Transaktionskonti**.

Anders liegen die Verhältnisse bei den Beständen auf **Spareinlagen** (Einlagen auf Spar-, Depositen- und Einlagekonti, die nicht für den Zahlungsverkehr, sondern als Wertaufbewahrung dienen) und bei den **Termineinlagen**. Sie sind nicht jederzeit und unverzüglich als Zahlungsmittel verwendbar, weil Kündigungsfristen bestehen oder weil sie für eine gewisse Zeit gebunden sind.

Geld wird nun aber nicht einfach als der Gesamtbestand von Bar- und Buchgeld bei allen Wirtschaftssubjekten definiert. Die **Geldbestände der Banken** scheiden dabei aus. Dafür gibt es zwei Rechtfertigungen: Der erste Grund liegt in der Zielsetzung der Geldtheorie, die zur Erklärung der Veränderung des Preisniveaus, der Produktion sowie z.B. der Beschäftigung dienen soll. Zu diesem Zweck sind die Geldbestände des Bankensektors unmittelbar wenig bedeutsam, da sie selber kaum eine Güternachfrage entfalten, sondern durch Kreditvergabe dafür sorgen, dass andere ihre Kaufabsichten in die Tat umsetzen können. Zweitens werden auf diese Weise Doppelzählungen vermieden. Wenn jemand beispielsweise mit Fr. 1'000.– ein Bankkonto eröffnet, findet lediglich ein Tausch von Bar- zu Buchgeld statt. Die Fr. 1'000.– im Banktresor dürfen nicht zusätzlich zum Geld gezählt werden.[1] Zur Geldmenge gehören also alle Geldbestände des Publikums (Haushalte, Unternehmungen und Staat).

1 **Bankraub:** Das, wofür sich die **Bankräuber** interessieren, zählt also gar nicht zum Geld – sind sich die Bankräuber dessen wohl bewusst?

Geld im engeren Sinn ist alles, womit wir jederzeit bezahlen können. Dazu gehören das Bargeld, die Sichtguthaben und die Einlagen auf Transaktionskonten des Publikums bei Banken und der Post.

- Die so definierte Geldmenge im engeren Sinne wird auch als **Geldmenge M1** bezeichnet. Für diese Definition ist die Zahlungsmittelfunktion des Geldes als Abgrenzungskriterium massgebend.

- Addieren wir zu M1 die **Spareinlagen** (Einlagen auf Spar-, Einlagen- und Depositenkonti, die der Wertaufbewahrung dienen), gelangen wir zur **Geldmenge M2**.[2]

- Betonen wir die Wertaufbewahrungsfunktion des Geldes noch stärker und bilden eine umfassende Geldmenge, die alle potenziellen Zahlungsmittel enthält, also auch die für eine gewisse Zeit gebundenen Einlagen **(Termineinlagen)**, erhalten wir die **Geldmenge M3**.

2 **2. und 3. Säule:** Ausgeklammert aus den Spareinlagen – und damit aus der Geldmengenstatistik – werden die **Freizügigkeitskonten** im Rahmen der beruflichen **Vorsorge** (2. Säule) und die Konti im Rahmen der freiwilligen **Eigenvorsorge** (3. Säule). Weil die Auszahlung dieser Anlagen frühestens fünf Jahre – von einigen Ausnahmen abgesehen – vor Erreichen des AHV-Alters verlangt werden kann, stellen sie kein Substitut für Zahlungsmittel dar.

Bei der Definition der M-Geldmengen haben wir den Blickwinkel des Publikums eingenommen. Wie wir später noch ausführlicher darlegen werden, ist die Schweizerische Nationalbank (SNB) mit der Aufgabe betraut, die Geldmenge zu steuern. Deshalb ergibt sich ein weiterer Geldmengenbegriff, wenn wir die Sicht der SNB einnehmen und uns fragen, welches Geld sie der Wirtschaft zur Verfügung stellt bzw. welches Geld sie direkt kontrollieren kann. Dabei handelt es sich um die SFr.-Noten, die sie, und nur sie, in Umlauf setzen darf, und um die Sichteinlagen der Banken bei ihr.[3]

3 **Münzen:** In der Schweiz steht gemäss Art. 99 der Bundesverfassung das Recht, **Münzen zu prägen**, dem Bunde zu. Die Münzen werden durch die Eidgenössische Münzstätte geprägt.

- Die Summe der Banknoten im Publikum und bei den Banken sowie die Sichteinlagen der Banken bei der SNB ergeben die **Notenbankgeldmenge**.

Kann jemand auch zu viel Geld haben?

Bevor Sie mit «Nein, sicher nicht» antworten, machen Sie sich nochmals bewusst, was der Begriff Geld im oben definierten Sinn umfasst. Angenommen, Sie gewinnen 1 Million im Lotto. Was machen Sie damit? Sie werden diese Million wohl kaum unter Ihrer Matratze verstecken oder als Sichteinlage bei der Bank halten. Dafür sind die Opportunitätskosten (vgl. *Kapitel 1.3*) zu hoch. Sie werden also das Bedürfnis haben, Ihren Geldbestand zu reduzieren und alternative Anlageformen wählen. Menschen, denen der Besitz von Geld an sich schon Vergnügen bereitet, sind deshalb die Ausnahme.

Tabelle 9.1   Definition der Geldmengen

M-Geldmengen	
Vom Publikum (Nichtbanken-Sektor) gehaltene Zahlungsmittel (Nur Zahlungsmittel von Inländern – also in der Schweiz wohnhafter Personen – und nur Zahlungsmittel in Schweizer Franken)	Bargeld + Sichteinlagen bei Banken und Post + Transaktionskonti = **Geldmenge M1**
	Geldmenge M1 + Spareinlagen (ohne Vorsorgegelder) = **Geldmenge M2**
	Geldmenge M2 + Termineinlagen = **Geldmenge M3**

Notenbankgeldmenge	
Von der Nationalbank geschaffene Zahlungsmittel	Notenumlauf + Giroguthaben der Geschäftsbanken bei der SNB

[1] **Anteil Bargeld:** Hätten Sie gedacht, dass das **Bargeld** einen so geringen Anteil an der gesamten Geldmenge ausmacht?

Abbildung 9.1 stellt die Grössenverhältnisse der vier Geldmengenkonzepte dar. Das Verhältnis zwischen dem Bargeld und den Sichtguthaben / Transaktionskonti ist in der Schweiz etwa 1 : 7. Der bargeldlose Zahlungsverkehr ist also wesentlich wichtiger als die Zahlungen mit Noten und Münzen.[1]

Abbildung 9.1   Die Geldmengen

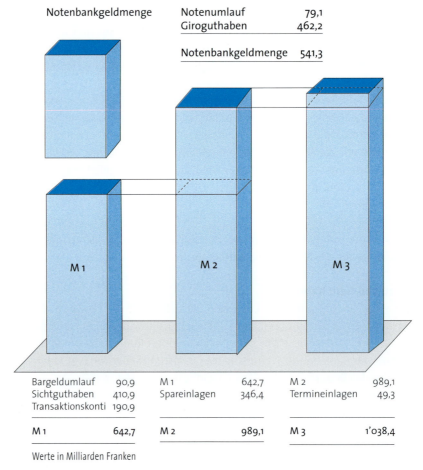

Werte in Milliarden Franken

Quelle: Schweizerische Nationalbank (SNB), Februar 2018

9.2 Wie entsteht Geld, wie wird Geld vernichtet?

Nachdem Sie nun wissen, was Geld ist, verfallen Sie sicher nicht der irrigen Meinung, dass die Geldmenge durch das Drucken von Banknoten durch die Schweizerische Nationalbank vergrössert wird. Die Tonnen von Banknoten, die sich in den geheimen Gängen unter dem Bundesplatz stapeln, zählen erst dann zur Geldmenge, wenn sie über den Schalter der SNB-Hauptkasse zu den Banken gelangen (Notenbankgeldmenge) bzw. wenn sie in die Hände des Publikums geraten (Geldmenge M1). Wie gelangen sie aber zu den Banken und weiter zum Publikum oder, allgemeiner formuliert:

Wie entsteht Geld?
Die Nationalbank und die Banken verschenken das Geld – wie Sie aus eigener Erfahrung wissen – natürlich nicht:

Geld entsteht aus einem Tauschgeschäft, an dem eine inländische Bank beteiligt ist.

Bei diesen Tauschgeschäften wird etwas, was Nichtgeld ist, gegen Geld eingetauscht. Schauen wir uns dazu **drei Beispiele** an:

1. *Die Nationalbank kauft von einer Geschäftsbank eine Million Dollar.*
   Die Geschäftsbank überweist der SNB die eine Million Dollar, die Nichtgeld ist, und bekommt den Gegenwert in SFr. auf ihrem Girokonto gutgeschrieben. Die Sichtguthaben der Bank steigen, das bedeutet einen Anstieg der Notenbankgeldmenge. Die M-Geldmengen bleiben unverändert.

2. *Die Nationalbank gewährt einer Geschäftsbank einen Kredit gegen Wertschriften als Pfand.*
   Die Geschäftsbank tritt an die SNB eine Sicherheit ab (Nichtgeld) und erhält dafür Geld in der Form von Sichtguthaben. Auch in diesem Fall steigt deshalb die Notenbankgeldmenge, die M-Geldmengen bleiben unverändert. Transaktionen zwischen der Nationalbank und den Banken wirken sich auf die M-Geldmengen nicht aus, weil sie den Bereich des Publikums nicht berühren.

3. *Eine Bank gewährt einen Kredit.*
   Die Bank schreibt den Betrag ihrem Kunden auf seinem Bankkonto gut. Als Sicherheit erhält sie z.B. das Pfandrecht auf der Liegenschaft (Nichtgeld). Die M-Geldmengen steigen.

Beim Beispiel 3 ist an der Entstehung von Geld nicht die Nationalbank, sondern eine normale Geschäftsbank beteiligt. Wahrscheinlich kommt es Ihnen schon spanisch vor, dass neben der Nationalbank auch eine Kantonalbank, eine Raiffeisenbank, die UBS und alle anderen Banken Geld schöpfen können. Nach dem Lesen des folgenden Abschnittes sollte Ihnen die Geldschöpfung durch die Banken weniger wundersam vorkommen.

Geldschöpfung durch die Geschäftsbanken
Erinnern Sie sich bitte daran, dass die Geldmenge sich aus dem Bargeld und den Guthaben bei den Banken zusammensetzt. Das Bargeld in Noten kann nur durch die Nationalbank verändert werden. Aber auf die Höhe der Bankguthaben, z.B. in Form eines Sichtguthabens, können die Banken durch ihr Verhalten Einfluss nehmen. Stellen Sie sich vor, Sie gründen eine Bank und der erste Kunde, Kunde A, eröffnet bei Ihnen ein Girokonto und zahlt 500'000 Franken in Noten ein. Was machen Sie nun mit diesen 500'000 Franken? Ihr potenzieller Kunde B plant eine grössere Investition. Zur Finanzierung möchte er bei Ihnen einen Kredit aufnehmen und ist gerne bereit, Ihnen dafür einen Zins zu zahlen. Sie realisieren: **Bargeld im Banktresor ist nicht viel mehr als ein Staubfänger,** verursacht Opportunitätskosten – Verzicht auf Zinsen – und ist wohl nicht die beste Strategie. Andererseits können Sie nicht das ganze Geld als Kredit weitergeben, weil es ja sein könnte, dass Ihr erster Kunde einen Teil seiner Einlagen wieder abheben will. Nehmen wir an, Sie behalten 10 % als Reserve und gewähren einen Barkredit

von 450'000 Franken. Wie gross ist die Geldmenge vor und nach der Kreditvergabe? Vor der Kreditvergabe war die Geldmenge 500'000 Franken, nämlich die Giroeinlage des Kunden A. Nach der Kreditvergabe verfügt Kunde A nach wie vor über sein Giroguthaben von 500'000 Franken. Zusätzlich aber hat Kunde B 450'000 Franken Bargeld. Zusammen verfügen A und B über Zahlungsmittel im Umfang von 950'000 Franken, die Geldmenge ist nun also auf 950'000 Franken gestiegen. Was macht eigentlich der Kunde B in unserem Beispiel mit seinen 450'000 Franken Kredit? Nehmen wir an, er verwendet den Kredit dazu, eine Maschine zu kaufen und zahlt das Geld deshalb auf das Konto des Verkäufers bei einer zweiten Bank ein. Was wird wohl diese Bank mit den 450'000 Franken machen? Sie wird wieder einen Teil als Reserve zurückbehalten und den Rest als Kredit weitergeben. So erhöht sich die Geldmenge immer weiter. Zu diesem Wachstum verhilft der **Geldschöpfungsmultiplikator**.

Abbildung 9.2   Die Monetisierungsfunktion

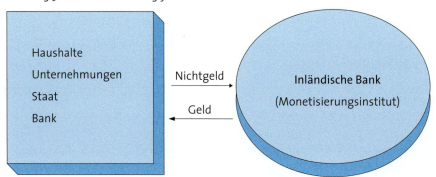

Der Begriff **Multiplikator** wird hier zum zweiten Mal in diesem Buch verwendet. Im *Kapitel 5.3* lernten wir den Einkommensmultiplikator kennen. Hinter dem Geldschöpfungsmultiplikator verbirgt sich dieselbe Logik. Eine Erhöhung der Notenbankgeldmenge hat eine multiplikative Wirkung, weil nur ein Teil davon als Reserve gehalten und der Rest als Kredit verliehen wird. Dieser Geldschöpfungsmultiplikatorprozess endet erst, wenn der Gesamtwert der Gelder, die den Reserven zufliessen, den ursprünglichen Anstieg der Notenbankgeldmenge kompensiert.

Der Geldschöpfungsmultiplikator kann deshalb folgendermassen berechnet werden: **1/Reservesatz**. In unserem Beispiel beträgt der Reservesatz 10 %, der Multiplikator ist somit 10. Aus einer Bargeldeinlage von 500'000 CHF entsteht eine Geldmengenerhöhung von 5 Millionen CHF.

Finanzmarkt- und Bankenkrisen

Halten die Banken also nur einen Teil ihrer Einlagen als Reserven, können sie über die Kreditgewährung Geld schaffen. Sie halten diese Art von Geldschöpfung wahrscheinlich für eine ominöse Angelegenheit. Wollten nämlich alle Bankkunden ihr Geld gleichzeitig zurück, wären die Banken nicht in der Lage, ihren Auszahlungsverpflichtungen nachzukommen. Das ist tatsächlich so: Wie Sie wissen, macht das Bargeld ja nur einen kleinen Teil der gesamten Geldmenge aus. Einerseits hat deshalb jede Bank ein vitales Interesse daran, zahlungsfähig zu sein, also über genügend Notenbankgeld zu verfügen. Andererseits wäre es völlig übertrieben, alles Geld liquide zu halten. Weil die Banken also mehr Sichtguthaben schöpfen, als sie Bargeld halten, haben sie ein dauerndes **Liquiditätsoptimierungsproblem**. Um Bankenkrisen möglichst zu vermeiden, hat der Staat zudem zahlreiche Regulierungen für die Banken aufgestellt. Trotzdem kam es in der Geschichte immer wieder zu Bankenkrisen. Auch in den letzten Jahren führte das Platzen von Immobilienblasen und das Schuldenwachstum zu einer weltweiten Finanzkrise, der etliche Banken zum Opfer fielen.[1]

Eine Abschlussfrage zur Geldschöpfung: «**Durch Arbeit entsteht Geld!**» Was halten Sie von dieser Aussage? Arbeit ist eine legale Methode, sich das Geld anderer Leute zu verschaffen, das Geld wechselt dabei aber nur die «Hosentasche».

---

[1] **Bankenkrise:** Auch in der Schweiz mussten 2008 die **Grossbanken** Rückstellungen und Abschreibungen vornehmen, die zu roten Zahlen in den Erfolgsrechnungen führten. Manch ein Schweizer fragte sich, ob seine Spareinlagen bei diesen Banken noch sicher sind, oder ob er sein sauer verdientes Geld nicht besser abheben sollte.

Wie wird Geld vernichtet?[1]
Ganz allgemein lässt sich diese Frage leicht beantworten: Kehren wir die oben beschriebenen Transaktionen um, wird Geld vernichtet. Also z.B. wenn ein Kredit an die Bank oder an die SNB zurückbezahlt wird oder wenn die Nationalbank an eine Geschäftsbank eine Million Dollar verkauft.

9.3 Die Rolle der Schweizerischen Nationalbank

Die Nationalbank – eine spezielle Unternehmung

Die SNB hat viele Besonderheiten, die sie von anderen Unternehmungen unterscheidet. Sie ist seit ihrer Gründung im Jahr 1906 eine Aktiengesellschaft, deren Aktienkapital zu rund zwei Drittel im Besitz von Kantonen und Kantonalbanken ist und die unter Aufsicht einer politischen Behörde, dem Bankrat, steht. Die Geschäftsführung obliegt einem dreiköpfigen Direktorium[2], das vom Bundesrat gewählt wird, aber in der Führung der Geldpolitik autonom ist. Die Tatsache, dass die Nationalbank das **Notenmonopol** hat, unterscheidet sie von allen anderen Unternehmungen: **Sie macht Schweizer Franken** und setzt diese durch Geschäfte mit den Banken in Umlauf. Bei der **SNB** arbeiten rund **800 Mitarbeiter,** die das Schweizer Bürgerrecht besitzen und in der Schweiz wohnhaft sein müssen. Es ist zwar nicht die Aufgabe der SNB, Gewinne zu machen, trotzdem erzielt sie über die lange Frist betrachtet in der überwiegenden Mehrzahl der Geschäftsjahre Gewinne. Das Nationalbankgesetz sieht vor, dass von einem Gewinn höchstens eine Dividende von 6 % des Aktienkapitals ausgeschüttet wird. Soweit der Gewinn die Dividende übersteigt, kann er – gemäss Vereinbarung zwischen dem Finanzdepartement und der SNB – zu einem Drittel an den Bund und zu zwei Drittel an die Kantone ausbezahlt werden. Eine weitere Besonderheit ist der öffentliche Auftrag der SNB:

Hauptaufgabe der Nationalbank ist gemäss Bundesverfassung, Art. 99: «Die Schweizerische Nationalbank führt als unabhängige Zentralbank eine Geld- und Währungspolitik, die dem Gesamtinteresse des Landes dient.» Ihr Auftrag wird im Nationalbankgesetz präzisiert. Dieses betraut die SNB, die Preisstabilität zu gewährleisten, dabei der konjunkturellen Entwicklung Rechnung zu tragen und zur Stabilität des Finanzsystems beizutragen.

Welches sind die typischen Positionen der Nationalbankbilanz?

Aktivseite: Ende 2017 weist die Bilanz der SNB einen **Devisenbestand** von rund 790 Milliarden Franken aus. Dabei handelt es sich vor allem um Wertpapieranlagen in Euro und Dollar. Die Devisenanlagen dominieren die Aktiven der SNB, beträgt ihr Anteil doch gegenwärtig rund 94 %. Gut 42 Milliarden ist der Wert des **Goldes**, welches die SNB in Form von Barren und Münzen im In- und Ausland gelagert hat. Eine wichtige Stellung nehmen auch die **Repo-Geschäfte** ein. Ende 2017 weist zwar die SNB-Bilanz keine Repo-Geschäfte aus, aber sie sind ein wichtiges geldpolitisches Instrument der SNB (vgl. *Kap 9.4*).

Passivseite: Der **Notenumlauf** weist mit rund 82 Milliarden Franken den Wert der von der Nationalbank ausgegebenen Banknoten aus. Die Guthaben der Banken auf den **Girokonten** dienen der Abwicklung des bargeldlosen Zahlungsverkehrs. Diese Girokonten bilden die Grundlage für die geldpolitische Steuerung der SNB. Das Nationalbankgesetz schreibt der SNB zudem vor, **Rückstellungen** für Währungsreserven zu bilden.

Können Sie sich nach diesen Ausführungen erklären, warum und wie die **Nationalbank Gewinn** macht? Sie kauft Vermögenswerte von den Banken und bezahlt mit selbst geschaffenem Geld (Buchgeld oder Noten, deren Produktion sie im Durchschnitt pro Note 30 Rappen kostet). Die gekauften Vermögenswerte, vorab Devisen und Wertschriften, bringen Erträge, die der SNB Gewinne ermöglichen. Allerdings sind das Geld und die Devisenbestände hohen Wertschwankungsrisiken ausgesetzt, welche auch zu massiven Verlusten der SNB führen können. Das Ergebnis der SNB weist deshalb starke Schwankungen aus.

---

[1] Geldvernichtung: Eine besonders **spektakuläre Verkleinerung der Geldmenge** im buchstäblichen Sinne hat Boliviens Regierung 1988 durchgeführt. Sie verbrannte nämlich 2'000 Tonnen Papiergeld – Scheine, die während der Hochinflationszeit im Umlauf waren. 100 Eisenbahnwagen, randvoll mit Geldscheinen gefüllt, transportierten die Fracht zum Verbrennungsort. Das Drucken des Geldes hatte die bolivianische Regierung 60 Mio. $ gekostet, und auch die Kosten der Verbrennungsaktion dürften erheblich gewesen sein. Die Gelddruckanstalten Europas haben damit einen Grosskunden verloren. Für sie war die bolivianische Inflation (bis zu 8'200 % jährlich) ein Bombengeschäft.

[2] Direktorium der SNB: Präsident ist Thomas Jordan, Vizepräsident Fritz Zurbrügg und drittes Mitglied ist Andréa M. Maechler.

Abbildung 9.3   Struktur der Bilanz der SNB

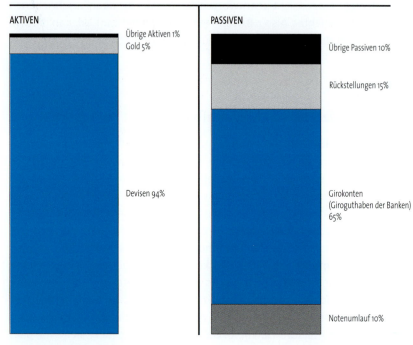

Quelle: SNB, Bilanz Januar 2018

9.4 Die geldpolitischen Instrumente der SNB

Die Bilanz der Nationalbank gibt Anhaltspunkte über die Instrumente, die zur Beeinflussung der Geldmenge eingesetzt werden können. Den **Notenumlauf** kann die SNB insofern nicht direkt bestimmen, als sie ihn der Bargeldhaltung und den Zahlungsgewohnheiten der Haushalte und Unternehmen anpasst. Gegen Monatsende (Bezahlung von Löhnen und Rechnungen), an den Quartalsenden sowie zum absoluten Spitzentermin im Dezember sind die Liquiditätsbedürfnisse erfahrungsgemäss besonders gross.

Lehrmaterial:
«Geldpolitik»
Simulation MOPOS
(www.iconomix.ch)

Instrumente der SNB zur Steuerung der Geldmenge

Direkte Einflussmöglichkeiten hat die SNB auf die **Giroguthaben der Banken.** Will die SNB die Geldmenge verändern, so macht sie das in der Regel durch Transaktionen mit den Geschäftsbanken. Will sie die Geldmenge erhöhen, kauft sie von den Banken Vermögenswerte wie Wertschriften und Devisen oder sie gewährt ihnen Kredit gegen Sicherheiten. Den Gegenwert für die Vermögenswerte oder die Kreditsicherheiten schreibt sie den Banken auf ihren Girokonten gut. Diese Gutschriften benützen die Banken ihrerseits zur Gewährung von Krediten an ihre Kunden und setzen so den Geldschöpfungsmultiplikator in Gang. Zur Steuerung der Geldmenge stehen ihr folgende Instrumente zur Verfügung:

- **Devisengeschäfte:** Zur Erfüllung ihrer geldpolitischen Aufgaben kann die Nationalbank Devisen (Fremdwährungen) kaufen oder verkaufen. Dabei sind die Devisen vorwiegend in Anleihen von Staaten angelegt. Zudem setzt sie **Devisenswaps** ein. Bei einem Devisenswap werden gleichzeitig der Kauf (Verkauf) von Devisen und der Verkauf (Kauf) zu einem späteren Termin vereinbart.

- **Negativzinsen:** Am 6. September 2011 legte die SNB einen Mindestkurs von 1.20 Franken pro Euro fest. Um Frankenanlagen weniger attraktiv zu machen und so den Mindestkurs zu unterstützen, beschloss die Nationalbank am 18. Dezember 2014, Giroguthaben, die Banken und andere Finanzmarktteilnehmer bei ihr halten, negativ zu verzinsen, wenn sie einen bestimmten Freibetrag überschreiten. Der Negativzins soll die Attraktivität von Frankenanlagen verringern und den Aufwertungsdruck mindern. Am 15. Januar 2015 hat die SNB den Mindestkurs gegenüber dem Euro aufgegeben. Gleichzeitig senkte sie den Negativzins auf -0,75%.

- **Repo (Repurchase Agreement):** Zur Steuerung der Geldmenge und des Zinsniveaus kann die SNB das Repo-Geschäft einsetzen. Bei diesem Geschäft kauft die Nationalbank von einer Bank Wertpapiere und vereinbart, dass die Bank diese Wertpapiere nach einer bestimmten Zeit wieder zurücknimmt. Die Laufzeiten des Repos liegen zwischen einem Tag und wenigen Monaten. Für die Laufzeit des Geschäftes verlangt sie einen Zinssatz, den Repo-Satz. Was macht die Nationalbank, wenn sie einen Anstieg der Inflation befürchtet und deshalb die Geldmenge reduzieren möchte? Dann erhöht sie den Repo-Satz. Zu diesem höheren Satz nehmen die Banken weniger Repo-Darlehen auf, ihre Giroguthaben sinken. Die Banken werden in ihrer Kreditgewährung eingeschränkt: Das Geldschöpfungspotenzial der Banken wird kleiner.

- **SNB-Bills:** Zur Abschöpfung von Liquidität gibt die SNB eigene Schuldverschreibungen heraus, die sie bei Bedarf auch wieder zurückkaufen kann. Im Nationalbankgesetz gibt es auch sogenannte Mindestreserve-Vorschriften, durch welche die Banken verpflichtet werden, einen Minimalbestand an Guthaben bei der SNB zu halten. **Mindestreserve-Vorschriften** werden nicht zur Steuerung der Geldmenge eingesetzt, sondern sorgen dafür, dass die Banken über einen «Notvorrat» an Notenbankgeld verfügen.

- **Wertschriften in Schweizer Franken:** Je nach Bedarf kauft oder verkauft die SNB Wertschriften in Schweizer Franken – vorwiegend Anleihen von Bund und Kantonen.

Die wichtigsten geldpolitischen Instrumente der SNB sind zurzeit die Devisengeschäfte und die Negativzinsen. Repo-Geschäfte, SNB-Bills und der Handel mit Wertschriften in Schweizer Franken spielen aktuell keine wichtige Rolle.

9.5 Die Geldpolitik der Schweizerischen Nationalbank (SNB)

Vom Monetarismus zum Zinszielband

Bis 1973 waren die Wechselkurse fixiert (vgl. *Kapitel 15*). Um den Schweizer Franken stabil zu halten, war die Nationalbank damals gezwungen, die zufliessenden Devisen gegen Franken zu kaufen und die Geldmenge entsprechend auszudehnen. Der Zusammenbruch dieses Systems ermöglichte der SNB, eine eigenständige Geldpolitik zu führen, die folgende Phasen durchlief:

- **1. Phase: Ausrichtung auf ein kurzfristiges Geldmengenziel.** In den 1970er-Jahren gehörte sie zu den Vorreitern einer monetaristischen Geldpolitik. Zur Sicherung der Preisstabilität dienten Geldmengenziele: Bis 1979 gab die SNB Jahresziele für M1 bekannt.

- **2. Phase: Rücksichtnahme auf den Wechselkurs.** Gegen Ende der 70er-Jahre erhöhte sich der Franken sehr stark, so dass die SNB entschied, das Geldmengenziel fallenzulassen und ein Wechselkursziel anzustreben. Am 1. Oktober 1978 gab die SNB bekannt, sie werde so lange Devisen am Markt aufkaufen, bis die Deutsche Mark deutlich über 80 Franken notiere. Nachdem die Wechselkurskrise gemeistert war, kündigte die SNB ab 1980 wieder ein Geldmengenziel an, das sich neu auf die Notenbankgeldmenge bezog.

- **3. Phase: Ausrichtung auf ein mittelfristiges Geldmengenziel.** Ende der 80er-Jahre bildete sich im Zuge eines starken Konjunkturaufschwungs eine Immobilienblase. An die Stelle des Kampfes gegen einen starken Franken trat der Kampf gegen die Inflation. Die SNB gab die Praxis der jährlichen Geldmengenziele auf und legte Ende 1990 einen mittelfristigen – auf fünf Jahre ausgerichteten – Wachstumspfad fest. Im Laufe der Jahre verlor das Geldmengenziel als Entscheidungsgrundlage für die SNB-Politik stetig an Bedeutung. Dies vor dem Hintergrund, dass die Geldmengenentwicklung keinen ausreichend engen Zusammenhang zur Preisentwicklung hatte. In der Schweiz scheiterte zudem die strikte Geldmengenpolitik wegen den Wechselkursschwankungen.

- 4. Phase: Inflationsprognose und Zinszielband. Auf den Jahreswechsel 1999 / 2000 trat ein neues geldpolitisches Konzept der SNB in Kraft, bei welchem sich die Geldpolitik an einer Inflationsprognose und einem Zinszielband orientiert.

Das aktuelle geldpolitische Konzept der SNB
Das geldpolitische Konzept der Nationalbank zeigt, wie sie ihren gesetzlichen Auftrag zu erfüllen beabsichtigt. Es besteht aus folgenden Elementen:

1. **Inflationsziel:** Das Hauptziel der Nationalbank ist die Wahrung der Preisstabilität. Darunter versteht sie einen Anstieg des Landesindex der Konsumentenpreise um weniger als 2 %. Auch eine Senkung des Preisniveaus (eine Deflation) will die Nationalbank mit ihrer Geldpolitik verhindern.

2. **Inflationsprognose:** Veränderungen in der Geldpolitik schlagen sich in der Wirtschaft nicht unmittelbar, sondern verzögert nieder. Deshalb kann sich die SNB bei ihren geldpolitischen Entscheiden nicht an den aktuellen Inflationsraten orientieren, sondern sie muss sich auf eine Inflationsprognose für die folgenden drei Jahre stützen. Zur Erstellung dieser Prognose sind z.B. Informationen über den Konjunkturverlauf, die Entwicklungen am Arbeitsmarkt, Wechselkurse, Geldmenge und Zinsen notwendig. Weicht die Inflationsprognose von der Preisstabilität ab, müssen Anpassungen in der Steuerung der Geldmenge vorgenommen werden. Wird ein Preisanstieg von über 2 % prognostiziert, strafft sie die geldpolitischen Zügel, droht hingegen eine Rezession bei sinkender Preistendenz, stellt sie der Wirtschaft zusätzliches Geld zur Verfügung. Die SNB überprüft ihre Geldpolitik an ihrer vierteljährlichen Lagebeurteilung.

3. **Zinszielband für den Libor-Satz:** Zur Umsetzung ihrer Strategie steuert die SNB den Zinssatz für Anlagen mit einer Laufzeit von drei Monaten: den Libor-Satz (London Interbank Offered Rate). Das ist der Zinssatz, welcher grosse Banken für 3-Monats-Anlagen in Schweizer Franken untereinander verlangen und der täglich in London um 11.00 Uhr fixiert wird. Die Nationalbank legt als Leitplanke ein Zielband mit einer Schwankungsbreite von normalerweise einem Prozentpunkt für diesen Zinssatz fest. Dabei kann sie den Libor nicht direkt beeinflussen (Zinssatz für Banken untereinander), seine Steuerung erfolgt indirekt über Repo-Geschäfte, mit denen dem Markt Liquidität zugeführt oder abgezogen wird (Abb. 9.4).

Abbildung 9.4   Zinszielband für den Dreimonats-Libor

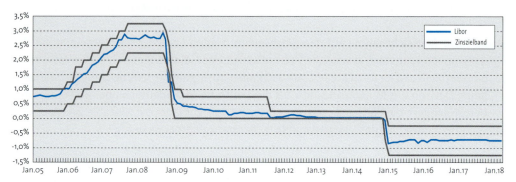

Quelle: SNB

4. **Negativzinsen:** Am 15. Januar 2015 hob die Nationalbank den Mindestkurs von 1.20 Franken pro Euro auf, den sie am 6. September 2011 eingeführt hatte. Gleichzeitig erhöhte sie den Negativzins auf Giroguthaben, den sie im Dezember eingesetzt hatte, von -0,25% auf -0,75%.

Drei unterschiedliche geldpolitische Strategien: In der Geschichte der Geldpolitik zeigen sich drei grundsätzlich unterschiedliche Strategien. Die Geldpolitik orientiert sich an Geldmengen, an Wechselkursen, Zinsen oder an Inflationsprognosen.

Das aktuelle geldpolitische Konzept: Das aktuelle geldpolitische Konzept der SNB richtet sich an 4 Elementen aus. Die SNB stützt ihre geldpolitischen Entscheide auf eine Inflationsprognose für die nächsten drei Jahre ab. Dabei verfolgt sie ein Inflationsziel: Preisstabilität heisst für die SNB ein Anstieg des Landesindex der Konsumentenpreise um weniger als 2 Prozent. Zur Umsetzung der Geldpolitik legt die SNB ein Zins-Zielband für den Dreimonatszinssatz für Frankenanlagen (Libor) fest. Seit Dezember 2014 erhebt die SNB einen Negativzins auf den Giroguthaben.

9.6. Die Geldpolitik in stürmischen Zeiten

Von der Finanzkrise über die Wirtschaftskrise zur Schuldenkrise

Nach einer längeren Schönwetterperiode wurde die Weltwirtschaft in den Jahren 2008 und 2009 von einer heftigen Krise erfasst. Der ursprüngliche Krisenherd war der Immobilienmarkt in den USA. Eine sehr expansive Geldpolitik ab 2001 mit tiefen Zinsen und hohe Kapitalzuflüsse aus dem Ausland führten zu einem unverhältnismässigen **Anstieg der Immobilienpreise**, die weit über dem eigentlichen Wert der Immobilien lagen. Als sich bei den Häuserpreisen eine Trendwende abzeichnete, platzte die Immobilienblase und löste einen Kurszerfall von Wertpapieren aus, welche auf den Hypothekarschulden beruhten. Plötzlich wollten sich alle von diesen «toxischen» Papieren trennen und die **Preisspirale nach unten** beschleunigte sich massiv. Davon betroffen waren insbesondere die Banken auf der ganzen Welt, welche diese scheinbar risikoarmen Wertpapiere massenweise gekauft hatten.

Als die **US-Bank Lehman Brothers** im Herbst 2008 Konkurs ging, eskalierte die Krise an den Finanzmärkten. Das Vertrauen wurde derart erschüttert, dass die Banken sich gegenseitig kein Geld mehr ausliehen. In der Folge brachen auch die Aktienmärkte ein, die Zukunftsaussichten wurden schwarz und schwärzer. Die Krise an den Finanzmärkten und die um sich greifende Verunsicherung führten zu einer ungewöhnlich raschen, praktisch alle Sektoren umfassenden konjunkturellen Abwärtsdynamik, welche sich über die ganze Welt ausbreitete. Die Wirtschaftskrise manifestierte sich 2009 in einer tiefen Rezession, in deren Folge viele Staaten der Konjunktur mit erheblichen Ausgabenerhöhungen wieder auf die Beine helfen wollten. Der Welthandel und das Welt-BIP erholten sich 2010 und 2011 auch tatsächlich wieder, allerdings stiegen die Schulden aufgrund der Konjunkturprogramme derart stark an, dass einigen Ländern – wie z.B. Griechenland, Irland, Spanien oder Portugal – der **Staatsbankrott** drohte.

Reaktionen von ausländischen Zentralbanken

Auf die dramatischen Verschlechterungen der Finanz- und Wirtschaftslage reagierten die Notenbanken weltweit mit einer Lockerung der geldpolitischen Zügel, indem sie ihre **Leitzinsen auf historische Tiefstände** senkten. Da die Finanz- und Wirtschaftskrise aber noch nicht entschärft war, kamen **unkonventionelle geldpolitische Massnahmen** zum Einsatz. Einige Notenbanken begannen Staats- und Unternehmensanleihen zu kaufen. Man spricht bei diesen Massnamen von **quantitativer Lockerung** der Geldpolitik («quantitative easing»). Zudem haben neben der SNB auch die Nationalbanken der Eurozone, von Dänemark, Schweden und Japan Negativzinsen eingeführt.

Die FED: Insbesondere die amerikanische Zentralbank (FED, Federal Reserve System) kaufte Staatsanleihen im grossen Umfang von Banken ab. Die Banken gelangten so zu neuem Notenbankgeld, das sie für neue Kredite an Unternehmen oder private Haushalte verwenden konnten. Dadurch wollte das FED die gesamtwirtschaftliche Nachfrage ankurbeln. Zudem erhöhte sie mit ihren Käufen die Nachfrage nach Staatsanleihen, der Kurs dieser Wertpapiere stieg und die Renditen sanken. Das wiederum ermöglichte dem Staat, neues Geld zu tiefen Zinsen aufzunehmen, da ja die bereits am Markt gehandelten Anleihen auch tiefe Renditen abwarfen. Tiefe Zinsen senken die Kosten der Verschuldung, erleichtern die Finanzierung von neuen Ausgaben und erhöhen damit wiederum die gesamtwirtschaftliche Nachfrage. Im Oktober 2014 beendete die FED das Ankaufsprogramm von Anleihen und im Dezember 2015 nahm sie nach Jahren Abschied von der Null-Zins-Politik. In der Zwischenzeit erhöhte sie den Leitzins in mehreren Schritten.

> [1] Abnehmenden Grenznutzen bzw. steigende Opportunitätskosten: Hat Herr Draghi bei seinem Ausspruch «whatever it takes» diese zwei ökonomischen Grundsätze vielleicht vergessen?

Die EZB: Als im Herbst 2011 die europäische Schuldenkrise trotz «Nullzinsen» ausser Kontrolle zu geraten drohte, hat die **Europäische Zentralbank (EZB)** die Banken mit zwei **dicken Geldsalven** von jeweils 500 Milliarden Euro geflutet. EZB-Chef Draghi hatte diese in Anlehnung an ein deutsches Geschütz aus dem Ersten Weltkrieg als «dicke Bertha» bezeichnet. Im Juli 2012 erklärte Draghi, er werde den Euro retten, «whatever it takes», was auch immer dafür nötig sei[1]. Zur Vertrauensbildung legte die EZB ein Programm zum **Aufkauf von Staatsanleihen** auf. Anfang Juni 2014 griff die EZB nochmals tief in ihre Trickkiste. Um die Wirtschaft in der Euro-Zone anzukurbeln und eine schädliche Deflationsspirale zu vermeiden, wurde der Leitzins auf 0,15 % gesenkt. Um die Kreditvergabe der Banken an die Unternehmen zu stimulieren, beschloss die Notenbank auch **Langfristgeld zu äusserst günstigen Konditionen** (0,25 %) an Banken auszuleihen, die im Gegenzug beweisen müssen, dass sie damit Kredite an Firmen vergeben. Zudem wurden erstmals in der Geschichte der Währungsunion **Negativzinsen** beschlossen. Weil die Teuerung aber weiterhin nicht in Fahrt kommen wollte, verschärfte die EZB ihren geldpolitischen Expansionskurs im März 2016 weiter: Sie erhöhte den Negativzins auf -0,4 %, weitete den Ankauf von Anleihen auf 80 Milliarden Euro pro Monat aus und lancierte eine zweite Runde von Langfristgeld für Banken. In der Zwischenzeit reduzierte sie das monatliche Kaufvolumen auf 30 Milliarden Euro bis September 2018.

Die Reaktionen der Schweizerischen Nationalbank

Auch die SNB reagierte auf die Krisen mit einer beispiellosen Lockerung der Geldpolitik, wie die folgende Chronologie zeigt:

- **2008/2009:** Im letzten Quartal des Jahres 2008 senkte sie das **Zinszielband** für den Dreimonatslibor in mehreren Schritten auf 0 % bis 0,75 %. Als im Herbst die UBS in den Strudel der Finanzkrise geriet und ein Bankrott drohte, beschlossen der Bundesrat, die Eidgenössische Bankenkommission und die Nationalbank ein Massnahmenpaket zur **Stabilisierung des Finanzsystems**. Die SNB bzw. der dafür gegründete Stabilisierungsfonds übernahm «unverkäufliche» Wertpapiere von der UBS im Wert von 38,7 Mrd. Franken.

- **2010:** Im Frühjahr 2010 kam es im Zuge der eskalierenden Staatsschuldenkrise in Europa zu einer Flucht in den Franken. Die SNB entschied sich deshalb für **Devisenmarktinterventionen** im grossen Umfang. Aufgrund der Devisenkäufe erhöhte sich die Liquidität im Bankensystem sehr stark. Um diese Überschussliquidität abzuschöpfen, emittierte die Nationalbank **SNB-Bills**.

- **2011:** Die Staatsschuldenkrise erschütterte das Vertrauen in die Finanzmärkte und beschleunigte die Aufwertung des Schweizer Frankens. Die SNB führte dem Bankensystem massiv Liquidität zu, indem sie ausstehende **SNB-Bills zurückkaufte** und **Devisenswaps** tätigte. Zudem verengte sie das **Zinszielband** im August auf 0 % bis 0,25 %. Trotz all dieser Massnahmen wertete sich der Franken weiter auf, so dass die SNB am 6. September einen **Mindestkurs** von 1.20 Franken pro Euro festlegte. Sie betonte, dass sie den Mindestkurs mit aller Konsequenz durchsetzen werde und bereit sei, unbeschränkt Devisen zu kaufen (mehr dazu im *Kapitel 15*).

- **2012 bis 2014:** Die SNB bekräftigt das unveränderte Festhalten am Mindestkurs von 1.20 Franken pro Euro. Sie ist weiterhin bereit, den Mindestkurs wenn nötig durch den Kauf von Devisen in unbeschränkter Höhe durchzusetzen und wenn nötig weitere Massnahmen zu ergreifen. Im Jahr 2013 setzte der Bundesrat auf Antrag der SNB den **antizyklischen Kapitalpuffer** in Kraft. Damit werden die Banken verpflichtet, zusätzliche Eigenmittel auf Hypothekarkrediten zu halten – mit dem Ziel, den Bankensektor vor exzessivem Kreditwachstum zu schützen. Im Dezember 2014 führte die SNB Negativzinsen ein und senkte das Zielband auf 0,25 % bis -0,75 %.

- **2015:** Aufgrund des anhaltenden Aufwertungsdrucks für den Franken entschied sich die SNB am 15. Januar 2015 für die **Aufhebung des Mindestkurses für den Euro.**

- **2016 bis 2018:** Die SNB kauft 2016 weiterhin Devisen. Mitte 2017 gewinnt der Euro an Wert und erlaubt der SNB im weiteren Verlauf des Jahres, den Kauf von Devisen zu reduzieren. Die SNB hält am Negativzins fest und bleibt bei Bedarf am Devisenmarkt aktiv.

Die **Folgen der sehr expansiven Geldpolitik** der SNB machen sich an verschiedenen «Orten» bemerkbar:

- **Zinssenkungen:** Im Zuge der expansiven Geldpolitik sanken die kurz- und langfristigen Zinssätze. Schon seit Herbst 2011 kann die Schweiz kurzfristige Gelder aufnehmen (sogenannte Eidgenössische Geldmarktbuchforderungen mit einer Laufzeit von 3 Monaten) und erhält dafür Zinsen. Mit anderen Worten: **Mit Schuldenmachen kann die Schweiz Geld verdienen.** Seit Mitte 2012 liegen auch die Renditen von Obligationen (verzinsliche Wertpapiere) der Schweizerischen Eidgenossenschaft mit einer Laufzeit bis zu fünf Jahren unter null Prozent. Das heisst, dass die Gläubiger bereit sind, für das sichere «Parkieren» von Geld eine Art «Parkgebühr» zu bezahlen.

- **Anstieg der Devisenanlagen:** Als Folge der Festlegung des Mindestkurses für den Euro musste die Nationalbank in grossem Umfang Devisen kaufen. Die Devisenanlagen der Nationalbank erreichten Ende 2017 den bisherigen Rekordwert von rund 790 Milliarden Franken.

- **Bilanz und Erfolgsrechnung:** Die Bilanzsumme hat sich im Vergleich zum Vorkrisenniveau gut verfünffacht. Aufgrund von Kursschwankungen auf Devisen und Gold bewegten sich die Jahresergebnisse in der Spannbreite eines Verlustes von 20 Milliarden (2010) bis zu einem Gewinn von 54 Milliarden (2017).

- **Anstieg der Geldmenge:** Die beispiellose Expansion der Geldmenge führte zu einem kräftigen Anstieg der Notenbankgeldmenge, die sich von 2007 bis Februar 2018 um rund 1'100 % erhöhte. Die M-Geldmengen sind deutlich weniger stark angestiegen, M1 ist um 130 %, M2 um 100 % und M3 um rund 65 % angewachsen.

In stürmischen Zeiten greifen Zentralbanken zu **unkonventionellen Massnahmen**: Sie kaufen Staats- und Unternehmensanleihen und nehmen damit auch die langfristigen Zinsen ins Visier. In Krisenzeiten setzen sie mit ihrer Geldpolitik auf «Nullzinsen» oder «Negativzinsen», Geld-Infusionen für die Banken, Interventionen auf dem Devisenmarkt oder auf die Festsetzung einer Untergrenze für den Wechselkurs.

Exkurs: Helikoptergeld – Opium fürs Volk?

Gemäss den Monetaristen und ihrem berühmten Nobelpreisträger Milton Friedmann ist Inflation ein rein monetäres Phänomen und hängt letztlich immer von der Geldmenge ab. Sollten also die üblichen Instrumente zur Bekämpfung einer Deflation versagen, schlug Friedmann im Jahr 1969 als Gedankenexperiment vor, die Notenbank solle 1000-Dollar-Scheine per Helikopter über das Land abwerfen – sozusagen als ultimatives Instrument aus dem Werkzeugkasten der Notenbank. Der frühere Chef der US-Notenbank, Ben Bernanke, verhalf der Idee 2003 zu einem Revival, was ihm den Spitznahmen «Helicopter Ben» eintrug. Erneut lanciert wurde das Thema 2013 von Adair Turner, dem früheren Chef der britischen Finanzmarktaufsicht. Der Chef der EZB Mario Draghi bezeichnete 2016 im Anschluss an eine Pressekonferenz das Helikoptergeld «als ein sehr interessantes Konzept». Was einst als akademisches Gedankenspiel gedacht war, wird heute als realistische Option diskutiert.

Der Charme bei dieser Idee ist, dass der Bankensektor umgangen werden kann, die Notenbank also dank Helikoptergeld nicht mehr auf das Weitergeben des Geldes in Form von Krediten durch die Banken angewiesen ist und so eine «Kreditklemme» vermeiden kann. Das Geld wird also direkt untern den Bürgern verteilt (am ehesten wohl über einen Scheck), die dann das geschenkte Geld ausgeben, den Konsum ankurbeln und dadurch auch die Inflation nach oben treiben. Wie die Idee des Helikoptergeldes einem Realitätstest standhalten würde, ist umstritten, denn in der reinen Form wurde sie noch nie umgesetzt. Es ist auch denkbar, dass die Bürger – verwirrt ob des Geschenks – das Geld aus Angst sparen statt ausgeben würden.

Je nachdem, was man unter Helikoptergeld genau versteht, hat die EZB am 10. März 2016 bereits etwas Ähnliches eingeführt. Sie zahlt den Banken eine Prämie, wenn sich ihre Kreditvergaben erhöhen. Oder die Notenbank kann das Geld zwar nicht direkt dem Bürger, aber dem Staat geben, der damit Investitionen tätigen oder Steuern senken kann. Diese Vermischung von Geld- und Fiskalpolitik ist zurzeit in der Euro-Zone als monetäre Staatsfinanzierung verboten. Daniel Lampart, der Chefökonom vom Schweizerischen Gewerkschaftsbund, hat eine weitere Umsetzungsmöglichkeit ins Spiel gebracht: «Die SNB könnte einen Teil der Krankenkassenprämien übernehmen, z.B. 1000 Franken pro Person und Jahr.»

9.7. Die Wirkungen der expansiven Geldpolitik

Fallstudie:
«Geldmenge und Preise»
Vom Umlauf des Geldes
www.iconomix.ch

Die Wirkungen expansiver Geldpolitik in der kurzen Frist

In der Geldpolitik gelten einige wichtige Grundsätze, die nicht alleine aus Erkenntnissen der wissenschaftlichen Theorie stammen, sondern die sich auch in der Praxis herauskristallisiert und bestätigt haben. Ein **Grundsatz in der Geldpolitik** lautet beispielsweise, dass sie in der Lage ist, in **kurzer Frist den Konjunkturverlauf direkt zu beeinflussen** und damit **konjunkturelle Schwankungen zu dämpfen**. Die Überlegungen dahinter sind einfach. Steckt eine Volkswirtschaft in einer Rezession, senkt die Notenbank die Zinsen. Die Banken erhalten billigeres Geld und können ihrerseits günstigere Kredite vergeben. Billigere Kredite führen zu mehr Investitionen der Unternehmen und Private bauen oder kaufen dank billigeren Hypotheken mehr Immobilien. Ausserdem begünstigen tiefe Zinsen eine Abwertung der eigenen Währung, was die Exporte stimuliert. Die Produktion nimmt zu und mit ihr auch die Einkommen. Steigende Einkommen lösen zusätzlichen Konsum aus, **Multiplikatorprozesse** werden in Gang gesetzt und das BIP beginnt wieder zu steigen. Mit steigendem BIP können höhere Löhne ausbezahlt werden und auch die Preise für Güter beginnen wieder anzuziehen. Weiter sorgen tiefe Zinsen für steigende Kurse von Aktien und anderen Anlagen, weil deren Rendite dank der Zinssenkung attraktiver wird. Kurz: Wenn die Notenbank die Zinsen senkt, gibt das der ganzen Wirtschaft Schub.

Der oben erwähnte **Grundsatz in der Geldpolitik** hat in der letzten Krise allerdings **nicht mehr so lehrbuchmässig funktioniert**. Trotz dem Einsatz von unkonventionellen geldpolitischen Instrumenten sind Fallen, Hindernisse und Hürden aufgetreten, welche den kurzfristigen Erfolg der Geldpolitik behinderten. Auf einige **Schwierigkeiten** wollen wir im Folgenden eintreten:

- **Liquiditäts- und Investitionsfalle:** Wenn die Zinsen schon tief sind, kann es passieren, dass zusätzliches Geld liquid gehalten und nicht investiert wird (vgl. *Kapitel 6.2*). In der Liquiditätsfalle kommt der Anstieg der Notenbankgeldmenge gar nicht richtig in der Realwirtschaft an, die M-Geldmengen steigen bedeutend weniger, die Kreditvergabe springt kaum an. Selbst wenn das Bankensystem mit ausreichend Liquidität durch die Notenbank versorgt wird, reichen die Banken die Liquidität nicht weiter, weil sie aufgrund der Rezession das Ausfallrisiko als zu hoch einschätzen. Vorsichtige Banken bleiben also lieber auf ihren Reserven sitzen, anstatt diese auszuleihen. Man spricht in diesen Fällen von einer **Kreditklemme**.

- **Kleiner Multiplikator:** Wenn das Kreditvolumen nicht wie erwartet ansteigt und die Menschen ihr Geld nicht für zusätzlichen Konsum ausgeben, dann fällt der Geldschöpfungs- und der Einkommensmultiplikator entsprechend klein aus.

- **Deflationsgefahren:** Die bisher aufgeführten Gründe können dazu führen, dass die Lockerung der Geldpolitik über die Abfolge von verschiedenen Schritten nicht wie erwartet zu steigenden Preisen führt, sondern eine Preisspirale (Deflation) nach unten auslöst. Wenn es der Geldpolitik eben nicht gelingt, die Nachfrage zu beleben, bleibt der Druck zur Senkung der Preise bestehen.

Die Wirkungen der expansiven Geldpolitik in der langen Frist

Nach Ansicht der Mehrheit der Ökonomen wirkt sich die Geldpolitik langfristig vor allem auf das **Preisniveau bzw. die Inflationsrate** aus. In der langen Frist wird eine Erhöhung des Geldangebotes durch einen Anstieg der Preise kompensiert – langfristig hat eine expansive Geldpolitik keine realen Effekte. Vom Start der expansiven Geldpolitik bis zur Inflation – einer unerwünscht starken Preiserhöhung – entstehen **Wirkungsverzögerungen**, die erfahrungsgemäss mehrere Jahre dauern können.

Die **Impotenz der Geldpolitik in langer Frist** hat seinen Ausgangspunkt in der Einsicht, dass die Produktionsmöglichkeiten langfristig angebotsseitig – durch die Produktionsfaktoren (vgl. *Kapitel 7*) – bestimmt sind. Es wäre zu schön, um wahr zu sein, wenn einfach mit einer Zinssenkung und Geldmengenerhöhung Wachstum und hohe Beschäftigung zu kaufen wären. Die Gefahr wächst, dass Politiker und Nationalbanker glauben, dass billiges Geld ausreicht, um sämtliche Probleme in der Entwicklung der Wirtschaft zu lösen. **Achtung: Geldpolitik ist nicht allmächtig!** Wachstums- und Strukturprobleme können nicht durch die Geldpolitik gelöst werden.

Droht uns infolge der expansiven Geldpolitik eine Inflation? Die entscheidende Frage wird sein, ob es den Chefs der Notenbanken gelingen wird, im richtigen Moment und mit dem richtigen Tempo aus diesem einmaligen Experiment der Geldschwemme auszusteigen[1]. Solche Prozesse können sehr leicht ausser Kontrolle geraten. Das Szenario, dass auf Zeiten mit deflationären Tendenzen solche mit hoher Inflation folgen, hat eine gewisse Wahrscheinlichkeit und konnte in der Vergangenheit schon mehrmals beobachtet werden. Der Zusammenhang zwischen der Geldmengenentwicklung und der Entwicklung des Preisniveaus ist heute nicht mehr so eng wie früher. Dafür sind mehrere Gründe verantwortlich. Neben der oben erwähnten **Liquiditätsfalle und Kreditklemme** spielt auch die **Globalisierung** eine Rolle. Denn durch die Integration weiterer Länder in die internationale Arbeitsteilung haben sich das Güterangebot und die möglichen Produktionsstandorte stark erhöht und zu sinkenden Kosten und Preisen geführt.

[1] Flirt mit der Inflation: «Wer mit der Inflation flirtet, wird von ihr geheiratet!» (Zitat eines Notenbankers).

Kurzfristig kann eine expansive Geldpolitik helfen, eine Rezession zu überwinden, wobei verschiedene Hindernisse zu berücksichtigen sind. **Langfristig** bleibt eine expansive Geldpolitik ohne reale Effekte auf das Produktionsniveau, begünstigt aber mit einiger Wahrscheinlichkeit einen Anstieg des Preisniveaus. Geldpolitik ist **nicht allmächtig**.

Exkurs: Negativzinsen – der Angriff auf die Sparer

Wer hätte bis vor Kurzem negative Zinsen für Sparguthaben für möglich gehalten? Wer gibt schon jemandem 100 Franken, wenn er morgen nur noch 99 zurückerhält? «Niemand!» hätten wir bis vor Kurzem geantwortet, aber offensichtlich gibt es viele Sparer, die genau ein solches Geschäft abschliessen: Sie geben ihrer Bank Geld und bekommen es nicht mehr zurück – zumindest nicht mehr im vollen Umfang, sie schenken der Bank Geld. Auf den Guthaben von durchschnittlichen Privatkunden verlangen die Schweizer Banken zwar keine Zinszahlungen, aber über Gebühren und Spesen werden die Null- zu Negativzinsen.

Möglich gemacht hat sie einerseits die Europäische Zentralbank, die zur Ankurbelung der Wirtschaft im Juni 2014 Negativzinsen eingeführt hat. Andererseits aber auch die SNB, die den Kampf gegen eine Aufwertung des Frankens mithilfe von Negativzinsen führt. Das Signal der SNB lautet: Der Franken soll an Attraktivität verlieren, die Nachfrage nach Franken gesenkt werden und damit die Schmerzen der unter einem starken Franken leidenden Branchen gemildert werden.

Sparen lohnt sich also kaum mehr, und Schulden machen? Nach der Erhöhung der Negativzinsen durch die Nationalbank sind die Zinsen für Hypotheken und Obligationen auf historische Tiefstwerte gesunken. Noch nie war Schulden machen so billig. Der Eidgenossenschaft leihen Anleger Geld und sind bereit, dafür Zinsen zu bezahlen – eine verrückte Welt. Schuldner werden belohnt, Sparer bestraft. Generell findet also eine Umverteilung von Sparern zu Schuldnern statt: Was die Schuldner weniger an Zinsen bezahlen, entgeht den Sparern. Wer auf seine Rente spart, wird schleichend enteignet. Opfer dieser Entwicklung sind auch die Pensionskassen, welche nicht nur die Renten, sondern zusätzlich noch die Zinsen für die Banken finanzieren müssen.

Seit im Jahr 2008 die Finanzkrise ausbrach, wird der Einsturz der Schuldentürme durch eine ultraexpansive Geldpolitik verhindert. Ohne eine Zinssenkung gegen Null wären etliche Länder und Banken bankrott gegangen. Um die Schuldner zu retten, müssen die Gläubiger eben Nullzinsen in Kauf nehmen. Gratisgeld löst allerdings keinen Anreiz zum Abbau, sondern zum Ausbau der Schuldentürme aus. Denn Geld zu Nullzinsen ist so etwas wie Freibier in einem Restaurant. Beides hat Nachwirkungen und unterliegt dem Gesetz des abnehmenden Grenznutzens. Mit dem Ankaufsprogramm von Anleihen versucht die EZB ein weiteres Mal, die Zinsen auszuradieren und den Genuss von Freibier zu erhöhen.

Hat uns die Finanzkrise denn nicht gelehrt, dass übermässige Verschuldung zu einem Kater führt, dass ein Leben auf zu grossem Fuss nicht nachhaltig sein kann? Umso schwerer zu verstehen ist die aktuelle Geldpolitik der Nationalbanken: eine Politik, die Spargeld schmelzen lässt, eine eigentliche Antisparpolitik. Führt der Weg aus der Krise tatsächlich über die Enteignung der Sparer? Die Bestrafung der Gläubiger und die Belohnung der Schuldner sind ein Ausdruck einer Fehlentwicklung, ein Signal der Verzweiflung. Null- bzw. Negativzinsen zielen auf ein weiteres Schuldenwachstum, setzen die Preise für Knappheiten am Kapitalmarkt ausser Kraft und verzerren so die Preise für Vermögenswerte wie Aktien oder Immobilien.

Wie heisst es doch so schön: Das zentrale Gut der Geldpolitik ist das Vertrauen. Geht das Vertrauen verloren, kommt das Geldsystem ins Wanken. Negativzinsen gehören in den Giftschrank der Notenbank, sie sind eine Krankheit, die wir möglichst schnell besiegen sollten.

Exkurs: Bitcoin

Bitcoin ist die bekannteste von mittlerweile mehr als 1'300 Kryptowährungen. Kryptowährungen sind digitale Zahlungsmittel, welche mit den Prinzipien der Kryptographie erstellt werden (z.B. Mining – siehe unten). Ein gewisser Satoshi Nakamoto soll den Bitcoin 2009 in Umlauf gebracht haben, wobei Nakamoto keine reale Person ist. Entweder ist der Name ein Pseudonym oder er steht für eine Gruppe von Personen. Die erste reale Bitcoin-Zahlung fand im Mai 2010 statt: Ein Kunde kaufte zwei Pizzas für 10'000 Bitcoins – die 10'000 Bitcoins waren im Dezember 2017 über 170 Millionen Dollar wert.

Bitcoins werden über das Internet erzeugt – über das sogenannte Bitcoinmining. Dabei berechnen spezielle Programme komplizierte Algorithmen, um einen sogenannten Block zu errechnen. Je mehr Bitcoins gefunden werden, desto schwieriger werden die zu lösenden Rechenaufgaben. Die maximale Bitcoin-Menge, welche je durch Mining erzeugt werden kann, liegt bei 21 Mio. Bitcoin. Hierbei handelt es sich um eine feste Grösse, welche im Bitcoin-Protokoll hinterlegt ist. Damit stellt Bitcoin ähnlich wie Gold ein begrenztes Gut dar und soll eine Inflation verhindern.

Diese Obergrenze ist ein wesentlicher Unterschied zu «normalen» Währungen. Denn die Notenbanken können – wie die jüngste Geschichte zeigt – beliebig viel Geld schöpfen, es gibt keine Obergrenze für Franken, Euro oder Dollar.

Bei Digitalwährungen basieren sämtliche Aktivitäten auf einer Rechner-zu-Rechner-Verbindung. Das bedeutet, dass keine Bank oder eine dritte Person zwischengeschaltet ist. Möglich macht dies die Blockchain-Technologie, bei welcher alle Transaktionen vielfach und dezentral gespeichert werden. Im Gegensatz zu herkömmlichen Währungen unterliegt der Bitcoin im Prinzip keiner Kontrolle durch Staaten oder Notenbanken.

Konsumenten können Bitcoins mit herkömmlicher Währung an Bitcoin-Börsen kaufen. Sobald sich der Nutzer dort angemeldet hat, kann er Franken, Euro, Dollar oder Yen durch Banküberweisung gegen Bitcoins tauschen. Um zu Bitcoins zu kommen, kann man aber auch Waren oder Dienstleistungen anbieten und Bitcoins als Zahlungsmittel akzeptieren.

Angesichts der grossen Kursschwankungen ist es allerdings schwierig, Bitcoin als Zahlungsmittel zu verwenden, ist doch ein Auf und Ab von mehreren Tausend Dollar binnen eines Tages keine Seltenheit. Diese hohe Volatilität macht Bitcoin auch ungeeignet als Recheneinheit und als Wertaufbewahrungsmittel. Die drei wesentlichen Funktionen von Geld – Zahlungsmittel, Recheneinheit, Wertaufbewahrungsmittel – erfüllt Bitcoin mehr schlecht als recht. Bisher ist Bitcoin mehr ein Spekulationsobjekt, also ein Finanzprodukt, das für Wetten auf steigende oder fallende Kurse genutzt werden kann.

Über die zukünftige Bedeutung von Kryptowährungen gehen die Meinungen weit auseinander. Kritiker der gegenwärtigen ultraexpansiven Geldpolitik der Notenbanken sehen in ihnen eine Alternative zu den herkömmlichen Währungen. Zumal sie dank der Blockchain-Technologie fälschungssicher und anonym sind. Nicht wenige Experten sind der Meinung, dass digitale Währungen das Potenzial haben, eine «Revolution» im Finanzwesen auszulösen.

9.8 Ursachen und Folgen der Inflation

Wie entsteht Inflation?

In den meisten Ländern der Welt sind massive Preissteigerungen in den letzten Jahren kein grosses wirtschaftspolitisches Problem. Ausnahmen wie Venezuela[1] und insbesondere einige afrikanische Länder bestätigen die Regel. Im historischen Vergleich sind längere Perioden stabiler Preise jedoch eher selten. Was sind die Ursachen für Inflation? Auch wenn es für die Entstehung von Inflation verschiedene Gründe gibt, ist doch der dominierende Erklärungsansatz, dass die Geldmenge sich im Verhältnis zur Produktion von Gütern zu stark ausgedehnt hat. Sie kennen diesen **monetaristischen Erklärungsansatz** bereits aus dem Kapitel 6.3., in welchem Sie auch die **Quantitätsgleichung** kennengelernt haben. Sie bringt zum Ausdruck, dass die Geldmenge für das Preisniveau und die Wachstumsrate der Geldmenge für die Inflationsrate entscheidend ist. Zwar kann kurzfristig eine Geldmengenerhöhung zu einem Anstieg des BIP führen, langfristig schlagen sich aber grössere Geldmengenerhöhungen auch in einem Anstieg des Preisniveaus nieder und haben kaum reale Effekte.

Für Inflation gibt es auch **nicht monetäre Erklärungsansätze**. Bei ihnen sind die Preissteigerungen wiederum auf verschiedene Ursachen zurückzuführen. Zum Beispiel auf einen Nachfrageüberhang oder auf Kostensteigerungen in der Produktion infolge von Lohnsteigerungen oder höheren Rohstoffpreisen. Von **importierter Inflation** spricht man dann, wenn sich ausländische Preissteigerungen durch Einfuhren auf das Inland übertragen werden. Inflation kann auch durch die Politik verursacht werden, beispielsweise durch höhere Steuern, kostensteigernde Regulierungen oder durch die Einführung oder Erhöhung von Mindestlöhnen.

Abbildung 9.5   Entwicklung der Inflation

Quelle: BFS

Was sind die Folgen einer Inflation?

Was ist denn so schlimm an einer Inflation? Wenn die Preise steigen, erhält der Verkäufer doch auch mehr für seine Güter und Dienstleistungen, deshalb steigen auch die Löhne, womit die Kaufkraft erhalten bleibt. Selbst wenn die Löhne mit der Inflation Schritt halten, verursacht Inflation aber einige Probleme.

- **Inflation führt zu ungerechten Einkommens- und Vermögensumverteilungen**
  Hauptbenachteiligte sind die Gläubiger, da der Wert ihrer Forderungen mit zunehmender Inflationsrate und Zeitdauer abnimmt. Die Kleingläubiger, also kleine Sparer, gehören ebenso zu den Verlierern der Inflation wie Rentner, die von ihren Ersparnissen auf dem Sparbuch einen kleineren oder grösseren Teil ihres Lebensunterhaltes bestreiten müssen. Ist der Zins auf dem Sparbuch kleiner als die Inflationsrate, wird der reale Wert der Ersparnisse kleiner. Der Verlust der Gläubiger ist der Gewinn der Schuldner. Zur Gruppe der Gewinner gehören alle, die Geld für ihre Liegenschaft, für das neue Auto oder für andere Zwecke aufgenom-

---

[1] **Inflation in Venezuela:** Im Jahr 2017 stieg die Inflation auf 2'800%, womit Venezuela das Land mit der höchsten Inflation weltweit war. Die Venezolaner leiden unter der immer geringeren Kaufkraft ihres Einkommens. Für das üblicherweise grosse Weihnachtsessen 2015 musste eine Familie bis zu drei monatliche Löhne ausgeben.

Lehrmaterial:
«Teuerung»
Konsumentenpreise
unter der Lupe
(www.iconomix.ch)

men haben. Zu ihnen gehört insbesondere der Staat, dessen Schulden sich durch die Inflation real verkleinern. Zudem bewirkt die Inflation eine **Umverteilung** zwischen Geld- und Sachvermögensbesitzern: Geld verliert im Gegensatz zu Sachvermögen real an Wert.

- **Inflation verzerrt die Preissignale und führt zu einer ineffizienten Allokation der Ressourcen.**

    Je instabiler der Geldwert ist, desto mehr leidet auch die Funktion des Geldes als Recheneinheit.[1] Grundlage für viele Entscheide von Konsumenten, Unternehmungen und des Staates sind Preisvergleiche. In Zeiten von grossen Preisschwankungen können Preisvergleiche aber zu Fehlentscheidungen führen. Die Märkte verlieren ihre Fähigkeit, sich selbst zu regulieren, weil die Preissignale durcheinandergeraten. Die Signale verlieren an Genauigkeit, fast so, als würde man an einer Ampel Rot mit Grün verwechseln – die **Allokationsfunktion** quittiert ihren Dienst. Es kommt zu Marktverzerrungen und Effizienzverlusten. In extremen Fällen der Inflation verliert das Geld sogar seine **Funktion als Zahlungsmittel**. In solchen Situationen wird entweder auf ausländische Währungen zurückgegriffen oder reale Güter übernehmen die Funktionen des Geldes.

> 1 **Inflation:** Man sollte in inflationären Zeiten immer **zwei Bier** bestellen, denn der Preis könnte sich schneller erhöhen, als das Bier warm wird.

Hauptursachen für Inflation sind eine übermässige Ausdehnung der Geldmenge, ein Nachfrageüberschuss und steigende Produktionskosten. Inflation führt zu Einkommens- und Vermögensumverteilungen, zu Marktverzerrungen und Effizienzverlusten.

Exkurs: *Die Phillips-Kurve, eine «Menü-Karte» zur Auswahl von Inflation und Arbeitslosigkeit?*

Die keynesianische Phillips-Kurve

In den 1960er- und 1970er-Jahren gewann die Phillips-Kurve grosse Bedeutung: Sie untersucht den Zusammenhang zwischen der Inflation und der Arbeitslosigkeit. Aus ihr zog man die Schlussfolgerung, dass man es in der Wirtschaftspolitik mit einem Trade-off, einer Austauschbeziehung zwischen Inflation und Arbeitslosigkeit zu tun habe: Wolle man die Arbeitslosigkeit reduzieren, so habe man eine höhere Inflationsrate in Kauf zu nehmen; bekämpfe man die Inflation, so sei der Preis dafür eine hohe Arbeitslosigkeit. Eine flache, negativ geneigte Phillips-Kurve gibt somit vor, dass Politiker zwischen verschiedenen Kombinationen von Arbeitslosigkeit und Inflation wählen können. Berühmt ist noch heute der Ausspruch des früheren deutschen Kanzlers Helmut Schmidt, ihm seien 5 % Inflation lieber als 5 % Arbeitslosigkeit.

Die monetaristische Phillips-Kurve

Die monetaristische Gegenrevolution brachte die Phillips-Kurve in die Senkrechte und widerlegte damit jeglichen «Menü-Gedanken»: Aktive Geld- und Fiskalpolitik beeinflusse nur das Preisniveau, nicht aber die Beschäftigung. Denn in den empirischen Analysen habe sich ein einfacher Trade-off zwischen Inflation und Arbeitslosigkeit nicht bestätigt. Die Beobachtungen einer expansiven Politik wurden deshalb als Verschiebungen der Phillips-Kurve nach rechts gedeutet, womit die möglichen Kombinationen der «Menü-Karte» immer unerfreulicher wurden.

Kurz- oder langfristig?

Die Phillips-Kurve widerspiegelt also die schon bekannten Auffassungsunterschiede zwischen der keynesianischen und monetaristischen Theorie. Auch die Aufzeichnung der historischen Daten klärt nicht, welche Auffassung richtig ist. Die Abbildung zeigt die Instabilität der empirischen Phillips-Kurve. Langfristig gibt es keine einfache Zielkonkurrenz zwischen Beschäftigung und Preisstabilität, die langfristige Phillips-Kurve ist steil oder senkrecht – wie sie die Monetaristen darstellten. Kurzfristig kann es aber zu einem Trade-off zwischen Arbeitslosigkeit und Inflation kommen – das erklärt den flachen Verlauf der keynesianischen Phillips-Kurve.

Abbildung 9.6   Die Phillips-Kurve für die Schweiz

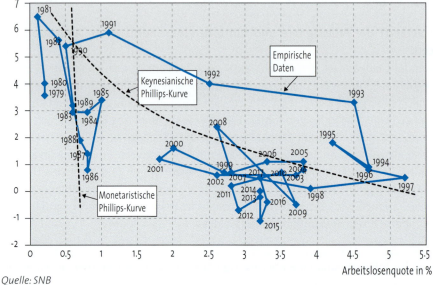

Quelle: SNB

9.9 Die Bekämpfung der Inflation

Wo auch immer die Ursachen der Inflation liegen, langfristig kann sie nur bestehen bleiben, wenn sie von einer Ausweitung der Geldmenge begleitet wird. Deshalb steht auch bei der Bekämpfung der Inflation die Geldpolitik im Mittelpunkt. Wie Sie wissen, ist jede Handlung mit Opportunitätskosten verbunden. Auch die Therapie für die Inflationskrankheit unterliegt diesem Gesetz und kann deshalb recht schmerzhaft sein. Grundsätzlich bieten sich zwei Möglichkeiten der Inflationsbekämpfung an: eine **Verringerung der Güternachfrage** oder eine **Erhöhung des Güterangebots**.

Verringerung der Güternachfrage

Eine Reduktion der Güternachfrage kann mittels restriktiver Geld- oder Fiskalpolitik erreicht werden. Weil Inflation letztlich ein monetäres Problem ist, ist eine **restriktive Geldpolitik** die Schlüsselgrösse, auf die wir uns hier konzentrieren wollen. Dabei ergeben sich folgende Probleme:

- **Wirkungsverzögerung:** Eine restriktive Geldpolitik treibt zuerst die Zinsen in die Höhe und kann die eigene Währung stärken, was zunächst den Inflationsdruck erhöht. Bis das geldpolitische Bremsmanöver sich in sinkenden Preisen niederschlägt, vergehen in der Tat bis zu drei Jahre.

- **Rezessionsgefahr:** Durch die angestrebte Drosselung der Gesamtnachfrage nimmt auch die gesamtwirtschaftliche Aktivität ab, und als Folge davon kann es – bei zu hoher Dosierung – zu empfindlichen Einbrüchen auf dem Arbeitsmarkt kommen.

- **Indexmechanismen:** Erschwerend im Kampf gegen die Inflation wirken zudem die Indexmechanismen. So kann z.B. eine Lohn- oder Mietindexierung die Kräfte des Marktmechanismus ausser Kraft setzen und demzufolge falsche Signale an die Marktteilnehmer aussenden.

- **Regulierte Preise:** Letztlich hat eine restriktive Geldpolitik dann Erfolg, wenn die Drosselung der Nachfrage sich in sinkenden Preisen niederschlägt. Dies setzt allerdings voraus, dass die Preise sich aufgrund von Angebot und Nachfrage bilden, d.h. dass der Markt- und Preismechanismus funktioniert. Der schweizerische Konsumentenpreisindex resultiert nun allerdings rund zur Hälfte aus Preisen, die sich nicht frei auf dem Markt bilden, sei dies durch staatlich regulierte Preise (z.B. Gesundheitspflege, öffentlicher Verkehr, Elektrizität, Landwirtschaftsprodukte) oder durch Absprachen und technische Normen (z.B. Autos, Haushaltsgeräte).

Erhöhung des Güterangebots

In Inflationszeiten kann eine expansive Geld- und Fiskalpolitik zur Ankurbelung des Angebots nicht in Betracht gezogen werden, weil dadurch die Inflation noch mehr gesteigert würde. Eine Möglichkeit, die Inflation mittels Erhöhung des Güterangebots zu bekämpfen, verspricht die **Angebotsökonomie**. Hiernach soll z.B. durch eine Senkung der Steuern ein positiver Angebotsschock ausgelöst und dadurch dem Preisauftrieb ein Ende gesetzt werden. Wir haben an anderen Orten die Angebotsökonomie behandelt (*Kapitel 6.4*) und treten hier nicht mehr näher darauf ein.

Die Senkung der Inflationsrate ist nicht gratis zu haben. Eine restriktive Geldpolitik bewirkt einen Nachfragerückgang mit der Gefahr einer Rezession. Je weniger die Preise auf den Nachfragerückgang reagieren (z.B. aufgrund von regulierten Preisen, Indexmechanismen oder Kartellabsprachen), desto schmerzhafter und langwieriger ist der Prozess der Inflationsbekämpfung.

9.10 Deflation und Disinflation

«Deflation ist das zentrale Thema, nicht Inflation!» So lauteten viele Schlagzeilen seit dem Ausbruch der Finanzkrise im Jahr 2008. Der globale Einbruch der Nachfrage, der Rückgang der Rohstoffpreise, die weltweiten Überkapazitäten und die steigende Arbeitslosigkeit schüren die Angst sowie die Erwartungen nach fallenden Preisen. Leben die Konsumenten erst einmal in der Erwartung ständig fallender Preise, so wird dieser Trend zu einer sich selbst erfüllenden Prophezeiung. Das Horten von Geld wird in Deflationszeiten für Haushalte und Banken attraktiv, der Geldfluss gerät ins Wanken, die Investitions- und Konsumbereitschaft sinkt und bringt die Wirtschaftsdynamik zusätzlich ins Stocken.

1 **Negativinflation:** SNB-Chef Jordan unterschied in einer Rede im Juni 2014 zwischen **Deflation und Negativinflation**. Bei einer Negativinflation bleibt die Teuerungsrate nur wenige Quartale unter der Nullgrenze.

Deflation ist das Gegenstück zur Inflation. Deflation bedeutet einen generellen Rückgang des Preisniveaus über längere Zeit.[1] Bei Deflation sinken die Preise, der Wert des Geldes steigt.

So wie sich in Phasen der Inflation Produktion, Konsumausgaben, Beschäftigung und Preise gegenseitig hochschaukeln, bis die Notenbanken auf die Bremse treten, so kommt es in der Deflation zu einem sich beschleunigenden Strudel, der die ganze Wirtschaft in die Depression zieht. Die **Umverteilungswirkungen** gehen in diesem Fall zulasten der Schuldner und zugunsten der Gläubiger. Deshalb will niemand Geld aufnehmen und investieren. Und weil alle Sachwerte ständig billiger werden, kauft niemand mehr, als unbedingt nötig ist. Das Jahr 2009 war durch eine globale Rezession gekennzeichnet. In der Schweiz sank das Preisniveau – erstmals seit 1959 – um 0,5 Prozent.

Gefährliche und ungefährliche Deflation

Ob eine Deflation gefährlich oder ungefährlich ist, hängt von den Ursachen ab. Sind es angebotsseitige Schocks, die das Preisniveau drücken – etwa die Integration der Schwellenländer mit günstigen Produkten in die Weltwirtschaft oder technologische Fortschritte wie die Digitalisierung –, dann ist dies eine positive Entwicklung, die den realen Wohlstand mehrt. Auch Strukturreformen, die zu mehr Wettbewerb und damit sinkenden Preisen führen, sind günstig. Ungemütlich ist eine Deflation freilich für jene, die Schulden haben. Zu einer wirklichen Gefahr wird eine Deflation dann, wenn Zweitrundeneffekte einsetzen und Preise und Löhne wegen einer hartnäckigen Nachfrageschwäche in eine Abwärtsspirale geraten.

Während bei einer Deflation das Preisniveau über eine längere Zeit fällt, spricht man von einer **Disinflation**, wenn die Preise zwar steigen, sich der Anstieg aber verlangsamt. Eine Disinflation darf also nicht mit einer Deflation verwechselt werden.

Unter einer Disinflation versteht man eine Verlangsamung des Preisanstiegs. Eine Disinflation bezeichnet somit eine Verminderung der Inflation.

9.11 Der Landesindex der Konsumentenpreise: Fiebermesser der Inflation

Staunen Sie manchmal auch darüber, wie schnell und stark sich die Preise gewisser Güter verändern oder wie kräftig sie schwanken? Das Spiel von Angebot und Nachfrage ist für die unterschiedlichen Preisbewegungen einzelner Güter verantwortlich. Steigen nicht nur einzelne Güter im Preis, sondern das durchschnittliche Preisniveau, spricht man von **Inflation**. Für die Messung der Preisbewegung benutzt man einen ganzen Korb von Waren: In der Schweiz misst der **Landesindex der Konsumentenpreise (LIK)** die Preisänderungen eines Korbes von rund 1120 Waren und Dienstleistungen, die schliesslich in zwölf Hauptgruppen zusammengefasst werden. Die Konsequenzen eines Preisanstiegs von Gütern sind für die Konsumenten natürlich ganz unterschiedlich, je nachdem, ob es sich um ein Gut handelt, das in ihrer Ausgabenstruktur eine bedeutende Rolle einnimmt – wie z. B. Mieten – oder relativ unbedeutend ist – wie z. B. Kartoffeln. Aus diesem Grund werden die Waren und Dienstleistungen gemäss ihrem Anteil am Haushaltsbudget gewichtet. Um die Angaben über die Konsumausgaben der Haushalte zu erfahren, steckt das Bundesamt für Statistik seine Nase in 3000 Haushaltsbücher; die daraus entstandene **Gewichtung** sehen Sie in der *Tabelle 9.2*. Damit die Gewichtung möglichst nahe an den realen Haushaltsausgaben liegt, wird sie jährlich angepasst.

Lehrmaterial:
«Kaufkraft»
1921 bis heute
(www.iconomix.ch)

Steigen die Preise für Wohnungsmieten um 10 %, schlägt das den Mietern auf den Magen und lässt den LIK und damit auch die Inflation kräftig ansteigen. Steigen die Preise für Kartoffeln um 10 %, erbost das zwar die Liebhaber von Pommes frites und Rösti, geht aber am LIK und der Inflation fast spurlos vorüber.

Tabelle 9.2   Die Hauptgruppen im LIK

Hauptgruppe	Gewichtung 2018
Nahrungsmittel und alkoholfreie Getränke	10,5 %
Alkoholische Getränke, Tabakwaren	2,8 %
Bekleidung und Schuhe	3,8 %
Wohnen und Energie	25,4 %
Hausrat und laufende Haushaltsführung	3,9 %
Gesundheitspflege	15,1 %
Verkehr	11,2 %
Nachrichtenübermittlung	2,9 %
Freizeit und Kultur	8,8 %
Erziehung und Unterricht	0,9 %
Restaurants und Hotels	9,4 %
Sonstige Waren und Dienstleistungen	5,4 %

Der Landesindex der Konsumentenpreise (LIK) misst die Preisveränderungen eines repräsentativen Korbes von Waren und Dienstleistungen, die von Haushalten zu Konsumzwecken gekauft werden. Steigt das Preisniveau, sinkt der Wert des Geldes. Ein sinkender Geldwert bedeutet Inflation.

Was der LIK nicht enthält

Nicht alle Ausgaben, die in einem Haushalt anfallen, fliessen in die Berechnung des LIK ein. Dabei fehlen insbesondere die **direkten Steuern, die Prämien für Sozialversicherungen, die Motorfahrzeugsteuer und Haftpflichtversicherung ebenso wie die Krankenkassenprämien**, obwohl diese Ausgaben zirka 37 % aller Ausgaben eines Haushaltes ausmachen. Der Grund dafür liegt darin, dass sich der LIK am «privaten Konsum» der volkswirtschaftlichen Gesamtrechnung orientiert. Deshalb werden nicht die Krankenkassenprämien gemessen, sondern z. B. die Preise für Medikamente, die Arzt- und Spitalkosten. Auch Preisänderungen bei Vermögenswerten, z. B. Aktien und Immobilien, fliessen nicht in den LIK ein.

> Der LIK stellt die Entwicklung der Preise der für die Konsumenten bedeutsamen Waren und Dienstleistungen dar und nicht die Entwicklung der Lebenshaltungskosten. Deshalb werden wichtige Teuerungseffekte im LIK nicht erfasst.

Das Indexsystem ist deshalb so aufgebaut, dass mit Hilfe von preisstatistischen «Bausteinen» unterschiedliche Indexkonzepte realisiert werden können. Als Zusatzmodule zum Landesindex der Konsumentenpreise stehen ein Index für die Krankenversicherungsprämien und Indizes für verschiedene sozioökonomische Gruppen (z.B. Alleinerziehende, Rentner, Familien) und Einkommensklassen zur Verfügung.

Misst der LIK die Teuerung richtig?

Reflektiert der LIK aber die Teuerung der Konsumgüter, so wie wir sie erfahren? Bis zur nächsten Revision ist die Zusammensetzung des Warenkorbes fix. Das bedeutet, dass in dieser Zeit stattfindende Veränderungen der Konsumgewohnheiten, z.B. auf Grund **neuer Güter**, nicht berücksichtigt werden können. Preisänderungen bei gewissen Gütern bewirken überdies **Substitutionseffekte**, der Konsument reagiert auf relative Preisänderungen und kann so Preiserhöhungen bei gewissen Gütern ausweichen. Ebenso wenig ist der LIK in der Lage, **Qualitätssteigerungen** in den verschiedenen Produkten zu berücksichtigen. So schlagen sich z.B. steigende Mietpreise in der ausgewiesenen Inflation nieder, auch wenn sie aufgrund von Qualitätssteigerungen entstanden sind. Gemäss einer Expertengruppe weist der LIK die Teuerung in der Schweiz um 0,5 % zu hoch aus. Weiter gilt es zu berücksichtigen, dass man die Teuerung nur dann so erfährt, wie der LIK sie zum Ausdruck bringt, falls die Konsumgewohnheiten dem **Durchschnitt** entsprechen. Studenten, Rentner oder Familien unterscheiden sich allerdings deutlich in ihrem Ausgabeverhalten.

Die Bedeutung des LIK

Auch wenn die beschriebenen Probleme die Einsicht gestärkt haben, dass bei den ermittelten Inflationsraten ein hoher Unschärfebereich existiert, ist es keineswegs belanglos, wenn die Jahresteuerung zu hoch oder zu tief ausgewiesen wird. Der Konsumentenpreisindex geht in sehr viele **wirtschaftliche Entscheidungen** ein.

- Viele Posten in den Budgets der öffentlichen Hand und der Sozialversicherungen (z.B. Renten) sind indexgebunden.
- Vom Staat gesetzte Preise, Löhne, Mieten, Verträge und Investitionsrechnungen in den Unternehmungen beruhen auf den Zahlen des LIK. 0,1 % mehr oder weniger Teuerungsausgleich bedeutet immerhin rund 200 Mio. Franken mehr oder weniger in den helvetischen Lohntüten.
- Die aufgrund der Inflationsraten steigenden oder sinkenden Zinsen können zudem zu gigantischen Korrekturen an den Wertpapiermärkten führen.
- Die mit dem LIK gemessene Inflation dient als Grundlage für wirtschaftspolitische Entscheide, z.B. in der Geldpolitik.

Der «richtige» Massstab für die Teuerung: Die Kerninflation

In den letzten Jahren hat sich im Zusammenhang mit der Frage, welches denn der richtige Massstab der Teuerung sei, der Begriff der **Kerninflation** in den Vordergrund gedrängt. Ziel der Kerninflation ist es, die Preisentwicklung jener Güter zu erfassen, welche die Nationalbank mit ihrer Geldpolitik auch beeinflussen kann. Dazu ist der Warenkorb um jene Güter zu bereinigen, deren Preise häufig wegen exogenen Einflüssen schwanken. In der Regel werden Energieträger, Nahrungsmittel und oft auch die indirekten Steuern, deren Preisentwicklung mit der Geldpolitik eben nichts zu tun haben, zur Bestimmung der Kerninflation eliminiert.
In der Schweiz publizieren das Bundesamt für Statistik (BFS) und die SNB solche Kerninflationsraten.

Ökonomisches Denken: Nutzen und Opportunitätskosten

Der Wohlstandsgewinn dank des Geldes als allgemein anerkanntes gesetzliches Tauschmittel ist riesig: Die Tauschkosten sinken massiv, Tauschmöglichkeiten vervielfachen sich, die Produktivität und der Wohlstand nehmen rasant zu. Die Märkte als Koordinationsinstanzen funktionieren.

Aber: Auch Geld ist nicht gratis zu haben. Natürlich kosten die Herstellung, Verwaltung und Kontrolle selbst Geld. Viel grösser sind aber die volkswirtschaftlichen Kosten, wenn das Geldwesen nicht optimal funktioniert, weil Inflation, Deflation oder Finanzkrisen auftreten. Es entstehen Fehlanreize für Investitionen, Branchenverzerrungen und Arbeitslosigkeit. Die Wertaufbewahrungsfunktion des Geldes, der Schutz des gesparten Vermögens ist dann nicht mehr sichergestellt. Sparen und Investieren werden beeinträchtigt. Der Rückfall in das System des Naturaltausches droht, wie z.B. 2001 in Argentinien, als das Bild mit dem Automechaniker um die Welt ging, der sich vom Kunden die Reparatur des Autos durch eine Nackenmassage bezahlen liess.

Die Notenbanker haben die Aufgabe, das Geldwesen zu steuern sowie zur Stabilität des Finanzsystems beizutragen und damit dessen Vorteile zu bewahren. Die hohe Bedeutung ihrer Rolle ist heute anerkannt: Sie haben sich von grauen Mäusen zu Stars entwickelt – wobei auch diese Ära schnell vorbeigehen kann.

Zitate

Thomas J. Jordan
Präsident des
Direktoriums der SNB
(www.snb.ch)

Fritz Zurbrügg
Vizepräsident des
Direktoriums der SNB

Andréa M. Maechler
Mitglied des Direktoriums
der SNB

Thomas J. Jordan: «Wie Geld durch die Zentralbank und das Bankensystem geschaffen wird.» 16. Januar 2018

Die Geldschöpfung hat immer wieder eine grosse Anziehungskraft ausgeübt, gerade auch auf Bankenkritiker. Das Vokabular ist oft suggestiv. Prominent darin vertreten ist das Bild von den «privilegierten» Banken, die «Geld aus dem Nichts» schöpfen können. ... Manche scheinen davon auszugehen, die Banken hätten es in der Hand, sich über die Buchgeldschöpfung Mittel zu beschaffen und sich letzten Endes am eigenen Schopf aus dem Sumpf zu ziehen. Das ist natürlich Unsinn. Würde es stimmen, gäbe es keine Finanzkrisen. Illiquide Banken könnten sich immer selber das Geld schaffen, das sie bräuchten, um ihren Verpflichtungen nachzukommen. ... Auf die Zentralbanken trifft das Bild des «Geld aus dem Nichts» besser zu. Seit dem Zusammenbruch des Goldstandards kann Zentralbankgeld bei der Zentralbank nicht mehr in Gold eingetauscht werden. Dies bedeutet, dass die Zentralbanken tatsächlich in der Lage sind, einfach «Geld zu drucken», wie es im volkstümlichen Sprachgebrauch heisst. Sie können ihren Verpflichtungen in eigener Währung damit immer und überall nachkommen. Doch selbst die Zentralbanken sind nicht ungebunden. Ihre Aufgaben werden durch das Gesetz bestimmt. In den meisten Ländern schreibt dieses vor, dass die Zentralbank die Preisstabilität zu gewährleisten hat. Das Instrumentarium, das der Zentralbank erlaubt, Geld zu schaffen, dient somit allein dazu, das vom Gesetzgeber erteilte Mandat zu erfüllen.

Fritz Zurbrügg: «Bargeld – auch Bewährtes hat Zukunft.» 22. Februar 2017

Das Verhalten des Publikums spricht nicht dafür, dass die Tage des Bargeldes gezählt sind. Im Gegenteil, die Nachfrage nach Bargeld ist weiterhin robust. ... (Der) Bargeldumlauf in verschiedenen Ländern (im) Verhältnis zur jeweiligen Wirtschaftsleistung ... ist zuletzt in vielen Ländern sogar angestiegen. ... Dabei wird deutlich, dass die Nachfrage nach Bargeld (in der Schweiz) jeweils in Phasen erhöhter Unsicherheit einen Wachstumsschub verzeichnete. Dies gilt insbesondere für den Herbst 2008, als verschiedene Banken weltweit in Schieflage gerieten, und für die Periode zwischen Ende 2011 und Mitte 2012, als die Schuldenkrise im Euroraum zu Verunsicherung an den Finanzmärkten führte. Andererseits ist die erhöhte Nachfrage nach Bargeld darauf zurückzuführen, dass Geld auf einem Transaktionskonto zurzeit kaum Zinsen abwirft und die Opportunitätskosten der Bargeldhaltung dementsprechend tief sind. ... Warum bleibt Bargeld (als Zahlungsmittel) beliebt? Zunächst nutzen viele Menschen Bargeld im Alltag aus ganz persönlichen Gründen: Sei es schlicht und einfach Gewohnheit, aus Bequemlichkeit oder fehlender Technik-Affinität. In Umfragen wird jeweils auch genannt, dass Bargeld eine effektivere «Budgetkontrolle» erlaubt: Bargeld schafft einen besseren Überblick über die Ausgaben und das noch verfügbare Budget. ... Die Nutzung von Bargeld hat, dies ist nicht zu unterschätzen, auch eine starke psychologische Komponente. «Nur Bares ist Wahres» wurde nicht zufällig zu einem Sprichwort.

Andréa M. Maechler: «Finanzmärkte im Wandel der Zeit. Heute und morgen: Ein Blick in die digitale Zukunft.» 5. April 2018

Bitcoin ist in aller Munde, und der Hype um sogenannte Kryptowährungen ist gross. Es wird geschätzt, dass gegenwärtig weit über 1000 verschiedene solcher Kryptowährungen im Umlauf sind. ... Gleichzeitig ist die Marktkapitalisierung von Bitcoin im Vergleich mit traditionellen Währungen und Anlagen aber sehr bescheiden.

Alternative private Währungen hat es immer wieder gegeben. Denken Sie etwa an das WIR-Geld oder an die zwei Westschweizer Regionalwährungen Le Léman oder Le Farinet. In der digitalen Welt lassen sich solche Währungen quasi per Mausklick kreieren. Trotz des Namens sind Kryptowährungen aber noch lange nicht mit Geld vergleichbar. Geld muss mehrere fundamentale Funktionen erfüllen. Es sollte als Tauschmittel in der Wirtschaft einsetzbar sein, das heisst als Zahlungsmittel breit akzeptiert werden. Zudem sollte es als stabile Recheneinheit für den Wert der getauschten Waren und Dienstleistungen dienen. Und es sollte auch als langfristiges Wertaufbewahrungsmittel Verwendung finden, beispielsweise um zu sparen. Kryptowährungen wie Bitcoin, von denen heute jedermann spricht, erfüllen diese Funktionen nicht oder nur unzureichend.

Schlüsselbegriffe

Die folgenden Schlüsselbegriffe kommen im entsprechenden Kapitel vor und werden zudem am Ende des Buches nochmals erläutert.

- Buchgeld
- Sichtguthaben (Giroguthaben)
- Termineinlagen
- Transaktionskonten
- Notenbank
- Geldmengen M1, M2, M3
- Notenbankgeldmenge
- Monetisierungsfunktion
- Geldschöpfungsmultiplikator
- Mindestreserven
- Devisen
- Devisenswap
- Repogeschäft
- Giroguthaben der Banken
- SNB-Bills
- Zinszielband für den Dreimonats-Libor
- Libor-Satz
- Expansive Geldpolitik
- Quantitative Lockerung (quantitative easing)
- Kreditklemme
- Inflation
- Nachfrageinflation
- Angebotsinflation
- Importierte Inflation
- Phillips-Kurve
- Liquiditätsfalle
- Restriktive Geldpolitik
- Deflation
- Disinflation
- Landesindex der Konsumentenpreise
- Kerninflation

Repetitionsfragen

Die Antworten finden Sie im Text dieses Kapitels sowie auf der Homepage des Verlages, edu.somedia-buchverlag.ch.

1. Welche der folgenden Positionen gehören zur Geldmenge M1?
   - Festgeldanlagen
   - Münzen im Publikum
   - Noten bei den Banken

2. Verändert sich durch folgende Transaktionen die Geldmenge M1; wenn ja, wird sie grösser oder kleiner?
   - Festgeldanlagen werden in Sichtguthaben umgewandelt
   - Eine Gemeinde kauft von einer Bank eine Liegenschaft
   - Die Nationalbank verkauft an eine Geschäftsbank eine Million Dollar
   - Eine Bank kauft Obligationen einer Bauunternehmung

3. a) Welches sind die Hauptaufgaben der Schweizerischen Nationalbank?
   b) Weshalb steht der Notenumlauf auf der Passivseite der SNB-Bilanz?
   c) Welche geldpolitischen Instrumente setzte die SNB seit Ausbruch der Finanzkrise ein?

4. a) Welche langfristigen Wirkungen sind von einer Erhöhung der Geldmenge zu erwarten?
   b) Welche Hoffnungen verbinden sich mit einer Ausweitung der Geldmenge in kurzfristiger Sicht? Welche Einwände können dagegen angeführt werden?

5. a) Erklären Sie den Aufbau des Landesindex der Konsumentenpreise.
   b) Weshalb misst der LIK nicht die Entwicklung der Lebenshaltungskosten?

6. Welche Inflationsursachen können grundsätzlich unterschieden werden?

7. Was sind die negativen Folgen einer Inflation?

8. In welchen Fällen ist eine Deflation «ungefährlich»?

Interessante Homepages
(Direkte Verlinkung siehe edu.somedia-buchverlag.ch)

Alles Wesentliche zum Thema der Geldpolitik der Schweizerischen Nationalbank findet man unter:
http://www.snb.ch/de/

Die meisten Publikationen zur Geldpolitik der Europäischen Zentralbank sind auch auf Deutsch abrufbar:
https://www.ecb.europa.eu/ecb/html/index.de.html

Die amerikanische Geldpolitik kann im Detail verfolgt werden unter:
http://www.federalreserve.gov/

Die Bank für Internationalen Zahlungsausgleich (BIZ) mit Sitz in Basel (Englisch: Bank for International Settlements, BIS) ist die Bank der Zentralbanken der einzelnen Länder. Sie fördert die weltweite monetäre Zusammenarbeit:
https://www.bis.org/

Die Zusammenarbeit regulatorischer Behörden im Bereich Finanzmärkte koordiniert der fsb, angegliedert der BIZ in Basel:
https://www.financialstabilityboard.org/

10 Das Problem der Arbeitslosigkeit

> «Als ratgebender Berufsstand sind wir in
> mancherlei Hinsicht überfordert.»
> R. E. Lucas

10.1 Der Arbeitsmarkt

Auf dem Arbeitsmarkt treffen Arbeitsnachfrage und Arbeitsangebot zusammen – wie auf anderen Märkten auch. Menschen bieten ihre Arbeitskraft an und bestimmen dadurch das **Arbeitsangebot**. Unternehmen und der Staat fragen Arbeitskräfte nach und bilden damit die **Arbeitsnachfrage**. Das Gut, welches am Arbeitsmarkt gehandelt wird, ist also die Arbeitskraft der Menschen. Der Preis, der dafür bezahlt wird, ist der Lohn, der sich durch Arbeitsangebot und Arbeitsnachfrage bildet. Auf den ersten Blick hat die «Ware», die auf dem Arbeitsmarkt gehandelt wird viele Ähnlichkeiten mit anderen Produkten. Aber der Arbeitsmarkt ist kein Markt wie jeder andere. Er zeichnet sich u.a. durch folgende **Besonderheiten** aus:

- Im Unterschied zu anderen Märkten ist das Angebot extrem **heterogen** – jede «Arbeitskraft» ist ein Individuum mit seinen spezifischen Eigenschaften.
- Zudem ist die Teilnahme am Arbeitsmarkt für die meisten Arbeitnehmer «überlebenswichtig», weil der Lohn meistens die **einzige Einkommensquelle** darstellt.
- Die Beziehungen zwischen Arbeitgebern und Arbeitnehmern beruhen auf **vertraglichen Abmachungen** und werden von vielen **Institutionen** wie den Gewerkschaften und den Arbeitgeberverbänden beeinflusst sowie von zahlreichen **Gesetzen** reguliert.
- Zwischen Arbeitsmarkt und Gütermarkt bestehen enge Beziehungen: Die Nachfrage nach Arbeitskräften ist eine **abgeleitete Nachfrage**, weil sie von der Nachfrage nach Waren und Dienstleistungen abhängt.

Das klassische Modell des Arbeitsmarktes

Der Verlauf der Angebotskurve (vgl. *Abbildung 10.1*) kann damit begründet werden, dass bei steigenden Löhnen die Opportunitätskosten der Freizeit steigen und deshalb mehr Arbeitsleistung angeboten wird. Die Arbeitsnachfrage hingegen sinkt bei steigenden Löhnen, weil die Löhne höher werden als der Beitrag zur betrieblichen Wertschöpfung, so dass die Unternehmen ihre Arbeitsnachfrage reduzieren.[1] Ein Unternehmen fragt alle Arbeitskräfte nach, deren Wertschöpfung die Lohnkosten übersteigen. Je kleiner der Lohn, desto grösser ist deshalb die Anzahl Beschäftigter. Im Punkt A1 der *Abbildung 10.1* stimmen angebotene und nachgefragte Arbeitsstunden überein. Herrscht im Punkt A1 Arbeitslosigkeit, muss sie freiwillig sein. Der Punkt A stellt das gesamte Arbeitsangebot (das Angebot der gesamten Bevölkerung im erwerbsfähigen Alter) dar. Das heisst, dass einige der Bevölkerung zwar arbeiten möchten, allerdings nur zu einem höheren Lohn. Die Arbeitslosen (A1–A) sind deshalb **freiwillig arbeitslos**: Der Lohn im Marktgleichgewicht ist zu niedrig, um alle Arbeitskräfte dazu zu motivieren, ihre Freizeit gegen Arbeit einzutauschen.[2] Freiwillig arbeitslos sind nicht nur die Reichen, die es sich leisten können, nicht zu arbeiten. Es können auch diejenigen «freiwillig» arbeitslos sein, die aus anderen Quellen ein Einkommen erzielen (z.B. von den Eltern, vom Partner oder vom Staat).[3]

---

[1] **Ertragsgesetz:** Exakt und ökonomisch formuliert: Der Lohnsatz entspricht dem Grenzertrag der Arbeit und mit zunehmendem Einsatz eines Produktionsfaktors sinkt gemäss **Ertragsgesetz** der Grenzertrag (vgl. *Kapitel 3.2*).

[2] **Zitat Rockefeller:** «Lieber eine Stunde über Geld nachdenken, als eine Stunde für Geld arbeiten.»

[3] **Arbeiten hat Opportunitätskosten:** Wenn man einen bezahlten Arbeitsplatz annimmt, verliert man den Anspruch auf Sozialleistungen und muss auch noch Steuern bezahlen – ganz abgesehen vom Verlust der Freizeit und der Einkünfte aus Schwarzarbeit.

Abbildung 10.1   Das klassische Modell des Arbeitsmarktes

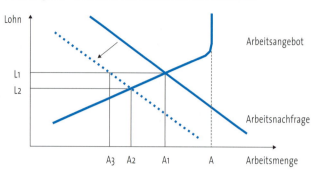

Angenommen auf Grund einer Rezession reduzieren die Unternehmer die Nachfrage nach Arbeitskräften (Verschiebung der Nachfragekurve nach links), dann sinkt das Lohnniveau von L1 auf L2 und es stellt sich ein neues Gleichgewicht bei Punkt A2 ein. Bei A2 sind zusätzliche Arbeitskräfte (A1–A2) nicht mehr bereit, zum angebotenen Lohn zu arbeiten. Die freiwillige Arbeitslosigkeit steigt nun auf A2–A. Sind die Löhne allerdings unflexibel und verharren auf dem Niveau L1, dann sinkt die Anzahl nachgefragter Arbeitskräfte auf A3. Dadurch entsteht eine **unfreiwillige Arbeitslosigkeit** im Umfang von A2–A3.

Das keynesianische Modell des Arbeitsmarktes

Die keynesianische Wirtschaftstheorie interpretiert Arbeitslosigkeit als die Folge von mangelnder Nachfrage auf den Gütermärkten. Löhne und Gehälter sind nicht nur Kosten, sondern auch Einkommen. Lohnkürzungen verursachen deshalb nach keynesianischer Auffassung eine Reduktion der realen Kaufkraft. Wenn allen Arbeitnehmern ein tieferer Lohn ausbezahlt wird, sinkt auch die Konsumgüternachfrage. Wenn der **Rückgang der Konsumnachfrage** nicht durch eine Erhöhung der Investitionen, der Exporte oder der Staatsnachfrage kompensiert wird, kommt es zu einem Rückgang der Gesamtnachfrage mit Auswirkungen auf die Preise, Zinsen, Investitionen, Arbeitslosigkeit und das BIP. Eine Rezession mit deflationären Folgen ist nicht auszuschliessen. Zudem zweifeln Keynesianer an der Lohnflexibilität, wie sie im klassischen Arbeitsmarktmodell angenommen wird. **Lohnrigiditäten** aber führen bei Störungen am Arbeitsmarkt zu einem Anstieg der Arbeitslosigkeit.

Wie aber kann es zu starren Löhnen kommen?[1]

1. **Institutionelle Faktoren**

   Nach unten unflexible Löhne können ihren Ursprung in staatlichen vorgeschriebenen **Mindestlöhnen** haben, welche Menschen vor Ausbeutung schützen sollen. Auch **Arbeitsmarktregulierungen** wie Kündigungs- und Sozialplanvorschriften oder flächendeckende Gesamtarbeitsverträge behindern die Lohnflexibilität.

2. **Das «Insider-Outsider-Modell»**

   Sind die Gewerkschaften vor allem an einer zusätzlichen Beschäftigung interessiert, oder versuchen die «Arbeitsplatzbesitzer» in erster Linie für sich selbst den höchstmöglichen Lohn auszuhandeln? Gemäss diesem Modell nutzen die «**Insider**» (die Arbeitsplatzbesitzer, vertreten durch die Gewerkschaft) ihre Macht gegenüber der Firma in der Weise aus, dass sie Lohnerhöhungen – aus durchaus rationalen Überlegungen – für sich selbst durchsetzen, anstatt durch Lohnkürzungen den «**Outsidern**» (den Arbeitslosen) eine Chance auf einen Arbeitsplatz zu eröffnen. Für die Unternehmen lohnt es sich nicht, auf die tieferen Lohnforderungen der Arbeitslosen einzugehen, weil sie in ihre Beschäftigten investiert haben (z. B. Anstellungs- und Ausbildungskosten), und weil die Entlassung eines «Insiders» und die Neueinstellung eines «Outsiders» mit Transaktionskosten verbunden wäre (z. B. Entlassungskosten, Einarbeitungskosten).

---

[1] Nominallöhne sinken nicht: Das zeigt der Schweizerische Lohnindex, der in den 76 Jahren, seit er besteht, nominal noch kein einziges Mal gesunken ist. Auch im Jahr 2016, in welchem die Preise um 0,4% gesunken sind, stiegen die Nominallöhne um 0,7% und damit die Reallöhne um 1,1%.

3. Die Effizienzlohntheorie

Sind die Unternehmen überhaupt an niedrigeren Löhnen interessiert? Lohnerhöhungen haben zwei Gesichter: Zum einen stellen sie Kostensteigerungen für die Unternehmen dar, zum anderen wirken sie sich positiv auf die Leistungen der Mitarbeiter und damit kostensenkend aus. Grundlegend für die Effizienzlohntheorie ist denn auch die Annahme, dass die Produktivität eines Beschäftigten positiv vom gezahlten Lohn abhängt. **Hohe Löhne** sorgen für eine hohe Zufriedenheit, für eine Identifikation mit der Firma und damit für eine hohe Leistungsbereitschaft. Eine Unternehmung, die hohe Löhne zahlt, erhält mehr Bewerbungen und kann die qualifiziertesten Bewerber aussuchen. Zudem muss sie weniger Kündigungen entgegennehmen und kann so Such-, Einstellungs- und Ausbildungskosten sparen.

Bei flexiblen Löhnen gibt es im klassischen Arbeitsmarktmodell keine unfreiwillige Arbeitslosigkeit. Nur wenn die Löhne unflexibel sind, kommt es zu unfreiwilliger Arbeitslosigkeit. Für die Starrheit der Löhne gibt es mehrere Erklärungen: Institutionelle Faktoren, das «Insider-Outsider-Modell» und die Effizienzlohntheorie.

Spitzen- und Tieflöhne in der Diskussion

In letzter Zeit hat eine vermehrte Diskussion um Spitzengehälter einerseits und Tieflöhne andererseits eingesetzt. Schlagworte wie Abzocker, faire Löhne, Ausbeutung oder Jobkiller haben an Bedeutung gewonnen.

Wie bilden sich Löhne?

Arbeitsmärkte werden grundsätzlich wie andere Märkte durch die Kräfte von Angebot und Nachfrage gesteuert: Sie bestimmen den Preis für die Erstellung einer Web-Seite ebenso wie den Lohn des Web-Designers. Wie jeder andere Preis steigt der Lohn, wenn das Arbeitsangebot zurückgeht oder die Arbeitsnachfrage steigt. Lohnanpassungen spiegeln die Marktsituation: Ist der Arbeitsmarkt ausgetrocknet, verbessert sich die Verhandlungsposition der Beschäftigten, herrscht ein Überangebot, verschlechtert sie sich entsprechend. Die Löhne, welche eine Unternehmung ihren Mitarbeitern zahlen kann, hängen davon ab, wie erfolgreich sie ihre Produkte am Markt verkaufen kann. Mitentscheidend dafür sind die Qualität und Produktivität der Mitarbeiter. Die Löhne und der Lebensstandard sind im letzten Jahrhundert so stark gestiegen, weil die **Produktivität** massiv gesteigert werden konnte. Die Unterschiede in der Arbeitsproduktivität sind auch für die Lohndifferenz zwischen den Branchen mitentscheidend (vgl. *Tabelle 10.1*). Unterschiede in der Leistung – gemessen an der Arbeitsproduktivität – sind mit ein Grund, weshalb Putzpersonal und Serviceangestellte weniger verdienen als Fachkräfte, Ingenieure, Rechtsanwälte oder Ökonomen. Mit «Leistung» ist in einer Marktwirtschaft nicht Anstrengung gemeint, sondern die Befriedigung der Bedürfnisse von kaufkräftigen Kunden. Es gibt viele Tüchtige, die wenig verdienen, während umgekehrt bei Weitem nicht jeder Spitzenverdiener besonders fleissig ist. Unterschiede in der Arbeisproduktivität sind zudem dafür mitverantwortlich, dass beispielsweise nicht alle Ökonomen gleich viel verdienen.[1] Verfügen Menschen über ganz aussergewöhnliche Begabungen, wie z. B. Roger Federer, dann erreichen ihre Einkommen sogar astronomische Höhen. Löhne widerspiegeln eben Knappheitsverhältnisse.

[1] Lehrerlöhne: Lehrer an öffentlichen Schulen verdienen in der Regel allerdings (fast) gleich viel, trotz – ich nehme an, Sie sind mit mir einverstanden – grossen Unterschieden in ihrer Leistung.

Lehrmaterial:
«Spitzenverdiener»
Lernspiel Cheflöhne
(www.iconomix.ch)

Tabelle 10.1   Arbeitsproduktivität und Löhne in der Schweiz

Auswahl von Branchen	Arbeits-produktivität (2015)	Monatlicher Bruttolohn (2014)		
		Total	oberes und mittleres Kader	ohne Kaderstellung
Pharma	661'085	9'694	17'901	8'356
Versicherung	399'497	8'769	15'476	6'977
Maschinenbau	155'379	6'887	10'588	6'397
Gastgewerbe	59'236	4'333	5'985	4'111

Quelle: BFS

Individuelle Lohnvereinbarungen und Gesamtarbeitsverträge

In der Schweiz werden die Löhne entweder individuell zwischen dem Arbeitnehmenden und dem Unternehmen vereinbart oder kollektiv für ganze Branchen oder einzelne Firmen ausgehandelt. Um die Arbeits- und Lohnbedingungen gemeinsam vertraglich festzuhalten, nutzen die Sozialpartner meist das Instrument des **Gesamtarbeitsvertrages (GAV)**. Üblicherweise enthalten GAV Bestimmungen zu Mindestlöhnen, Arbeitszeit, Ferien, Lohnentwicklung, Kündigungsfristen oder Weiterbildung. Während der Laufzeit eines GAV besteht beidseitig eine sogenannte Friedenspflicht. Schweizweit bestehen rund 600 Gesamtarbeitsverträge. Der Abdeckungsgrad der GAV (Anteil der an einem GAV unterstellten Arbeitnehmenden am Total der Beschäftigten) erhöhte sich von rund 41 % im Jahr 2001 auf aktuelle rund 50 %.

Der Staat mischt sich grundsätzlich nicht in die GAV-Politik der Sozialpartner ein. Unter bestimmten Voraussetzungen können die Bundes- und Kantonsbehörden auf Antrag der GAV-Parteien den Geltungsbereich eines GAV auf eine ganze Branche ausweiten. Dabei geht es einerseits darum, die sozialvertraglichen Vereinbarungen vor Niedriglohnkonkurrenz zu schützen und andererseits sollen Aussenseiter nicht benachteiligt werden. Voraussetzungen für die Allgemeinverbindlichkeitserklärung ist, dass mehr als die Hälfte aller Arbeitgeber und Arbeitnehmer der Branche beteiligt sind. Mindestlöhne können auch per Gesetz erlassen werden. In der Schweiz wurde im Mai 2014 eine Initiative für einen Mindestlohn von 4'000 Franken pro Monat vom Volk abgelehnt (zu den Auswirkungen von gesetzlichen Mindestlöhnen siehe Beispiel 4, *Kapitel 2*).

10.2 Typen von Arbeitslosigkeit[1]

> [1] **Arbeitslosigkeit als grösste Sorge:** Die grösste Sorge im Jahr 2017 war die Arbeitslosigkeit und die Altersvorsorge. In einer Umfrage der Crédit Suisse nannten 44% der Stimmberechtigten die Arbeitslosigkeit und die Altersvorsorge als wichtigstes Problem des Jahres.

Warum werden Leute arbeitslos? Auf diese Frage gibt es unterschiedliche Antworten – je nach Ursache unterscheidet man folgende Typen von Arbeitslosigkeit:

1. **Friktionelle Arbeitslosigkeit**
   Für die Wirtschaftspolitik unproblematisch ist die friktionelle Arbeitslosigkeit, deren Ursache in **jahreszeitlichen Nachfrageschwankungen** (z. B. im Tourismus oder in der Landwirtschaft) oder in Stellenwechseln und damit verbundenen Suchprozessen liegen.

2. **Konjunkturelle Arbeitslosigkeit**
   Bereits problematischer ist eine konjunkturelle Arbeitslosigkeit, die sich infolge eines konjunkturbedingten **Rückgangs der gesamtwirtschaftlichen Nachfrage** einstellt. Die Unternehmer reagieren auf den schlechteren Geschäftsgang mit Entlassungen. Die konjunkturelle Arbeitslosigkeit ist zwar auch nur temporärer Natur, aber sie nimmt ein zeitliches Ausmass an, dem man – im Allgemeinen – nicht tatenlos zusehen will.

3. **Strukturelle Arbeitslosigkeit**
   Die Entwicklung einer Volkswirtschaft erschöpft sich – wie Sie aus *Kapitel 8* wissen – nicht in Konjunkturschwankungen. Auch die Zusammensetzung der Produktion – ihre Struktur – ändert sich im Laufe der Zeit. Diese **Veränderung der Branchenstruktur** bewirkt auch eine Änderung der Arbeitsnachfrage und führt zu struktureller Arbeitslosigkeit. Die Nachfrageveränderungen lösen auf Arbeitgeberseite Anpassungen der **Produktionsstruktur** und der **Produktionstechniken** aus. Auf Arbeitnehmerseite muss die **Qualifikationsstruktur**[2] den neuen Marktbedingungen angepasst werden, und eine erhöhte Flexibilität und Mobilität wird erforderlich. Diese Strukturanpassungen haben einen **längerfristig dauernden Charakter** und können demzufolge eine längerfristige strukturelle Arbeitslosigkeit bewirken. Die strukturelle Arbeitslosigkeit zeigt sich in regionalspezifischen, branchenmässigen, qualifikationsspezifischen, geschlechts- oder altersspezifischen Unterschieden der Arbeitslosigkeit. Die strukturelle Arbeitslosigkeit kann allerdings nicht losgelöst vom Konjunkturzyklus betrachtet werden. Sie tritt erstens oft erst bei einem Konjunktureinbruch offen zutage, und zweitens lindert eine gute Konjunktur auch die strukturelle Arbeitslosigkeit.

> [2] **Mismatch-Arbeitslosigkeit:** Anforderungsprofil der Arbeitgeber wird von den Bewerbern nicht erfüllt.

4. Sockelarbeitslosigkeit

Ein vermehrt verwendeter Begriff ist derjenige der Sockelarbeitslosigkeit: Jeder konjunkturelle Einbruch ruft einen Anstieg der Arbeitslosenzahlen hervor, der am Ende der anschliessenden Erholungsphase einen Restbestand, einen Sockel an Arbeitslosen, zurücklässt. Sockelarbeitslosigkeit ist also jenes Niveau der Arbeitslosigkeit, das in **konjunkturneutralen Phasen** besteht. Weil es gleichzeitig viele offene Stellen und Arbeitslose gibt, bezeichnet man sie auch als **natürliche oder gleichgewichtige Arbeitslosigkeit**. Die Sockelarbeitslosigkeit setzt sich aus der friktionellen und der strukturellen Arbeitslosigkeit zusammen.

Friktionelle Arbeitslosigkeit ist kurzfristiger Natur. Auch die konjunkturelle Arbeitslosigkeit ist temporär. Die strukturelle Arbeitslosigkeit zeigt sich in regional-, branchen-, qualifikations-, geschlechts- oder altersspezifischen Unterschieden der Arbeitslosigkeit. Die Sockelarbeitslosigkeit ist jenes Niveau der Arbeitslosigkeit, das in konjunkturneutralen Phasen bestehen bleibt.

10.3 Die Beveridge-Kurve für die Schweiz: Erfassung der Sockelarbeitslosigkeit

Mit Hilfe der sogenannten Beveridge-Kurve lässt sich die Entwicklung der Arbeitslosigkeit näher betrachten. Die *Abbildung 10.2* ist wie folgt zu verstehen: Entlang der Abszisse wird die Anzahl der Arbeitslosen eingetragen. Die Ordinate misst die offenen Stellen. Entsprechen die offenen Stellen der Zahl der Arbeitslosen, herrscht gewissermassen Gleichgewicht auf dem Arbeitsmarkt, wir befinden uns dann auf der Geraden durch den Ursprung des Diagramms (auf der Winkelhalbierenden). Alle Punkte auf dieser Geraden entsprechen der **Sockelarbeitslosigkeit** (friktionelle + strukturelle Arbeitslosigkeit). Wie entwickelt sich das Verhältnis der offenen Stellen zu den Arbeitslosen im Konjunkturverlauf? Bei einer konjunkturellen Überhitzung müsste die Zahl der offenen Stellen jene der Arbeitslosen übersteigen. Umgekehrt müsste es weit mehr Arbeitslose als offene Stellen geben, wenn sich die Wirtschaft in der Rezession befindet. Die theoretische Beveridge-Kurve verläuft dementsprechend entlang einer Hyperbel von links oben nach rechts unten. Punkte auf der Beveridge-Kurve rechts der Winkelhalbierenden stellen Ungleichgewichte dar, in welchen Stellenmangel vorherrscht (konjunkturelle Arbeitslosigkeit), Punkte links der Winkelhalbierenden dagegen kennzeichnen Ungleichgewichte mit Stellenüberhang.

Vergleicht man den theoretischen Verlauf der Beveridge-Kurve mit dem empirischen, so stellt man erstens fest, dass auf dem Arbeitsmarkt in der Schweiz vorwiegend Stellenmangel bestand, mit Ausnahme der Jahre 1970–74, 1980/81 sowie 1989–90. Zweitens scheint sich die Beveridge-Kurve nach aussen verschoben zu haben, was gleichbedeutend mit einem **Anstieg der Sockelarbeitslosigkeit** ist. Die empirischen Ergebnisse sind allerdings mit Vorsicht zu geniessen, da nur jene Erwerbspersonen und offenen Arbeitsstellen erfasst sind, die bei einem Arbeitsamt als arbeitslos bzw. vakant gemeldet sind.

Abbildung 10.2   Die Beveridge-Kurve

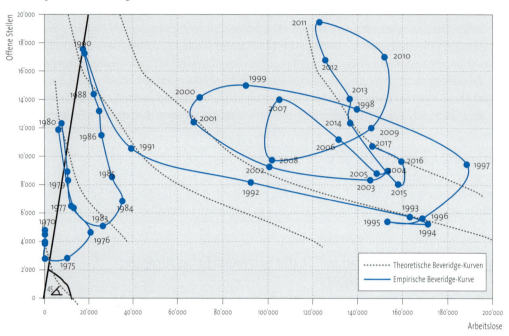

Quelle: SECO

Ursachen für eine Zunahme der Sockelarbeitslosigkeit

In einem flexiblen Arbeitsmarkt – so haben wir festgestellt – sollte es gar nicht zu einer unfreiwilligen Arbeitslosigkeit kommen, und nun ergibt sich aus der Beveridge-Kurve, dass die Sockelarbeitslosigkeit sogar zugenommen hat. Welche Erklärungen gibt es dafür?

- **Regulierungen des Arbeitsmarktes**
  Wie bereits im Einstieg zu diesem Kapitel erwähnt, ist der Arbeitsmarkt ein spezieller Markt, bei welchem Störungen viel schwerwiegendere Folgen haben als auf Gütermärkten. Zum Schutz der Arbeitnehmer ist der Arbeitsmarkt deshalb auch viel stärker reguliert. So gibt es Regulierungen für die Arbeitszeit, für die Sozialversicherungen, für Einstellungen und Entlassungen, für die Höhe der Löhne, den Gesundheitsschutz usw. Wie Sie aus *Kapitel 2* und *3* wissen, sind Eingriffe in die Märkte mit Gefahren verbunden und können das Gegenteil von dem bewirken, was man damit eigentlich erreichen wollte. So kann z.B. eine Erhöhung von **Mindestlöhnen** mit dem Ziel der Einkommenserhöhung zu einem Anstieg der Sockelarbeitslosigkeit führen, weil die Arbeitgeber nicht bereit sind, so hohe Löhne zu bezahlen. Durch einen Ausbau des **Kündigungsschutzes** zur Sicherung von Arbeitsplätzen wird dem Arbeitgeber ein Anreiz gesetzt, auch in guten wirtschaftlichen Zeiten auf Neuanstellungen zu verzichten, weil er ja weiss, dass er bei einem Rückgang der Aufträge kaum Entlassungen vornehmen kann. Eine relativ hohe und lang anhaltende Arbeitslosenunterstützung ist aus sozialer Sicht auf den ersten Blick zu begrüssen. Sie reduziert für den Arbeitslosen aber auch den Anreiz, sich intensiv um eine neue Beschäftigung zu bemühen. Für den Arbeitgeber erleichtert eine grosszügige Arbeitslosenversicherung Entlassungen, da die materielle Absicherung vom Staat gewährleistet wird. Aus Regulierungen des Arbeitsmarktes ergeben sich oft unbeabsichtigte Folgen: Anstatt die Arbeitslosigkeit zu reduzieren, wird sie erhöht. **Gut gemeinte Politik ist noch lange keine gute Politik!** Das richtige Mass zwischen Schutz für die Arbeitnehmer und Bewahrung der Funktionsfähigkeit des Arbeitsmarktes zu finden, ist eine schwierige Aufgabe.

- **Rasanter Strukturwandel**
  Je schneller sich die Strukturen der Wirtschaft verändern, desto grösser ist die Gefahr eines Anstiegs der Sockelarbeitslosigkeit. Je mehr beispielsweise die technologische Entwicklung zum Verlust von Arbeitsplätzen für Unqualifizierte führt, desto mehr verlieren Un-

qualifizierte ihre Stelle und finden keine neue Beschäftigung mehr. Je schneller und stärker die Verschiebungen der Beschäftigung zwischen den Branchen sind, desto stärker steigt die Sockelarbeitslosigkeit.

10.4 Die Bekämpfung der Arbeitslosigkeit

Weil es sich beim Arbeitsmarkt um einen abgeleiteten Markt handelt, besteht ein erster Ansatz zur Bekämpfung der Arbeitslosigkeit darin, die Nachfrage nach Gütern anzukurbeln und so auch eine Erhöhung der Nachfrage nach Arbeitskräften auszulösen.

Ansatzpunkte auf dem Gütermarkt

- **Die Stärkung der Wettbewerbskraft** gilt als Ziel von gewissen politischen Exponenten. Revitalisierung und Verbesserung der Rahmenbedingungen heissen dabei die vielbeschworenen Losungsworte: Befreiung unserer Volkswirtschaft von all jenen Schutzzäunen, Verbots- und Gebotssignalen und dem übrigen protektionistischen Ballast, die den Marktkräften hinderlich sind.

- **Erhöhung der Standortattraktivität:** Der Staat muss gewährleisten, dass die Schweiz als Standort im internationalen Vergleich attraktiv bleibt. Zu den Voraussetzungen der Standortattraktivität zählen unter anderem: politische und monetäre Stabilität, ein ungehinderter Marktzutritt gegen aussen, gut ausgebaute und funktionierende Infrastruktur, sozialer Frieden, Rechtssicherheit, vergleichsweise niedrige Steuern und Soziallasten und ein gutes Aus- und Weiterbildungssystem.

- **Steigerung der Innovationsfähigkeit und der Produktivität:** Neben der Politik sind aber auch die schweizerischen Unternehmer gefordert. Durch Innovationen, durch «besser oder anders sein» als die Konkurrenz, sei das beispielsweise durch besondere technische Spezifikationen, durch höhere Flexibilität und Zuverlässigkeit, durch Originalität, durch Perfektionierung oder durch Spezialitätenproduktion.

- **Beschäftigungsprogramme:** Eine erhöhte Nachfrage nach Gütern und damit nach Arbeitskräften kann aber auch nach keynesianischem Muster erfolgen (vgl. *Kapitel 6.2*). Staatliche Ausgabenerhöhungen zur Steigerung der Beschäftigung werden von der einen Seite erfolgversprechend erachtet. Auch Steuererleichterungen werden gefordert, Sparübungen abgelehnt. Die andere Seite verweist auf die möglicherweise prozyklische Wirkung und auf den strukturerhaltenden statt strukturanpassenden Charakter solcher staatlicher Interventionen.

Ansatzpunkte auf dem Arbeitsmarkt

- **Flexibilität des Arbeitsmarktes:** Verbesserter Kündigungsschutz, gesetzliche Regelung der Arbeitszeit und garantierter Teuerungsausgleich sind die Ansprüche der einen Seite. «Mehr Markt für den Arbeitsmarkt» fordern die Kontrahenten. Dieser Ansatz baut zum Ausgleich von Arbeitsangebot und Arbeitsnachfrage auf die Marktkräfte. Postulate sind: Lohnzahlung nach individueller Leistung (Leistungsgerechtigkeit), Freizügigkeit gegenüber ausländischen Arbeitskräften, liberale Entlassungsbedingungen.

- **Bildungspolitik:** Die Arbeitsplätze von Unqualifizierten werden im Zuge der Globalisierung und des technologischen Wandels kontinuierlich wegfallen. Um den zukünftigen Anforderungen gewachsen zu sein, bedarf es permanenter Weiterbildungsanstrengungen. Lebenslanges Lernen wird vom Schlagwort zur Notwendigkeit.

- **Arbeitszeitverkürzungen:** «Wenn nicht mehr alle Arbeit haben, muss eben die verbleibende Arbeit auf mehr Hände verteilt werden!» Die Idee der Arbeitszeitverkürzung und die Umverteilung der Arbeit zieht vermehrte Aufmerksamkeit auf sich. Eine einfache Lösung für ein komplexes Problem? Zweifel sind angebracht: Gelingt es nämlich nicht, die Arbeitszeitverkürzung kostenneutral durchzuführen, dann sinkt durch steigende **Lohnstückkosten** die Wettbewerbsfähigkeit und die Absatzprobleme steigen, was zwangsläufig einen Abbau von Arbeitsplätzen nach sich zieht. Bleibt die Arbeitszeitverkürzung andererseits ohne Konsequenzen auf die Kosten, müssen die Arbeitnehmer allerdings auch bereit sein, Lohnkürzungen in Kauf zu nehmen. Das Arbeitsvolumen ist kein Kuchenstück, das einfach umverteilt werden kann, wenn es Arbeitslosigkeit gibt. Internationale Statistiken belegen, dass Länder, in welchen Menschen viel und lange arbeiten, tiefere Arbeitslosenquoten haben: Arbeit schafft eben Arbeit.

- **Ausländerpolitik:** Grundsätzlich sind Arbeitskräftewanderungen als Bestandteil einer marktwirtschaftlichen Ordnung positiv zu werten. Vor allem bei einer Verschlechterung der Wirtschaftslage können die Zuwanderer aber zu unliebsamen Konkurrenten auf dem Arbeitsmarkt werden. Je stärker die Zuwanderer Substitute für die vorhandenen Arbeitskräfte sind, um so bedrohlicher erscheinen sie; sind sie dagegen Komplemente, so helfen sie mit, die Produktivität und damit auch die Entlohnung der Einheimischen zu steigern.[1] Im Februar 2014 haben die Stimmberechtigten der Schweiz eine Initiative zur Kontingentierung von ausländischen Arbeitskräften angenommen (Masseneinwanderungsinitiative). Dabei ging es wohl weniger um die Angst vor Arbeitslosigkeit oder tieferen Löhnen. Im Abstimmungskampf dominierten Bedenken bezüglich fehlendem bzw. teurer werdendem Wohnraum, Dichtestress, Zersiedelung der Landschaft, überfüllten Zügen und generell einer Überfremdung.

1 **Rekordjahr:** In den Jahren 2008 und 2009 sind saldiert ca. **186'000 Personen in die Schweiz eingewandert.** Bildlich gesprochen ist damit die Bevölkerung des Kantons Graubünden zur Volkswirtschaft Schweiz gestossen – mit all ihrer Nachfrage nach Konsumgütern, Wohnungen usw.

Die Bekämpfung der Arbeitslosigkeit kann direkt auf dem Arbeitsmarkt (Arbeitszeit, Bildung, Ausländerpolitik) oder indirekt auf dem Gütermarkt (Wettbewerbsfähigkeit, Innovationskraft, Produktivität, Beschäftigungsprogramme) ansetzen.

2 **Making Love:** «An economist is someone who knows 100 ways of **making love**, but doesn't know any woman.»

Zur Bekämpfung der Arbeitslosigkeit gibt es kein allgemein gültiges Rezept. Je nach Analyse fällt die Therapie anders aus. Zudem spielen Wertvorstellungen eine Rolle, so dass auch Empfehlungen von Ökonomen unterschiedlich ausfallen können.[2]

Exkurs: Vorsicht Statistik

Arbeitslosenquote = Arbeitslose in % der Erwerbspersonen
Als arbeitslos werden die Personen erfasst, die bei der Arbeitsverwaltung als arbeitslos registriert sind. Die Erwerbspersonen umfassen das Arbeitskräfteangebot – also Erwerbstätige, registrierte und nicht registrierte Arbeitslose (aber aktiv eine Arbeit suchend) im Alter von 15 bis 64 Jahren. Die Arbeitslosenquote wird vom Staatssekretariat für Wirtschaft (SECO) monatlich anhand der von den kantonalen Arbeitsämtern gemeldeten Arbeitslosen erfasst. Für internationale Vergleiche ist die Arbeitslosenquote ungeeignet, weil die Kriterien für die Bezugsberechtigung von Arbeitslosengeldern und somit die gemeldeten Arbeitslosen unterschiedlich sind. Das zweckmässigste Mass für internationale Vergleiche ist die standardisierte Erwerbslosenquote.

Arbeitslose sind nicht gleich Stellensuchende!
Seit Herbst 1997 werden in der Schweiz neben der Zahl der registrierten Arbeitslosen auch die Zahl der Stellensuchenden veröffentlicht. Als Stellensuchende gelten neben den registrierten Arbeitslosen auch eingeschriebene Stellensuchende, die entweder nicht sofort vermittelbar sind und/oder über Arbeit verfügen. Dazu zählen im wesentlichen Personen, die in Beschäftigungsprogrammen engagiert sind, die sich in Umschulung bzw. Weiterbildung befinden oder einem Zwischenverdienst nachgehen.

Erwerbslosenquote = Erwerbslose in % der Erwerbspersonen
Diese Kennzahl wird in der Schweiz vom Bundesamt für Statistik mittels der Schweizerischen Arbeitskräfteerhebung (SAKE) ermittelt. In die SAKE fliessen die alljährlich mittels telefonischer Stichprobenbefragung ermittelten Daten ein. Dabei gelten alle Personen im Alter von 15 bis 64 Jahren als erwerbslos, die in der Referenzwoche nicht erwerbstätig waren, in den vergangenen vier Wochen aktiv eine Arbeit gesucht haben und für die Aufnahme einer Tätigkeit verfügbar wären. Weil in der Erwerbslosenquote auch die Langzeitarbeitslosen und die Ausgesteuerten (Personen, die kein Arbeitslosengeld mehr erhalten) mitgezählt werden, ist sie in der Regel höher als die Arbeitslosenquote.

Erwerbsquote = Erwerbspersonen in % der Bevölkerung
Die Erwerbsquote gibt Aufschluss über die Erwerbsbeteiligung der Bevölkerung. Dabei wird die Erwerbsquote üblicherweise in Prozent der Bevölkerung im Alter von 15 bis 64-Jahren berechnet (standardisierte Erwerbsquote). Alternativ wird sie auch als Anteil an der Gesamtbevölkerung (Bruttoerwerbsquote) oder der Bevölkerung über 15 Jahren dargestellt (Nettoerwerbsquote). Eine hohe Erwerbsquote bringt zum Ausdruck, dass ein hoher Anteil der Bevölkerung entweder erwerbstätig ist oder eine Arbeitsstelle sucht.

Erwerbstätigenquote = Erwerbstätige in % der Bevölkerung
Im Gegensatz zur Erwerbsquote werden bei der Erwerbstätigenquote nur die Personen berücksichtigt, die erwerbstätig sind. Dabei wird die Erwerbstätigenquote üblicherweise in Prozent der Bevölkerung im Alter von 15 bis 64 Jahren berechnet (standardisierte Erwerbstätigenquote). Alternativ wird sie auch als Anteil an der Gesamtbevölkerung (Bruttoerwerbstätigenquote) oder der Bevölkerung über 15 Jahren dargestellt (Nettoerwerbstätigenquote). Je höher die Erwerbstätigenquote ist, desto besser wird das Arbeitskräftepotenzial ausgenützt und desto höher ist tendenziell das BIP.

Erwerbstätige sind nicht gleich Beschäftigte!
Das Bundesamt für Statistik führt zwei vierteljährliche Statistiken zur Beobachtung der Arbeitsmarktlage:
- Die Statistik der Erwerbstätigen, die *personenorientiert* ist, d.h. jede erwerbstätige Person wird einmal erfasst. In ihr gelten die Personen als erwerbstätig, welche während mindestens 1 Stunde pro Woche einer bezahlten Arbeit nachgehen oder unentgeltlich in einem Familienbetrieb tätig sind.
- Hingegen ist die Beschäftigungsstatistik *stellenorientiert*, sie erfasst jede besetzte Stelle. Sie basiert auf einer quartalsweisen Stichprobenerhebung. Seit 2011 liefert die STATENT jährlich zentrale Informationen zur Struktur der Schweizer Wirtschaft, inklusive der Anzahl Beschäftigter.

Die Beschäftigungsstatistik ist eine typische Konjunkturstatistik, während die Erwerbstätigenstatistik strukturelle Informationen liefert. Der Hauptunterschied zwischen den zwei Statistiken liegt in der Mehrfachbeschäftigung: Personen mit mehr als einer Stelle erscheinen in der Erwerbstätigenstatistik nur einmal, während sie in der Beschäftigungsstatistik so oft registriert werden, wie sie Stellen besetzen.

Exkurs: Welches sind die Jobs der Zukunft?

Der rasch voranschreitende technologische Wandel führt zu tief greifenden Veränderungen auf dem Arbeitsmarkt. In der Debatte um die Jobs der Zukunft stehen zuerst mal Arbeitsplätze im Vordergrund, die im Zuge der Digitalisierung wegfallen werden: Kassiererinnen werden durch Scanner, Juristen durch eine App, Taxifahrer durch selbstfahrende Autos, Fabrikarbeiter durch Industrieroboter ersetzt und virtueller Unterricht macht Lehrer zu Randfiguren. Die eine These der Digitalisierung geht eben davon aus, dass die Digitalisierung einen disruptiven Charakter aufweist und Stellen im grossen Ausmass wegrationalisieren wird. Geschürt werden diese Ängste durch Studien, z.B. von Wissenschaftlern aus Oxford, welche berechnet haben, dass in den USA 47 Prozent aller Arbeitnehmer durch die Automatisierung bedroht sind.

Die andere These zur Digitalisierung postuliert, dass sie auf lange Sicht das Wirtschaftswachstum nachhaltig vergrössert und viele neue Jobprofile entstehen werden. Dabei ist es natürlich viel schwieriger zu prognostizieren, welche neue Tätigkeiten und Berufe in Zukunft entstehen werden, als die bedrohten Tätigkeiten zu identifizieren. In der Tendenz ist ein Arbeitsplatz umso weniger von technischen Umwälzungen bedroht, je anspruchsvoller und je unberechenbarer die Tätigkeiten sind. Kompetenzen wie Kreativität, Intuition, Flexibilität, kritisches Denken, Unternehmergeist oder Sozialkompetenz dürften zudem in der Arbeitswelt von morgen wichtiger werden. Insgesamt verschiebt sich die Beschäftigung in Felder, die sich einerseits nicht oder nur sehr kostenintensiv durch Technologie substituieren lassen, oder die andererseits direkt mit der Weiterentwicklung und Anwendung der neuen Technologien zu tun haben.

Gegenwärtig herrscht ein Mangel an Fachkräften. Gesucht sind derzeit vor allem Pflegefachleute, Elektromonteure, Projektleiter, Softwareentwickler, Ingenieure, Verkaufsberater oder Sanitärinstallateure. Etwas weiter in der Zukunft entstehen technische Berufe wie beispielsweise: Big-Data-Spezialisten, Robotik-Ingenieure, Fintech-Spezialisten, Mobile-Developer, Edge-Computing-Master. Genannt werden auch Jobs wie Quantum-Machine-Learning-Analyst, Genetic-Diversity-Officer, E-Sports-Manager oder Virtual-Inelligence-Assisted Healthcare-Technician. Weniger technische Zukunftsberufe sind Ethikbeauftragte, Fitness-Commitment-Counselor, Feel-Good-Manager, Virtual-Store-Sherpa, Personal-Memory-Curator oder Gesprächspartner.

Für Arbeitnehmende, Unternehmen und auch für den Staat ergibt sich aus den veränderten Berufsprofilen die Notwendigkeit, die Aus- und Weiterbildung anzupassen oder gar zu reformieren und die Umschulungsmöglichkeiten zu verbessern. Da diese Anpassungen Zeit erfordern, werden Verwerfungen am Arbeitsmarkt wohl unumgänglich sein.

Ökonomisches Denken: Gut gemeint – schlecht gemacht

Arbeitslosigkeit ist in der Bevölkerung meistens die grösste Sorge überhaupt. Sorgenbarometer zeigen dies seit Jahren. Es ist deshalb verständlich, dass Ideen zum Schutz und zur Förderung von Arbeitsplätzen sehr populär sind, wie z.B. staatlich vorgeschriebene lange Kündigungsfristen zum Schutz vor Entlassungen, staatliche Subventionierung zum Erhalt bzw. zur Förderung neuer Arbeitsplätze oder sogar Entlassungsverbote (solange eine Firma Gewinne erzielt).

Häufig erweisen sich solche gut gemeinten Massnahmen als nachteilig für das angestrebte Ziel. Warum? Das Gutgemeinte vernachlässigt oft, dass Unternehmungen und Arbeitnehmer sich rational verhalten. Einerseits werden durch solche Massnahmen die Kosten des Faktors Arbeit erhöht und die Substitution der Arbeit durch Kapital gefördert. Andererseits entstehen negative Anreize, sodass keine neuen Arbeitsplätze geschaffen werden.

Dort, wo durch den Staat neue Arbeitsplätze durch Subventionen geschaffen werden, werden oftmals gleichzeitig an anderen Orten Arbeitsplätze vernichtet oder nicht geschaffen (Beispiel Energiewende).

Arbeitsplätze entstehen letztlich nur dann dauerhaft, wenn Unternehmungen fähig sind, nutzenstiftende Produkte und Dienstleistungen auf dem Markt zu verkaufen.

Interview (April 2018)

Peter Grünenfelder
Direktor Avenir Suisse
(www.avenir-suisse.ch)

Die Digitalisierung und damit verbundene Szenarien vom Ende der Arbeit sind in der Schweiz in aller Munde. Eine Studie von Avenir Suisse kommt nun aber zum Ergebnis, dass auf dem Arbeitsmarkt kaum Indizien für eine «digitale Revolution» zu erkennen sind. Welche statistischen Daten bestätigen ihren Befund? Steht uns die «digitale Revolution» erst bevor?

Unsere aktuelle Strategiestudie «Wenn die Roboter kommen» zeigt, dass die Organisation des Schweizer Arbeitsmarktes von grösserer Konstanz geprägt ist als allgemein angenommen. Auch das Bundesamt für Statistik und der Verband der Schweizer Personaldienstleister stellten fest, dass im Zeitraum 1991-2016 eine digitale Revolution ausgeblieben ist. Die Erwerbslosenquote bleibt tief, Telearbeit stagniert (5,1%), ebenso die Quote der Selbständigen (7,6%). Der Anteil der unbefristeten Arbeitsverhältnisse ist sogar auf 91.1% leicht angestiegen. Auch wechseln heute mit 15.4% weniger Arbeitnehmer die Stelle als vor einem Jahr. Die «typischen» Symptome der digitalen Revolution blieben also aus. Diese Konstanz rührt daher, dass der Schweizer Arbeitsmarkt bereits heute sehr dynamisch auf Veränderungen reagiert. Jährlich gehen in der Schweiz rund 15% aller Arbeitsstellen verloren. Doch im gleichen Zeitraum werden noch mehr neue geschaffen. Über einen längeren Zeitraum betrachtet heisst das, dass zwischen 2006 und 2016 7,3 Mio. neue Stellen angetreten und 6,7 Mio. Arbeitsverhältnisse aufgelöst wurden, aber zugleich auch 700 000 zusätzliche Stellen geschaffen worden sind, jedes Jahr 70 000 Stellen, das ist mehr als die Stadt Lugano Einwohner hat. Wenn aber die «digitale Revolution» richtig einsetzt, wird es - entgegen vieler Befürchtungen - eine grössere Nachfrage nach Arbeitskräften geben. Der Schweiz steht ja noch eine Pensionierungswelle der Baby-Boomers bevor, was die Nachfrage nach Arbeitskräften ohnehin erhöhen wird. Grundsätzlich werden sich Arbeitsinhalte laufend weiterentwickeln – das ist aber nicht erst seit heute so. Daher wäre der Begriff «Evolution» wohl treffender als «Revolution».

Mit der Digitalisierung verschwinden die Grenzen zwischen Beruf und Privatleben, die Arbeitsverhältnisse ändern sich und es entstehen neue Arbeitsformen. Welche Anpassungen sind deshalb im Arbeitsrecht und bei den Sozialversicherungen notwendig?

Veraltete Vorschriften zur Arbeitszeiterfassung und die Regelung der Arbeitszeiten sind zeitgemäss, sprich flexibler auszugestalten, um den neuen Arbeitsformen gerecht zu werden. Die wöchentliche Höchstarbeitszeit sollte beispielsweise neu im Jahresdurchschnitt gemessen werden. Eine lineare Karriere in einem Berufsfeld und nur an einem Arbeitsort wird es immer seltener geben. Teilzeitangestellte und Erwerbstätige mit mehreren Arbeitgebern werden bedeutender. Die Plattform-Arbeit («Crowdworking») ist in der Schweiz volumenmässig noch unbedeutend. Wenn die Anzahl der Crowdworker in Zukunft aber stark steigt, sollte der Status eines «selbständigen Angestellten» eingeführt werden. Dieser würde – wie heute bei Angestellten üblich – einen Sozialversicherungsschutz bieten. Doch weil «selbständige Angestellte» über den Umfang der Arbeit selbst entscheiden können, kann das Risiko der Arbeitslosigkeit nicht gedeckt werden. Somit entfiele die Beitragspflicht an die ALV. Der neue Status des «selbstständigen Angestellten» wäre zudem als freiwillige Option für Arbeitgeber und Arbeitnehmer konzipiert.

In Zeiten des Wandels auf dem Arbeitsmarkt ist die Bildungspolitik speziell gefordert. Wo sehen Sie Reformbedarf in der Aus- und Weiterbildung?

Die Schweizer Volksschule hat digitalen Reformbedarf. Zwar steht «Medien und Informatik» als fächerübergreifendes Modul im Lehrplan 21, aber das das Schwergewicht liegt dabei auf Medien und deren Nutzung. Das Angewandte Wissen, nach welchen Prinzipien und innerer Logik Computer funktionieren, muss gefördert werden. Wir dürfen uns nicht vor dem angeblichen Jobkiller Digitalisierung fürchten und gleichzeitig Informatik an der Volksschule für überflüssig halten. Der Informatikunterricht sollte schon in der Volksschule als reguläres Schulfach eingeführt werden, damit alle Schüler die Grundzüge des digitalen Denkens kennen. Es gibt bereits kindgerechte Programmiersprachen und Algorithmen, mit denen Kinder spielerisch zum Beispiel eine Schildkröte oder einen kleinen Roboter programmieren können. Das interaktive, mit Spass verbundene Erlernen dieser Kompetenzen wäre zentral, um das Interesse für Informatik zu fördern. Zudem müssen in der dualen Berufsbildung die Berufsbilder aufgrund der Flexibilisierung des Arbeitsmarktes breiter gefasst werden. Neben einem höheren Anteil an Allgemeinbildung, Fremdsprachen und Informatik muss auch die Berufsmaturität stärker gefördert werden. In den Gymnasien und Fachmittelschulen braucht es Informatik als promotionsrelevantes Grundlagenfach. An den Hochschulen sind die MINT-Fächer innerhalb des tertiären Bildungssektors zu stärken, was den Bedürfnissen des Arbeitsmarkts besser entspräche.

Schlüsselbegriffe

Die folgenden Schlüsselbegriffe kommen in diesem Kapitel vor und werden zudem am Ende des Buches nochmals erläutert.

- Insider-Outsider-Modell
- Effizienzlohntheorie
- Arbeitslosigkeit
- Friktionelle, konjunkturelle, strukturelle, Sockelarbeitslosigkeit
- Beveridge-Kurve
- Standortattraktivität
- Lohnstückkosten
- Arbeitslosenquote
- Mindestlohn
- Gesamtarbeitsverträge

Repetitionsfragen

Die Antworten finden Sie im Text dieses Kapitels sowie auf der Homepage des Verlages, edu.somedia-buchverlag.ch.

1. a) Nennen Sie Erklärungsansätze für die Entstehung von Arbeitslosigkeit
   b) Welche vier Typen von Arbeitslosigkeit können unterschieden werden?
2. Welche Erkenntnisse können aus der Analyse der Beveridge-Kurve für die Schweiz gewonnen werden?
3. Welche Ansatzpunkte zur Bekämpfung der Arbeitslosigkeit kennen Sie?
4. Wie beurteilen Sie eine Arbeitszeitverkürzung als Medizin gegen die Arbeitslosigkeit?
5. Welche konkreten Postulate beinhaltet die Forderung «Mehr Markt für den Arbeitsmarkt»?
6. Wie können die grossen Unterschiede bei den Löhnen erklärt werden?

Interessante Homepages
(Direkte Verlinkung siehe edu.somedia-buchverlag.ch)

Umfassende Daten und Berichte zum Thema «Arbeit und Erwerb» in der Schweiz findet man unter:
http://www.bfs.admin.ch

Aktuelle, umfassende Daten zur Arbeitslosigkeit in der Schweiz findet man unter:
http://www.seco.admin.ch

Die aktuelle Lohnstrukturerhebung für die Schweiz findet man unter:
http://www.bfs.admin.ch

Daten zur Arbeitsmarktsituation weltweit findet man auch unter:
http://www.ilo.org

11 Das Problem der Staatsverschuldung

> «Vor Schulden, die man gemacht hat,
> auch Staatsschulden, kann man nur eine Zeit lang
> davonlaufen – eingeholt wird man schliesslich doch.»
> M. Friedman

11.1 Die Entwicklung des Staatsanteils

Adolf Wagner, ein Finanzwissenschaftler, formulierte bereits 1864 das «Gesetz der wachsenden Ausdehnung der öffentlichen und speziell der Staatstätigkeit». Für die wachsenden Staatsausgaben können vielfältige Bestimmungsgründe angeführt werden, von denen hier nur einige aufgeführt sind:

1. Vergleicht man die öffentlichen Aufgaben, die dem Staat entsprechend der Theorie des «Nachtwächterstaates» in der Mitte des 19. Jahrhunderts zukamen, mit dem Spektrum der Aufgaben, die er heute wahrnimmt, so ist es unverkennbar, dass ihm immer **neue Aufgaben** zufielen. Die staatlichen Eingriffe im Bereich der Sozial-, Wettbewerbs-, Stabilitäts- und Strukturpolitik belegen diese Zunahme ebenso wie Staatsaktivitäten im Bildungs-, Gesundheits-, Energie-, Verkehrs-, Infrastruktur- und Umweltsektor.

2. Als weitere Bestimmungsgrösse für die Entwicklung der Staatsausgaben wird die Entwicklung der **privaten Einkommen** angesehen. Denn die öffentlichen Leistungen sind tendenziell **einkommenselastischer** als die privaten Güter. Mit steigendem Einkommen steigt die Nachfrage nach Staatsleistungen überproportional an.

3. Zudem sind im öffentlichen Bereich die Möglichkeiten der Erhöhung der **Arbeitsproduktivität** bescheidener als in den anderen Wirtschaftsbereichen, was eine überdurchschnittliche Kostenentwicklung verursacht.

4. Die **Neue Politische Ökonomie (Public choice)**, die sich mit den Beziehungen zwischen Wirtschaft und Politik befasst, überträgt den Grundgedanken der Nutzen- und Gewinnmaximierung im wirtschaftlichen Bereich auf den politischen Bereich. Da der Verwaltung aber das Beurteilungskriterium «Gewinn» fehlt, tritt an seine Stelle als Erfolgsindikator die Ausgaben- und Budgetmaximierung. Macht, Prestige und ein hohes Einkommen erhält derjenige Beamte, der ein hohes Budget verwaltet und dieses jährlich ausdehnen kann. Kombiniert man dieses Beharrungs- und Expansionsverhalten der Bürokratie mit der **Ausgabenfreudigkeit der Parlamente**, so entsteht eine deutliche Tendenz zur Steigerung der Staatsausgaben.

Die Staats- und Fiskalquote

Die Messung der Staatsaktivität geschieht üblicherweise an der **Entwicklung der Ausgaben**. Die Ausgaben der öffentlichen Haushalte (Bund, Kantone, Gemeinden und öffentliche Sozialversicherungen) haben sich seit 1990 beinahe verdoppelt. Aussagekräftiger wird die Entwicklung der Ausgaben, wenn man sie in Beziehung zum BIP setzt. Daraus ergibt sich die Staatsquote, die aussagt, wie viel der gesamten volkswirtschaftlichen Leistung durch die Hand des Staates geht. Wie die *Abbildung 11.1* zeigt, ist die **Staatsquote** in der Schweiz in den 90er-Jahren und in der Rezession nach der Jahrtausendwende angestiegen. Anschliessend ist sie bis 2007 auf 30% gesunken. Nach dem Ausbruch der Finanzkrise ist sie auf 33% angestiegen, was im internationalen Vergleich tief ist.

Die zunehmenden Staatsausgaben bleiben nicht ohne Konsequenzen auf die **Staatseinnahmen**. Zur Messung der Höhe der Steuerbelastung in einer Volkswirtschaft wird häufig die **Fiskalquote** betrachtet. Sie entspricht den Fiskaleinnahmen aller Staatsebenen einschliesslich der staatlichen, obligatorischen Sozialversicherungsbeiträge in Prozent des BIP. Die Fiskalquote ist ebenfalls in den 90er-Jahren angestiegen, blieb bis 2015 stabil und ist 2017 auf einen Höchstwert von 28,6 % angestiegen[1] (OECD-Durchschnitt 35 %).

Der **TAX-I** (Tax Independence Day) bezeichnet den Tag, an dem ein Steuerzahler das Geld zum Bezahlen seiner Steuern verdient hat. Rechnet man die Fiskalquote in Anzahl steuerpflichtige Tage um, benötigt der durchschnittliche Steuerzahler gut 100 Tage zur Erfüllung seiner jährlichen Steuer- und Sozialversicherungsverpflichtungen. In den letzten Jahren war der TAX-I in der Schweiz jeweils ca. Mitte April, bis dahin wird ausschliesslich für den Staat gearbeitet. Nimmt man die erweiterte Fiskalquote als Grundlage, verschiebt sich der TAX-I auf Ende Mai.

[1] **Erweiterte Fiskalquote:** Gemäss avenir suisse ergibt sich für die Schweiz unter Berücksichtigung aller Zwangsabgaben eine erweiterte Fiskalquote von gut 50 %. Mit anderen Worten: Wir können noch über die Hälfte unseres Einkommens frei verfügen. Berücksichtigt man auch die Geldleistungen (z. B. für Renten), die wir vom Staat erhalten, bleiben 72,5 % des Einkommens frei verfügbar (vgl. Zwischen Last und Leistung: Ein Steuerkompass für die Schweiz, Avenir Suisse 2013).

Abbildung 11.1   Staats- und Fiskalquote der öffentlichen Hand (Bund, Kantone, Gemeinden)

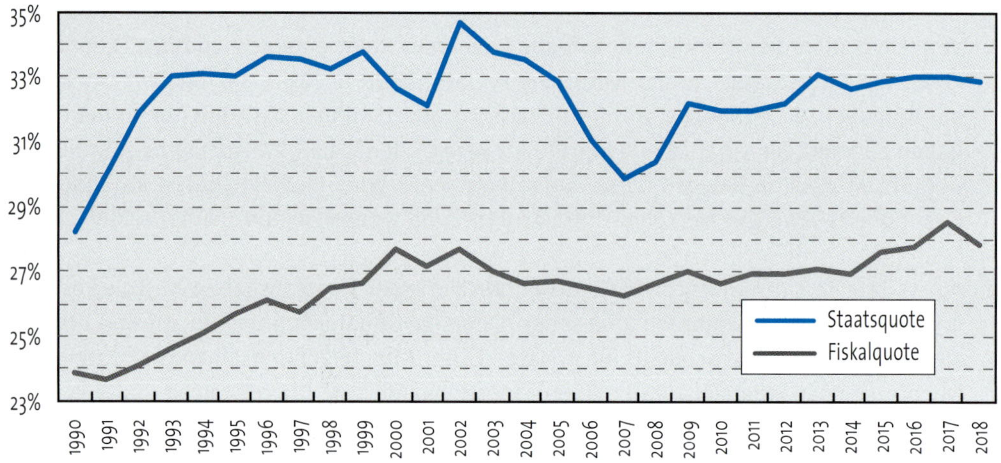

Quelle: Eidgenössische Finanzverwaltung

11.2   Wofür gibt der Bund seine Mittel aus?

Gliederung nach den Aufgaben des Staates

Die Staatsausgaben lassen sich nach verschiedenen Kriterien aufteilen. Eine erste Gliederung kann nach den **Funktionen bzw. Aufgaben des Staates** vorgenommen werden. *Abbildung 11.2* zeigt den Stand und die Entwicklung der Bundesausgaben. Im Ausgabeposten **Finanzen und Steuern** sind insbesondere die Schuldzinsen und die Kantonsanteile an den Bundessteuern enthalten. Am stärksten angestiegen sind die Ausgaben für Bildung sowie für die soziale Wohlfahrt. Die Gesamtausgaben des Bundes sind von 2006 bis 2016 um 27 % angestiegen.

Abbildung 11.2   Bundesausgaben (Rechnung 2016 in Mio. Fr.)

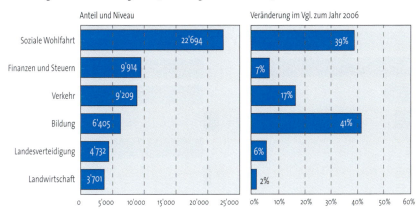

Quelle: Eidgenössische Finanzverwaltung

Gliederung nach Eigenbedarf und Übertragungen

Dem Bund verbleibt für seine Zwecke (z. B. Verwaltung, Landesverteidigung, eidgenössische Hochschulen) nur der kleinere Teil seiner Mittel. Zwei Drittel der Bundesausgaben werden für Übertragungen an Dritte verwendet. Der Bundeshaushalt ist ein eigentlicher **Transferhaushalt**. Der dominierende Teil dieser Übertragungen an Dritte sind **Subventionen** (unentgeltliche finanzielle Leistungen der öffentlichen Hand), die rund 57 % der gesamten Bundesausgaben beanspruchen. Knapp 50 % aller Subventionen entfallen auf die soziale Wohlfahrt, gefolgt vom Bereich Bildung und Forschung (17 %), Verkehr (16 %) und Landwirtschaft (9 %).

11.3   Woher kommen die Einnahmen des Bundes?

Die Einnahmen des Bundes lassen sich in drei Hauptbereiche einteilen. In indirekte und direkte Steuern (gesetzlich geregelte Zwangsabgaben ohne konkrete Gegenleistung des Staates) und in übrige Einnahmen:

1. **Indirekte Steuern** werden auf den Verbrauch erhoben. Wichtigste Einnahmequelle ist dabei die Mehrwertsteuer, gefolgt von den Mineralölsteuern (vgl. *Abbildung 11.3*).
2. Als **direkte Steuern** werden die Abgaben auf den Einkommen und Vermögen bezeichnet. Nirgendwo in Europa ist der Anteil der direkten Steuern so hoch wie in der Schweiz.
3. **Übrige Einnahmen:** Neben den Steuern erzielt der Bund auch Einnahmen durch die Erhebung von Gebühren und Beiträgen für bestimmte staatliche Leistungen (z. B. Gebühren für Amtshandlungen, Pflegetaxen usw.). Weitere Einnahmen stammen aus Monopolen, Patenten und Regalien (z. B. Gewinnablieferung der SNB) und aus Erträgen und Verkäufen auf Grund privatrechtlicher Tätigkeit des Staates (z. B. Eintritte in Museen, Zinseinnahmen aus Vermögen).

Die gesamten Einnahmen des Bundes sind von 2006 bis 2016 um 20 % gestiegen.

Lehrmaterial:
«Flat Rate Tax»
Ein Steuermodell
für die Schweiz?
(www.iconomix.ch)

Abbildung 11.3   Bundeseinnahmen (2016 in Mio. Fr.)

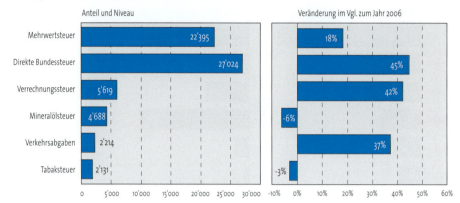

Quelle: Eidgenössische Finanzverwaltung

Den dominierenden Anteil an den Bundesausgaben nehmen die Sozialversicherungen ein. Die wichtigste Einnahmequelle ist die Mehrwertsteuer. Der Bundeshaushalt ist ein eigentlicher Transferhaushalt.

11.4   Die Entwicklung der Defizite und der Verschuldung in der Schweiz

Die Entwicklung des Bundeshaushaltes

Der Bundeshaushalt wird sowohl einnahmen- wie auch ausgabenseitig von der **konjunkturellen Entwicklung** beeinflusst. Eine wirtschaftliche Talfahrt hinterlässt jeweils bei den Einnahmen deutliche Spuren, insbesondere die Mehrwertsteuer, die Verrechnungssteuer und die Stempelabgaben leiden unter einem wirtschaftlichen Krebsgang. Die Ausgaben des Bundes sind zwar ebenfalls von der wirtschaftlichen Entwicklung abhängig, sie reagieren aber mit einer gewissen zeitlichen Verzögerung, weil verschiedene Bundesausgaben indexgebunden sind (z. B. Personalausgaben, Renten), oder sie erhöhen sich sogar in wirtschaftlich schwierigen Zeiten wie z. B. die Arbeitslosenentschädigungen oder konjunkturstützende Massnahmen. **Konjunkturell bedingte Defizite** sind unproblematisch, weil sie im Zuge des wirtschaftlichen Aufschwungs – dank steigenden Einkommen, Gewinnen und Umsätzen – von selbst wieder verschwinden. Als automatische Stabilisatoren im Konjunkturverlauf ist ihre Wirkung sogar willkommen, weil sie in einer Rezession die gesamtwirtschaftliche Nachfrage stützen – Sie erinnern sich an die keynesianische Konjunkturpolitik in *Kapitel 6.2*.

[1] Fiskalimpuls: Die Veränderung des strukturellen Defizits widerspiegelt den Impuls der aktiven Finanzpolitik – den **Fiskalimpuls** – Sie erinnern sich daran? Nicht? Dann blättern Sie doch in das Kapitel 6.2 zurück.

Weit problematischer sind die sogenannten **strukturellen Defizite**, weil sie sich nicht durch einen konjunkturellen Aufschwung beseitigen lassen; die Einnahmen also die Ausgaben auch bei konjunktureller Normallage nicht zu finanzieren vermögen. Man kann sie deshalb auch als selbstverschuldete Defizite bezeichnen, die sich nur durch Ausgabenkürzungen oder Steuererhöhungen beseitigen lassen.[1]

Konjunkturelle Defizite sind auf rezessionsbedingt höhere Ausgaben und tiefere Einnahmen zurückzuführen und wirken als automatische Stabilisatoren. **Strukturelle Defizite** weisen auf eine dauerhafte Überlastung des Haushalts mit nicht finanzierten Ausgaben hin und lassen sich nur durch Ausgabenkürzungen oder Steuererhöhungen beseitigen.

Die Entwicklung des gesamten Staatshaushaltes

Abbildung 11.4 stellt die Entwicklung der Saldos der Staatsrechnungen der öffentlichen Hand und den Anteil der Saldos am BIP (**Defizit-, Überschussquote**) dar. *Abbildung 11.5* zeigt die Verschuldung der öffentlichen Hand. Punkto Verschuldung in Prozent des BIP (**Schuldenquote**) belegt die Schweiz im internationalen Vergleich einen sehr guten Platz.

Abbildung 11.4 Die Entwicklung des Saldos der Staatsrechnung der öffentlichen Hand
(in Mio. Franken; in % des BIP)

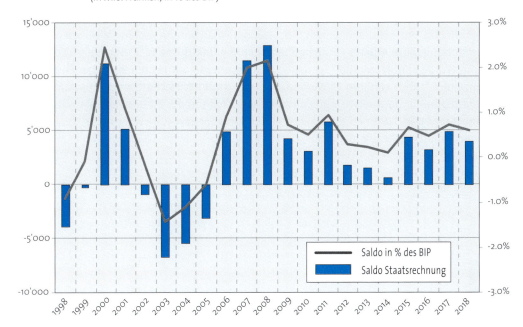

Quelle: Eidg. Finanzverwaltung

Abbildung 11.5 Die Entwicklung der Schulden der öffentlichen Hand
(in Mio. Franken; in % des BIP)

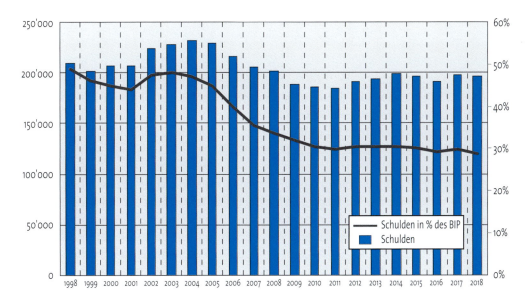

Quelle: Eidg. Finanzverwaltung

11.5. Internationale Staatsverschuldung: Leben auf Pump

Die meisten Länder Europas, die USA und viele andere Länder leben seit vielen Jahren über ihre Verhältnisse. Ihre Schulden dienen nicht nur der Finanzierung von Investitionen oder um nach keynesianischem Muster vorübergehend ein Konjunkturtief zu überwinden. Das Leben auf Pump wurde zum Normalfall. Sie leben in grossem Stil auf Kosten künftiger Generationen. Einzelne Staaten konnten im Verlauf der Finanz-und Wirtschaftskrise ihren Zahlungsverpflichtungen nur dank «Rettungsschirmen», d.h. Krediten der EU und des Internationalen Währungsfonds nachkommen. Hinzu kommen in jüngster Zeit stark wachsende Schulden in China und anderen Schwellenländern.

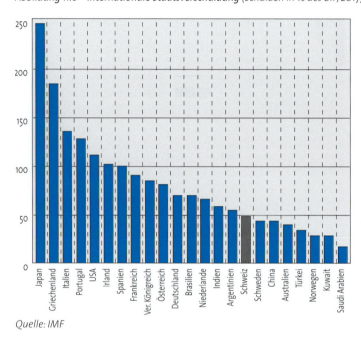

Abbildung 11.6   Internationale Staatsverschuldung (Schulden in % des BIP, 2017)

Quelle: IMF

Lehrmaterial:
«Staatsverschuldung»
Wenn der Schuldenberg steigt
(www.iconomix.ch)

Allein diese Zahlen sind Anlass genug, über die ökonomische Bedeutung und über die Konsequenzen wachsender Staatsverschuldung nachzudenken: Welche Folgen und Risiken beinhaltet die Staatsverschuldung? Wo liegen die Grenzen der Staatsverschuldung? Gibt es Kriterien für eine angemessene Staatsverschuldung?

Bevor wir uns dem Staat zuwenden, knüpfen wir an Ihrem persönlichen Lebensbereich an. Stellen Sie sich vor, Sie möchten für längere Zeit in die Ferien fahren oder ein Bild Ihres Lieblingsmalers kaufen. Fehlen Ihnen dafür die notwendigen Finanzen, können Sie versuchen, durch Mehrarbeit ein Zusatzeinkommen zu erzielen, oder Sie können einen Kredit aufnehmen. Das Verlockende am Kredit ist, dass Sie Ausgaben tätigen können, ohne zeitgleich dafür «zahlen» zu müssen. Über kurz oder lang müssen Sie allerdings diesen Kredit samt Zinsen wieder zurückzahlen. Der Kredit ist also keine Aufhebung, sondern nur eine Verschiebung der Zahllast.

Vor der gleichen Alternative steht auch der Staat: Entweder er finanziert eine Ausgabe durch eine Steuererhöhung, oder er macht ein Defizit und finanziert es mit einem Kredit. Ebenso wie Sie durch eine Kreditaufnahme Ihre Zahllast nur verschieben können, ist auch der Kredit an den Staat kein Ersatz für die Steuerlast, sondern nur eine Verschiebung. Der entscheidende Unterschied zu einem Privatkredit besteht nun aber darin, dass bei der staatlichen Kreditfinanzierung diejenigen, die heute um eine Steuererhöhung herumkommen, nicht dieselben sind, die in Zukunft die Verpflichtung aus der Kreditaufnahme tragen. Dieser Effekt – **die Verlagerung der Zahlungsverpflichtung auf zukünftige Generationen** – ist es, der die staatliche Verschuldung so attraktiv macht.

11.6. Gefahren und Grenzen der Staatsverschuldung

Wenn der Staat mehr Ausgaben tätigt, als er Einnahmen erzielt, kann er die Finanzierungslücke entweder durch den Verkauf von Wertpapieren an den privaten Sektor *(am Kapitalmarkt)* decken oder er kann sich das Geld durch *Kreditaufnahme* bei der *Nationalbank* beschaffen. Im ersten Fall verkauft er Staatsobligationen; im zweiten Fall monetisiert die Nationalbank die Schulden des Staates (vgl. *Kapitel 9.2*). In beiden Fällen kann der Staat das erhaltene Geld genauso wie Steuereinnahmen ausgeben. Welche Wirkungen werden aber dadurch ausgelöst?

Folgen der Staatsverschuldung

1. **Treibt die zunehmende Staatsverschuldung die Zinsen in die Höhe?**

    Beschafft sich der Staat seine Ausgabenüberschüsse am **Kapitalmarkt**, erhöht sich die Geldnachfrage und löst damit einen Zinsdruck nach oben aus. Bei der Betrachtung verschiedener Länder zeigt sich denn auch ein Zusammenhang zwischen den zunehmenden Staatsschulden und steigenden Realzinsen. Bei freiem Kapitalverkehr wird das Zinsniveau zudem durch den internationalen Kapitalmarkt bestimmt. Eine steigende Verschuldung grosser Staaten kann deshalb bewirken, dass durch den internationalen Zinszusammenhang nicht nur die eigenen, sondern auch die Bewohner anderer Länder betroffen werden.

    Finanziert die Nationalbank die Staatsdefizite durch **Kredite bei der Notenbank**, vergrössert sich die Geldmenge – im Unterschied zur Finanzierung im privaten Sektor. Dies führt zu einer Senkung der Zinssätze. In den vergangenen Jahren haben die Notenbanken die Schuldenkrise mit billigem Geld bekämpft. Langfristig besteht allerdings die Gefahr, dass durch die zusätzlich geschaffene Nachfrage und durch das Inflationspotenzial die Zinsen in die Höhe getrieben werden.

2. **Heizt eine zunehmende Staatsverschuldung die Inflation an?**

    Wenn durch die Kreditfinanzierung der Nationalbank die Geldmenge schneller wächst als das BIP, dann wird diese **expansive Geldpolitik** letztlich die Inflation nähren (vgl. *Kapitel 6.3*). Die Monetisierung der Defizite als Inflationsquelle bestätigt sich in allen Ländern, die ihre Ausgabenüberschüsse durch «Gelddrucken» finanzieren. Die ultraexpansive Geldpolitik der Notenbanken hat auch die Immobilienpreise und die Aktien in die Höhe getrieben.

    Werden die Defizite durch **Wertpapierverkäufe** gedeckt, sind die Inflationsgefahren gering, weil durch diese Finanzierungsart die Geldmenge nicht ausgeweitet wird.

3. **Bewirkt die zunehmende Staatsverschuldung einen Verdrängungseffekt?**

    Der Verdrängungseffekt («crowding-out») ist die grundlegendste Kritik an einer wachsenden Verschuldung. Der Staat tritt auf den Geld- und Kapitalmärkten als Konkurrent zu Unternehmen und Haushalten auf und es besteht die Gefahr, dass die Investoren den Staat als Schuldner denjenigen aus dem privaten Sektor vorziehen. Private Nachfrager werden also vom Schuldner Staat aus den Geld- und Kapitalmärkten verdrängt. Wie stark die Kapitalnachfrage des Staates zum «crowding-out» führt, hängt vorwiegend vom Zinseffekt und der Zinselastizität der privaten Investitionen ab.[1]

4. **Wirkt sich eine zunehmende Staatsverschuldung hemmend auf das Wirtschaftswachstum aus?**

    Mit dem Anwachsen der Schulden steigen auch die Zinszahlungen. Je grösser bei konstanten Zinssätzen die zu zahlenden Zinsen sind, desto kleiner wird der Anteil des Budgets, der zur Erfüllung anderer Staatsaufgaben zur Verfügung steht. Dies führt zu einer **Einschränkung des Handlungsspielraums** des Staates. Japans Schuldendienst beläuft sich gegenwärtig – bei sehr tiefen Zinsen – auf 30% der Staatsausgaben, für produktive Staatsausgaben bleibt immer weniger Platz. Ein höherer Schuldendienst führt meistens zu höheren Steuern und schränkt spätestens dann auch die Investitionen und Konsumausgaben ein.

[1] «crowding-out»: Für die Schweiz hat das «crowding-out»-Argument keine grosse Relevanz, weil bei uns der private Sektor einen chronischen Sparüberhang ausweist – im Gegensatz z.B. zu den USA.

Diese Effekte, kombiniert mit Druck auf steigende Zinsen (steigende Risikoprämien für Staatsanleihen), führen längerfristig zu einer Einschränkung des Wachstumspotenzials. Auch empirische Studien bestätigen diesen negativen Zusammenhang zwischen Staatsverschuldung und Wachstum. Allerdings bleibt die Frage umstritten, ab welcher Schuldenquote die negativen Auswirkungen zu dominieren beginnen. Die wohl bekannteste Studie «Growth in Time of Debt» der Ökonomen Rogoff und Reinhard aus dem Jahr 2013 ergab einen Schwellenwert von 90 %.

5. Besteht die Gefahr, dass ein Teufelskreis der Verschuldung entsteht?

Auch diese Frage können wir uns vorerst wieder, losgelöst vom Staat, an einem Individuum überlegen. Gibt jemand während eines Jahres mehr aus, als er verdient, und finanziert er die Differenz mit Schulden, dann ist er gezwungen, sich jährlich immer höher zu verschulden, selbst wenn er in den folgenden Jahren ein ausgeglichenes Budget (ohne Zinszahlungen) ausweist, denn er muss die Zinszahlungen mit neuen Schulden finanzieren. Mit steigenden Schulden steigt aber auch die Zinsbelastung, die er wiederum nur mit neuen Schulden begleichen kann und so weiter. Genau so explosiv präsentiert sich die Lage bei hoch verschuldeten Staaten. Jede Erhöhung der Staatsschuld ist mit steigender Zinslast verbunden, die zu einer neuen Verschuldung und wiederum zu höherer Zinslast führt. Dieser **Schneeballeffekt** wird noch verstärkt, wenn die Staatsschuld zu höheren Zinsen führt: Die Verschuldung beginnt ein Eigenleben zu führen.[1] Wie die Geschichte zeigt, haben Schuldenkrisen das Potenzial, enorme Volumen an Vermögen und Wohlstand zu vernichten. Auch dieses Mal wird das kaum zu verhindern sein.

[1] www.usdebtclock.org: Hier können Sie den Anstieg der Schulden der USA live mitverfolgen!

> Eine wachsende Staatsverschuldung birgt die Gefahr von steigenden Zinsen, der Verdrängung privater Investitionen, steigender Inflation und Wachstumsabschwächung in sich. Sie schmälert den Handlungsspielraum des Staates und kann einen Teufelskreis auslösen.

Grenzen der Staatsverschuldung

Aus dem Schneeballeffekt ergibt sich eine instabile Situation, welche langfristig nicht durchzuhalten ist und in einer «Explosion» endet. Für eine Unternehmung oder eine Privatperson bedeutet es den Konkurs, der nur abwendbar ist, wenn durch höhere Einnahmen oder Einschränkungen bei den Ausgaben massive Korrekturen angebracht werden können. Für einen Staat wird es definitiv ernst, wenn es ihm nicht mehr gelingt, neue Kredite zu erhalten. Dann ist er faktisch zahlungsunfähig, bankrott geworden. Intensive Verhandlungen mit den Gläubigern können vorerst dazu führen, dass die Zinszahlungen und die Schuldentilgungen ausgesetzt und erstreckt werden. Im Extremfall münden die Verhandlungen in einen teilweisen oder vollständigen **Schuldenerlass** («haircut»). Weil sich die Schulden nicht nur im Inland, sondern auch gegenüber dem Ausland auftürmen, ist dieser Staatsbankrott von einem Ruin der eigenen Währung begleitet, der zu einer Währungssanierung führen muss. Die neue Währung beträgt dann nur noch einen Bruchteil der alten und wird nicht selten mit einem neuen Namen versehen. Verlierer ist einmal der Staat als Institution, denn nicht nur finanziell hat er total versagt, sondern er hat auch jegliches Vertrauen eingebüsst. Verloren haben auch die ganze Gesellschaft und insbesondere all jene, die dem Staat zu lange Kredit gewährt haben. Der bankrotte Staat kann nun versuchen, wieder von vorne zu beginnen, in der Regel begleitet von strengen Auflagen des Internationalen Währungsfonds (IWF).

Richtlinien für die Staatsverschuldung

Eine Staatsverschuldung ist zwar immer mit Risiken verbunden, trotzdem gibt es gute Gründe für Staaten, sich zu verschulden. So kann es aus Gründen der Stabilisierung der wirtschaftlichen Entwicklung durchaus angebracht sein, in einer schlechten Wirtschaftslage höhere Ausgaben zuzulassen und dafür Kredite aufzunehmen. Diese Idee wird in der Schweiz durch die sogenannte **Schuldenbremse** gestärkt, die in der Verfassung verankert ist: Während einer Rezession sind Staatsdefizite zugelassen oder sogar erwünscht, während in einem konjunkturellen Aufschwung Staatsüberschüsse erzielt werden müssen. Über einen gesamten Konjunkturzyklus müssen Staatseinnahmen und Staatsausgaben also ausgeglichen sein. Die zweite wesentliche Rechtfertigung einer Staatsverschuldung ist die Finanzierung von Investitionen, weil diese in Zukunft zu Wachstum führen und Erträge generieren (wie in der folgenden Regel 1 erläutert). Obwohl es keine numerisch fixe Höhe der Staatsverschuldung und der Staatsdefizite gibt, die man unter allen Umständen als Gefahrengrenze bezeichnen könnte, sind doch einige Richtlinien zu beachten:

1. **Goldene Finanzierungsregel: Die Budgetdefizite sollten die Höhe der Staatsinvestitionen nicht übersteigen.**
   Nicht nur unproblematisch, sondern durchaus gerechtfertigt sind Kredite für investive Zwecke (z.B. Infrastrukturinvestitionen), weil diese zu wirtschaftlichem Wachstum und zu höheren Erträgen in Form der daraus resultierenden Steuereinnahmen führen. Die Erträge aus diesen Auslagen kommen künftigen Generationen zugute. Anderseits sind die Schulden problematisch, die zur Finanzierung von Konsumausgaben dienen, wie etwa Sozial-, Personal- oder Rüstungsausgaben. Im Zuge des «Lebens auf Pump» erfüllen viele Länder diese Regel nicht mehr – mit der Schweiz als Ausnahme.

2. **Die Schuldenquote sollte langfristig konstant sein.**
   Um diese Forderung zu gewährleisten, darf die Zunahme der Verschuldung die Wachstumsrate der Volkswirtschaft nicht übersteigen. Ein wichtiger Faktor, der das Entstehen des oben beschriebenen Schneeballeffektes verhindert, ist ein **ausgeglichener Primärhaushalt** (Haushaltssaldo ohne Zinszahlungen). In diesem Fall bleibt die Schuldenquote stabil, vorausgesetzt, der Zinssatz ist nicht höher als die Wachstumsrate des BIP. Sehr viele der hochverschuldeten Staaten schreiben in den letzten Jahren Primärdefizite. Entsprechend steil ist der Weg zum Schuldenabbau. Die Schweiz ist auch in diesem Kontext ein Musterknabe.

3. **Die Ausgaben sollten im Gleichschritt mit dem Wirtschaftswachstum zunehmen.**
   Nach den bisherigen Ausführungen in diesem Kapitel erstaunt es Sie wohl nicht, dass diese Regel weltweit wohl nur von wenigen Ausnahmeländern eingehalten wird. Für einmal gehört auch die Schweiz nicht zu den Ausnahmen. Auch bei uns sind die Staatsausgaben in den letzten Jahrzehnten schneller angestiegen als das Wirtschaftswachstum.

Die goldene Finanzierungsregel, eine langfristig konstante Schuldenquote und im Gleichschritt mit dem BIP wachsende Ausgaben sind wichtige Richtlinien für eine akzeptable Staatsverschuldung.

Abbildung 11.7   Zusammenfassung Staatsverschuldung

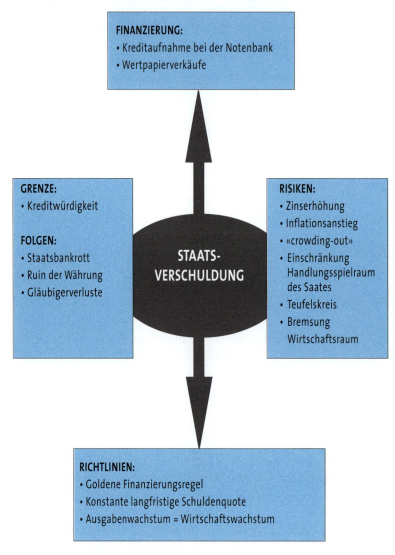

Exkurs: Staatsverschuldung: Sparen contra Wachstum?

Wie die europäischen Krisenländer mit ihren Staatsfinanzen umgehen sollen, gehört zu den drängenden wirtschaftspolitischen Fragen der Gegenwart. Wenn man die Wirtschaftspresse verfolgt, stehen sich erbitterte Gegner und Befürworter einer Austeritätspolitik gegenüber. Auf der einen Seite die Befürworter der Austerität, die sich für «Sparen» einsetzen. Für diese Gruppe sind ein ausgeglichener Staatshaushalt und eine Rückkehr zur Normalität in der Geldpolitik für eine erfolgreiche Zukunft entscheidend. Auf der anderen Seite die Gegner einer Sparpolitik, die sich sowohl für eine stimulierende Finanzpolitik als auch eine entsprechend expansive Begleitung durch die Geldpolitik einsetzen.

Die Basis für wirtschaftliches Wachstum beruht auf Investitionen und Rahmenbedingungen, welche die entsprechenden Anreize für Investitionen setzen – denn ohne Investitionen kein Wachstum. Voraussetzung für Investitionen ist allerdings die Bereitschaft zum Konsumverzicht bzw. zum Sparen. Dabei können die Investoren entweder auf die Ersparnisse im eigenen Land zurückgreifen oder auf ausländische Ersparnisse, so wie es die südlichen Peripheriestaaten der EU jahrelang getan haben. Ein Versuch, dieser Grundregel der Finanzierung von Investitionen ein Schnippchen zu schlagen, ist die Finanzierung durch eine expansive Geldpolitik der Zentralbanken. Kurzfristig kann eine solche Politik Erleichterung dank tiefer Zinsen bringen, langfristig hingegen haben «Geldinfusionen» keine realen Effekte. Es wäre zu schön, wenn sich Wachstum einfach durch Drücken des Knopfes an der Gelddruckmaschine herbeizaubern liesse. Halten wir fest: Sparen und Investitionen und damit Wachstum sind also ganz und gar keine Gegensätze, sondern sie bedingen sich gegenseitig. Was heisst das nun für die verschuldeten Saaten?

Erstens heisst es, dass man nicht dauerhaft mehr ausgeben als einnehmen kann, ohne negative Folgen auf das Wachstum hinzunehmen. Die hoch verschuldeten Staaten können sich nicht davor drücken, weniger stark über ihre Verhältnisse zu leben als in der Vergangenheit. Dabei ist darauf zu achten, wie bzw. wo gespart wird und welche Steuern erhöht werden. So sollte grundsätzlich weniger bei Investitionen als bei staatlichen Konsumausgaben gespart werden. Die Diagnose lautet Wachstums- und nicht Konjunkturschwäche, und deshalb muss es zweitens auch in der Therapie darum gehen, langfristig wirkende Wachstumsimpulse in Gang zu setzen, welche angebotsseitig die fundamentalen Kräfte einer Volkswirtschaft stärken. Drittens muss man aber auch zur Kenntnis nehmen, dass die bisherige Strategie versagt hat: Nur Sparen genügt nicht, um aus der Krise zu kommen. Es geht eben nicht um ein «entweder oder» – Spar- oder Wachstumsprogramme – sondern um ein «sowohl als auch». Dabei ist Wachstum dank Investitionen in erster Linie Sache der Unternehmen. Ob Unternehmen ihre Produktion steigern und neue Arbeitsplätze schaffen, hängt nicht so sehr von der Erhöhung der Staatsausgaben oder der Geldpolitik der Zentralbanken ab, sondern von den berühmt-berüchtigten Rahmenbedingungen. So erweisen sich z.B. die Regulierungen auf dem Arbeitsmarkt als grosse Investitionsbremse, Liberalisierungen und Strukturwandel mit steigenden Erwerbstätigenquoten wären hingegen eine ergiebige Wachstumsquelle – ohne viel Geld in die Hand nehmen zu müssen. Grundbedingung für Reformen ist eine tragfähige politische Balance zwischen unverzichtbarer Konsolidierung der Staatshaushalte und einer Wachstumspolitik durch Strukturreformen.

Exkurs: Die implizite Staatsverschuldung: Die «wahren» Sünden

Politiker und Akteure an den Finanzmärkten stieren gegenwärtig auf die Staatsverschuldung – allerdings betrachten sie dabei meist nur die explizite, offizielle Verschuldung. Ein ziemlich anderes Bild ergibt sich, wenn man zusätzlich die impliziten Schulden – die ungedeckten Verpflichtungen des Staates in der Zukunft – berücksichtigt, wie z.B. die absehbaren Lasten durch versprochene Renten, Gesundheit und Pflege. Die impliziten Schulden ergeben sich vor allem aus ungedeckten Versprechungen, die der Staat mit den Sozialsystemen eingegangen ist. Die verdeckte Staatsverschuldung übertrifft in den meisten Ländern die offizielle um ein Vielfaches. So belief sich die implizite Staatsverschuldung in Prozent des BIP im Jahr 2014 beispielsweise in Irland auf rund 1'100%, in Luxemburg auf 960%, in Grossbritannien auf 410%, in Spanien auf 490% und in der Schweiz auf ca. 170%.

Gegen eine offizielle Publikation der impliziten Verschuldung stemmen sich Politiker allerdings mit durchaus stichhaltigen Argumenten. Zum einen müssen zur Berechnung zahlreiche Annahmen getroffen werden; je nachdem verändert sich der errechnete Schuldenstand beträchtlich. Zum andern ist das Geld für künftige Verpflichtungen – im Gegensatz zur expliziten Verschuldung – noch nicht ausgegeben. Die Politik hat deshalb die Möglichkeit zum Gegensteuern. Für langfristig tragfähige Staatsfinanzen braucht es demnach vor allem zweierlei: Reformen der Sozialsysteme (vgl. Kap. 12) und solide laufende Haushalte.

Ökonomisches Denken: Schuldenmachen ist rational!

Das Ausmass der Staatsverschuldung hat in den meisten Ländern Europas mit Ausnahme der Schweiz teilweise massiv zugenommen. Warum ist dies der Fall? Ökonomisch überlegt, muss Schulden machen mindestens in gewisser Weise rational sein.

Wie dargestellt ist die Verschiebung der durch Kreditaufnahme vermiedenen höheren (Steuer-)Last auf zukünftige Generationen **politisch kurzfristig** durchaus **vernünftig**. Diesem Anreiz, das Leben durch Finanzierung «auf Pump» kurzfristig angenehmer zu gestalten, ist politisch nur schwer zu widerstehen. Man erinnert sich an viele Versprechungen vor den Wahlen, deren Nichteinhaltung danach und die später folgenden Wahlniederlagen.

Umgekehrt wären dann Staaten wie die Schweiz, welche die Möglichkeit des Schulden-Machens per Gesetz mit einer Schuldenbremse eingeschränkt haben, also ökonomisch betrachtet unvernünftig. Wie ist dieser Widerspruch zu erklären? Hält man sich die in diesem Kapitel beschriebenen ökonomischen Probleme vor Augen, die sich **langfristig** aus der massiven Staatsverschuldung ergeben, ist es durchaus auch **vernünftig**, die Staatsverschuldung zu begrenzen. Es scheint so, dass direkte Demokratien mehr durch langfristige Rationalität geprägt sind.

Interview (April 2018)

Christoph Schaltegger
Ordinarius für Politische Ökonomie, Universität Luzern
(www.unilu.ch)

Herr Schaltegger, der Bund hat in den letzten Jahren immer wieder überraschend hohe Haushaltsüberschüsse erzielt. Wozu sollten diese Überschüsse verwendet werden?
Seit Einführung der Schuldenbremse 2003 wies die ordentliche Finanzierungsrechnung des Bundes in 11 von 15 Jahren einen Überschuss aus. Alleine für das Jahr 2017 konnte der Bund einen unerwartet hohen Überschuss von 2.8 Milliarden Franken verbuchen. Im Mittel lag der Saldo von Überschüssen und Defiziten bei 1.7 Milliarden Franken pro Jahr. Dies hat zu einem nominalen Abbau der Schulden des Bundes seit 2003 um 27.7 auf gegenwärtig 92.7 Milliarden geführt. Massgebend für den Schuldenabbau waren neben der systematischen Unterschätzung der Einnahmen die regelmässig anfallenden Ausgabenunterschreitungen. Während die systematischen Unterschätzung der Ausgaben Ausdruck erhöhter Transparenz und Kontrolle ist, sind Einnahmenprognosen sehr volatil und schlecht zu prognostizieren: Überschätzungen der Einnahmen sind in den kommenden Jahren nicht auszuschliessen. Der Überschuss sollte folglich weiterhin für den Schuldenabbau verwendet werden – soll will es denn auch das Gesetz. Davon profitiert die Schweiz mehrfach. Einerseits wir der Spielraum für andere Ausgaben im nächsten Budget erhöht, andererseits wird die Schweiz krisenresistenter und sorgt damit für schwierige Zeiten vor. Letztlich bedeuten weniger Schulden auch weniger Steuern in Zukunft.

Wie sind die längerfristigen Aussichten für den Bundeshaushalt?
Längerfristig sind die finanzpolitischen Herausforderungen gross. Der ordentliche Bundeshaushalt der Schweiz hat mit der Schuldenbremse zwar ein zentrales Regelwerk für die Gewährleistung einer nachhaltigen Finanzpolitik. Entsprechend gehört die Schweiz bei der expliziten Verschuldung international zu den Musterschülern. Diese Sicht greift allerdings zu kurz: Bei den Sozialversicherungen stecken wir seit Jahren im Reformstau. Während die Rentnerbestände und Rentenleistungen stark zunehmen, bleiben die Erwerbsbevölkerung und damit die Finanzierungsquelle weitgehend stabil. Je nach Entwicklung ergibt sich bis 2030 alleine in der AHV ein Fehlbetrag von 5.1 bis 11.4 Milliarden Franken. Der Handlungsbedarf ist also offensichtlich. Mittelfristig sind Anpassungen bei den Einnahmen, beiden Rentenansprüchen, beim Rentenalter oder eine Kombination davon notwendig, um langfristig einen nachhaltigen Bundeshaushalt zu erreichen.

Der weltweite Schuldenturm wächst dank tiefen Zinsen weiter an. Nun steht eine Rückkehr zu einer «Normalisierung» der Geldpolitik an, was mit steigenden Zinsen verbunden ist. Werden steigende Zinsen die überschuldeten Staaten in den Bankrott treiben? Wie kann die Welt diesem Teufelskreis von tiefen Zinsen und steigenden Schulden entkommen?
Während Jahren war trotz weltweit steigender Schuldenstände die Solvenz staatlicher Schuldner kaum gefährdet. Dies änderte sich, als ab Oktober 2009 Griechenland und weitere Länder in finanzielle Notlage gerieten. Die Zentralbanken haben als Reaktion die Zinsen der hoch verschuldeten Staaten durch Staatsanleihenkäufe reduziert. Man erhoffte sich, dass die Staaten diese Entlastung nutzen, um ihre Schulden abzubauen. Bislang ist davon wenig zu sehen – im Gegenteil: Die Staatsschulden erreichen in vielen Staaten neuen Höchststände. Das birgt wiederum Risiken für die nächste Krise. Die Lage ist entsprechend besorgniserregend. Die Lösung liegt im Schuldenabbau: Vielen Regierungen bleibt kurzfristig nur die Wahl zwischen Ausgabenkürzungen, Steuererhöhungen oder einer Kombination von beidem. Langfristig können institutionelle Verankerungen wie die Schweizer Schuldenbremsen zudem wirksame Instrumente zur Schuldenbegrenzung sein.

Die weltweite Steuerlandschaft ist in Bewegung: Die USA haben mit ihrem neuen Steuergesetz die Unternehmenssteuern erheblich gesenkt, die EU plant eine Digitalsteuer und die OECD diskutiert über die Festlegung des Steuersitzes an den Ort, wo ein Unternehmen digital präsent ist. Gerät die Schweiz ins Hintertreffen? Was ist zu tun?
Die Schweiz schneidet in Sachen Firmenbesteuerung im internationalen Vergleich gut ab. Doch der Blick auf die ordentlichen Steuersätze greift zu kurz. Mit der Steuerreform 17 wird der Einfluss internationaler Organisationen wie der OECD und der EU auf die Dentition von Steuerprivilegien weiter steigen. Die Herausforderung, einerseits konform mit den internationalen Richtlinien zu sein, gleichzeitig ein ergiebiges Steuersystem zu etablieren und drittens einen steuerlich attraktiven Unternehmensstandort zu gewähren, wird die politische Agenda der kommenden Jahre besetzen. Als kleine und offene Volkswirtschaft sind wir auf ein attraktives Steuerumfeld angewiesen, wenn wir weiterhin einen wichtigen Teil unserer Einnahmen aus dem Unternehmenssektor erzielen wollen. Dabei spielt der Föderalismus eine wichtige Rolle. Die Steuerautonomie der Kantone hat sich bisher als wichtige Determinante eines attraktiven Steuersystems erwiesen. Die Politik ist gefordert, die kantonale Steuerautonomie wieder zu stärken und der schleichenden Zentralisierung zum Bund effektiv zu begegnen.

Schlüsselbegriffe

Die folgenden Schlüsselbegriffe kommen im entsprechenden Kapitel vor und werden zudem am Ende des Buches nochmals erläutert.

- Staatsquote
- Fiskalquote
- Subventionen
- Transferhaushalt
- Direkte Steuern
- Indirekte Steuern
- Mehrwertsteuer
- Verrechnungssteuer
- Konjunkturelles Defizit
- Strukturelles Defizit
- Defizitquote
- Schuldenquote
- Crowding-out
- Schneeballeffekt
- Schuldenbremse
- Goldene Finanzierungsregel
- Ausgeglichener Primärhaushalt
- Explizite Staatsverschuldung
- Implizite Staatsverschuldung
- Primärhaushalt
- Finanzausgleich
- Transferhaushalt

Repetitionsfragen

Die Antworten finden Sie im Text dieses Kapitels sowie auf der Homepage des Verlages, edu.somedia-buchverlag.ch.

1. Nennen Sie vier Gründe für die zunehmende Staatstätigkeit.
2. Welches sind die ausgabenintensivsten Gebiete des Bundes?
3. Welches sind die Haupteinnahmequellen des Bundes?
4. Welches sind die wesentlichen Veränderungen im Staatshaushalt der letzten Jahre, wie haben sich der Haushaltssaldo und die Verschuldung entwickelt?
5. Welche Gefahren gehen von wachsenden Staatsdefiziten und zunehmender Staatsverschuldung aus?
6. Nennen und erläutern Sie Richtlinien für eine akzeptable Staatsverschuldung.

Interessante Homepages
(Direkte Verlinkung siehe edu.somedia-buchverlag.ch)

Die Entwicklung der Staatsschulden der USA sieht man auf der Schuldenuhr:
http://www.usdebtclock.org/

Die Entwicklung der Staatsschulden Deutschlands sieht man auf der Schuldenuhr:
http://www.staatsschuldenuhr.de/

Eine Schuldenuhr der Schweiz:
http://www.live-counter.com/staatsverschuldung-schweiz/

Der Vergleich der Steuerbelastung der Kantone wird mit dem sogenannten Tax-independence-day gemacht. Jährliche Berechnung durch die Credit Suisse.
http://www.credit-suisse.com

12 Das Problem der Sozialpolitik

> «Eine Gesellschaft, die Gleichheit über Freiheit stellt,
> wird nichts von beidem erhalten.
> Eine Gesellschaft, die Freiheit vor Gleichheit stellt,
> wird viel von beidem bekommen.»
> Milton Friedman

12.1 Die Einkommensverteilung

Anna arbeitet nach ihrer Berufslehre als Landschaftsgärtnerin. Sie liebt es, im Freien und mit der Natur zu arbeiten. Ihr Monatslohn beträgt CHF 4'600. Bea arbeitet nach ihrer Berufslehre als Bankfachfrau. Sie jongliert gerne mit Zahlen, ist fasziniert von Börsenkursen und liebt den Umgang mit Kunden. Sie verdient monatlich CHF 6'900. Wie ist dieser Lohnunterschied zwischen Anna und Bea zu beurteilen, ist er gerecht? Sollte der Staat allenfalls für eine Einkommensumverteilung von Bea und zu Anna sorgen? Anna und Bea dienen als Beispiel für sozialpolitische Fragestellungen für die ganze Gesellschaft: Wie sieht die Einkommensverteilung in der Schweiz insgesamt aus? Was sind die wesentlichen Ursachen der Einkommensunterschiede? Braucht es also eine staatliche Einkommensumverteilung im Sinne einer Sozialpolitik? Wie soll diese ausgestaltet sein? Welche Folgen haben solche Massnahmen?

Experiment:
«Wie gestalten wir eine gerechte Gesellschaft?»
(edu.somedia-buchverlag.ch)

Geht die Schere immer weiter auf?

Fragen um die «gerechte» bzw. gleichmässige Verteilung von Einkommen sind aktuell und populär. In der Schweiz gab es dazu 2013 und 2014 gleich drei Volksabstimmungen: die «Abzocker»-Initiative, die 1:12-Initiative und die Mindestlohn-Initiative. Wie steht es denn um die Einkommensverteilung in der Schweiz? Die **Lorenzkurve** stellt die personelle Einkommensverteilung für einen bestimmten Zeitpunkt grafisch dar – Sie kennen diese aus dem 4. Kapitel. Je «bauchiger» die Kurve ist, desto ungleicher sind die Einkommen verteilt. Das Mass zur Beschreibung der Einkommensverteilung ist der **Gini-Koeffizient**. Im internationalen Vergleich sieht dieser wie folgt aus:

Tabelle 12.1. Der Gini-Koeffizient im internationalen Vergleich

	Schweiz	Deutschland	Schweden	USA	OECD
Gini-Koeffizient (vor Steuern und Sozialabgaben)	0.37	0.42	0.40	0.47	0.43
Gini-Koeffizient (nach Steuern und Sozialabgaben)	0.28	0.30	0.28	0.39	0.32

Quelle: OECD, 2016

Bei einem Koeffizienten von null wären die Löhne vollständig gleich verteilt (Einheitslohn). Bei einem Wert von 1 würde eine Person alles verdienen. Steigt der Koeffizient, öffnet sich die «Lohnschere». Insgesamt zeigt sich, dass bereits die **primäre Einkommensverteilung** (Verteilung vor Eingriffen des Staates durch Steuern oder Sozialversicherungen) in der Schweiz, gemessen an den Arbeitseinkommen von Vollzeitangestellten, vergleichsweise gleichmässig ist. Gemäss Lohnstrukturerhebung schloss sich zwischen 2008 und 2014 die allgemeine Lohnschere, d.h. der Gesamtabstand zwischen den höchsten und den niedrigsten Löhnen wurde geringer, und zwar vom Faktor 2,8 auf 2,6. Die Saläre der 10 am besten bezahlten Prozent der Personen stiegen um 3,6 Prozent, während sich die Löhne bei den 10 am tiefsten entlöhnten Prozent der Arbeitnehmenden um 9,1 Prozent erhöhten.

Wie die Tabelle zeigt, verkleinern die Steuern und Sozialversicherungen die Einkommensunterschiede (**sekundäre Einkommensverteilung**). Über die Grösse der Einkommensungleichheit herrscht aber keineswegs Einigkeit, weil je nach Interessenlage unterschiedliche Datensätze (z.B. Löhne, Gesamteinkommen, verfügbare Einkommen) und Zeitabschnitte verwendet werden. Alle Debatten über die Verteilung sind jedenfalls davon überschattet, dass man sich über die Definitionen nicht einig werden kann und will.

Warum Einkommensunterschiede entstehen

Warum sind die im einleitenden Beispiel erwähnten Löhne von Anna und Bea so unterschiedlich? Die bereits erwähnte Lohnstrukturerhebung zeigt, dass die Löhne stark nach Wirtschaftsbranchen variieren. Deutlich überdurchschnittlich sind die Löhne beispielsweise in der Pharmaindustrie, in der Beratung von Unternehmen und bei den Banken und Versicherungen. Am unteren Ende der Lohnskala finden sich Branchen wie der Detailhandel, die Gastronomie oder die persönlichen Dienstleistungen. Der Hauptgrund für diese Lohnunterschiede sind die grossen Differenzen bei der Produktivität. So beträgt die Produktivität (Wertschöpfung pro Vollzeitstelle) in der Landschaftsgärtnerei ca. CHF 60'000, bei den Finanzdienstleistungen ca. CHF 245'000. Je grösser die Wertschöpfung pro Arbeitsplatz bzw. pro Arbeitsstunde ist, desto höhere Löhne können bezahlt werden.

Ist das gerecht?

Die v.a. durch die Produktivität bestimmte Einkommensverteilung wird politisch sehr unterschiedlich beurteilt. Von diesem Urteil hängt die Frage ab, ob und wie die durch den Arbeitsmarkt bestimmte Einkommensverteilung mit staatlichen sozialpolitischen Massnahmen korrigiert werden soll. Beurteilt man die Einkommensverteilung nach der **Leistungsgerechtigkeit**, so ist eine Verteilung nach der Produktivität als «gerecht» einzustufen. Allerdings löst diese Gerechtigkeitsvorstellung das Problem nicht, dass gar nicht oder nur beschränkt Leistungsfähige das Existenzminimum selbst nicht erzielen können. Diesem Einwand kommt die Bedarfsgerechtigkeit entgegen. Gemäss dem Prinzip der **Bedarfsgerechtigkeit** hat jeder Mensch unabhängig von seiner Leistungsfähigkeit ein Anrecht auf ein angemessenes (staatlich finanziertes) Einkommen. Diese Gerechtigkeitsvorstellung beinhaltet die Definitions-Probleme in Bezug auf die Höhe eines bedarfsgerechten Entgelts und damit zusammenhängend die möglichen negativen Anreizwirkungen auf die Produktivität. Leistungsgerechtigkeit und Bedarfsgerechtigkeit widerspiegeln den Zielkonflikt zwischen Effizienz und Verteilungsgerechtigkeit. Dieser Konflikt wird in einer Demokratie fallweise politisch entschieden. Eine zu weit gehende Sozialpolitik reduziert die Leistungsanreize und den Wohlstand insgesamt, ein zu geringer Ausgleich kann zu gesellschaftlichen Spannungen führen. Eine staatliche Sozialpolitik muss eine Balance zwischen diesen möglichen negativen Folgen finden.

Die sozialpolitischen Massnahmen

Als Mittel zur Einkommensumverteilung setzt der Staat eine Vielzahl von Massnahmen ein. Die hauptsächlichsten sozialpolitischen Massnahmen sind:

a. Progressive Einkommenssteuern

Progressiv bedeutet, dass mit einem Anstieg des Einkommens und Vermögens auch die prozentuale Steuerbelastung ansteigt. So zahlt z.B. ein Alleinstehender in St.Gallen mit einem steuerbaren Einkommen von 50'000 Franken 15% Steuern, verdient er 200'000 Franken, muss er dem Staat 24% Steuern abliefern.

b. Sozialversicherungen

Das zweite wichtige Instrument der Umverteilung sind die Sozialversicherungen, mit welchen vorwiegend die Bedarfsgerechtigkeit sichergestellt werden soll. Der Unterschied zwischen den Sozialversicherungen und einer gewöhnlichen Versicherung ist erstens, dass die Sozialversicherungen **obligatorisch** sind, und zweitens, dass Ärmere kleinere Beiträge zahlen als Reichere. Es sind auch Leute versichert, die infolge ihrer Armut keine Versicherungsprämien bezahlen können. «Sozial» heisst immer, dass die Gesellschaft dem Individuum unter die Arme greift. Sozialversicherungen sollen also Menschen in wirtschaftlich und sozial schwierigen Lagen vor materieller Armut schützen. Diese Zielsetzung ist weitgehend unbestritten, die Geister scheiden sich aber, sobald der Armutsbegriff konkretisiert werden muss.

Man kann insbesondere drei Armutsdefinitionen unterscheiden:
1. **Absolute Armut:** Das Einkommen oder das Vermögen gestattet es nicht, sich mit dem Lebensnotwendigen zu versorgen. Die wirtschaftliche Existenzsicherung wird durch die Bundesverfassung garantiert.
2. **Relative Armut:** Hier wird die Armut in Relation zum allgemeinen Lebensstandard gesetzt. Arm ist beispielsweise, wer weniger als die Hälfte des durchschnittlichen Einkommens bezieht.
3. **Subjektive Armut:** Dieses Konzept geht vom subjektiven Empfinden aus, arm zu sein. So können sich Menschen mit einem unterdurchschnittlichen Einkommen als nicht arm empfinden, weil sie z.B. weniger arbeiten und die Freizeit umso mehr geniessen, während anderen Menschen ihr überdurchschnittliches Einkommen nicht ausreicht, um ihre Bedürfnisse zu befriedigen, weshalb sie sich arm fühlen.

Welches dieser drei Konzepte als relevant angesehen wird, und wie weit dementsprechend die Umverteilung gehen soll, muss politisch entschieden werden.

c. Subventionen

Eine dritte Form sozialpolitischer Umverteilungsmassnahmen stellen die Subventionen dar. So werden z.B. mehr als 2,6 Mio. Krankenkassenversicherte (27%) durch Prämienverbilligungen unterstützt, oder es werden die Tagestarife für die Betreuung in einer Kinderkrippe staatlich verbilligt.

Die primäre Einkommensverteilung der Schweiz ist im internationalen Vergleich relativ ausgeglichen. Die Ungleichheit wird v.a. durch die unterschiedlichen Arbeitsproduktivitäten verursacht. Die sekundäre Einkommensverteilung ist durch die staatliche Sozialpolitik gleichmässiger als die primäre. Sie belastet vor allem den Mittelstand und entlastet die untersten Einkommensklassen.

Lehrmaterial:
«Altersvorsorge»
Die AHV
(www.iconomix.ch)

12.2 Die Sozialversicherungen in der Schweiz

Bis nach dem Zweiten Weltkrieg hatte die Sozialpolitik in der Schweiz eine geringe Bedeutung. Sie beschränkte sich im Wesentlichen auf eine Fürsorge für in Not geratene Menschen. Die Zeit des grossen Wirtschaftswachstums nach dem Weltkrieg begünstigte dann aber den Aufbau eines Sozialversicherungssystems. Unser heutiges System der sozialen Sicherheit braucht keinen internationalen Vergleich zu scheuen: Die sozialen Leitplanken wurden zu einem dicht geknüpften Auffangnetz ausgebaut.

Für folgende Risikogruppen gibt es eine eigene Versicherung (Vgl. *Tabelle 12.1*):
- Für die nicht mehr im Erwerbsleben stehenden Personen sowie für Witwen und Waisen
- für Invalide
- für im Militärdienst Engagierte
- für Verunfallte
- für Kranke
- für Arbeitslose
- für Familien und Mutterschaft (Familien sind zwar keine eigentliche Risikogruppe; die Familienzulagen stehen ausserhalb der traditionellen Sozialversicherungen, sie bewirken eine Einkommensumverteilung zugunsten von Familien)

Tabelle 12.1   Die Sozialversicherungen in der Schweiz

Zweig	Inhalt	Finanzierung
Alters- und Hinterlassenenversicherung	*1. Säule:* Alters- und Hinterlassenenversicherung (AHV). Seit 1948. *Zweck:* Deckung des Existenzbedarfs der nicht mehr im Berufsleben stehenden Alten, Waisen und Witwen.	Finanzierung über Lohnprozente je zur Hälfte von Arbeitgeber und Arbeitnehmer, Tabak- und Alkoholsteuer, Zuschüsse von Bund und Kantonen. Die laufenden Einnahmen werden grundsätzlich für die laufenden Ausgaben verwendet (**Umlageverfahren**).
	2. Säule: Berufliche Vorsorge. *Zweck:* Fortführung der gewohnten Lebenshaltung. Seit 1985.	Finanzierung je zur Hälfte von Arbeitgeber und Arbeitnehmer. Individuelle Beiträge werden auf einem Konto angesammelt und später mit Zins für die individuellen Pensionen verwendet (**Kapitaldeckungsverfahren**).
	3. Säule: Individuelle Vorsorge. *Zweck:* Deckung des «Komfortbedarfs» im Alter.	Keine gesetzlichen Vorschriften, aber Förderung durch Bund und Kantone (z.B. steuerliche Begünstigungen).
Ergänzungsleistungen	In Fällen, in denen der Existenzbedarf nicht gedeckt ist, besteht ein Anspruch auf *Ergänzungsleistungen*.	Finanzierung durch Kantone und Bundesbeiträge.
Invalidenversicherung	Unterstützung der Invaliden. Seit 1959.	Finanziell, rechtlich und organisatorisch mit der AHV verbunden. Finanzierung durch die Versicherten und zur Hälfte durch Beiträge des Bundes und der Kantone.
Erwerbsersatzordnung (EO) Mutterschaft	Gegen die Risiken Verdienstausfall, Krankheit, Unfall und Tod im Militärdienst schützt die *Erwerbsersatzordnung* und die *Militärversicherung*. Seit 1953. Seit 1. Juli 2005 Erwerbsersatz bei Mutterschaft.	Die EO und die Mutterschaftsversicherung werden durch Lohnprozente finanziert. Die Militärversicherung wird aus allgemeinen Budgetmitteln des Bundes finanziert.
Unfallversicherung	Obligatorischer Schutz gegen Betriebs-, Nichtbetriebsunfälle und Berufskrankheiten. Förderung der Unfallverhütung. Seit 1984.	Finanzierung durch die Beitragsleistenden, keine staatliche Unterstützung.
Krankenversicherung	Nach dem KVG muss jede Kasse in der Grundversicherung dasselbe Leistungsangebot führen, und die Prämien sind für alle Erwachsenen pro Kasse und Region gleich hoch. Seit 1996.	Finanzierung durch Prämien der Versicherten und mit Beiträgen der öffentlichen Hand aus Zins- und sonstigen Erträgen.
Arbeitslosenversicherung	Die Arbeitslosenversicherung umfasst Taggelder für den Verdienstausfall, Umschulungs- und Weiterbildungshilfen und Mobilitätsbeihilfen. Seit 1976.	Finanzierung durch lohnprozentuale Beiträge je zur Hälfte von Arbeitgeber und Arbeitnehmer.
Familienzulagen	*Bundesrechtliche Familienzulagen* im Bereich der Landwirtschaft: Fester monatlicher Geldbetrag als Haushaltszulage und Kinderzulage. Seit 1953.	Finanzierung durch Arbeitgeberbeiträge und durch Zuschüsse des Bundes und der Kantone.
	Kantonale Familienzulagen entrichten Beiträge pro Kind.	Finanzierung durch Beiträge der Arbeitgeber.
Sozialhilfe	*Unterstützung* von in Not geratenen Menschen durch die Gemeinden.	Finanzierung durch allgemeine Steuermittel.

12.3 Die Entwicklung der Sozialausgaben und -einnahmen

Die *Tabelle 12.2* gibt einen Überblick über das Wachstum bei den Sozialversicherungen:

Tabelle 12.2   Wachstum bei den Sozialversicherungen

		Jahr	In % des BIP
Soziallastquote* Sozialversicherungseinnahmen in Prozent des BIP; sie ist ein Indikator für die relative Belastung der Volkswirtschaft durch Sozialversicherungseinnahmen.		1960	11,5%
		1970	13,5%
		1980	19,6%
		1990	20,1%
		2000	23,8%
		2015	26,6%
Sozialleistungsquote* Sozialversicherungsleistungen in Prozent des BIP; sie gibt Antwort auf die Frage: Welcher Teil der gesamten Wirtschaftsleitung kann durch Empfänger der Sozialleistungen beansprucht werden?		1960	6,1%
		1970	8,5%
		1980	12,2%
		1990	13,1%
		2000	18,0%
		2015	20,7%
	in Mio. CHF	Jahr	in % der Ausgaben
Sozialausgaben des Bundes	326	1960	12,5%
	1'322	1970	17,0%
	3'622	1980	20,6%
	6'866	1990	21,7%
	14'212	2000	29,5%
	18'639	2010	30,9%
	22'694	2015	33,6%
* Zur Berechnung dienen die Sozialversicherungsausgaben und -einnahmen, wie sie in der volkswirtschaftlichen Gesamtrechnung ausgewiesen werden. Weil der Sozialversicherungshaushalt nicht vollumfänglich Bestandteil des BIP ist, handelt es sich dabei um unechte Quoten. Die Differenz zwischen den beiden Quoten kommt auf Grund von Reserveeinlagen, Rückstellungen und administrativen Kosten zustande.			

Quelle: BSV (Bundesamt für Sozialversicherung); Eidg. Finanzverwaltung

Die Ausgaben und Einnahmen der Sozialversicherungen, welche der sozialen Sicherheit, dem Risikoausgleich und der Einkommensumverteilung dienen, unterliegen einem dauernden Wachstum.

Wie gross sind die gesamten Einnahmen der Sozialwerke, und welche Bedeutung haben die einzelnen Zweige der sozialen Sicherung? Auf diese Frage gibt die *Tabelle 12.3* Auskunft. Sie zeigt, dass die Berufliche Vorsorge, die AHV und die Krankenkassen bei Weitem die wichtigsten Zweige des sozialen Sicherungssystems sind, indem sie 80 % der Einnahmen auf sich vereinigen. Von jedem Franken Wertschöpfung werden aus Gründen der sozialen Sicherheit rund 35 Rappen der individuellen Verfügungsgewalt entzogen.

Tabelle 12.3   Die Einnahmen der Sozialversicherungen

	Einnahmen 2015 (Mio. Franken)	Anteile 2015
Berufliche Vorsorge	68'225	39%
AHV und Ergänzungsleistungen	44'680	26%
Krankenversicherung	27'230	16%
Invalidenversicherung und Ergänzungsleistungen	12'015	7%
Arbeitslosenversicherung	7'483	4%
Unfallversicherung	7'746	4%
Familienzulagen	5'938	3%
Erwerbsersatzordnung	1'833	1%
Total (bereingt um AHV / IV / EO-Beiträge der ALV)	174'413	100%

Quelle: BSV (Bundesamt für Sozialversicherung)

12.4 Herausforderungen für die Sozialpolitik

Bevölkerungsszenarien: Alterspyramide auf den Kopf gestellt

Eine Herausforderung für die Sozialpolitik ergibt sich aus der Bevölkerungsentwicklung. Gemäss Bundesamt für Statistik (BFS) dürfte die Zahl der in der Schweiz wohnhaften Personen bis 2045 auf 10,2 Mio. wachsen (+22%), um dann bis ins Jahr 2060 unter den heutigen Stand zu sinken. Entscheidend für die Sozialpolitik ist insbesondere die zunehmende Alterung.

Lehrmaterial: «Pflegeversicherung» Wie umgehen mit der Kostenexplosion? (www.iconomix.ch)

Die Altersgruppe der mindestens 80-Jährigen wird am kräftigsten wachsen, so dass im Jahr 2045 gut 10% der Bevölkerung mindestens 80 Jahre alt sein werden. Aber auch die Altersgruppe der 65-Jährigen und Älteren wird zunehmen: Mehr als ein Viertel der Gesamtbevölkerung wird über 65-jährig sein. Lässt sich unser Sozialsystem noch finanzieren? Wie entwickeln sich die drei grössten Zweige der Sozialversicherungen?

- **Berufliche Vorsorge:** Das Vertrauen in die zweite Säule ist am Schwinden. In Zukunft werden immer mehr Rentner und Rentnerinnen mit höheren Rentenansprüchen bezugsberechtigt. Die Zukunft der 2. Säule hängt nicht nur von der Entwicklung der Demografie, sondern auch von jener der Finanzmärkte ab.

- **AHV:** Auch die AHV gerät durch die dargestellte Bevölkerungsentwicklung zunehmend in Bedrängnis. Der **Alterslastquotient**, d.h. das Verhältnis der über 64-Jährigen zu den 20–64-Jährigen, ist von 9,5:1 im Jahr 1948 auf heute 2,9:1 gesunken und wird bis ins Jahr 2050 auf 2:1 absinken, was speziell bei der über das Umlageverfahren finanzierten AHV Probleme ergibt. Bisherige Reformvorschläge scheiterten im Parlament. Gemäss Bundesrat wird die AHV im Jahr 2035 einen zusätzlichen Finanzierungsbedarf von rund 15 Mrd. Franken haben.

- **Krankenversicherungen:** Die Krankenversicherungen, ein weiterer wichtiger Zweig des Sozialsystems, verschlingen schon seit längerer Zeit immer höhere Beiträge. Dazu tragen unter anderem die laufende Angebotserweiterung, die medizinisch-technischen Fortschritte, der gesetzliche Leistungsausbau und auch die Überalterung bei. Die Ausgaben werden weiterwachsen.

Lässt sich unser Sozialsystem noch finanzieren?
Wie kann man die Finanzierungsprobleme der Sozialversicherungen lösen? Die Antworten hängen von Faktoren ab, die man zwar nicht direkt steuern, aber beeinflussen kann. Dazu gehören in erster Linie das **Wirtschaftswachstum** und die **Geburtenrate**. Wären wir in der Lage, das Wirtschaftswachstum in der Schweiz auf 3,5 % pro Kopf jährlich zu steigern, dann könnten wir die Verpflichtungen aus den Sozialversicherungen einhalten. Dieses Ziel zu erreichen ist unwahrscheinlich und könnte nur – wie Sie aus Kapitel 7 wissen – durch einen starken Anstieg der Produktivität erreicht werden. Hätte jede Schweizerin 2,5 statt 1,4 Kinder, würde sich die Situation bei den Sozialversicherungen ebenfalls entspannen. Ob diese Steigerungen mit wirtschafts- und familienpolitischen Weichenstellungen erreicht werden kann, bleibe dahingestellt. Die Antwort auf die Titelfrage hängt auch von Faktoren ab, die man direkt steuern kann. Entweder durch eine **Erhöhung der Beitragssätze** an die Sozialversicherungen (höhere Lohnabzüge oder höhere Steuern), durch **Rentenkürzungen** oder durch eine **Erhöhung des Rentenalters**. Alle drei Möglichkeiten sind mit hohen Opportunitätskosten verbunden und deshalb nicht besonders attraktiv. Angesichts dieser Sachlage ist es nicht verwunderlich, dass die Rufe nach einer grundsätzlichen Neuorientierung unseres Systems der sozialen Sicherheit immer lauter werden. Bevor wir uns der Neuorientierung zuwenden, wollen wir uns mit den Gefahren und Grenzen des Wohlfahrtsstaates beschäftigen.

Wo liegen die Gefahren des Wohlfahrtsstaates?
Ein Grundgedanke jeder Versicherung ist es, den Einzelnen vor Risiken und den damit zusammenhängenden Kosten zu schützen. Im Einzelfall kann nämlich der Schaden sehr hoch sein, im Durchschnitt aller Fälle wird er aber eher gering sein. Addiert man deshalb alle individuellen Schäden und legt sie auf alle Beteiligten um, sollte das Kollektiv in der Lage sein, sämtliche Schäden zu ersetzen. Damit haftet der Einzelne nicht mehr persönlich für den ihm entstandenen Schaden, sondern die Gesellschaft. Der Einzelne haftet zwar nicht mehr für sich, umgekehrt allerdings haftet er für die durchschnittlichen Schadensfälle der Gesellschaft, auf die er keinen Einfluss hat. Der Versicherungsschutz befreit das Individuum in einem gewissen Masse von der Selbstverantwortung, die Selbsthilfe wird durch die staatliche Hilfe ersetzt. Auf diese staatliche Hilfe haben alle Anspruch, weil auch alle – ob arm oder reich – zum Zwangssparen verpflichtet werden. Dadurch profitieren auch diejenigen von den staatlichen Leistungen, welche durchaus in der Lage wären, die Kosten selbst zu übernehmen.

> Das Absichern der Kosten führt dazu, dass Anreize fehlen, die Kosten tief zu halten, weil das Einzelverhalten auf die Prämienhöhe kaum Wirkung hat.

Weil aus zusätzlich beanspruchten Leistungen direkt keine zusätzlichen Beitragszahlungen entstehen, besteht ein Anreiz, möglichst viele Leistungen zu beziehen, die Versicherung bezahlt es ja. Führt der Versicherungsschutz zu einer übermässigen Ausweitung der Schäden, spricht man von einem «**moral hazard**»-Problem (vgl. *Kapitel 3.2*). Das «moral hazard»-Problem wird dadurch verschärft, dass durch die staatliche Sozialpolitik zwischen Helfer und Bedürftige eine Institution tritt, die eine Anonymität zwischen diesen beiden Gruppen bewirkt. Wie schon erwähnt, sind die beiden wichtigsten Kriterien zur Beurteilung von Systemen sozialer Sicherung die **ökonomische Effizienz** und die **Verteilungsgerechtigkeit**. Viele Vorschläge zur Neugestaltung steigern die Effizienz, verringern aber die Gerechtigkeit oder sie erhöhen die Gerechtigkeit, reduzieren aber die Effizienz.

> Die Bürger sind sich oft über die Sozialpolitik (und auch über die Steuerpolitik) nicht einig, weil sie den Zielkonflikt zwischen Effizienz und Gerechtigkeit nicht erkennen oder diesen beiden Zielen unterschiedliche Bedeutung zumessen.

Reformvorschläge

Natürlich mangelt es nicht an Vorschlägen, mit denen die Probleme (eventuell) in den Griff zu bekommen wären. Einige dieser Vorschläge listen wir im Folgenden auf, ohne die Wirkung auf Effizienz und Verteilungsgerechtigkeit zu untersuchen.

Zur Neugestaltung der Leistungsseite:
- **AHV:** 1. Flexible und individuelle Gestaltung der Pensionierung ermöglichen; 2. Heraufsetzung des Rentenalters; 3. Einführung einer steuerfreien Einheitsrente; 4. Keine Rente mehr für Rentnerinnen und Rentner mit einem Einkommen von über 100'000 Franken.
- **Aufhebung des Obligatoriums der 2. Säule (Pensionskasse):** Fakultativer Erwerb zusätzlicher Leistungen zur AHV-Einheitsrente bei freier Wahl der Versicherungsform und -höhe gemäss den eigenen Ansprüchen.
- **Privatisierung der ALV:** Ebenso wie bei der AHV gibt es Vorschläge, die in Richtung einer Einheitsrente für Arbeitslose zielen, darüber hinaus gehende Ansprüche sollten am privaten Versicherungsmarkt gedeckt werden.
- **Obligatorische Versicherung des Existenzminimums:** «Extremisten» fordern gar eine Auszahlung aller bisherigen Lohnabzüge. Obligatorisch versichert soll nur noch das Existenzminimum werden, der Rest soll der Selbstverantwortung überlassen werden.

Zur Neugestaltung der Finanzierungsseite:
- **Umstellung auf Kapitaldeckungsverfahren:** Die Krise des Umlageverfahrens (auf Grund der demografischen Entwicklung) soll durch eine Verstärkung bzw. einen Ersatz durch das Kapitaldeckungsverfahren entschärft werden. Dafür wäre entweder eine Akzentverlagerung von der 1. zur 2. Säule notwendig oder eine schrittweise Verlagerung vom Umlage- zum Kapitaldeckungsverfahren bei der Finanzierung der AHV.
- **Finanzierung über Mehrwertsteuer oder Einkommenssteuer:** Künftige Ausgaben der Sozialversicherungen sollen vermehrt über die Mehrwertsteuer oder über Einkommenssteuern statt über Lohnprozente finanziert werden. Damit würden nicht nur die Erwerbstätigen (nicht nur Arbeits- sondern auch Kapitaleinkommen) die Finanzierung der Sozialversicherungen mitzutragen haben. So würden auch die (reichen) Pensionierten ihre und die Renten ihrer Generation mitbezahlen.
- **Finanzierung aus Ökosteuern:** Als alternative Finanzierungsquelle könnte zu einer Besteuerung des Energieverbrauchs und / oder des CO_2-Ausstosses übergegangen werden.

Vorschläge zur Neuorientierung der sozialen Sicherheit
Schuldenbremse für die Sozialversicherungen
Offensichtlich packt die Politik Reformen bei den Sozialversicherungen ungern an. Denn kein Parlamentarier streicht gerne Leistungen oder führt neue Steuern ein, wenn sich diese Massnahmen erst lange nach seiner Amtszeit auszahlen. Deshalb sei es wichtig, Massnahmen zur Selbstdisziplinierung frühzeitig zu verankern, schreibt Avenir Suisse in ihrer Studie «Soziale Sicherheit sichern» und schlägt vor, auch für die Sozialversicherungen eine Schuldenbremse einzuführen (www.avenir-suisse.ch). Wie Odysseus sich an den Mast binden liess, um den lockenden Gesängen der Meerjungfrauen zu widerstehen, brauche auch die Sozialpolitik Fesseln. Dafür gibt es Vorbilder in anderen Ländern. So erhöht Dänemark das gesetzliche Pensionierungsalter in Halbjahresschritten von 65 auf 67 Jahre. Und eine weitere Regel legt fest, dass die durchschnittliche Rentenbezugsdauer 14,5 Jahre betragen soll. Falls die Lebenserwartung im gleichen Mass ansteigt wie in den letzten Jahren, müssten die heute 30-jährigen Dänen bis rund 74 arbeiten, bevor sie ihren Ruhestand geniessen können.

Abschaffung des Rentenalters
«Unser Lebensalter steigt um etwa zweieinhalb Jahre pro Jahrzehnt. Der Grund dafür ist, dass wir immer länger gesund bleiben. Prinzipiell könnten wir auch länger arbeiten, zumal wir uns weg von der Industrie- in eine Informationsgesellschaft verwandeln. Deshalb sollten wir das verpflichtende Rentenalter abschaffen. Lasst die Leute in die Rente gehen, wann sie wollen!

Ein Alter von 65 oder 67 Jahren zu einer magischen Zahl zu machen, ist ein Fehler und ist rücksichtslos gegenüber den individuellen Bedürfnissen des Menschen – eine Diskriminierung per Gesetz und Geburtstag.» Mit dieser Argumentation treten die Befürworter einer Abschaffung des Rentenalters auf – im Bewusstsein, dass dieser Vorschlag mit einigen ergänzenden Reformen in anderen Bereichen der Sozialversicherungen und auch des Arbeitsmarktes verbunden wäre. Die Kritiker meinen: «Ein selbstbestimmtes Rentenalter ist nicht möglich, weil sonst jeder, der nicht das Maximum für sich herausholt, der Dumme ist. Solange ein Land eine Rente wie die AHV hat, muss etwas fixiert sein. Die Frage ist nur: was? Die Anzahl Jahre, die einbezahlt werden müssen? Das Eintrittsdatum? Die Lebensarbeitszeit?» Auch wenn die Meinungen zur Regelung des Rentenalters noch weit auseinanderklaffen, scheint sich doch ein Konsens herauszubilden: Eine magische Altersgrenze muss fallen!

«Bedingungsloses Grundeinkommen»

Am 5. Juni 2016 wurde in der Schweiz die Initiative für ein «Bedingungsloses Grundeinkommen» vom Volk abgelehnt. Die Initianten wollten ein bedingungsloses Grundeinkommen, das «der ganzen Bevölkerung ein menschenwürdiges Dasein und die Teilnahme am öffentlichen Leben ermöglicht». Jede in der Schweiz lebende Person sollte vom Staat jeden Monat einen Geldbetrag – ohne jede Bedingung – erhalten. Egal ob Millionärin oder armer Schlucker, Ausländer oder Schweizer, arbeitend oder nicht. Pro Monat und Person sollten 2'500 Franken ausbezahlt werden (Kinder erhielten 625 Franken). Das bedingungslose Grundeinkommen sollte die Aufgabe der Existenzsicherung übernehmen.

Negative Einkommenssteuer und Steuerkredite

Die negative Einkommensteuer stellt einen Reformvorschlag für die soziale Sicherheit in Verbindung mit dem Einkommensteuersystem dar. Haushalte mit tiefem Einkommen erhalten Transferzahlungen – sie bezahlen eine negative Steuer. Mit steigenden Einkommen nehmen die Transferleistungen bis zu einem Schwellenwert ab. Danach müssen Einkommensteuern an den Staat abgeliefert werden. Da bei steigendem Einkommen die Transferzahlungen nicht um denselben Betrag gekürzt werden, besteht theoretisch immer ein Anreiz, die Erwerbstätigkeit auszudehnen. Damit vermeidet die negative Einkommensteuer die «Armutsfalle» für untere Einkommen im heutigen System, bei dem Grenzsteuersätze von über 100 % entstehen können. Eine Weiterentwicklung der negativen Einkommensteuer stellen Steuerkredite dar, bei welchen die Transferleistungen an die Bedingung einer Erwerbstätigkeit geknüpft sind. In den USA werden Steuerkredite eingesetzt.

Generationengerechte Pflegefinanzierung

Die Finanzierung der Alterspflege wird zu einer grossen Herausforderung. Der Bundesrat geht davon aus, dass bis 2045 eine Erhöhung der Steuern um 12 Prozent nötig wird und sich der Anteil der Krankenkassenprämien für den Bereich der Alterspflege verdoppelt. Die langfristige Lösung wäre gemäss Avenir Suisse das obligatorische Ansparen eines individuellen Pflegekapitals. Die angesparten Mittel wären für Pflege oder Betreuung – zu Hause oder im Heim – einsetzbar. Nicht verwendete Ersparnisse würden im Todesfall vererbt. Mit einer monatlichen Prämie von ca. 250 Franken ab 55 Jahren werden jüngere Versicherte und ihre Familien signifikant entlastet. Kann eine Person die Prämie nicht zahlen, soll der Staat den betreffenden Bürger entlasten. Reicht das Pflegekapital nicht aus, müssten die Ausgaben wie heute durch private Mittel oder Ergänzungsleistungen gedeckt werden. Damit bleibt ein soziales Auffangnetz bestehen, der Staat käme jedoch nur noch subsidiär statt mit der Giesskanne zum Zug.

Ökonomisches Denken:
Von Zielen, Anreizen und Nebenwirkungen

Bei der Gestaltung und Beurteilung von – gut gemeinten – sozialpolitischen Systemen sind typische ökonomische Denkkategorien zu berücksichtigen:
Die Sozialpolitik ist über Jahrzehnte hinweg politisch ausgebaut worden. Das wirtschaftspolitische **Ziel** des sozialen Ausgleichs ist aus ökonomischer Sicht ungenau und wenig operational formuliert. Darunter leidet die ökonomische Effizienz der getroffenen Massnahmen. Je grosszügiger die staatlichen Sozialtransfers sind, desto grösser ist einerseits der **Anreiz**, die Leistungsbereitschaft der Empfänger zu reduzieren, welche ein «Gratiseinkommen» erzielen können. Andererseits wird auch die Leistungsbereitschaft der «Zahlenden», z. B. durch dazu notwendige höhere Steuern, vermindert. Beides wiederum reduziert die Fähigkeit einer Wirtschaft, die Sozialwerke zu finanzieren. Ein Teufelskreis.

Ökonomisch wird dieses Phänomen auch mit dem Begriff des **«Moral hazard Problems»** umschrieben: Jede versicherungsähnliche Institution hat die Tendenz, zusätzliche Versicherungsfälle zu generieren. Dies sind **unerwünschte Nebenwirkungen**.
Damit diese möglichst gering ausfallen, müssen sozialstaatliche Massnahmen am besten individuell und direkt die Bedürftigen unterstützen, d. h. den Nachfragern zugutekommen. Generelle Markteingriffe und Subventionen von Anbietern sollten vermieden werden. So lässt sich der **Zielkonflikt** zwischen Effizienz und Wachstum einerseits und Verteilungsgerechtigkeit andererseits minimieren.

Interview (April 2018)

Daniel Lampart
Chefökonom des
Gewerkschaftsbundes
(www.sgb.ch)

Roland A. Müller
Direktor Schweizerischer
Arbeitgeberverband
(www.arbeitgeber.ch)

Das Schweizerische System der Altersvorsorge besteht aus den drei Säulen AHV, Pensionskasse und private Vorsorge. Wo sehen Sie Stärken, wo Schwächen dieses Systems?

Lampart: Vor allem die erste und die zweite Säule gewährleisten zusammen für viele Leute ein gutes Rentenniveau. Die dritte Säule dient vor allem den Banken und Versicherungen, die damit gute Geschäfte machen. Der Mix aus Umlage- und Kapitaldeckungsverfahren ist ein Vorteil. Bei den unteren mittleren Einkommen ist das heutige Rentenniveau allerdings zu tief. Hier braucht es eine Anpassung. Darum haben die Gewerkschaften die Volksinitiative AHVplus lanciert.

Müller: Die Stärke der Schweizer Altersvorsorge besteht in der Kombination von Umlageverfahren (AHV) und Kapitaldeckungsverfahren (Pensionskasse). Diese Kombination – ergänzt um Anreize für eine selbstbestimmte private Vorsorge – sorgt für einen idealen Risikoausgleich und wirkt stabilisierend auf das System. Nicht zuletzt deshalb verweisen auch internationale Organisationen wie die OECD immer wieder auf den Modellcharakter des Schweizerischen Systems. Doch auch das beste System hat Schwächen. So sind keine Automatismen vorgesehen, welche bspw. die demografische Alterung der Gesellschaft im Modell antizipieren. Wichtige Parameter wie Rentenalter oder Mindestumwandlungssatz müssen deshalb im Rahmen anstehender Reformen angepasst werden, um auch in Zukunft auf sichere und finanzierbare Renten zählen zu können.

Aufgrund der demografischen Entwicklung gerät die Finanzierung der AHV zunehmend in Schieflage und eine Reform ist notwendig. Ist der Bundesrat mit einer Erhöhung der Mehrwertsteuer um bis zu 1.7% und einer Erhöhung des Rentenalters für Frauen auf 65 Jahre auf dem richtigen Weg?

Müller: Das Volks-Nein zur Mehrwertsteuererhöhung für die Altersvorsorge-Reform 2020 hat deutlich gemacht, dass massive Steuererhöhungen «auf Vorrat» vom Volk nicht goutiert werden. Die strukturellen Probleme der AHV, die primär in der alternden Gesellschaft wurzeln, können nicht mit Steuererhöhungen allein gelöst werden. Deshalb sprechen sich die Arbeitgeber in einer ersten Reformetappe für eine massvolle Erhöhung der Mehrwertsteuer um 0,6 Prozentpunkte aus, die mit der Angleichung des Rentenalters für Männer und Frauen auf 65/65 gekoppelt ist.

Lampart: Die AHV muss beitragsseitig stabilisiert werden. Wobei der SGB Lohnbeiträge vorzieht. Entgegen den rabenschwarzen Szenarien kostet das gar nicht viel. Mit den vorgeschlagenen 1.7 Mehrwertsteuer-Prozenten sind die Einnahmen und Ausgaben bis in rund 15 Jahren im Gleichgewicht. Die heute aktiven Arbeitnehmer werden diese Beitragserhöhung kaum spüren, weil sie sich über viele Jahre verteilt. Eine Erhöhung des Rentenalters auf 67 Jahre wäre für die Betroffenen hingegen hart.

Lässt sich die AHV längerfristig ohne eine generelle Erhöhung des Rentenalters sanieren?

Müller: Um die AHV langfristig zu sichern, muss ab etwa Mitte der 2020er-Jahre das Rentenalter in einer zweiten Reformetappe schrittweise und gut planbar der steigenden Lebenserwartung angepasst werden. Solche Schritte sind für eine solide Altersvorsorge unausweichlich und in vielen Ländern Europas bereits beschlossen. Dies versteht inzwischen ein wachsender Teil der Gesellschaft: Gemäss der VOTO-Analyse zur Abstimmung über die Reform Altersvorsorge 2020 sowie der jüngsten Vimentis-Umfrage bröckelt die harte Front gegen jegliche Erhöhung des Rentenalters zusehend. Leider ist diese Einsicht der Stimmbürger noch nicht überall in der Politik durchgedrungen.

Lampart: Die Zahlen des Bundes zeigen, dass die Stabilisierung der AHV gar nicht so teuer ist, wie gewisse Kreise immer wieder unterstellen. Gleichzeitig ist es bereits heute möglich, über das gesetzliche Rentenalter hinaus zu arbeiten. Doch ausser selbständigen Ärzten und Anwälten machen das nicht viele. Auch weil sie im Job nicht mehr gefragt sind.

In der Diskussion um die Angleichung des Rentenalters von Frau und Mann geht es auch um die Lohnungleichheit zwischen den Geschlechtern. Welche Massnahmen zur Förderung der Lohngleichheit unterstützen Sie? Welche lehnen Sie ab?

Lampart: Das Schweizer Volk hat in der Verfassung klar festgelegt, dass Frauen für die gleiche Arbeit den gleichen Lohn verdienen müssen. Es ist ein Armutszeugnis für die Schweiz, dass das noch nicht umgesetzt wird. Deshalb braucht es heute Lohnkontrollen und andere Massnahmen, um die Lohndiskriminierung zu beseitigen.

Müller: Noch bestehende Lohnunterschiede liegen hauptsächlich in geschlechtsspezifischen Unterschieden in der Erwerbsbiografie begründet – beispielsweise hinsichtlich Berufswahl, Arbeitspensen oder Erwerbsunterbrüchen. Um das Problem an der Wurzel zu packen, müssen Frauen und Männer bzw. Mütter und Väter gleichberechtigt am Erwerbsleben teilnehmen können. Die Arbeitgeber fordern insbesondere bezahlbare Tagesstrukturen für die familienergänzende Kinderbetreuung und die steuerliche Abzugsfähigkeit von Drittbetreuungskosten. Eine gesetzliche Verpflichtung der Unternehmen, Lohnkontrollen durchzuführen und von einer externen Stelle überprüfen zu lassen, bliebe hingegen wirkungslos. Die vorgeschlagenen Analysemethoden sind schlicht ungeeignet, um ungerechtfertigte Lohnunterschiede zweifelsfrei festzustellen.

Über die ebenfalls anstehende Reform der beruflichen Vorsorge sollen sich gemäss Ansicht des Bundesrates zunächst die Sozialpartner kümmern, um die Grundlagen für eine mehrheitsfähige Lösung zu schaffen. Sind Sie dabei auf gutem Weg?

Müller: Unser primäres Ziel muss sein, die ungerechte Quersubventionierung von Jung zu Alt zu senken und die Renten nachhaltig zu sichern. Dazu braucht es nach Ansicht der Arbeitgeber eine substanzielle Senkung des Mindestumwandlungssatzes, verbunden mit einer angemessenen Kompensation, um das Rentenniveau zu sichern. Wir sind zuversichtlich, dass wir mit den Sozialpartnern eine ausgewogene Lösung finden.

Lampart: Die Gespräche beginnen erst. Entscheidend ist, dass die Berufstätigen eine gute Rente zu einem optimalen Preis-Leistungsverhältnis erhalten. Heute sinken die Pensionskassenrenten in der Schweiz. Das darf nicht sein.

«Der liberale Arbeitsmarkt ist ein Erfolgsmodell der Schweiz!» Stimmen Sie dieser Aussage zu? Welche Liberalisierungs- bzw. weitere Regulierungsmassnahmen – auch im Zusammenhang mit der Digitalisierung – sind notwendig?

Lampart: Es ist umgekehrt: Weil die Schweiz lange eine tiefe Arbeitslosigkeit hatte, konnte sie sich einen schwachen Arbeitnehmerschutz eher leisten. Denn die Berufstätigen konnten sich teilweise selber wehren, weil sie gesucht waren. Das hat sich geändert. Der Druck ist grösser geworden. Deshalb braucht es eine Modernisierung des Arbeitnehmerschutzes. Priorität ist eine Förderung der Gesamtarbeitsverträge GAV.

Müller: Für den Wohlstand in der Schweiz ist der freie Arbeitsmarkt ein wesentlicher Trumpf. Davon profitieren vor allem die Arbeitnehmenden: mit einer rekordhohen Erwerbsbeteiligung, einer tiefen Arbeitslosigkeit, ausgebauten Sozialleistungen und hohen Löhnen. Trotz internationaler Spitzenresultate beobachten wir mit Sorge eine kontinuierlich hohe Flut an politischen Vorstössen, mit denen der anpassungsfähige Arbeitsmarkt zu ersticken droht. Beispielsweise wären längere Kündigungsfristen für ältere Arbeitnehmende ein Bumerang, wenn sie auf Stellensuche sind.

Schlüsselbegriffe

Die folgenden Schlüsselbegriffe kommen in diesem Kapitel vor und werden zudem am Ende des Buches nochmals erläutert.

- Primäre Einkommensverteilung
- Sekundäre Einkommensverteilung
- Bedarfsgerechtigkeit
- Verteilungsgerechtigkeit
- Progressive Steuern
- Umlageverfahren
- Kapitaldeckungsverfahren
- Soziallastquote
- Sozialleistungsquote
- Alterslastquotient
- Negative Einkommenssteuer

Repetitionsfragen

Die Antworten finden Sie im Text dieses Kapitels sowie auf der Homepage des Verlages, edu.somedia-buchverlag.ch.

1. Worin unterscheiden sich die primäre und sekundäre Einkommmensverteilung
2. Welche Sozialversicherungen gibt es in der Schweiz?
3. Welche drei Zweige des sozialen Sicherungssystems der Schweiz sind die ausgabenintensivsten?
4. Welche Zwecke werden mit den Sozialversicherungen verfolgt?
5. Wo sehen Sie Gefahren bei einem weiteren Ausbau unseres Wohlfahrtsstaates?
6. Welche Vorschläge zur Neuorientierung des Systems der sozialen Sicherheit kennen Sie
    a) Auf der Leistungsseite?
    b) Auf der Finanzierungsseite?

Interessante Homepages
(Direkte Verlinkung siehe edu.somedia-buchverlag.ch)

Die offizielle Seite des Bundes zu allen Fragen der Sozialversicherungen:
http://www.bsv.admin.ch

Vorschläge zur Veränderung der Sozialversicherungen findet man unter:
http://www.avenir-suisse.ch
http://www.sgb.ch

Insbesondere zu den Themen Gleichheit und Gerechtigkeit siehe unter:
http://www.bfs.admin.ch

Zu den Fragen der Lohngleichheit aus gewerkschaftlicher Sicht:
http://www.lohngleichheit.ch

Teil V
Aussenwirtschaftstheorie und Aussenwirtschaftspolitik

13 Die internationale Arbeitsteilung

«Der Geist ist wie ein Fallschirm,
er funktioniert nur, wenn er sich öffnet.»
(Unbekannter Autor)

13.1 Warum internationale Arbeitsteilung?

Experiment:
«Arbeitsteilung und Koordination durch Märkte» (edu.somedia-buchverlag.ch)

Sollte Roger Federer seine Steuererklärung selber ausfüllen?

Roger Federer – einer der ganz grossen Tennis-Stars – wäre mit Sicherheit auch in der Lage, seine Steuererklärung selber auszufüllen, aber sollte er es auch selber machen? Sicher nicht, denn für diese Arbeit sind seine Opportunitätskosten ganz einfach zu hoch, in dieser Zeit könnte er beispielsweise einen Werbeauftritt – gegen ein Honorar von 100'000 Franken – wahrnehmen. Roger Federer hat gegenüber seinem Treuhänder absolute Vorteile bei Werbeauftritten, sein Treuhänder solche beim Ausfüllen von Steuererklärungen. Diese Aufteilung der Arbeit ermöglicht das kostbare Gut Zeit so effizient wie möglich zu nutzen und sorgt für einen gewissen Qualitätsstandard. Genauso wie Menschen sich in ihren Fähigkeiten und Veranlagungen unterscheiden, gibt es auch zwischen Ländern beträchtliche Differenzen in der Ausstattung und Qualität der Produktionsfaktoren. Als Folge davon haben gewisse Länder **absolute Kostenvorteile** in der Produktion von z.B. Erdöl, Kaffee, Gold, Autos, Computern, Finanzdienstleistungen, Textilien, Käse oder Dienstleistungen des Tourismus. Dank diesen absoluten Kostenvorteilen können diese Länder jede Produktionsmenge mit tieferen Stückkosten produzieren. Genauso wie die Arbeitsteilung in einem Haushalt, in einer Unternehmung oder zwischen Unternehmungen die Wertschöpfung steigern kann, kann auch die internationale Arbeitsteilung zu einem höheren Wohlstandsniveau führen.

[1] **Komparative Kostenvorteile:** Das ist auch der Grund, weshalb ein Rechtsanwalt, der gleichzeitig Weltmeister im Schnellschreiben ist, trotzdem eine Sekretärin anstellt. Es ist tröstend zu wissen, dass **alle Menschen** irgendwo komparative Kostenvorteile haben.

Kehren wir zu Roger Federer zurück und nehmen an, dass er auch in Sachen Steuern ein absoluter Spezialist ist. Was dann? Sollte er unter dieser Annahme seine Steuererklärung selbst ausfüllen? Nein, natürlich nicht (ausser es machte ihm besonders grossen Spass), er sollte sich jener Arbeit widmen, in welcher er – relativ gesehen – besser ist als alle anderen: Worauf es also ankommt, ist der **relative oder komparative Vorteil**.[1]

Sollte Grossbritannien eigenen Wein produzieren?

Die Entdeckung der komparativen Kosten geht auf David Ricardo zurück, der am Beispiel von Grossbritannien und Portugal gezeigt hat, dass der Wohlstand beider Länder steigt, wenn sich Portugal auf Wein und Grossbritannien auf die Tuchproduktion spezialisiert – obwohl Portugal in der Produktion beider Güter absolute Vorteile besitzt. Diesen Wohlstandsgewinn wollen wir beispielhaft aufzeigen. Dabei gehen wir von folgenden Annahmen aus:

Produkt	Produktivität	
	Portugal	Grossbritannien
Tuch	2 Stunden pro Einheit	3 Stunden pro Einheit
Wein	1 Stunde pro Einheit	3 Stunden pro Einheit
	Mögliche Produktion bei 1'200 Arbeitsstunden	
Tuch	600 Einheiten	400 Einheiten
Wein	1'200 Einheiten	400 Einheiten

In Portugal sind die Arbeitskosten sowohl im Hinblick auf die Produktion von Tuch als auch Wein niedriger. Portugal hat also bei beiden Produkten absolute Kostenvorteile. Wie die **Produktionsmöglichkeitenkurven** – sie werden auch **Transformationskurven** genannt – in *Abbildung 13.1* und *13.2* zeigen, kann Portugal ohne Handelsbeziehungen entweder 600 Einheiten Tuch oder 1'200 Einheiten Wein oder eine Kombination davon produzieren; Grossbritannien kann entweder 400 Einheiten Tuch oder 400 Einheiten Wein oder eine Kombination davon produzieren. Wenn Portugal sich auf die Herstellung von Wein spezialisieren würde, weil dort die **komparativen Kostenvorteile** grösser (3-mal) sind als bei der Tuchproduktion (1,5-mal), könnte es 1'200 Einheiten Wein herstellen. Könnte es zu den relativen Preisen Grossbritanniens den gesamten Wein exportieren, erhielte es dafür 1'200 Einheiten Tuch. Es könnte sich entlang der oberen Linie in *Abbildung 13.1* nach links oben bewegen. Entsprechend könnte sich Grossbritannien auf die Produktion von Tuch spezialisieren und sich entlang der oberen Linie (*Abbildung 13.2*) nach rechts unten bewegen.

Abbildung 13.1   Transformationskurve und Tauschlinie für Portugal

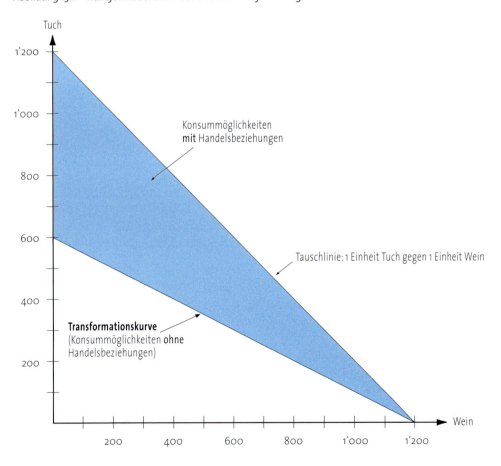

Abbildung 13.2   Transformationskurve und Tauschlinie für England

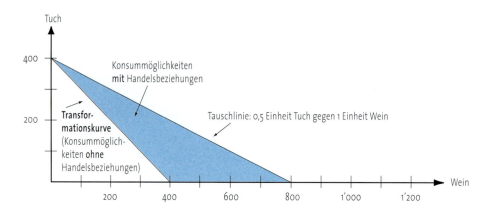

Lehrmaterial:
«Arbeitsteilung und Handel»
Lernspiel SOS
(www.iconomix.ch)

In welchem Verhältnis werden Wein- gegen Tucheinheiten eingetauscht?

Wenn Grossbritannien eine Einheit Wein selbst herstellen wollte, müsste es auf 1 Einheit Tuch verzichten (die Opportunitätskosten für 1 Einheit Wein betragen 1 Einheit Tuch). Grossbritannien ist deshalb höchstens bereit, 1 Einheit Tuch für 1 Einheit Wein herzugeben (= **Austauschverhältnis oder terms of trade**). Wie viel Einheiten Tuch will Portugal mindestens für 1 Einheit Wein? Wenn Portugal auf 1 Einheit Wein verzichtet, könnte es dafür selbst 0,5 Einheiten Tuch herstellten (die Opportunitätskosten von Wein betragen 0,5 Einheiten Tuch). Für 1 Einheit Wein will Portugal deshalb mindestens 0,5 Einheiten Tuch. Es wird sich deshalb ein Tauschverhältnis ergeben, das zwischen 0,5 und 1 Einheit Tuch gegen 1 Einheit Wein liegt. Die tatsächlichen relativen Preise werden sich auf einem Niveau irgendwo im Bereich der farbigen Flächen in den Abbildungen einspielen. In dieser Spannweite bringt der Aussenhandel für beide beteiligten Länder einen Vorteil. Preise sind eben – wie wir schon weiter vorne festgestellt haben – Relationen: Güter erhalten ihren Preis, indem sie auf andere Güter bezogen werden.

Wie wirken sich die Spezialisierung und der Handel aus?

Portugal hat profitiert: Die Kosten für Tuch sind dadurch zurückgegangen, dass es Tuch importiert, anstatt es selbst zu produzieren. Ebenso hat Grossbritannien gewonnen, weil es auf dem Tauschweg zu billigerem Wein gelangt, als wenn es diesen selbst herstellen würde.

---

1 Verlaufen die Transformationskurven nicht-linear, kommt es lediglich zu einer **teilweisen Spezialisierung**; kein Land gibt die Produktion eines Gutes vollständig auf.

Das Gesetz der komparativen Kostenvorteile besagt, dass die gesamte Wohlfahrt steigt, wenn sich die Länder auf die Produktion jener Güter spezialisieren, bei denen sie komparative Kostenvorteile aufweisen (selbst wenn ein Land bei der Produktion aller Güter absolute Kostennachteile hat).[1]

Wo liegen die Kostenvorteile für die Schweiz?

Anhaltspunkte zur Beantwortung dieser Frage liefern die Zahlen über den Waren- und Dienstleistungshandel der Schweiz mit dem Ausland (worauf wir im Detail im Kapitel Zahlungsbilanz eintreten werden). Dabei zeigt sich, dass wir in erster Linie im Handel mit Dienstleistungen (Banken, Tourismus und Versicherungen) mehr exportieren als importieren. Allerdings verfügt die Schweiz auch im Industriebereich über klassische Exportbranchen, zu denen die Chemie, die Maschinen- und die Uhrenindustrie zählen. Demgegenüber sind wir bei vielen Waren wie z. B. Fahrzeugen, Rohstoffen und Energieträgern auf Einfuhren angewiesen.

Das Freihandelspostulat

Das Gesetz der komparativen Kostenvorteile liefert die Grundlage für das **Freihandelspostulat**, gemäss welchem der ungehinderte internationale Handel den grösstmöglichen Wohlstand schafft. Gemäss UN-Bericht über die menschliche Entwicklung haben jene Entwicklungsländer ihre Wohlfahrt am meistern steigern können, die sich am stärksten in die internationale Arbeitsteilung integriert haben. Folgerichtig sind **Handelsbarrieren** (Zölle, Kontingente usw.) abzuschaffen. Eine auf dieser Grundlage geschaffene Weltwirtschaftsordnung ist durch dieselben Merkmale gekennzeichnet wie eine einzelne Volkswirtschaft: durch Arbeitsteilung, Spezialisierung und Wettbewerb. Der Freihandel sorgt für eine optimale Allokation (Zuteilung) der Produktionsfaktoren. Unberücksichtigt in unserem Beispiel blieb ein weiterer Grund, der für das Freihandelspostulat spricht: Der Aussenhandel erweitert die Märkte und bietet die Vorteile der **Massenproduktion (economies of scale)**. Mit Zunahme der Produktionsmenge und der Spezialisierung sinken die Stückkosten, weil die Möglichkeiten zur Steigerung der Kapitalintensität ausgenützt werden können und ein Lerneffekt (learning by doing) auftritt. Seit 1990 hat sich der Welthandel verfünffacht und das Welt-BIP ist um 60 Prozent gewachsen.

13.2 Grenzen der internationalen Arbeitsteilung: Freihandel versus Protektionismus

Die Vorteile, die die internationale Arbeitsteilung für alle beteiligten Länder bringt, sind seit mehr als 150 Jahren bekannt. Es mag daher erstaunen, dass sich die Freihandelsidee nicht schneller und konsequenter durchsetzen konnte. Doch die Nachfrage nach staatlichem Schutz vor Konkurrenz ist hoch und wird deshalb auch von Politikern zur Steigerung ihrer Wahlchancen angeboten. Zudem darf das Gesetz der komparativen Kostenvorteile auch nicht als universal gültiger Freipass für eine vollständige Handelsliberalisierung dienen. Denn damit alle beteiligten Volkswirtschaften tatsächlich profitieren, müssen einige Voraussetzungen erfüllt sein. Der Freihandel bietet nicht nur Chancen, sondern er birgt auch Gefahren.

Gibt es auch Nachteile des Freihandels?

Mit zunehmender internationaler Arbeitsteilung steigen die Transport- und Transaktionskosten, durch die dem Freihandel eine gewisse Grenze gesetzt wird. Problematisch sind die **Umweltkosten**, die durch einen verstärkten internationalen Handel entstehen, solange es nicht gelingt, den Verzehr der immer knapper werdenden Umweltgüter den Verursachern anzulasten. Weil der Verkehr z.B. seine externen Kosten nur teilweise zu tragen hat, wird die Globalisierung der Wirtschaft unsinnigerweise subventioniert. Ernst Ulrich von Weizsäcker, ein anerkannter Umweltökonom, kritisiert denn auch, dass der Weltmarkt zum stärksten Hebel zur Plünderung der Natur und der Rohstoffe in Entwicklungsländern werde. Vermehrte internationale Arbeitsteilung fördert auch die **Abhängigkeit**[1] vom Ausland. Diese Abhängigkeit birgt vor allem dann Gefahren in sich, wenn als Folge der Spezialisierung Länder überwiegend ein Produkt herstellen. Deshalb sind viele Entwicklungsländer auf Gedeih und Verderb von der Nachfrage- und Preisentwicklung «ihres» Produktes (z.B. Bananen, Kaffee, Jute usw.) abhängig. Weil die Nachfrage nach Bananen, Kupfer, Jute, Kakao usw. nicht stark zunahm oder sogar abnahm, gleichzeitig aber die Produktion stieg, sind die Preise gesunken. Die **terms of trade** haben sich verschlechtert, d.h. die Produzenten müssen immer mehr von ihren Erzeugnissen exportieren, um die gleiche Menge an Autos, Maschinen oder Radios importieren zu können. Das Weltsozialprodukt hat zwar zugenommen, aber nicht alle haben davon profitiert.

Erinnern Sie sich noch an das *Kapitel 8.2*? Dort haben wir gesehen, dass die weltwirtschaftlichen Veränderungen eine Internationalisierung und eine Globalisierung der Wirtschaft bewirken. Die Integration von Volkswirtschaften mit stark unterschiedlichen Voraussetzungen (denken Sie an die ehemaligen Ostblockländer und an die Länder Asiens) führt zu einer Neuverteilung der komparativen Kostenvorteile. Ein Vorteil des Aussenhandels besteht darin, dass Güter aus dem Ausland zu einem niedrigeren Preis angeboten werden, als dies inländischen Unternehmungen möglich ist. Liberalisierungen im Aussenhandel führen demzufolge dazu, dass inländische Anbieter bei gewissen Produkten vom Markt verdrängt werden, andere Anbieter sollten dafür ihre Leistungen vermehrt exportieren können. Diese Umstrukturierungsprozesse können aber länger andauernde **strukturelle Arbeitslosigkeit** bewirken. Weiter

---

[1] Wollten die Schweizer nur Schweizer Kleider tragen, wäre die Nationaltracht das **Adams- bzw. das Evakostüm**, allenfalls garniert mit ein bisschen Käse. Ansonsten hätten Sie nackten Tatsachen ins Auge zu sehen.

Rollenspiel:
«Optimale Arbeitsteilung!» Erleben Sie die Vorteile der Arbeitsteilung am eigenen Leib. (edu.somedia-buchverlag.ch)

kritisieren kann man, dass es sich beim Gesetz der komparativen Kostenvorteile um einen **statischen Ansatz** handelt. Es wird nämlich davon ausgegangen, dass die relativen Kostenunterschiede langfristig unverändert bleiben. Nun ist es aber durchaus so, dass Kostennachteile wettgemacht werden können. Durch den Freihandel kann diese Entwicklung allerdings eingeschränkt werden; es besteht die Gefahr, dass die Produktivkräfte nicht optimal gefördert werden. Sie sehen, auch die vielgerühmte Freihandelsdoktrin unterliegt dem **Gesetz des abnehmenden Ertragszuwachses** *(vgl. Kapitel 2.3)*.

Wichtigste Argumente[1] für protektionistische Praktiken und jeweilige Gegenargumente:

Argument	Gegenargument
In der Aufbauphase muss eine Branche geschützt werden, bis sie international wettbewerbsfähig ist.	Aus Mangel an internationaler Konkurrenz werden die geschützten Branchen die angestrebten Kostenvorteile nie erlangen. Sie werden sich aber an die staatlichen Krücken gewöhnen und ewig schwach bleiben.
Ein Schutz gegenüber den mit viel tieferen Arbeitskosten produzierenden Niedriglohnländern ist absolut notwendig.	Wenn die Unternehmungen in den Industrieländern ihre höheren Löhne nicht mit höherer Produktivität und besserem Management wettmachen können, dann haben sie im internationalen Wettkampf ohnehin keine Chance.
Schutz ist notwendig, wenn in wirtschaftlich schwierigen Zeiten hohe Arbeitslosigkeit herrscht. Die noch bestehenden Arbeitsplätze müssen gesichert werden.	Die Zementierung bestehender Strukturen ist genau die falsche Politik, es sollten im Gegenteil gerade die Flexibilität und die Anpassungsfähigkeit gefördert werden. Weil diese Massnahmen zudem auf Kosten anderer Länder gehen, werden diese zu Gegenaktionen ausholen.
Wir müssen uns bei gewissen Branchen vor der Auslandskonkurrenz schützen, damit wir auch in Krisenzeiten unsere Versorgung sicherstellen können.	Dieser Schutz verursacht viel zu hohe Kosten. Durch regionale Diversifizierung und durch Lagerhaltungen kann dieses Risiko minimiert werden.

[1] In einer Geschichte von Frédéric Bastiat («Die Petition») beschweren sich Fabrikanten von Kerzen, Lampen usw. über die unlautere Konkurrenz der Sonne und fordern ein Gesetz, das das Schliessen aller Öffnungen vorschreibt, durch die das Sonnenlicht in die Häuser dringt. Nicht die Sonne kurble schliesslich die Nachfrage nach Talk, Kohle, Öl, Eisen oder Bronze an, sondern die Beleuchtungsindustrie. Sie mache die Zulieferer reich, die dann viel konsumieren und den Aufschwung über das ganze Land verteilen (vgl. www.bastiat.de).

Das zuletzt aufgeführte Argument zeigt, dass das Mass an Freihandel bzw. Protektionismus letztlich nicht nur eine **ökonomische Frage**, sondern eine **politische Wertung** ist. In einer Demokratie muss es dem politischen Mehrheitsentscheid überlassen werden, bis zu welchem Grad z. B. die Erhaltung der Landwirtschaft die entsprechenden Kosten rechtfertigt. Man sollte sich aber bewusst sein, dass Protektionismus immer eine Umverteilung von Einkommen zugunsten der geschützten Produzenten und zu Lasten der Konsumenten bewirkt.

Wie kann Protektionismus betrieben werden?
Das Interventionsinstrumentarium bietet dazu eine Vielzahl von Ansatzpunkten:
- Zölle und Kontingente (mengenmässige Einfuhrbeschränkungen)
- Nicht-tarifäre Massnahmen (nationale Normen und Regelungen z. B. bezüglich Sicherheit, Technik, Umweltschutz, Grenzformalitäten etc.)
- Steuern auf Importe
- Subventionen für Exporte
- internationale Kartelle
- «freiwillige» Selbstbeschränkungsmassnahmen

Wie kann erreicht werden, dass Staaten auf eine liberale Aussenhandelspolitik einschwenken?
Die Staaten können entweder:
- **multilaterale Abkommen** treffen, wie sie im Rahmen der WTO (World Trade Organisation) vorgenommen werden,
- oder sie können einen **gemeinsamen Wirtschaftsraum** bilden, wie das z. B. im Rahmen des Europäischen Wirtschaftsraumes (EWR) geschehen ist.

Internationaler Handel ist kein Nullsummenspiel, bei dem der eine nur das haben kann, was der andere verliert: Alle Beteiligten können gewinnen. Allerdings bringen weltweite Handelsliberalisierungen auch gewisse Gefahren wie steigende Umweltbelastung, zunehmende Abhängigkeiten und erhöhte strukturelle Arbeitslosigkeit mit sich. Durch multilaterale Abkommen (wie durch die WTO) oder gemeinsame Wirtschaftsräume (wie z.B. die EU) kann die Arbeitsteilung gefördert werden

Exkurs: Hat die Schweiz an Wettbewerbsfähigkeit eingebüsst?

Was ist Wettbewerbsfähigkeit?

Angesichts der starken Verflechtung der Schweiz im internationalen Handel und der Globalisierung der Märkte ist «Wettbewerbsfähigkeit» zu einem Begriff geworden, der wohl in keinem Referat mit wirtschaftspolitischem Inhalt fehlen darf. Um Aufträge zu erhalten und Marktanteile zu erhöhen, muss eine Unternehmung besser sein als die Konkurrenz; entscheidend ist also die Wettbewerbsfähigkeit. Die Versuchung ist nun gross, den Begriff Wettbewerbsfähigkeit von Unternehmen analog auf die gesamte Volkswirtschaft zu übertragen. Befinden sich also Länder in einem ähnlichen Konkurrenzkampf wie VW und Toyota? Eine Volkswirtschaft ist eben kein riesiges Unternehmen; das Verhältnis von Volkswirtschaften untereinander ist grundsätzlich nicht eines der Konkurrenz, sondern eines der Arbeitsteilung. Während die Ökonomie Handel als gegenseitig vorteilhaften Tausch versteht, sieht die Öffentlichkeit Handel eher als sportlichen Wettkampf oder gar als Krieg, bei dem nur eine Partei gewinnen kann und alle anderen verlieren. Diese Sicht ist für eine Unternehmung angebracht, lässt sich aber nicht auf ganze Nationen übertragen. Wenn ein Land nicht mehr exportieren kann, dann wertet sich die Währung ab oder die Löhne sinken, bis gewisse Produkte wieder wettbewerbsfähig sind. Länder können also im Gegensatz zu Unternehmen immer wettbewerbsfähig bleiben, wenn sie über eine Abwertung der eigenen Währung und/oder sinkende Löhne auf Einkommen verzichten. Somit kann Wettbewerbsfähigkeit folgendermassen definiert werden:

Eine Volkswirtschaft ist wettbewerbsfähig, wenn sie über die Fähigkeiten verfügt, Güter und Dienstleistungen auf in- und ausländischen Märkten abzusetzen, ohne dabei das Reallohnniveau senken oder Arbeitslosigkeit in Kauf nehmen zu müssen.

Die Wettbewerbsfähigkeit der Schweiz im Urteil von Experten

In der Beurteilung des WEF (Rang 1 unter 140 Staaten)[1], des IMD (Rang 4 unter 61 Staaten)[2] und im Innovationsindex der EU (Rang 1)[3] schneidet die Schweiz hervorragend ab.

Die genannten Untersuchungen sind sich in wesentlichen Punkten weitgehend einig. Folgende Faktoren gehören zu den Trümpfen der Schweiz als Wirtschaftsstandort:
- das stabile und transparente institutionelle Umfeld;
- der flexible Arbeitsmarkt und die Attraktivität der Schweiz für ausländische Arbeitskräfte;
- die Steuerpolitik, u.a. wegen ihrer relativ geringen Belastung der Unternehmen;
- die Innovationsfähigkeit und hohe Qualitätsorientierung der Schweizer Unternehmen;
- die hohe Produktivität der exportorientierten Branchen;
- die gut ausgebaute und zuverlässige Infrastruktur.

Folgende Faktoren schwächen heute nach einhelliger Meinung der Experten die Wettbewerbsfähigkeit der Schweiz: die hohe Regulierungsdichte der Produktmärkte; das Image im Ausland und das Risiko im Finanzsystem.

1 WEF (2017), The Global Competitiveness Report 2017–2018

2 IMD (2017), The World Competitiveness Yearbook 2017

3 EU, Innovation Scoreboard 2017

13.3 Vom GATT zur WTO

Wie ist das GATT entstanden?

Das GATT ist 1947 ins Leben gerufen worden. Nach dem Zweiten Weltkrieg wollte man die Weltwirtschaftsordnung auf eine multilaterale Basis stellen. Analog zu den Institutionen von Bretton-Woods (Internationaler Währungsfonds und Weltbank, vgl. *Kapitel 15*), die den monetären Bereich auf globaler Ebene regeln sollten, schlugen die USA ein Abkommen über den Abbau von Zöllen und nicht-tarifären Handelshemmnissen vor. Der Vertrag, das «General Agreement on Tariffs and Trade», wurde am 30. Oktober 1947 in Genf von 18 Staaten unterzeichnet und trat am 1. Januar 1948 in Kraft. Im Laufe der Zeit hat sich der Kreis der Vertragsparteien auf 132 Staaten ausgedehnt, die über 90 % des Welthandels abdecken. Die Schweiz ist seit 1966 Mitglied des GATT.

Lehrmaterial:
«Trumponomics»
Einflussreiches Gezwitscher
(www.iconomix.ch)

Welche Ziele verfolgt das GATT?

Das GATT beruht auf der Überzeugung, dass Massnahmen zur Handelsliberalisierung das geeignete Mittel zur Erzielung weltweiter Wohlstandsgewinne darstellen. Der offene Wettbewerb sorgt dafür, dass die Unternehmungen der verschiedenen Länder diejenigen Güter herstellen, bei welchen sie in der Lage sind, diese im internationalen Vergleich günstig zu produzieren. Zusätzlich zu den Tauschvorteilen können durch die internationale Arbeitsteilung Spezialisierungs- und Grössenvorteile erzielt werden, die weitere Wohlfahrtsgewinne ermöglichen. Das GATT stellt jedoch kein Freihandelsabkommen dar. In diesem Vertrag geht es weder um universellen Freihandel noch um vollständige internationale Arbeitsteilung. Das GATT anerkennt die Notwendigkeit eines handelspolitischen Schutzes, sofern die Schutzmassnahmen gewisse Voraussetzungen erfüllen. Das GATT strebt «wohldosierte» Liberalisierungsschritte an, die den Vertragsparteien ein hohes Mass an Flexibilität gewährt; es will allgemein anerkannte Spielregeln für den Welthandel aufstellen.

Welches sind die Grundprinzipien des GATT?

- **Meistbegünstigung:**
  Artikel I des GATT besagt, dass «alle Vorteile, Vergünstigungen, Vorrechte oder Befreiungen, die eine Vertragspartei für eine Ware gewährt, welche aus einem anderen Land stammt oder für dieses bestimmt ist, unverzüglich und bedingungslos für alle gleichwertigen Waren gewährt (werden müssen), die aus den Gebieten anderer Vertragsparteien stammen oder für diese bestimmt sind.» Alle Handelszugeständnisse, die einem Staat gewährt werden, müssen dementsprechend allen anderen Vertragsparteien zugestanden werden. Ausnahmen von diesem Meistbegünstigungsprinzip sind insbesondere die Kompetenz zur Schaffung von Zollunionen und Freihandelsräumen sowie die Präferenzierung von Entwicklungsländern.

- **Inländerprinzip:**
  Dieses Prinzip verlangt – mit Ausnahmen – die Gleichstellung von importierten und einheimischen Produkten. Interne Abgaben, Belastungen und sonstige Vorschriften dürfen nicht zulasten der importierten Güter missbraucht werden.

- **Verbot mengenmässiger Handelsbeschränkungen:**
  Ein allfälliger nationaler Grenzschutz ist aus GATT-Sicht nicht grundsätzlich untersagt, er hat sich jedoch auf Zölle zu beschränken, da diese transparenter und weniger handelsverzerrend sind als Kontingente.

- **Verbesserung des Marktzutritts:**
  Eine der ursprünglichsten Aufgaben des GATT ist die Verbesserung des Marktzutritts durch den Abbau von Zöllen, die in sogenannten Länderlisten verbindlich verankert sind.

- Abbau der nicht-tarifären Handelshemmnisse:
  Nicht-tarifäre Handelshemmnisse umfassen unter anderem: Subventionen, freiwillige Exportbeschränkungen, Regelungen des öffentlichen Beschaffungswesens (Submissionsordnungen), Importsteuern, Ein- und Ausfuhrformalitäten, produktbezogene und technische Schutz- und Sicherheitsvorschriften.

Was wurde bisher erreicht?

Seit dem Zweiten Weltkrieg konnten beim Abbau von Zöllen auf Industriegütern beachtliche Liberalisierungsfortschritte erzielt werden. Die durchschnittliche Zollbelastung, die bei der Gründung des GATT noch zwischen 40% und 45% betragen hatte, konnte bis heute auf 4,7% gesenkt werden.[1] Einhergehend mit diesem Zollabbau nahm allerdings die Neigung zu, tarifäre durch nicht-tarifäre Handelshemmnisse zu ersetzen. Auf diese Weise konnten zahlreiche Länder das ursprüngliche Protektionsniveau trotz der vereinbarten Zollreduktion aufrechterhalten. Bereits die Tokio-Runde (1973–1979) beschäftigte sich deshalb verstärkt mit den nicht-tarifären Handelshemmnissen. Zu Beginn der 1980er-Jahre begannen sich tiefgreifende Veränderungen des weltwirtschaftlichen Umfeldes abzuzeichnen. So nahmen die «freiwilligen» Exportbeschränkungsmassnahmen zu, der internationale Dienstleistungshandel erlangte wachsende Bedeutung, der technische Fortschritt entwickelte sich rasant, und die Direktinvestitionen im Ausland erzielten beachtliche Zuwachsraten. Vor diesem Hintergrund verstärkte sich die Notwendigkeit, die multilateralen Handelsregeln den neuen Entwicklungen anzupassen. Der Auftakt zur achten Runde erfolgte 1986 in Punta del Este in Uruguay, abgeschlossen wurde die Uruguay-Runde Ende 1993. Im Dezember 1995 wurde die World Trade Organisation (WTO) als Nachfolgerin des GATT gegründet. Mit der Gründung der WTO wurde das auf den Warenhandel beschränkte GATT auf den grenzüberschreitenden Verkehr mit Dienstleistungen und geistigem Eigentum erweitert. Dabei bildet die WTO die Dachorganisation für die drei Bereiche.

[1] GATT: Angesichts dieser Verhandlungsresultate scheint es ungerechtfertigt, das GATT als «General Agreement to Talk and Talk» zu bezeichnen.

Abbildung 13.3   Die WTO

Eine neue Welthandelsrunde

An der WTO-Konferenz vom November 2001 hatten sich die Minister auf eine neue Handelsrunde in Doha, der Hauptstadt des Emirates Katar, geeinigt. Der Doha-Welthandelsrunde kommt die Aufgabe zu, die bisher noch nicht verwirklichten Uruguay-Beschlüsse in Kraft zu setzen und den eingeschlagenen Weg weiterzugehen. Das Verhandlungsergebnis in Doha enthielt ein detailliertes Arbeitsprogramm zur weiteren Liberalisierung des Welthandels. Nach mehreren erfolglosen Verhandlungsrunden konnten schliesslich 2013 in Bali (Bali-Paket) und 2015 in Nairobi kleinere Liberalisierungen des Handels beschlossen werden.

Exkurs: Globalisierung am Stocken – Protektionismus im Aufwind

Wird die Dynamik der Globalisierung an den Wachstumsraten der Weltexporte gemessen, wird klar: Die Globalisierung gerät ins Stocken. Die Wachstumsraten der Weltexporte betrugen im Jahresdurchschnitt in den Hochzeiten der Globalisierung 7% bis 8%, aber seit einigen Jahren wächst der Welthandel deutlich langsamer. Im Durchschnitt der Jahre 2014 bis 2017 wuchs er noch um 2,5%.

Die Globalisierung verliert ökonomisch an Kraft und Dynamik und politisch an Rückhalt. Etwas so Grundlegendes verändert sich in der Weltwirtschaft, dass Thomas Straubhaar, langjähriger Präsident des Hamburger Weltwirtschaftsinstituts, von einer «Zeitenwende» spricht. Jahrzehntelang boomte der Warenverkehr rund um die Erde. Vor allem seit China mit seinem riesigen Heer an billigen Arbeitskräften Mitte der 1980er-Jahre in den Weltmarkt eintrat, wuchs der Austausch rasant. Mit global aufgestellten Wertschöpfungsketten holen sich die Autokonzerne noch die letzte Schraube von der Fabrik, die am günstigsten produzierte. Die Erde schrumpfte, weil Transport kaum noch etwas kostete und das Internet die entferntesten Standorte miteinander verband.

Doch schon Anfang 2015 fragten sich Weltbank und Internationaler Währungsfonds (IWF) besorgt: «Welche Kräfte bewirken die Abschwächung des globalen Handels?» Ihre Antwort: Die maue Konjunktur spielt eine Rolle. Aber es muss mehr dahinterstecken, wenn eine mächtige Kraft wie die Globalisierung derart an Tempo verliert. Als einen Grund führen Weltbank und IWF politische Probleme an, den wachsenden Nationalismus oder Protektionismus.

Seit 2010 wurden gemäss Global Trade Alert weltweit rund 7000 neue protektionistische Massnahmen eingeführt. Mit Donald Trump als Präsident ist Protektionismus auch in den USA im Aufschwung. Strafzölle gegen ausländische Mitbewerber werden im Twitter-Akkord angekündigt. Die USA haben 2018 Zollerhöhungen und neue Zölle eingeführt, vor allem auf chinesische Produkte. Und China dreht den Spiess um: Wie du mir, so ich dir. Droht ein neuer Handelskrieg, die grosse Spirale? Was vor Kurzem noch kaum denkbar war, kann 2018 jedenfalls nicht mehr ausgeschlossen werden. Schaukeln sich Aktionen und Reaktionen auf, kann das den Welthandel massiv schädigen und den Wohlstand beeinträchtigen.

13.4 Die Europäische Integration: Chronologie der Ereignisse

Die **Europäische Integration** steht begrifflich für einen «immer engeren Zusammenschluss der europäischen Völker». Der europäische Integrationsprozess begann auf der Wirtschaftsebene, zielt aber auch auf die Ebene des politischen Systems.

Von der Gemeinschaft für Kohle und Stahl (EGKS) zur Europäischen Union (EU)

- **1951** Frankreich, die Bundesrepublik Deutschland, Italien, Belgien, Luxemburg und die Niederlande unterzeichnen den Vertrag zur Errichtung der Europäischen Gemeinschaft für Kohle und Stahl (EGKS). Ziel: Abbau von Handelshemmnissen.
- **1957** In Rom rufen die sechs Länder durch zwei weitere Verträge die Europäische Wirtschaftsgemeinschaft **(EWG)** und die Europäische Atomgemeinschaft (EURATOM) ins Leben. Das Ziel des EWG-Vertrages ist die Hebung des Lebensstandards.
- **1960** Die Schweiz, Österreich, Grossbritannien, Schweden, Dänemark, Norwegen und Portugal unterzeichnen das Übereinkommen zur Errichtung der Europäischen Freihandelszone **(EFTA)**. Hauptbestandteil des EFTA-Vertrages ist der Zollabbau auf industriellen Erzeugnissen.
- **1967** Aus den drei Gemeinschaften EGKS, EWG und EURATOM wird die Europäische Gemeinschaft **(EG)**.
- **1973** Dänemark, Grossbritannien und Irland treten der EG bei. Die EG unterzeichnet ein Freihandelsabkommen mit der EFTA.
- **1981** Griechenland wird zehntes EG-Mitglied.
- **1984** Erstmals treffen sich alle EG- und EFTA-Minister und vereinbaren eine stärkere Zusammenarbeit im «Europäischen Wirtschaftsraum».
- **1986** Mit dem Beitritt von Spanien und Portugal entsteht das «Europa der Zwölf». Die EG macht sich daran, bis 1993 einen einheitlichen Binnenmarkt zu schaffen mit der Grundidee, alle bestehenden Schranken für den freien Waren-, Personen-, Dienstleistungs- und Kapitalverkehr zwischen den 12 EG-Mitgliedsstaaten abzubauen.
- **1991** Mit dem Beitritt von Liechtenstein zählt die EFTA sieben Mitglieder: Österreich, Schweden, Norwegen, Finnland, Island, Liechtenstein und die Schweiz. EG und EFTA einigen sich auf die Errichtung eines **Europäischen Wirtschaftsraumes (EWR)**.
- **1992** Februar: **Maastrichter Verträge**, die Europäische Gemeinschaft wird ergänzt durch gemeinsame Aussen- und Sicherheitspolitik sowie Zusammenarbeit im Bereich Justiz und Inneres. Gemeinsames währungspolitisches Gebiet mit einer gemeinsamen Währung (EURO). Unterzeichnung des EWR-Vertrages in Porto (Portugal).
- **1993** Am 1. Januar wird der EG-Binnenmarkt für 345 Mio. Menschen aus zwölf Ländern Wirklichkeit.
- **1994** Die Maastrichter Verträge treten in Kraft: **Die EG wird zur Europäischen Union (EU)**. Inkraftsetzung des EWR mit den EFTA-Ländern (mit Ausnahme der Schweiz).
- **1995** Europa der 15: Beitrittsverträge mit Österreich, Schweden, Finnland abgeschlossen (Norwegen lehnt Beitritt zur EU in einer Volksabstimmung ab).
- **1999** 12 Mitgliedsstaaten nehmen ab 1. Januar an der **EURO-Zone** teil.
- **2002** Einführung der EURO-Banknoten und -münzen
- **2004** EU-Erweiterung um 10 Länder: Zypern, Tschechische Republik, Estland, Ungarn, Lettland, Litauen, Malta, Polen, Slowakische Republik und Slowenien.
- **2007** EU-Erweiterung um Rumänien und Bulgarien auf total 27 Länder.
- **2009** Vertrag von Lissabon tritt in Kraft.
- **2011** **Europäischer Stabilisierungsmechanismus (ESM)**, Vertrag zur Unterstützung zahlungsunfähiger Mitgliedsstaaten der Eurozone. Estland tritt als 17. Land der Eurozone bei.
- **2012** **Europäischer Fiskalpakt**, Vertrag über Stabilität, Koordinierung und Steuerung in der Wirtschaft- und Währungsunion. EU erhält Friedensnobelpreis.
- **2013** Kroatien wird 28. EU-Mitglied.
- **2014** Lettland und Litauen (2015) übernehmen den Euro als offizielle Währung.
- **2016** Das Vereinigte Königreich (52% der Abstimmenden) beschliesst den Austritt aus der EU.

Das Binnenmarktprogramm und seine Auswirkungen

Durch die Realisierung von **vier Freizügigkeiten** soll der Verkehr von Gütern, Kapitalien, Dienstleistungen und Personen innerhalb des Europäischen Wirtschaftsraumes erleichtert werden.
- Für die Realisierung eines **freien Güterverkehrs** müssen folgende Hindernisse abgebaut werden: Zölle, Kontingentierungen, technische Normen, Diskriminierungen zu Gunsten einheimischer Produkte, Kartelle usw.
- Der **freie Kapitalverkehr** umschliesst die Abschaffung der Hindernisse für den Kapitalverkehr: Investitionsbeschränkungen, Gesellschaftsbeteiligungen, Immobilien usw.
- Beim **freien Dienstleistungsverkehr** geht es um die Abschaffung von Beschränkungen im Handel mit Finanzdienstleistungen, Versicherungen, Transporten, Fernmeldewesen usw.
- Beim **freien Personenverkehr**, der die Freizügigkeit bei der Stellensuche und die Niederlassungsfreiheit umfasst, handelt es sich um einen weiteren zentralen Pfeiler des Vertrages. Die Vertragsvorschriften verbieten jegliche Benachteiligung aufgrund der Staatsangehörigkeit (gegenseitige Anerkennung der Diplome).

Durch die Einführung der **vier Freiheiten** soll Folgendes bewirkt werden:
- Durch die Angleichung und Harmonisierung des nationalen Rechts einerseits sowie andererseits durch die gegenseitige Anerkennung nationaler Zulassungsbedingungen und durch den Wegfall der Binnengrenzen wird der Wettbewerb intensiviert. Daraus verspricht sich die EU-Kommission eine **Stärkung der Wettbewerbskraft.**
- Der verstärkte Wettbewerb führt zur besseren Ausnützung **komparativer Kosten- und Grössenvorteile** und beeinflusst **technologische Innovation** positiv.
- Durch den Wegfall bestehender Handelsschranken können **Kosteneinsparungen** erzielt werden, die eine allgemeine **Preissenkung** ermöglichen.
- Das Binnenmarktprogramm beschleunigt das **Wachstum** und schafft neue **Arbeitsplätze**.

Die Organe der EU:
- **Europäischer Rat:** 28 Staats- und Regierungschefs plus Kommissionspräsident. Beschliesst in neun Fachgremien. Beschlüsse einstimmig oder mit qualifiziertem Mehr
- **EU-Kommission:** Treibende Kraft der EU, Verwalter der Finanzen, Kontrolle des Vollzugs und «Hüter» der Verfassung. Verhandlungsvorschlag: Jedes Mitglied stellt je einen Kommissar.
- **EU-Parlament:** Drei wesentliche Aufgaben: Es teilt sich die gesetzgebende Gewalt mit dem Rat. Es übt eine demokratische Kontrolle über alle Organe der EU und insbesondere über die Kommission aus. Es teilt sich die Haushaltsbefugnis mit dem Rat und kann daher Einfluss auf die Ausgaben der EU ausüben. In den Parlamentwahlen, die alle fünf Jahre stattfinden, werden die 751 Abgeordneten gewählt (letzte Wahl 2014).
- **EU-Gerichtshof:** Pflicht zur Wahrung des Gemeinschaftsrechts. Ein Richter pro Mitgliedsland.
- **EU-Rechnungshof:** Überprüft als unabhängiges Kontrollorgan den gesamten Haushalt der EU. Je ein Mitglied pro Land.

Europa à la carte:

Innerhalb von Europa setzt sich im Angesicht der zunehmenden Mitgliederzahl und der damit wachsenden Uneinigkeit zunehmend die Überzeugung durch, dass die EU sich zu einem **Europa à la carte**, zu einem **Europa der zwei Geschwindigkeiten** entwickeln muss: Mitgliedsstaaten, welche dazu in der Lage sind und dies auch wollen, sollten die Zusammenarbeit in gewissen Bereichen verstärken können und eine Art Vorreiterrolle übernehmen. Schon heute sind in mehreren Bereichen À-la-carte-Strukturen sichtbar. So haben nicht alle Mitgliedsländer den Euro eingeführt. In der Zusammenarbeit im Bereich der Sicherheit (Schengen-Abkommen) machen Irland, Grossbritannien und Dänemark nicht mit, an der neuen Verteidigungspolitik beteiligen sich die Neutralen nicht und Grossbritannien schert beim Europäischen Fiskalpakt aus. Zudem beschliesst Grossbritannien im Sommer 2016 den Austritt aus der EU.

13.5 Die Schweiz und die Europäische Integration

Die Schweiz ist wirtschaftlich stark in den EU-Markt integriert – sogar stärker als die Mehrzahl der EU-Mitgliedsländer. Das zeigt sich beim **Warenverkehr**: Rund 60 % unserer Exporte gehen in die EU-Staaten, andererseits beziehen wir über 80 % unserer Importe von der EU. Rund 70 % aller **ausländischen Arbeitskräfte** in der Schweiz stammen aus den EU-Ländern. Praktisch alle mittleren und grösseren Industrie- und Dienstleistungsfirmen haben Niederlassungen, Tochtergesellschaften oder Betriebsstätten im EU-Raum. Über 40 % aller schweizerischen Direktinvestitionen sind bisher in der EU getätigt worden. Insgesamt beschäftigen schweizerische Unternehmungen in den EU-Staaten mehr als eine Million Personen. Angesichts dieser grossen Verknüpfung mit den Volkswirtschaften der EU hatte die Schweiz schon immer Interesse an einem möglichst freien Zugang zu diesen Märkten.

1960: Die EFTA
Die EFTA (European Free Trade Association) wurde damals von den nicht zur EWG gehörenden Ländern (England, Schweden, Norwegen, Dänemark, Portugal, Österreich, Schweiz) gegründet. Ein Beitritt der Schweiz zur EWG kam wegen der damit verbundenen Souveränitätsverluste nicht in Frage. Die EFTA-Staaten schufen eine Freihandelszone, die durch einen Zollabbau unter den Mitgliedsländern, aber autonomer Zollsetzung jedes Landes gegenüber Drittländern gekennzeichnet war. Der Zusammenschluss zur EFTA sollte die Mitgliedsstaaten gegenüber Benachteiligungen seitens der EWG schützen. Heute hat die EFTA noch 4 Mitglieder: Island, Norwegen, Liechtenstein und die Schweiz.

1973: Das Freihandelsabkommen mit der EG
Der Abschluss eines Freihandelsabkommens gewährte der Schweiz die Vorteile des erweiterten Marktes für Industrieprodukte ohne Souveränitätsverluste, insbesondere in Bezug auf die Landwirtschaft und den Arbeitsmarkt. Durch den Vertrag wurde eine Freihandelszone zwischen der Schweiz und der EG geschaffen. Gegenüber Drittländern konnte die Schweiz aber weiterhin eine autonome Handelspolitik betreiben.

1992: Der EWR-Vertrag
Die Erweiterung der EG, ihr immer engerer Zusammenschluss und das EG-Binnenmarktprogramm hatten eine neue Situation geschaffen. Um der Gefahr zu begegnen, vom EG-Binnenmarkt ausgeschlossen zu werden, wünschten die EFTA-Länder, in diesen Prozess miteinbezogen zu werden. Der Präsident der EG-Kommission, Jacques Delors, hat diese Befürchtungen aufgegriffen und in einer Rede vor dem EG-Parlament am 17.1.1989 den EFTA-Ländern vorgeschlagen, «eine institutionell stärker strukturierte Assoziationsform mit gemeinsamen Entscheidungs- und Verwaltungsorganen» zu suchen. Die Regierungen der EFTA-Länder nahmen diese Initiative auf und erklärten die Bereitschaft, an der Schaffung eines **Europäischen Wirtschaftsraumes (EWR)** mitzuwirken. Am 1.1.1994 trat der EWR – allerdings ohne die Schweiz – in Kraft. Mit der Verwirklichung des freien Verkehrs von Gütern, Dienstleistungen, Kapital und Personen wurden binnenmarktähnliche Verhältnisse hergestellt. Parallel dazu wurde eine stärkere Koordinierung der flankierenden Politiken (Forschung und Entwicklung, Erziehung und Ausbildung, Sozial-, Umwelt- und Konsumentenpolitik) erreicht. Der Beitritt der Schweiz zum EWR scheiterte am 6.12.1992 in der Volksabstimmung. Die anderen EFTA-Länder haben sich dem EWR angeschlossen.

2000: Die bilateralen Verträge I der Schweiz mit der EU
Nach dem Nein des Schweizervolkes zum EWR hat die Schweiz im August 1993 der EU verschiedene Bereiche unterbreitet, in denen sie bilaterale Abkommen wünscht, um die Diskriminierungsgefahren einzuschränken. Die bilateralen Verhandlungen starteten am 12. Dezember 1994 und wurden im Mai 2000 vom Volk angenommen. Zugleich wurden flankierende Massnahmen sowohl im Personenverkehr (um Ängsten vor Lohn- und Sozialdruck zu begegnen) als auch im Landverkehr beschlossen.

Die sieben Dossiers sind in der *Tabelle 13.1* dargestellt.

Tabelle 13.1   Die Bilateralen Verträge I mit der EU

Bereich	Inhalt
Forschung	Volle Beteiligung der Schweiz am 4. Forschungsrahmenprogramm der EU und Mitwirkung in den Programmausschüssen.
Technisches	In der Schweiz durchgeführte Konformitätsbewertungen sollen in der EU Handelshemmnisse automatisch anerkannt werden.
Öffentliches	Gleichbehandlung aller potenzieller Lieferanten, unabhängig ob Schweizer Beschaffungswesen oder Ausländer. Dabei sind gewisse Schwellenwerte vorgesehen, so dass nicht jede Leistung darunterfällt.
Luftverkehr	Zugang zum liberalisierten europäischen Luftverkehrsmarkt. Neue Freiheiten in der Preis- und Flugplangestaltung.
Landverkehr	Gegenseitige Liberalisierung beim Marktzugang im Strassen- und Bahnverkehr. Verhandlungsgegenstände: Abbau von Kontingenten, Harmonisierung der Mass- und Gewichtsvorschriften, Verlagerung der Warentransporte von der Strasse auf die Schiene usw.
Landwirtschaft	Verbesserter Marktzutritt für Agrarprodukte aus der EU.
Personenverkehr	Grössere Freizügigkeit von Erwerbstätigen, Studenten und Rentnern. Davon werden auch die Koordination der Sozialversicherungssysteme und die gegenseitige Anerkennung der Diplome erfasst.

Lehrmaterial:
«Personenfreizügigkeit»
Konkurrenz auf
dem Arbeitsmarkt
(www.iconomix.ch)

2001: Nein zu «Ja zu Europa» und neue Verhandlungsrunde

Die Initiative «Ja zu Europa», welche die Aufnahme sofortiger Beitrittsverhandlungen zur EU beinhaltete, wurde von den Schweizern und Schweizerinnen klar abgelehnt. Der Bundesrat hält aber nach wie vor am strategischen Ziel des Beitrittes zur EU fest. Anfang Juli wurde eine neue Runde bilateraler Verhandlungen eingeläutet. Zunächst werden die Dossiers Zollbetrug, verarbeitete Landwirtschaftsprodukte, Umwelt und Statistik behandelt. Über weitere sechs Verhandlungsthemen (Bildung und Jugend, Medien, Doppelbesteuerung, Liberalisierung der Dienstleistungen, Zinsbesteuerung, Beitritt zu Schengen / Dublin) sollen innert nützlicher Frist Verhandlungen aufgenommen werden.

2002: Inkrafttreten der bilateralen Verträge

Im Dezember 2001 haben die sektoriellen Verträge ihren langen Marsch durch das bilaterale Ratifizierungslabyrinth abgeschlossen. Rund siebeneinhalb Jahre nach Verhandlungsbeginn treten die Verträge im Mai / Juni 2002 in Kraft.

2005: Die Bilateralen Verträge II

Bereits im Juni 2001 einigten sich die Schweiz und die Europäische Union grundsätzlich darauf, neue bilaterale Verhandlungen über zehn weitere Themen zu führen. Dabei handelt es sich einerseits um «Überbleibsel» aus den ersten bilateralen Verhandlungen (Dienstleistungen, Ruhegehälter, verarbeitete Landwirtschaftsprodukte, Umwelt, Statistik, Medien sowie Bildung, Berufsbildung, Jugend). Andererseits haben sowohl die EU als auch die Schweiz neue Anliegen eingebracht: Die EU die Betrugsbekämpfung und die Zinsbesteuerung, die Schweiz die verbesserte Zusammenarbeit bei der inneren Sicherheit (Beteiligung am Schengen- und Dublin-System). 2005 hat das Schweizervolk zu Schengen / Dublin und zur Erweiterung der

Personenfreizügigkeit auf die neuen EU-Mitgliederländer Ja gesagt. Das Schengen / Dublin-Abkommen trat am 12. Dezember 2008 in Kraft.

2009: Erweiterung der Personenfreizügigkeit
Schweizerinnen und Schweizer stimmen in einer Volksabstimmung der Weiterführung des Freizügigkeitsabkommens mit 25 Ländern der EU sowie dessen Ausweitung auf Bulgarien und Rumänien zu.

2014: Ja zur Masseneinwanderungsinitiative
Im Februar 2014 stimmte das Schweizer Volk der Masseneinwanderungsinitiative zu, welche verlangt, dass die Schweiz die Zuwanderung von Ausländerinnen und Ausländern durch jährliche Höchstzahlen und Kontingente eigenständig steuert.

2018: Umsetzung der Masseneinwanderungsinitiative
Die Masseneinwanderungsinitiative wird mit einem «Inländervorrang light» umgesetzt. Er verpflichtet Firmen, den Regionalen Arbeitsvermittlungszentren (RAV) offene Stellen zu melden, wenn die landesweite Arbeitslosenquote in einer Berufsgruppe bei mindestens 5% liegt. Die Stellenmeldepflicht gilt ab 1. Juli 2018. Der «Inländervorrang light» ist – im Gegensatz zur Masseneinwanderungsinitiative – mit dem Freizügigkeitsabkommen mit der EU vereinbart.

Ökonomisches Denken: Alle profitieren, aber nicht alle gleich

Historisch betrachtet, haben die Menschen die Arbeitsteilung und damit die Produktivität immer wieder verbessern können. David Ricardo hat erst relativ spät den Vorteil der internationalen Arbeitsteilung nicht nur bei absoluten, sondern auch bei komparativen Kostenvorteilen bewiesen. Dieser Prozess der Arbeitsteilung und der Produktivitätssteigerung dauert an.

Der UN-Bericht über die menschliche Entwicklung 2016 belegt, dass vor allem jene Entwicklungsländer ihre Wohlfahrt am meisten steigern konnten, die sich am stärksten in die internationale Arbeitsteilung integriert haben.

Angesichts der Vorteile der internationalen Arbeitsteilung erstaunt es auf den ersten Blick, dass in der Schweiz z.B. ein Freihandelsabkommen mit den USA zunächst gescheitert ist, oder dass Bestrebungen im Gange sind, die Versorgung des Landes autonomer gestalten zu wollen. Geklärt wird der Widerspruch dann, wenn man bedenkt, dass nicht alle Menschen gleich vom Ausbau der internationalen Arbeitsteilung profitieren. Es gibt auch einzelne «Verlierer». Dass sich diese politisch zu Wort melden, ist verständlich.

Interview (April 2018)

Staatssekretärin Marie-Gabrielle Ineichen-Fleisch
Direktorin des SECO und der Direktion für Aussenwirtschaft
(www.seco.admin.ch)

Frau Ineichen-Fleisch, welches sind die wichtigsten strategischen Eckpunkte der Schweiz in der Aussenwirtschaftspolitik?
Die Schweizer Aussenwirtschaftspolitik hat drei Schwerpunkte: den Marktzugang im Ausland und das internationale Regelwerk, die Binnenmarktpolitik und den Beitrag zur wirtschaftlichen Entwicklung in Partnerländern. Zum ersten Aspekt gehören neben einem aktiven Engagement im Rahmen der WTO auch die Weiterentwicklung unseres Netzes von Freihandelsabkommen und unsere Beziehungen mit der EU. Doch allein die Öffnung gegenüber dem Ausland reicht nicht. In verschiedenen Bereichen belastet zum Beispiel der mangelnde Wettbewerb im Inland die Konkurrenzfähigkeit der Schweizer Exporte. Zudem sind attraktive Rahmenbedingungen zentral für unseren Wirtschaftsstandort. Beim dritten Schwerpunkt geht es vor allem um einen besseren Einbezug der Entwicklungsländer in die Weltwirtschaft und die Förderung ihres nachhaltigen Wirtschaftswachstums.

Zentral für die Schweiz sind die Beziehungen zur Europäischen Union (EU). Ein Rahmenabkommen mit der EU soll dafür sorgen, dass der bilaterale Weg der Schweiz erfolgreich weitergeführt werden kann. Wozu dient ein Rahmenabkommen?
Die EU ist der mit Abstand wichtigste Handelspartner der Schweiz mit einem Warenhandelsanteil von knapp zwei Dritteln. Die bilateralen Abkommen mit der EU bilden eine wichtige Grundlage für diese enge wirtschaftliche Verknüpfung. Wichtige Abkommen mit der EU basieren massgeblich auf der Übernahme oder der gegenseitigen Anerkennung der Gleichwertigkeit von Produktevorschriften. Insbesondere im Bereich der Industrieprodukte entwickeln sich die technischen Vorschriften rasch, was eine regelmässige Aktualisierung der Abkommen erfordert. Mit einem Rahmenabkommen könnte dieser Prozess vereinheitlicht, die Rechtssicherheit über den Fortbestand des Marktzugangs erhöht und die Grundlage für neue Abkommen im Bereich des Binnenmarkts geschaffen werden. Die Schweiz ist zwar eng mit der EU verbunden und nimmt an ausgewählten Bereichen des Binnenmarkts teil, sie ist aber nicht mit einem Mitgliedstaat gleichgesetzt. Sie soll entsprechend auch mit einem Rahmenabkommen ihre Unabhängigkeit wahren.

In jüngster Zeit sind vermehrt protektionistische Massnahmen ergriffen worden, z.B. die Schutzzölle der USA und als Gegenreaktion neue Zollvorschriften von China. Halten Sie diese Angriffe auf das Welthandelssystem für gefährlich? Wie kann sich ein kleines Land wie die Schweiz in einem allfälligen Handelskrieg wehren?
Das multilaterale Handelssystem der WTO hat in den vergangenen zehn Jahren seit der Finanz- und Wirtschaftskrise als Bollwerk gegen Protektionismus gut funktioniert. Die jüngsten Handelsschutzmassnahmen und die Gegenreaktionen darauf stellen eine neue Herausforderung dar, deren weitere Entwicklung noch nicht absehbar ist. Die Schweiz ist sehr stark in die Weltwirtschaft integriert und könnte sich negativen Konsequenzen nicht entziehen. Sie wirbt daher bei allen Parteien dafür, die Handelsstreitigkeiten regelkonform beizulegen und weitere Eskalationen zu vermeiden.

Während andere Länder, allen voran die USA, neue Importzölle schafft bzw. diese erhöht, plant die Schweiz die Abschaffung der Importzölle auf Industriegütern. Wer sind die Gewinner und Verlierer dieser Massnahme?
Als Industriegüter gelten alle Güter ausser Agrarprodukte, Lebensmittel und Futtermittel. Die Einfuhrzölle dafür betragen in der Schweiz durchschnittlich 1.8% (2016). Ihre Schutzwirkung ist entsprechend beschränkt und auf spezifische Tariflinien konzentriert. Die Abschaffung der Importzölle nutzt der Volkswirtschaft insgesamt. Die Unternehmen können günstigere Vorleistungen beziehen. Dies senkt die Produktionskosten und steigert die Wettbewerbsfähigkeit der Exportindustrie. Die Zollkosten von rund CHF 490 Mio. (2016) entfallen, und die administrativen Kosten für importierende Unternehmen in der Schweiz gehen zurück. Zudem sinken die Konsumentenpreise aufgrund der günstigeren Importe und des stärkeren Wettbewerbs. Für den Bundeshaushalt bedeutet die Massnahme, dass Zolleinnahmen von derzeit CHF 490 Mio. entfallen, was 0.7% der Bundeseinnahmen entspricht (2016). Ein Teil davon dürfte mittelfristig durch höhere Steuereinnahmen kompensiert werden, weil bei einer Zollaufhebung die Wirtschaftsleistung steigt. Die Erfahrung anderer Länder (Neuseeland, Kanada, Norwegen) zeigt, dass die Einnahmeverluste für den Staatshaushalt tragbar waren.

Mit welchen Ländern sind zusätzliche Freihandelsabkommen in Planung? Woher kommt der grösste Widerstand gegen Freihandelsabkommen?
Da der Schweizer Wohlstand zum grossen Teil von internationalen Handel abhängt, engagieren wir uns stark für den Ausbau unseres Netzes an Freihandelsabkommen. Derzeit verhandeln wir mit Indonesien, Indien, Vietnam, Malaysia und den Mercosur-Staaten. Zudem arbeiten wir an der Modernisierung und Verbesserung verschiedener bestehender Freihandelsabkommen.
Der Widerstand gegen Freihandelsabkommen ist meist ein Widerstand gegen die Globalisierung und richtet sich vor allem gegen die grossen multinationalen Unternehmen. Die Kritiker sorgen sich um Menschenrechte, Konsumentenschutz, Arbeits- oder Umweltschutzaspekte. Was sie oft nicht wissen ist, dass wir bei unseren Verhandlungen diesen Themen grosses Gewicht beimessen.

Schlüsselbegriffe

Die folgenden Schlüsselbegriffe kommen in diesem Kapitel vor und werden zudem am Ende des Buches nochmals erläutert.

- Kostenvorteile (absolute und komparative)
- Terms of trade
- Transformationskurve
- Freihandelspostulat
- Multilaterale Abkommen
- Wettbewerbsfähigkeit
- Meistbegünstigung
- Binnenmarktprogramm der EU
- Maastrichter Verträge
- Europäischer Stabilisierungsmechanismus (ESM)
- Europäischer Fiskalpakt
- Bilaterale Verträge der Schweiz mit der EU
- Economics of scale
- Nichttarifäre Handelshemmnisse
- Protektionismus

Wichtige Organisationen

- GATT
- EFTA
- EU
- EWR
- WTO

Repetitionsfragen

Die Antworten finden Sie im Text dieses Kapitels sowie auf der Homepage des Verlages, edu.somedia-buchverlag.ch.

1. Erläutern Sie das Gesetz der komparativen Kostenvorteile.
2. Nennen Sie vier Gründe, die gegen den Freihandel sprechen.
3. In welcher Form werden heute protektionistische Praktiken angewandt?
4. a) Welche grundsätzlichen Ziele verfolgt das GATT?
   b) Mit welchen Mitteln versucht das GATT seine Ziele zu erreichen?
5. Welches waren die wichtigsten Stationen auf dem Weg zur heutigen Europäischen Union?
6. Welche vier Freiheiten umfasst das Binnenmarktprogramm?
7. Welches sind die wichtigsten Stationen der Schweiz in der Europäischen Integration?

Interessante Homepages
(Direkte Verlinkung siehe edu.somedia-buchverlag.ch)

Die weltweite Entwicklung des Wohlstands und der Wohlfahrt wird jährlich durch die UNO im «Bericht über die menschliche Entwicklung» anhand des hdi.index dargestellt:
http://hdr.undp.org

Die Tätigkeit der WTO wird hier dargestellt:
http://www.wto.org

Die Ergebnisse des Bali-Abkommens im Detail unter:
http://www.wto.org

Die Beziehungen der Schweiz zur EU mit den entsprechenden Abkommen werden hier dargestellt:
http://www.eda.admin.ch/dea/de/home.html

Zur Funktionsweise des ESM:
http://www.esm.europa.eu

14 Die Zahlungsbilanz: Erfassung der Auslandsverflechtung

> «Man kann einer Statistik nur trauen,
> wenn man sie selber gefälscht hat.»
> Winston Churchill

14.1 Der Inhalt der Zahlungsbilanz[1]

In *Kapitel 13* haben wir uns mit der internationalen Arbeitsteilung und der daraus entstehenden **Verflechtung zwischen dem In- und Ausland** auseinandergesetzt. Wir machen Ferien auf einer Sonneninsel in der Karibik, essen Lachs aus Kanada und trinken dazu Wein aus Frankreich. Wir kaufen Ferienhäuser in der Toskana, wir spenden für Kriegsopfer. Andererseits verbringen Ausländer ihre Skiferien in der Schweiz, lassen sich in der Vermögensanlage beraten, kaufen Uhren, Maschinen und noch vieles mehr in der Schweiz.

Diese verschiedenen Beziehungen können dabei grundsätzlich in zwei Typen von Transaktionen unterteilt werden:

Leistungstransaktionen	Finanztransaktionen
• Güterhandel	• Direktinvestitionen
• Handel mit Dienstleistungen	• Portfolioinvestitionen
• Arbeitsleistungen	(Wertschriftenkäufe und -verkäufe)
• Kapitaldienstleistungen	• Kredite
• Laufende Übertragungen	• Devisenhandel

[1] **Neuer Standard:** Die Zahlungsbilanzstatistik wurde Mitte 2014 auf den neuen Standard des IMF umgestellt. Nähere Angaben dazu siehe www.snb.ch.

Diese zwei grundsätzlichen Typen von Transaktionen unterteilen die Zahlungsbilanz in zwei Teilbilanzen: Die **Leistungsbilanz** und die **Kapitalbilanz**. Die Leistungsbilanz nimmt alle Leistungstransaktionen auf. Die Kapitalbilanz umfasst sämtliche Finanztransaktionen. Wie in anderen Bilanzen auch, wird in der Zahlungsbilanz jede Transaktion entweder auf der Soll- oder der Habenseite verbucht.[2]

Die Zahlungsbilanz erfasst alle Transaktionen der Inländer mit dem Rest der Welt. Dabei werden alle Transaktionen, welche zu Deviseneinnahmen (Zahlungseingängen) führen, im Soll verbucht. Alle Transaktionen, welche zu Devisenausgaben (Zahlungsausgängen) führen, werden im Haben verbucht.

Genau genommen erfasst die Zahlungsbilanz noch eine dritte Art von Transaktionen, bei denen «etwas gegen nichts» getauscht wird. Zu solchen Transaktionen gehören zum Beispiel Schuldenerlasse, Finanzhilfen durch den Bund. Solche Transaktionen kommen in der Schweizerischen Zahlungsbilanz relativ selten vor. Erfasst werden sie in der **Bilanz der Vermögensübertragungen**.

[2] Genau genommen entspricht jede Transaktion mit dem Ausland einem Tauschvorgang, der zwei Ströme auslöst und demzufolge zwei Buchungen (**doppelte Buchhaltung**) erfordert. Zur Vereinfachung und weil auch in der Veröffentlichung der Zahlungsbilanz die doppelte Buchhaltung nicht zum Ausdruck kommt, verzichten wir auf die Darstellung der doppelten Buchhaltung.

Die Leistungsbilanz

In der **Leistungsbilanz** werden alle **Leistungstransaktionen** erfasst. Zum Beispiel der Import von Nahrungsmitteln oder der Export von Textilmaschinen (Güterhandel), Übernachtungen ausländischer Touristen in der Schweiz (Dienstleistungen), Löhne für Grenzgänger (Arbeitsleistungen) und Dividenden von ausländischen Aktien (Kapitaleinkommen). Bei den laufenden Übertragungen handelt es sich um Überweisungen von ausländischen Arbeitskräften an ihre Familien in den Heimatländern, um Hilfeleistungen oder um Renten oder Pensionen. Arbeits- und Kapitaleinkommen werden als **Primäreinkommen** bezeichnet, laufende Übertragungen als **Sekundäreinkommen**.

Der Kauf eines ausländischen Autos, also ein Import eines Gutes, der zu einem **Zahlungsausgang (Devisenabfluss)** führt, wird dabei im **Haben** gebucht; ebenso die Ausgaben (Importe) für die Auslandsferien und der Lohn eines ausländischen Grenzgängers. Umgekehrt verbuchen wir unsere Uhrenexporte, Ferien von Ausländern in unserm Land und unsere Dividenden auf ausländischen Aktien im **Soll**, da alle diese Beispiele **Zahlungseingänge (Deviseneinnahmen)** auslösen.

Der **Saldo der Leistungsbilanz** zeigt an, ob wir im Verkehr mit dem Ausland mehr eingenommen als ausgegeben haben. Erzielt ein Land einen Leistungsbilanzüberschuss, sind ihm mehr Devisen zugeflossen, als es für die Bezahlung seiner Importe benötigt. Hat andererseits ein Land mehr importiert als exportiert, hat es zu wenig Deviseneinnahmen erzielt, um alle Importe aus dem laufenden Handel zu finanzieren.

Die Kapitalbilanz

In der **Kapitalbilanz** werden alle **Finanztransaktionen** verbucht. Beispielsweise der Kauf einer ausländischen Unternehmung (Direktinvestition), ein Kauf oder natürlich auch ein Verkauf von ausländischen Wertpapieren, ebenso wie ein Kauf/Verkauf von inländischen Wertpapieren durch Ausländer (Portfolioinvestitionen) oder die Gewährung eines Darlehens über die Landesgrenzen (Kredite). Wenn wir im Ausland Darlehen aufnehmen, führt das zu einem Kapitalimport, einem Anstieg der Verpflichtungen gegenüber dem Ausland. Die Buchung erfolgt deshalb im Soll. Ebenfalls im Soll werden der Verkauf von ausländischen Wertpapieren, der Kauf von inländischen Wertpapieren durch Ausländer und der Verkauf einer ausländischen Unternehmung verbucht. Umgekehrt nehmen wir Buchungen im Haben vor (Kapitalexport), wenn wir ein ausländisches Unternehmen oder ausländische Wertpapiere kaufen oder wenn wir dem Ausland ein Darlehen gewähren. Unsere Auslandsguthaben steigen. Kapitalexporte führen zu einem **Nettozugang von Aktiven**, Kapitalimporte zu einem **Nettozugang von Passiven**.

Der **Saldo der Kapitalbilanz** zeigt an, ob wir gegenüber dem Ausland ein Guthaben aufgebaut oder uns verschuldet haben. Weist die Kapitalbilanz ein Defizit aus, heisst das, dass unsere Guthaben gegenüber dem Ausland gestiegen sind. Umgekehrt signalisiert uns ein Überschuss in der Kapitalbilanz, dass wir uns im Ausland verschuldet haben.

[1] Zahlungsbilanz: Der Name «Zahlungsbilanz» ist sehr unglücklich gewählt. Erstens handelt es sich nicht um eine Bilanz, weil sie **Flussgrössen** während einer Periode und nicht Bestandesgrössen an einem bestimmten Stichtag erfasst. Zweitens werden **nicht nur Zahlungen**, sondern beispielsweise auch Kreditgewährungen erfasst.

Zahlungsbilanz [1]	
Leistungsbilanz	
Deviseneinnahmen (Zahlungseingänge):	Devisenausgaben (Zahlungsausgänge):
• Güterexporte • Dienstleistungsexporte • Arbeitseinkommen aus dem Ausland (inländische Grenzgänger) • Kapitaleinkommen aus dem Ausland • Laufende Übertragungen aus dem Ausland	• Güterimporte • Dienstleistungsimporte • Arbeitseinkommen an das Ausland (ausländische Grenzgänger) • Kapitaleinkommen an das Ausland • Laufende Übertragungen an das Ausland
Saldo = Defizit	Saldo = Überschuss
Kapitalbilanz	
Zugang von Passiven (Kapitalimport):	Zugang von Aktiven (Kapitalexport)
• Ausländische Direktinvestitionen in der Schweiz • Ausländische Portfolioinvestitionen in der Schweiz • Übriger Kapitalimport	• Schweizerische Direktinvestitionen im Ausland • Schweizerische Portfolioinvestitionen im Ausland • Übriger Kapitalexport
Saldo = Defizit	Saldo = Überschuss

Welcher Zusammenhang besteht zwischen dem Saldo der Leistungsbilanz und dem Saldo der Kapitalbilanz?

Wir haben festgestellt, dass eine Volkswirtschaft mit dem Rest der Welt auf zwei Arten verbunden ist: Auf den **Weltgütermärkten** einerseits und auf dem **Weltkapitalmarkt** andererseits. Was bedeutet es, wenn ein Land **einen Überschuss in der Leistungsbilanz** ausweist, also z.B. mehr Waren und Dienstleistungen exportiert, als es vom Ausland bezieht? Dieses Land nimmt im Aussenhandel mehr ein, als es ausgibt. Das Land hat zusätzliche ausländische Aktiven erhalten – es verfügt über mehr Guthaben gegenüber dem Ausland. Was für Guthaben sind das denn? Diese Guthaben können in ganz unterschiedlichen Formen angelegt sein: in ausländischen Wertschriften, in Land oder Gebäuden, als Kredit ans Ausland oder auch als ausländisches Geld auf einem Konto oder gar unter der Matratze. **Dieses zusätzliche Auslandsguthaben bedeutet, dass die Kapitalbilanz ein Defizit ausweist und der Nettozugang von Aktiven grösser war als der von Passiven.** Gegenüber dem Ausland wird ein Guthaben aufgebaut, bzw. das Ausland verschuldet sich gegenüber dem Inland. Auch wenn ausländisches Geld unter der Matratze liegt, entspricht dies eben einem Guthaben gegenüber dem Ausland bzw. einem Kapitalexport – unabhängig vom geografischen Aufenthalt (unter einer Matratze in der Schweiz oder unter einer im Ferienhaus im Ausland).

Der in der **Leistungsbilanz** erfasste Strom an Waren und Dienstleistungen ist untrennbar mit den Finanzierungsströmen in der **Kapitalbilanz** verbunden. Ein Land kann deshalb nicht gleichzeitig Aussenhandelsüberschüsse und Kapitalzuflüsse haben. Es macht Ihnen sicher keine Mühe, die Bedeutung eines Defizits in der Leistungsbilanz zu erklären.

Der Saldo der Kapitalbilanz entspricht dem Saldo der Leistungsbilanz. Die Salden der Leistungs- und Kapitalbilanz geben darüber Auskunft, wie sich die Schuldner- oder Gläubigerposition eines Landes gegenüber dem Ausland verändert.

Wie gross ist der Saldo der Zahlungsbilanz?

Da der Saldo der Leistungsbilanz dem Saldo der Kapitalbilanz entspricht (Saldo Leistungsbilanz = Saldo Kapitalbilanz), muss die Zahlungsbilanz stets ausgeglichen sein. Wenn in Zeitungen trotzdem häufig die Rede von Zahlungsbilanzüberschüssen oder -defiziten ist, so ist dies eine unpräzise Ausdrucksweise, gemeint ist in den meisten Fällen der Saldo der Leistungsbilanz. In Wirklichkeit aber gelingt es den Zahlungsbilanzstatistikern nicht, alle Transaktionen mit dem Ausland lückenlos zu erfassen, so dass in den Zahlungsbilanzen ein Restposten (statistische Differenzen) eingefügt wird, der die Zahlungsbilanz zum Ausgleich bringt.

Ist ein Überschuss in der Leistungsbilanz etwas Gutes?

Wie besprochen kann ein Überschuss in der Leistungsbilanz z.B. dann entstehen, wenn das Inland mehr Käse, mehr Maschinen usw. an das Ausland liefert, als es von dort bezieht, oder wenn sich mehr ausländische Touristen im Inland vergnügen als umgekehrt. Ein solcher Überschuss löst zwar einen expansiven Impuls auf die inländische Konjunktur aus, langfristig bringt es dem Inland aber keinen Vorteil, wenn es dem Ausland dauernd mehr Güter oder Dienstleistungen zur Verfügung stellt, als es von dort bezieht. Das Inland hat zwar einen **Nettozugang von Aktiven**, welcher sich im Defizit der Kapitalbilanz widerspiegelt, aber Guthaben in fremder Währung bedeuten an sich noch keine Bedürfnisbefriedigung. Die verdienten Devisen machen erst dann einen Sinn, wenn sie wieder für Importe verwendet werden. Ein Abbau der Guthaben bedeutet aber nichts anderes als ein Leistungsbilanzdefizit.

Ist also ein Defizit etwas Gutes?

Ein Defizit in der Leistungsbilanz ist auch nicht erstrebenswert. Daraus ergibt sich ein bremsender Impuls auf die inländische Wirtschaft. Das Inland gibt im Handel mit dem Ausland mehr aus als es einnimmt und verschuldet sich immer stärker. Es hat einen **Nettozugang von Passiven**. Leistungsbilanzdefizite widerspiegeln niedrige Sparquoten. Dieser Kapitalzufluss kann zwar für das Inland angenehm sein, aber in den kommenden Jahren müssen darauf

Zinsen bezahlt werden. Dem Zufluss von Kapital folgt deshalb ein ständiger Abfluss, genau wie wenn das Kapital für Güterkäufe verwendet würde. Deshalb hat das Inland kein Interesse, sich dauernd höher zu verschulden und immer mehr Zinsen zu bezahlen. Irgendwann wird das Defizitland entweder seine Exporte erhöhen – schon um die Kreditzinsen zu bezahlen – oder seine Importe und damit seinen Lebensstandard einschränken müssen. Ein höherer Gegenwartskonsum hat also einen geringeren Zukunftskonsum zur Folge, so dass zukünftige Generationen die gegenwärtige Last der Defizite zu tragen haben. Je höher diese Schuldnerposition ist, desto grösser wird die Gefahr, dass die Schulden nicht mehr bezahlt werden können. Schon deshalb können auch die Gläubigerländer nicht an einem dauernden Ausbau ihrer Guthaben interessiert sein. Ein Beispiel dazu liefern die USA, die ihren Konsum auf Pump im Ausland finanzieren. Dieses Ungleichgewicht zeigt sich im Defizit der Leistungsbilanz bzw. im Überschuss der Kapitalbilanz.

Ein Leistungsbilanzüberschuss ist genauso wie ein -defizit an sich weder etwas Gutes noch etwas Schlechtes, aber insofern interessant, als er sein Pendant in einem entsprechenden Nettozugang von Aktiven bzw. von Passiven hat. Einer Gläubigerposition steht immer eine Schuldnerposition gegenüber.

Jetzt verstehen Sie auch, weshalb in der Wirtschaftspolitik ein **aussenwirtschaftliches Gleichgewicht** – im Sinne einer ausgeglichenen Leistungsbilanz – als Zielsetzung (vgl. *Kapitel 1.4*) definiert ist. Allerdings ist es weder notwendig noch möglich, dass die Leistungsbilanz jedes Jahr ausgeglichen ist. Man kann jahrelang sehr gut z.B. mit einem Defizit leben, aber je grösser die Defizite werden und je länger sie andauern, desto wahrscheinlicher werden Korrekturen, die schmerzhaft ausfallen können.

14.2 Die Leistungsbilanz der Schweiz

Die Leistungsbilanz der Schweiz lässt sich ihrerseits in mehrere Teilbilanzen aufgliedern:

Tabelle 14.1   Die Leistungsbilanz der Schweiz

Leistungsbilanz 2017 (in Mrd. Fr.)			
Deviseneinnahmen		**Devisenausgaben**	**Saldo**
• Warenexporte	308,7	• Warenimporte 260,4	Handelsbilanz +48,3
• Dienstleistungs-exporte	118,7	• Dienstleistungs-importe 99,8	Dienstleistungs-bilanz +18,9
• Arbeits- und Kapitaleinkommen aus dem Ausland	138,7	• Arbeits- und Kapitaleinkommen an das Ausland 129,4	Bilanz der Primäreinkommen +9,3
• Laufende Übertragungen aus dem Ausland	45,6	• Laufende Übertragungen an das Ausland 56,6	Bilanz der Sekundäreinkommen -11,0
• **Total Einnahmen:**	**611,7**	• **Total Ausgaben:** **546,2**	**Leistungsbilanz** **65,5**

Quelle: SNB

Die **Vermögensübertragungen** (Schuldenerlass und Finanzhilfegeschenke durch den Bund, private Vermögensübertragungen sowie immaterielle Vermögensgüter) werden separat ausgewiesen.

Bilanz der Vermögensübertragungen (in Mrd. Fr.)	0,8

Welche Bedeutung hat der Aussenhandel für die Schweiz?

Aus der Leistungsbilanz und ihren Teilbilanzen lässt sich ableiten, in welchem Grad die schweizerische Volkswirtschaft mit der Weltwirtschaft verbunden ist:

- **Die Handelsbilanz:** Mit ihrem Güterexportvolumen gehört die Schweiz weltweit zu den grossen Exportländern. Die Handelsbilanz weist einen **Überschuss** aus.

- **Die Dienstleistungsbilanz:** Auch mit ihren Dienstleistungsexporten gehört die Schweiz in der Weltrangliste zu den Top 20. Im Dienstleistungsbereich hat die Schweiz besonders grosse komparative Vorteile. Zum **Überschuss** tragen vor allem Finanzdienste, Lizenzgebühren, Transport und der Tourismus bei.

- **Die Bilanz der Primäreinkommen:** Mit den Arbeits- und Kapitaleinkommen aus dem Ausland ist die Schweiz im internationalen Vergleich ganz vorne auf der Rangliste platziert. Weil mehr ausländische Grenzgänger in der Schweiz arbeiten als umgekehrt, zahlt die Schweiz mehr Arbeitseinkommen an das Ausland, als dass ihr von dort zufliessen. Da die Schweiz aber über ein grosses Auslandsvermögen verfügt, fliessen ihr jährlich so viele Kapitalerträge zu, dass das Defizit bei den Arbeitseinkommen deutlich überkompensiert wird. Die Bilanz der Primäreinkommen weist üblicherweise einen **Überschuss** aus.

- **Die Bilanz der Sekundäreinkommen:** Sie ist vor allem deshalb defizitär, weil ausländische Arbeitskräfte Überweisungen in ihre Heimatländer vornehmen. Ein zweiter Grund sind die Übertragungen der Sozialversicherungen an Ausländer.

Gesamthaft können wir festhalten, dass die Schweiz im Geschäft mit dem Ausland **weltmeisterlich** ist:[1] Sie nahm in den letzten zehn Jahren durchschnittlich 60 Milliarden Franken jährlich mehr ein, als sie ausgab. Trotzdem ist die Schweiz mit einem Marktanteil von zirka 1,5 % am Welthandel ein kleiner Spieler.

Die schweizerische Leistungsbilanz weist einen hohen Überschuss aus, der vor allem auf die Kapitalerträge aus dem Ausland und die Dienstleistungsexporte zurückzuführen ist. Die Schweiz als rohstoffarmes Land ist einerseits auf Importe angewiesen, anderseits ist der Export für den Wohlstand der Schweiz von zentraler Bedeutung.

Die folgenden vier Grafiken dienen der Veranschaulichung der internationalen Verflechtung der Schweiz:
- In *Abbildung 14.1* ist die Entwicklung der Leistungsbilanz und ihrer Teilbilanzen dargestellt.
- Welchen Warengruppen und Dienstleistungen der Überschuss in der Leistungsbilanz zu verdanken ist, erkennen sie aus *Abbildung 14.2*.
- Die regionale Struktur der schweizerischen Exporte und Importe weisen die *Abbildungen 14.3* bzw. *14.4* aus.

---

[1] «Jeden zweiten Franken verdient die Schweiz im Ausland!» Dieser Satz bezieht sich auf den Anteil des BIP, den die Schweiz mit Exporten im Ausland erwirtschaftet. Allerdings stellt diese Zahl eine Übertreibung dar, weil die Exporte auch importierte Vorleistungen enthalten, die nicht der Wertschöpfung zuzurechnen sind – im Gegensatz zum BIP, das keine Vorleistungen enthält.

Abbildung 14.1   Leistungsbilanz und Teilbilanzen (in Mio. Franken)

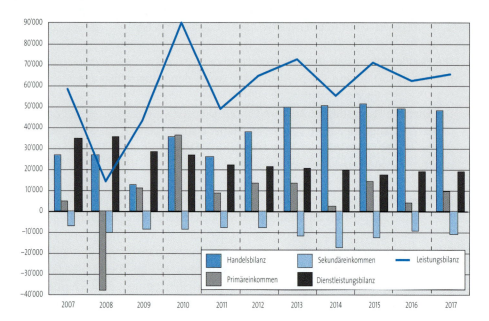

Quelle: SNB

Abbildung 14.2   Die Struktur der Handelsbilanz: Saldo wichtiger Waren (2017, in Mio. Franken)

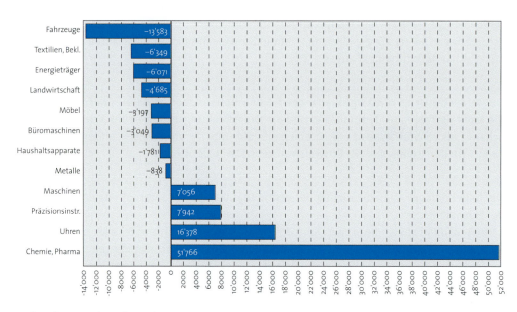

Quelle: Eidgenössische Zollverwaltung

Abbildung 14.3   Regionale Struktur der Warenexporte (2017)

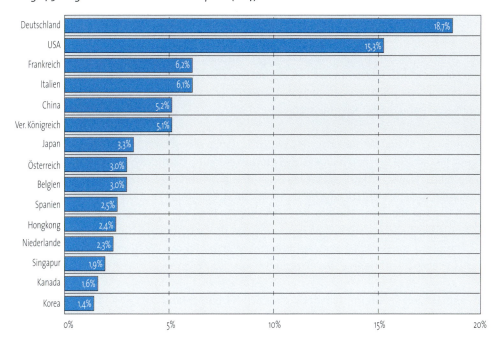

Quelle: Eidgenössische Zollverwaltung

Abbildung 14.4   Regionale Struktur der Warenimporte (2017)

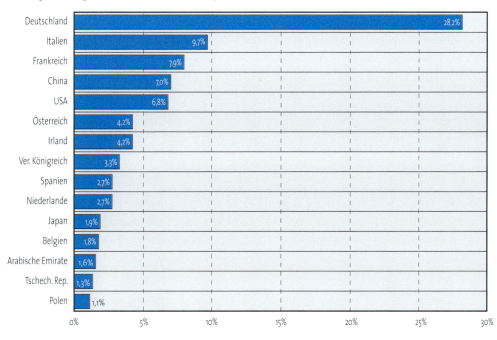

Quelle: Eidgenössische Zollverwaltung

Exkurs: «Die Überschussländer sind die Bösen!»

Der Wind in der Beurteilung von Leistungsbilanzsalden hat gedreht. Standen früher vor allem Länder mit Defiziten im Fokus, sind mittlerweile Länder mit Leistungsbilanzüberschüssen stark in der Kritik. Zu den potentesten Kritikern gehören der Internationale Währungsfonds (IWF) und die EU-Kommission.

Vor der Finanz- und Wirtschaftskrise wurde insbesondere **China** an den Pranger gestellt: Billige Arbeitskräfte würden billige Güter produzieren und damit den Export und ihre Konjunktur ankurbeln. Mit ihren Staatsanleihenkäufen machten die Chinesen es den Amerikanern ausserdem leicht, sich zu verschulden und damit die Importe zu bezahlen. Die Finanzkrise 2008 brachte die Kreditblase in den USA zum Platzen, der Konsum ging zurück und damit auch die Einfuhr chinesischer Waren sowie das Wirtschaftswachstum. China verabschiedet sich langsam von der Rolle der «verlängerten Werkbank» des Westens und wird immer mehr zum wichtigsten Abnehmer von Produkten aus dem Westen.

In jüngster Zeit sitzt innerhalb der EU vor allem **Deutschland** auf der Anklagebank. Deutschland wird vorgeworfen, es würde einseitig die Exportwirtschaft stärken und die Nachfrage im Inland vernachlässigen. Deutschland lebe auf Kosten anderer Volkswirtschaften, die «zwangsweise» ein Defizit, eine steigende Verschuldung und schmerzhafte strukturelle Anpassungen in Kauf zu nehmen hätten. Die Kritiker fordern deshalb von Deutschland, dass es die Löhne erhöht, um den Konsum anzukurbeln, dass es mehr im eigenen Land investiert und mehr Waren vom Ausland importiert.

Von anderer Seite wird dieser Kritik entgegengehalten, dass die deutschen Unternehmen eben wettbewerbsfähiger seien als ihre ausländischen Konkurrenten – eben Weltmeister (vgl. Abbildung). Der Leistungsbilanzüberschuss ist in ihren Augen nichts anderes als schlichtweg Ausdruck einer äusserst wettbewerbsfähigen Volkswirtschaft. Es gehe nicht darum, die Deutschen wettbewerbsunfähiger zu machen, sondern darum, die Wettbewerbsfähigkeit der Schwachen zu stärken.

Abbildung 14.5   Länder mit grossem Leistungsbilanzüberschuss bzw. -defizit (in Mrd. US-$, 2014)

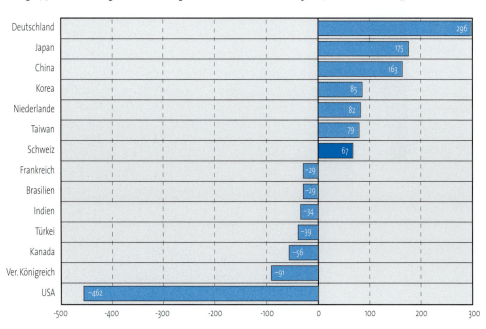

Quelle: IWF (Schätzungen)

14.3 Die Kapitalbilanz der Schweiz

Wie wir gesehen haben, fliessen der Schweiz aus der Leistungsbilanz per Saldo jedes Jahr erhebliche Mittel zu. Was tut die Schweiz mit diesen Mitteln? Auskunft darüber gibt die Kapitalbilanz. Sie zeigt, in welchen Formen die Überschüsse im Ausland angelegt sind.

Die Kapitalbilanz der Schweiz *(Tabelle 14.2)* ist dabei allerdings nicht einheitlich nach der Form der Auslandsanlagen, sondern teilweise nach den beteiligten Sektoren gegliedert. Ihre Struktur präsentiert sich folgendermassen:

Gliederung	Inhalt
• Direktinvestitionen	Kapitalein- oder -rückzahlungen bei Tochtergesellschaften, Beteiligungen, Filialen; Gründung, Erwerb, Liquidation oder Verkäufe von Tochtergesellschaften, Beteiligungen, Filialen.
• Portfolioinvestitionen	Veränderung der Anlagen in langfristigen Wertpapieren.
• Übrige Investitionen	Veränderung von Krediten von Banken, Unternehmen und der öffentlichen Hand (inklusive Sozialversicherungen, Treuhandanlagen, Grundstücke, Edelmetalle.
• Währungsreserven	Veränderung des Devisenbestandes der Schweizerischen Nationalbank, Gold, Währungshilfekredite, Sonderziehungsrechte.

Tabelle 14.2   Die Kapitalbilanz der Schweiz

Kapitalbilanz 2017 (in Mrd. Fr.)		
Deviseneinnahmen (Zugang von Passiven)	Devisenausgaben (Zugang von Aktiven)	Saldo (Zugang von Aktiven – Zugang von Passiven)
• Ausländische Direktinvestitionen in der Schweiz + 38,4	• Schweizerische Direktinvestitionen im Ausland − 16,6	Direktinvestitionen − 55,0
• Ausländische Portfolioinvestitionen in der Schweiz − 35,4	• Schweizerische Portfolioinvestitionen im Ausland − 12,4	Portfolio-Investitionen + 23,0
• Übrige ausländische Investitionen in der Schweiz + 7,8	• Übrige schweizerische Investitionen im Ausland + 17,6	Übrige Investitionen + 9,8
	• Veränderung der Auslandsguthaben + 61,4	Währungsreserven + 61,4
• Nettozugang von Passiven 10,8	• Nettozugang von Aktiven 50,0	Kapitalbilanz +39,2

Quelle: SNB

Nach Berücksichtigung all dieser Positionen sollte der Saldo der Kapitalbilanz dem Saldo der Leistungsbilanz entsprechen. Da aber die Datenerhebung für die Kapitalbilanz auf relativ wackligen Füssen steht (Meldungen der Unternehmungen und der Banken an die SNB), geht die Rechnung nie auf. Zum Ausgleich wird deshalb eine letzte Position in die Kapitalbilanz eingefügt:

• Statistische Differenz[1]	+ 27,1

Somit präsentierte sich die **Zahlungsbilanz** ausgeglichen (in Mrd. Fr.):

Zahlungsbilanz			
• Leistungsbilanz	+ 65,5	• Kapitalbilanz	+ 39,2
• Vermögensübertragungen	+ 0,8	• Statistische Differenz[1]	+ 27,1
• Total	+ 66,3	• Total	+ 66,3

[1] **Derivate:** In die statistische Differenz miteingerechnet sind hier auch die Derivate (Termingeschäfte).

Das Auslandsvermögen der Schweiz

Die Schweiz verfügt erst seit 1984 über die Daten der Kapitalbilanz. Die fast ununterbrochene Reihe von Leistungsbilanzüberschüssen belegt aber, dass die Schweiz als traditionelles Kapitalexportland betrachtet werden kann. In der Tat haben die Leistungsbilanzüberschüsse zu einem grossen Bestand an Kapital- und Finanzanlagen der Schweiz im Ausland geführt. 2017 verfügte die Schweiz über 848 Milliarden Franken Nettovermögen im Ausland (Direktinvestitionen, Porfolioinvestitionen, übrige Investitionen und Währungsreserven). Damit liegt sie im internationalen Vergleich weit vorne, vor allem im Verhältnis zum BIP.

Die Schweiz hat ein hohes Auslandvermögen. Angelegt sind diese Guthaben insbesondere in ausländischen Wertschriften, in ausländischen Unternehmen und Währungsreserven der SNB.

Exkurs: Die Zahlungsbilanz als Spiegelbild der wirtschaftlichen Entwicklung

Die chronischen Überschüsse in der Schweizerischen Leistungsbilanz bedingen ebenso chronische Defizite in der Kapitalbilanz. Das Spiegelbild der Leistungsbilanzüberschüsse sind in «normalen» Zeiten private Kapitalexporte. So wurden die Überschüsse in der Leistungsbilanz in der Periode von 2002 bis 2007 kumulativ rund 400 Mrd. Franken, dazu benutzt, um Direkt- und Portfolioinvestitionen von Privaten im Umfang von rund 420 Mrd. Franken im Ausland zu tätigen. Angebot und Nachfrage an Devisen wurden durch einen Abbau (Verkauf) von Devisenreserven durch die Schweizerische Nationalbank (SNB) zum Ausgleich gebracht. Wie die untenstehende Abbildung zeigt, entspricht der Saldo in der Leistungsbilanz dem Saldo der Kapitalbilanz (private Kapitalflüsse + Veränderung der Währungsreserven).

In **Krisenzeiten** aber, wie wir sie seit dem Ausbruch der Finanzkrise des Jahres 2008 erleben, sinken die Exporte aufgrund des starken Frankens. Doch entscheidend für den Saldo in der **Leistungsbilanz** ist das Zusammenspiel mit den Importen. Denn gegen 30% der Schweizer Exporte entfallen auf ausländische Vorleistungen, was bei einem Exportrückgang auf die Importe drückt. Zwar werden die Importe billiger und erhöhen die Nachfrage, doch bei sinkenden Preisen kann es dennoch zu einer Reduktion der Einfuhren kommen. Der Wechselkurs-Schock von 2015 hat dazu geführt, dass die Importe in Franken noch stärker gefallen sind als die Exporte, womit der Leistungsbilanzüberschuss gewachsen ist. Anders sieht die Entwicklung in der **Kapitalbilanz** aus. In Krisenzeiten wird weniger in ausländische Unternehmen und Aktien investiert. Die Verkäufe von ausländischen Aktien können die Käufe in solchen Zeiten sogar übersteigen. Die Folge davon ist, dass Private mehr Kapital importieren als exportieren. In der Sprache der Statistiker findet ein Nettozugang von Passiven statt. Etwas verständlicher formuliert: In Krisenzeiten lockt die Schweiz als Hort der Stabilität mehr Kapital an als in «normalen» Zeiten. Genauso präsentiert sich die Kapitalbilanz seit 2008, sind doch von 2008 bis 2017 kumuliert rund 160 Mrd. Franken mehr Kapital von Privaten importiert als exportiert worden, während die Leistungsbilanz in derselben Periode aber weiterhin satte Überschüsse von kumuliert rund 530 Mrd. Franken ausgewiesen hat. Wie kam es denn zum Ausgleich von Angebot und Nachfrage nach Devisen? «Retter» war die SNB: Sie hat ihre Währungsreserven um rund 690 Mrd. Franken ausgebaut, sie hat also mächtig Devisen gekauft. Somit spiegelt sich der Saldo in der Leistungsbilanz in einem entsprechenden Saldo der Kapitalbilanz (rund 530 Mrd. Franken). Ohne die Interventionen der SNB wäre der Schweizer Franken noch kräftiger angestiegen als ohnehin.

Abbildung 14.6 Zahlungsbilanz der Schweiz (in Mrd. Fr.)

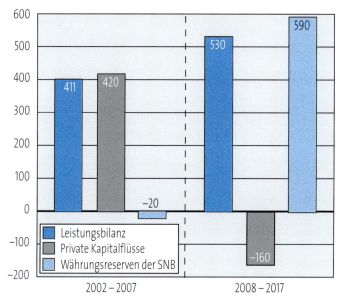

Quelle: SNB

Ökonomisches Denken: Vorsicht mit Begriffen

In diesem Kapitel 14 haben wir Begriffe wie «Zahlungsbilanz», «Leistungsbilanzdefizite» und «-überschüsse» verwendet. Als Ökonom sollten Sie Begriffe, wie sie z.B. in diesem und anderen Kapiteln vorkommen, hinterfragen: Was unterstellen sie, was verschleiern sie, was lösen sie an positiven oder negativen Emotionen aus? Inwiefern sind sie irreführend? Einige Beispiele zur Erläuterung.

Erstes Beispiel: Der Begriff **«Bilanz»** unterstellt fälschlicherweise eine Gegenüberstellung von Aktiven und Passiven, also von Bestandesgrössen. In Tat und Wahrheit erfasst die Zahlungsbilanz aber Flussgrössen im Sinne einer Erfolgsrechnung.

Zweites Beispiel: **«Leistungsbilanzdefizit»**. Der Begriff «Defizit» macht eher skeptisch, unterstellt Negatives, Ungleichgewicht, Schulden. Solange ein Leistungsbilanzdefizit aber durch das Ausland finanziert wird, ermöglicht es einen gegenwärtig höheren Konsum eines Landes und steigert damit den Wohlstand. Zudem tendieren Ungleichgewichte in der Leistungsbilanz nicht – zumindest nicht kurz- und mittelfristig – zum Gleichgewicht, sondern können sich durchaus als nachhaltig erweisen.

Drittes Beispiel: **«Inflation»**. Wer Inflation einfach mit «Preiserhöhung» gleichsetzt, täuscht sich. Die von den statistischen Ämtern ausgewiesene Inflation misst nur die Preise im Landesindex der Konsumentenpreise, also die Preise von Konsumgütern, nicht aber die Preise von Vermögenswerten wie z.B. Immobilien oder Aktien.

Viertes Beispiel: **«Jugendarbeitslosigkeit»**: Die Jungendarbeitslosigkeit in Griechenland liegt bei rund 50 %. 50 % Jugendarbeitslosigkeit heisst aber nicht, dass jeder zweite Jugendliche zwischen 15 und 24 Jahren arbeitslos ist. Die Arbeitslosigkeit wird nämlich gemessen als Anteil der Erwerbslosen an der Erwerbsbevölkerung in einer Altersklasse. Zwischen 15 und 24 Jahren befinden sich viele junge Menschen noch in der Schule, im Studium oder sonst in einer Ausbildung, sie gehören somit nicht zur Erwerbsbevölkerung. Die klassisch gemessene Arbeitslosenquote überschätzt das Problem, aber auch 20 % Jugendliche ohne Arbeit sind zweifellos viel zu viel.

Empfehlung: Es lohnt sich, scheinbar klare Begriffe zu hinterfragen und zu klären, damit Diagnose und Therapiemassnahmen am richtigen Ort ansetzen.

Schlüsselbegriffe

Die folgenden Schlüsselbegriffe kommen in diesem Kapitel vor und werden zudem am Ende des Buches nochmals erläutert.

- Zahlungsbilanz
- Handelsbilanz
- Dienstleistungsbilanz
- Bilanz der Primäreinkommen
- Bilanz der Sekundäreinkommen
- Kapitalbilanz
- Leistungsbilanz
- Direktinvestitionen
- Portfolioinvestitionen

Interview (April 2018)

Rolf Weder
Professor für Aussenwirtschaft und Europäische Integration, Universität Basel
(https://wwz.unibas.ch/de/internationaltrade/)

«Exportieren ist gut, das zeugt von Stärke und schafft Arbeitsplätze – Importieren ist schlecht, das konkurrenziert unsere Firmen und vernichtet Arbeitsplätze.» Wie beurteilen Sie dieses «Motto»?

Diese Betrachtungsweise ist ein Trugschluss. Sie basiert auf der Vorstellung, dass eine Volkswirtschaft eine grosse Firma ist. Für eine einzelne Firma gilt in der Tat, dass zunehmende Verkäufe auf dem Weltmarkt zu mehr Beschäftigung führen und Stärke signalisieren. Verkaufen hingegen ausländische Konkurrenten mehr, kommt die Firma unter Druck. Aus der Sicht der Firma sind also Exporte gut, Importe durch Konkurrenten schlecht. Für eine ganze Volkswirtschaft sieht dies jedoch anders aus. Importe sind das Ziel. Exporte stellen ein «notwendiges Übel» dar, um die Importe im Ausland zu erwerben. Man gibt etwas weg, um so vom Ausland mehr zu erhalten – seien dies fertige Produkte wie Computer und Textilien oder Zwischenprodukte wie Elektronikteile und Metalle, die in der Herstellung weiter verwendet werden.

Also liegen wir Schweizerinnen und Schweizer falsch, wenn wir stolz sind auf unsere Exporte und unseren Ausfuhrüberschuss loben?

Wir dürfen durchaus stolz sein auf unsere erfolgreichen Exportindustrien wie die Uhren-, Pharma-, Schoggi- und Präzisionsinstrumenteindustrie. Unser Stolz sollte sich aber auf die Innovationskraft und die damit zusammenhängende hohe Produktivität der Firmen in diesen Branchen beziehen. Sie garantiert, dass in der Schweiz weiterhin hohe Löhne bezahlt werden können, was uns wiederum erlaubt, Importe aus dem Ausland relativ billig zu beziehen. In den Worten der von David Ricardo vor 200 Jahren begründeten Handelstheorie: Die Spezialisierung auf unsere relativ produktivsten Branchen (auf unsere «komparativen Vorteile») erlaubt uns, mit unseren beschränkten Ressourcen ein hohes Konsumniveau zu erreichen. Der Ausfuhrüberschuss selber ist dabei unerheblich. Er kann im Gegenteil negativ interpretiert werden, weil wir wertmässig mehr ans Ausland abgeben (exportieren) als wir dafür erhalten (importieren).

Länder mit Leistungsbilanzüberschüssen geraten immer mehr in die Kritik, unter anderem weil sie angeblich Ländern mit Leistungsbilanzdefiziten Arbeitsplätze wegnehmen. Was halten Sie von dieser Kritik?

Ich halte gar nichts davon. Die Kritik basiert auf der soeben angesprochenen falschen Vorstellung zu den Auswirkungen des internationalen Handels. Kein Wunder verfällt man dann dem Mythos, dass ein Importüberschuss Arbeitsplätze vernichte, während ein Exportüberschuss Arbeitsplätze schaffe. Die Prinzipien der Zahlungsbilanz stellen eine gute theoretische Basis dar, um Leistungsbilanzüberschüsse und –defizite richtig zu bewerten. Nehmen wir ein Land wie die USA mit einem relativ grossen Leistungsbilanzdefizit. Die USA importieren also typischerweise mehr Güter und Dienstleistungen als sie exportieren. Frage: Warum? Antwort: In den USA sparen sowohl der Staat wie auch die Konsumenten relativ wenig, und gleichzeitig ist das Umfeld in den USA für Investitionen (in Fabriken, Forschung, Büros) relativ attraktiv. Dies führt zu einem Nettokapitalzufluss aus dem Ausland und dieser bedingt ein Leistungsbilanzdefizit. Die so vom Ausland finanzierten Investitionen dürften in den USA aber ebenfalls Arbeitsplätze schaffen. Wenn man also in den USA anfängt, Leistungsbilanzüberschüsse von z.B. China aufgrund der vermeintlichen negativen Effekte auf die Arbeitsplätze in den USA zu kritisieren, müsste man dann auch berücksichtigen, dass eine Reduktion dieser Überschüsse zu geringeren Kapitalzuflüssen in die USA führt, mit ihrerseits negativen Effekten auf Arbeitsplätze in den USA. Besser ist es, die Verbindung zwischen Handel und Arbeitsplätzen gar nicht erst herzustellen.

Freihandel erhöht den Wohlstand. Gilt das auch für den freien Austausch von Kapital und Arbeit?

Der internationale Handel von Gütern und Dienstleistungen tendiert dazu, den Wohlstand der am Handel beteiligten Länder zu erhöhen. Das ist richtig. Nicht zu vergessen ist, dass es innerhalb eines Landes durchaus Verlierer geben kann, da der Handel zu einer Spezialisierung und auch zu laufenden Strukturveränderungen führt. Ähnliches gilt für den freien Austausch von Arbeit und Kapital zwischen Ländern. Generell kann man sagen, dass jede der «vier Freiheiten» (Austausch von Gütern, Dienstleistungen, Arbeit und Kapital) letztlich dazu führt, dass knappe Ressourcen weltweit optimaler eingesetzt werden. Die Welt dürfte so also profitieren. Die Handelstheorie geht aber davon aus, dass der Austausch von Produktionsfaktoren weniger frei ist als der Austausch von Gütern und Dienstleistungen. Insbesondere eine starke Migration kann sowohl in Emigrations- wie auch in Immigrationsländern zu grösseren Problemen führen. Länder, für deren Existenz es gute Gründe gibt, werden somit in der Regel nicht bereit sein, alle Märkte international in gleichem Umfang zu öffnen.

Repetitionsfragen

Die Antworten finden Sie im Text dieses Kapitels sowie auf der Homepage des Verlages, edu.somedia-buchverlag.ch.

1. a) Was erfasst die Zahlungsbilanz?
   b) Was halten Sie vom Begriff «Zahlungsbilanz»?
   c) Erklären Sie die Bedeutung eines Leistungsbilanzdefizites und dessen Folgen auf die Kapitalbilanz.

2. a) Welches sind die Teilbilanzen der Leistungsbilanz der Schweiz?
   b) Welche Teilbilanzen der Leistungsbilanz der Schweiz weisen normalerweise einen Überschuss, welche ein Defizit aus?
   c) Weist die Leistungsbilanz der Schweiz einen Überschuss oder ein Defizit aus? Welche Teilbilanz trägt am meisten zu diesem Saldo bei?
   d) Aus welcher Region der Welt stammen die wichtigsten Kunden- bzw. Lieferantenländer der Schweiz?

3. Weist die Kapitalbilanz der Schweiz einen Überschuss oder ein Defizit aus? Warum?

4. Wie ist es möglich, dass die Kapitalbilanz einen Restposten enthält, der die «Lücken und statistischen Fehler» ausweist? (Anders gefragt: Wie kann man etwas wissen, was man eigentlich nicht weiss?)

5. Die Schweiz ist ein bedeutendes Gläubigerland. In welchen «Formen» ist das schweizerische Vermögen im Ausland angelegt?

Interessante Homepages
(Direkte Verlinkung siehe edu.somedia-buchverlag.ch)

Die Details zur Zahlungsbilanz der Schweiz findet man unter:
http://www.snb.ch
sowie
http://www.bfs.admin.ch

Unter dem Titel Exportförderung sind beim Bund Informationen auch zum Import abrufbar:
http://www.seco.admin.ch

Daten zur Zahlungsbilanz in der EU und ihren Ländern finden Sie unter:
http://epp.eurostat.ec.europa.eu

Über internationale wirtschaftliche Trends informiert folgende Seite:
http://research.stlouisfed.org

15 Wechselkurse und Wechselkurssysteme

«Ach, dass der Mensch so häufig irrt und
nie recht weiss, was kommen wird.»
Wilhelm Busch

15.1 Wechselkurse: Bestimmungsfaktoren, Schwankungen und deren Auswirkungen

In den vorangegangenen zwei Kapiteln haben wir die Bedeutung und die Entwicklung des internationalen Handels und dessen Erfassung mit Hilfe der Zahlungsbilanz besprochen. Dabei haben wir weitgehend ausser Acht gelassen, dass die unterschiedlichen Länder über verschiedene Währungen verfügen. Für den Export und Import zwischen verschiedenen Nationen spielt der Wechselkurs eine wichtige Rolle.

Wie bilden sich die Wechselkurse?

Gehen wir der Einfachheit halber von nur zwei Ländern – Schweiz und Deutschland – aus. Die Schweiz importiert z.B. deutsche Autos und der Importeur in der Schweiz erhält für seine Verkäufe von seinen Kunden Franken. Der Lieferant aus Deutschland möchte aber Euros. Deshalb muss sich entweder der Importeur Euros beschaffen oder der Lieferant erhält die Franken und beschafft sich selber Euros. In beiden Fällen werden Franken angeboten und Euros nachgefragt. Dabei stellt sich natürlich die Frage, wieviel Euro der Anbieter für die Franken bekommt. Es muss sich also ein Preis für den Euro bilden. Wovon ist dieser Preis abhängig? Wie auf anderen Märkten auch – bei Früchten, Kleidern oder Büchern – wird der Preis durch Angebot und Nachfrage bestimmt. Er pendelt sich auf dem Niveau ein, auf welchem Angebot und Nachfrage ausgeglichen sind (vgl. *Kapitel 2*).

Der Preis einer Währung wird mit Wechselkurs bezeichnet. Er gibt an, welche Menge an inländischem Geld für eine bestimmte Menge ausländischer Währung hergegeben werden muss.

Ein Wechselkurs des Euros von 1.20 gibt an, dass man 1.20 Franken benötigt, um einen Euro zu kaufen. Die Nachfrage der Schweiz nach Euro hat – neben Auto- und sonstigen Güterkäufen – noch andere Ursachen: Wir verbringen unsere Ferien in Deutschland, kaufen deutsche Wertpapiere, schweizerische Unternehmungen tätigen in Deutschland Direktinvestitionen usw. (Wir haben die verschiedenen Ursachen für internationale Transaktionen bei der Zahlungsbilanz bereits besprochen – erinnern Sie sich daran?) Deutschland ist aber nicht nur Lieferant, sondern auch Kunde der Schweiz. Der Nachfrage nach Euro steht deshalb auch ein Angebot gegenüber. Wo wird das Angebot und die Nachfrage nach Euro koordiniert? Ebenso, wie es für alle anderen Güter einen Markt gibt, gibt es auch für Währungen einen Markt, den **Devisenmarkt**.[1] Auf den Devisenmärkten werden fremde Währungen von spezialisierten Devisenhändlern weltweit telefonisch ge- und verkauft. Als Devisen bezeichnet man alle auf ausländische Währungen lautenden Sicht- und Termineinlagen (Buchgeld). Ausländisches Bargeld wird in der Bankfachsprache mit «Sorte» bezeichnet.

[1] **Umsatz am Devisenmarkt:** Der tägliche Umsatz am Devisenmarkt beträgt druchschnittlich 5,3 Bio. Dollar. Das tägliche Volumen an weltweitem Güterhandel beträgt 80 Mrd. Dollar.

Weshalb schwanken denn die Wechselkurse überhaupt?

Wechselkurse bilden sich aufgrund von Angebot und Nachfrage. Welche Gründe können zu Veränderungen des Wechselkurses führen?

- Erwartungen
  Die Preise auf den Devisenmärkten werden vorwiegend von den Erwartungen der Marktteilnehmer bestimmt. Jede neue Information verändert die Erwartungen und ergibt eine Neubewertung des Kurses. Die Erwartungen werden beeinflusst von neuen Informationen über politische oder wirtschaftliche Vorkommnisse. **Kurzfristig** lassen sich Wechselkurse deshalb nur schwer prognostizieren. So ergab eine Untersuchung, dass die Treffsicherheit von Wechselkursprognosen anhand theoretischer Modelle für die Frist eines Jahres keine besseren Ergebnisse lieferte als das Werfen einer Münze. **Langfristig** gilt z. B. der Schweizer Franken als krisenresistent und damit als **sicherer Hafen** für Geldanlagen.

- Leistungsbilanz
  Ein wichtiger Bestimmungsfaktor für Wechselkursveränderungen ist die Entwicklung der Leistungsbilanz. Veränderungen der Leistungsbilanz ergeben sich u.a. aus unterschiedlichen Wachstumsraten des BIP. Steigt der Überschuss in der Leistungsbilanz eines Landes, deutet das auf eine gute Konjunktur und eine bevorstehende Aufwertung der Währung hin. Ein steigendes Defizit in der **Leistungsbilanz** ist hingegen ein Anzeichen für eine Kurskorrektur nach unten. Allerdings werden solche Ungleichgewichte nicht von heute auf morgen beseitigt. Ungleichgewichte in der Leistungsbilanz sind **langfristige** Indikatoren für Wechselkursbewegungen. Veränderungen in der Leistungsbilanz können von der Wirtschaftslage oder von politischen Veränderungen (neue Gesetze, Liberalisierungen, Steuern usw.) ausgehen. Steigt oder sinkt die Wettbewerbsfähigkeit (z. B. durch Innovationen bei Produkten oder Produktionsprozessen) zeigt sich das ebenfalls in der Leistungsbilanz.

- Kapitalmärkte
  Neben dem Handel mit Gütern werden die Wechselkurse auch durch die internationalen Kapitalströme (Kapitalverkehrsbilanz) bestimmt. So beeinflussen z. B. die Investitionen an den Aktienmärkten die Wechselkurse. **Mittelfristig** – einige Monate bis hin zu ein paar Jahren – beeinflusst die Differenz zwischen den inländischen und ausländischen **Zinsen** die Kapitalströme. Denn ein internationaler Investor sucht nach dem besten Zinsertrag seiner Anlage. Relativ hohe Zinsen lösen deshalb einen Zufluss von Kapital aus (Rechtsverschiebung der Nachfragekurve).

- Geldpolitik
  Mittelfristig übt die Geldpolitik über die Steuerung des Zinssatzes einen Einfluss auf den Wechselkurs aus. Auch die Inflation wird von der Geldpolitik mitbestimmt und hat einen Einfluss auf Angebot und Nachfrage einer Währung. In besonders turbulenten Zeiten greifen die Nationalbanken auch direkt am Devisenmarkt ein, d.h. sie treten als Käufer oder Verkäufer von Devisen auf.

Die Kaufkraftparitätentheorie

Was sind «faire» Wechselkurse? Wenn die Wechselkurse sich schnell und stark verändern, gewinnt diese Frage stark an Bedeutung. Denn eine «überbewertete» Währung führt zu stockenden Exportumsätzen und einer Abkühlung der Konjunktur. Als nicht «fair» oder «falsch» bewertet ist ein Wechselkurs, der bestimmte Kriterien nicht erfüllt. Wie viel eine Währung «überbewertet» oder «unterbewertet» ist, hängt von den verwendeten Schätzmodellen ab. Ein erstes Schätzmodell liefert die **Kaufkraftparität**. Das ist jener Wechselkurs, bei dem ein vergleichbarer Korb von Gütern und Dienstleistungen in den betrachteten Ländern gleich viel kosten würde. Denn langfristig sollte man mit einem bestimmten Geldbetrag in jedem Land dieselbe Menge an Gütern kaufen können. Ein bestimmter Geldbetrag sollte also in jeder Währung dieselbe Kaufkraft haben. Denn sonst käme es zu Umschichtungen von Angebot und Nachfrage bis der Wechselkurs die Unterschiede in den Preisniveaus ausgleicht. Diese

Theorie bezeichnet man als **Kaufkraftparitätentheorie**. Freier Handel sollte also den Preis von Gütern zwischen Ländern ausgleichen («**law of one price**»). Denn wäre z.B. Holz in Deutschland billiger als in der Schweiz, würde die Nachfrage nach Holz aus Deutschland so lange steigen, bis die Preise wieder ausgeglichen wären. Kostet ein Ster Holz in der Schweiz 120 Franken und in Deutschland 100 Euro, so muss der Wechselkurs 1.20 Franken je Euro betragen, damit die Kaufkraftparität erfüllt ist.

Tabelle 15.1   Nominaler Dollarkurs und Kaufkraftparitätskurs

Jahr	Nominaler Dollarkurs	Kaufkraftparitätskurs
2003	1.35	1.37
2005	1.25	1.28
2007	1.20	1.25
2009	1.08	1.23
2011	0.89	1.09
2013	0.93	1.06
2015	0.96	1.04
2016	0.99	1.00
2017	0.98	0.97

Weicht der Wechselkurs zwischen zwei Währungen für einen ganzen Korb von Gütern von der Kaufkraftparität ab, sind langfristig Wechselkurskorrekturen zu erwarten. Ein Vergleich mit der Wirklichkeit zeigt allerdings, dass der Wechselkurs des Euro, des Dollars und anderer Währungen auch langfristig von den Kaufkraftparitäten abweichen kann.[1] Weshalb halten sich die Wechselkurse nicht an die Theorie der Kaufkraftparitäten? Erstens sind nicht alle Güter handelbar (was machen Sie, wenn ein Kinoeintritt in Budapest weniger kostet als in der Schweiz?). In den Kosten des Big Mac (vgl. *Randbemerkung*) gehen lokale Faktoren ein, die nicht handelbare Güter sind: Immobilienwerte, lokale Steuern, lokale Dienstleistungen etc. Zweitens sind auch handelbare Güter nicht immer vollständige Substitute (z.B. englisches und schweizerisches Bier). Drittens hat sehr viel Geld, das über unsere Landesgrenzen fliesst, seine Ursachen nicht in Zahlungen für Güter und Dienstleistungen, sondern erfolgt auf Grund von Kapitalbewegungen, insbesondere für Wertschriftenkäufe und -verkäufe. Das «**law of one price**» kann aus diesen Gründen nicht gelten.

[1] **Big-Mac-Index:** Seit 1986 präsentiert die Zeitschrift «The Economist» den «**Big-Mac-Index**». Der Warenkorb des «Economist» ist der Big-Mac-Hamburger von McDonald's. Die «Big-Mac-Parität» zwischen Dollar und Franken ist der Wechselkurs, der dafür sorgt, dass ein Hamburger in den USA gleich teuer ist wie in der Schweiz. Demnach war der Franken relativ zum Dollar im Januar 2018 mehr als 28% überbewertet.

Die **absolute Kaufkraftparitätentheorie**, nach welchem die Preisniveaus weltweit gleich sein sollten, stellt Voraussetzungen, die nicht erfüllt sind. Deshalb wird die **relative Kaufkraftparitätentheorie** zunehmend verwendet. Sie besagt, dass der Wechselkurs zwischen zwei Währungen sich so verändert, dass er den Unterschied in den Inflationsraten reflektiert. Da die Schweiz im Vergleich zum übrigen Europa mittel- bis langfristig eine um ca. 1% tiefere Inflationsrate hat, steht der Franken unter permanentem Aufwertungsdruck.

Die Zinsparitätentheorie

An den Kapitalströmen setzt die **Zinsparitätentheorie** an. Die Devisenhändler rund um die Welt verfolgen die Ereignisse an den Finanzmärkten sehr genau und sind jederzeit bereit, innerhalb von wenigen Minuten umfangreiche Mittel einzusetzen, um aus den kleinsten Zinsdifferenzen einen Gewinn zu erzielen. Das Ausnützen von solchen Zinsdifferenzen bezeichnet man als **Zinsarbitrage**. Dadurch sollten die Zinsen von internationalen Finanzanlagen mit gleichem Risiko auch gleich hoch sein. Sind sie aber nicht, sie bewegen sich zwar in etwa parallel zueinander, weisen jedoch oft ein grosses Gefälle auf. Bei Kapitalanlagen in verschiedenen Ländern hängt dessen Ertrag eben nicht nur vom Zinssatz, sondern auch von den erwarteten Veränderungen des Wechselkurses ab. Wird z.B. für das nächste Jahr für den Schweizer Franken ein Wertgewinn von 3% gegenüber dem US-Dollar erwartet, muss der Zinssatz in den USA für Anlagen mit gleichem Risiko um 3% höher liegen, um den Wertgewinn des Frankens auszugleichen. Sind also die Zinssätze in Schweizer Franken tiefer als in US-Dollar, wird damit signalisiert, dass eine Abwertung des

US-Dollars erwartet wird. Entspricht die Abwertung den Unterschieden in den Zinsen, sind die Erträge in beiden Währungen gleich gross. Die Zinsparität – gleich hohe Zinserträge – ist erfüllt.

Wechselkursschwankungen können viele Ursachen haben: z.B. Veränderungen in den Erwartungen, in der Leistungsbilanz, auf den Finanzmärkten oder in der Geldpolitik. Die Theorie der **absoluten Kaufkraftparitäten** besagt, dass eine Einheit einer Währung in allen Ländern die gleiche Kaufkraft haben sollte.

Die **relative Kaufkraftparitätentheorie** besagt, dass der Wechselkurs zwischen zwei Währungen sich so verändert, dass er den Unterschied in den Inflationsraten reflektiert.

Die **Zinsparitätentheorie** besagt, dass die Erträge auf Kapitalanlagen (Zinsen inklusive erwartete Wechselkursänderungen) im In- und Ausland gleich hoch sein sollten.

Abbildung 15.1 Bestimmungsfaktoren der Wechselkurse

Aus den obigen Ausführungen wird deutlich: In einer Welt, deren Volkswirtschaften durch Handels- und Kapitalströme eng miteinander verflochten sind, bewirken nationale wirtschaftspolitische Massnahmen, die sich in länderweise unterschiedlichen Entwicklungen von Inflationsraten, Zinssätzen, Arbeitslosenraten, Budgetdefiziten und Wachstumsraten niederschlagen, Anpassungen bei den Wechselkursen.

Stabile Wechselkurse, Kapitalmobilität und autonome Wirtschaftspolitiken sind nicht unter einen Hut zu bringen. Wechselkurse sind nur so stabil wie das wirtschaftliche und politische Umfeld, in welches sie eingebettet sind.

Welche Auswirkungen haben Wechselkursschwankungen?

Der Wechselkurs ist der Preis, zu dem die Währung eines Landes gegen die Währung eines anderen Landes getauscht werden kann. Diese Wechselkurse, die z.B. täglich in den Zeitungen aufgeführt werden, nennt man **nominale Wechselkurse**. Nehmen wir an, der nominale Wechselkurs des Euros sei 1.10. Nun stellen Sie sich vor, dass sich im Euroland alle Preise verdoppeln, währenddem sie in der Schweiz konstant bleiben. Wie verändert sich der nominale Wechselkurs? Die Nachfrage nach Euros sinkt, bis er nur noch die Hälfte wert ist und die Preisveränderung wieder ausgeglichen ist. Umgekehrt steigt die Nachfrage nach Franken, bis er doppelt so viel wert ist. Vor der Inflation musste man für einen Güterkorb im Wert von 100 Euro 110

Franken bezahlen. Nach der Inflation kostet derselbe Güterkorb 200 Euro, aber nach wie vor 110 Franken, weil der neue nominale Wechselkurs 0.55 beträgt. Real – unter Berücksichtigung der Inflationsdifferenz – hat sich somit nichts verändert. Der reale Wechselkurs ist konstant geblieben. Der reale Wechselkurs entspricht dem um die Differenz in den Inflationsraten korrigierten nominalen Wechselkurs zwischen zwei Ländern.

Den realen Wechselkurs berechnet man folgendermassen:

$$\text{Realer Wechselkurs} = \frac{\text{Nominaler Wechselkurs} \times \text{Preisniveau im Ausland}}{\text{Preisniveau im Inland}}$$

Für unser Beispiel ergeben sich folgende Werte:

$$\text{Realer Wechselkurs} = \frac{0.55 \times 200}{100} = 1.10$$

Warum ist der reale Wechselkurs und seine Entwicklung eigentlich interessanter als der nominale Wechselkurs? Der reale Wechselkurs ist eine Schlüsselgrösse für den Export und den Import. Denn der reale Wechselkurs misst den Preis eines inländischen Güterkorbes in Relation zu einem ausländischen Güterkorb. Eine reale Abwertung des Frankens bedeutet, dass Schweizer Produkte relativ billiger geworden sind, was zu einem Steigen der Exporte und einem Sinken der Importe führt. Der reale Wechselkurs ist ein Mass für die Wettbewerbsfähigkeit von Exportunternehmen.

Steigt die eigene Währung real, werden mehrere Effekte ausgelöst:
Die Importe werden erleichtert und die Exporte erschwert, was einen konjunkturdämpfenden Effekt hat. Ein starker Franken ist also ein zweischneidiges Schwert: Er erlaubt uns zwar, in den Genuss von tiefen Importpreisen und billigen Ferien im Ausland zu kommen, dämpft damit die Inflation und erlaubt ein tiefes Zinsniveau, aber er vermindert auch gleichzeitig die Konkurrenzfähigkeit unserer Exportindustrie. Bleibt der Franken während längerer Zeit gemäss Kaufkraftparitäten überbewertet, kann er einen Strukturwandel auslösen, weil er die Exportbranchen in Schwierigkeiten bringt und die Importbranchen bevorteilt. Der konjunkturdämpfende Effekt führt in der Exportwirtschaft zu Ausfuhr-, Absatz- und Beschäftigungsproblemen.

Sinkt die eigene Währung real, werden ebenfalls mehrere Effekte ausgelöst:
Dadurch reduzieren sich die Importe, und die Exporte wachsen. Mit dem sinkenden Franken werden die Importe direkt teurer, und da die Schweiz eine hohe Importquote hat, steigt damit das Preisniveau – je nach Preiselastizität der Nachfrage – mehr oder weniger stark an.[1] Wenn für die Importgüter höhere Preise zu bezahlen sind, werden stattdessen im Inland vermehrt schweizerische Produkte nachgefragt, und gleichzeitig steigt auch die Nachfrage des Auslands nach schweizerischen Produkten. Diese Nachfrageerhöhung wirkt konjunkturstimulierend, allerdings können dadurch auch die Kapazitätsgrenzen erreicht oder überschritten werden, wodurch sich zusätzliche Inflationsgefahren ergeben. Bleibt eine Währung längerfristig – gemäss Kaufkraftparitäten – unterbewertet, profitieren davon auch Unternehmen und Branchen, die bei «richtigen» Wechselkursen um ihr Überleben kämpfen müssten. Bei überbewerteter Währung können andererseits exportorientierte Unternehmen in Schwierigkeiten geraten, denen eigentlich eine hohe Wettbewerbsfähigkeit attestiert wird.

Abbildung 15.2 fasst die Nachfrage- und Angebotsfaktoren zusammen und stellt die Konsequenzen einer Ab- bzw. Aufwertung des Frankens dar.

---

[1] Nach einer empirischen **Faustregel** führt eine 10%-ige Abwertung zu einem um 1,4% höheren Teuerungsniveau.

Abbildung 15.2 Angebot und Nachfrage nach Franken
Konsequenzen einer Auf- bzw. Abwertung des Frankens

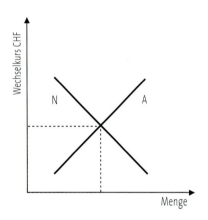

Nachfrage nach Franken

- Exporte
- Arbeits- und Kapitalerträge aus dem Ausland
- Ausländische Portfolioinvestitionen in der Schweiz
- Ausländische Direktinvestitionen in der Schweiz
- Übriger Kapitalimport
- Devisenverkäufe der SNB

Angebot von Franken

- Importe
- Arbeits- und Kapitalerträge an das Ausland
- Schweizerische Portfolioinvestitionen im Ausland
- Schweizerische Direktinvestitionen im Ausland
- Übriger Kapitalexport
- Devisenkäufe der SNB

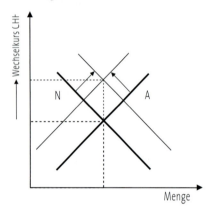

Nachfrage nach Franken steigt oder Angebot sinkt – Konsequenzen:

- Ausfuhr-, Absatz- und Beschäftigungsprobleme in der Exportwirtschaft
- Billigere Importe (Ferien im Ausland werden billiger)
- Senkt die Inflation, erhöht die Deflationsgefahren
- Dämpft die Konjunktur

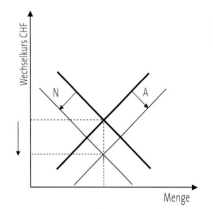

Nachfrage nach Franken sinkt oder Angebot steigt – Konsequenzen:

- Ausfuhr, Absatz und Beschäftigung in der Exportwirtschaft nehmen zu
- Teurere Importe (Ferien im Ausland werden teurer)
- Erhöht die Inflationsgefahren (importierte Inflation)
- Stimuliert die Konjunktur

15.2 Flexible Wechselkurse

Bis jetzt sind wir in diesem Kapitel davon ausgegangen, dass sich die Wechselkurse aufgrund von Marktnachfrage und Marktangebot ergeben: Steigt das Devisenangebot bei unveränderter Nachfrage, dann sinkt der Wechselkurs. Sinkt das Devisenangebot bei unveränderter Nachfrage, dann steigt der Wechselkurs. Wir haben oben gesehen, dass Wechselkursschwankungen teilweise unangenehme Konsequenzen nach sich ziehen. Deshalb stellt sich die Frage, wie die Geldpolitik die Wechselkurse beeinflusst und ob die Geldpolitik auf die Wechselkurse ausgerichtet werden sollte.

Bildet sich der Wechselkurs nach Angebot und Nachfrage – ohne Interventionen der Nationalbank – spricht man von flexiblen Wechselkursen.

Geldpolitik und Wechselkurs: SNB schiesst scharf

Veränderungen der Zinsen mit Hilfe der Geldpolitik haben auch einen Einfluss auf den Wechselkurs – gerade für die stark international verflochtene Schweiz ist das von zentraler Bedeutung. Eine in Relation zu den Handelspartnern **expansive Geldpolitik** führt in der Regel zu einer **Abwertung** des Frankens. Mit dem Fortschreiten der Finanz- und Wirtschaftskrise schwenkte die Nationalbank denn auch auf eine Nullzinspolitik um und kaufte im grossen Ausmass Euro, um die Frankenstärke zu bremsen. Trotzdem wurde mit dem Fortschreiten der Krise der Franken zunehmend als «sicherer Hafen» gesucht. Zwischen August 2007 und August 2011 nahm der Franken real und handelsgewichtet um gut 40 % zu (vgl. *Abbildung 15.3*). Seinen absoluten Höchstwert erreichte er im Verlauf des 9. August 2011, als der Euro noch knapp auf 1.0075 Franken und der Dollar knapp über 70 Rappen notierte. Bei diesen Kursen war klar, dass der Franken dank seiner Funktion als Fluchtwährung massiv überbewertet war. Je nach Schätzmodell ging man von einem «fairen» Kurs von 1.30 bis 1.40 Franken pro Euro aus. Gemäss Beurteilung der SNB stellte der starke überbewertete Franken eine akute Bedrohung für die Schweizer Wirtschaft dar. Besonders in Gefahr gerieten die typischen Schweizer Exportbranchen wie die Uhren-, Maschinen-, Metall-, Chemie-, Pharma- und Elektroindustrie und auch der Tourismus. Der Detailhandel musste mit ansehen, wie die Zahl von Einkaufstouristen in unsere Nachbarländer massiv zunahm.

Vor diesem tristen Hintergrund griff die SNB zu **scharfem Geschütz** und setzte am 6. September 2011 einen **Mindestkurs von 1.20 Franken pro Euro** fest (vgl. *Abb. 15.4*). Die Nationalbank erklärte, dass sie keinen Euro-Franken-Kurs unter 1.20 mehr toleriere und dass sie diese Untergrenze mit aller Konsequenz durchsetzen werde. Die SNB war bereit, **unbeschränkt Euro zu kaufen**. Die dafür notwendigen Franken kann sie ja selbst in beliebiger Menge «drucken». Gegen Ende des Jahres 2014 erhöhte sich der Aufwertungsdruck für den Franken. Die SNB beschloss deshalb am 18. Dezember 2014, Giroguthaben, die Banken und andere Finanzmarktteilnehmer bei ihr halten, negativ zu verzinsen, wenn sie einen bestimmten Freibetrag überschreiten. Der Negativzins sollte die Attraktivität von Frankenanlagen verringern und den Aufwertungsdruck mindern.

Am 15. Januar 2015 hob die SNB den Mindestkurs auf und senkte gleichzeitig den Negativzins auf -0,75 %. Zur Begründung gab sie an, dass sich die Unterschiede in der geldpolitischen Ausrichtung der bedeutenden Währungsräume in letzter Zeit markant verstärkt hätten. Der Euro habe sich gegenüber dem US-Dollar deutlich abgewertet, wodurch sich auch der Franken zum US-Dollar abgeschwächt habe. Aus dem Auseinanderlaufen von Euro- und Dollar-Kurs liesse sich ablesen, «dass der Versuch, sich à tout prix am Mindestkurs festzuklammern, wohl ähnlich aussichtsreich gewesen wäre wie das Unterfangen, den Atlantik austrinken zu wollen». Deshalb hat die SNB den Entschluss gefasst, das Verteidigen des Euro-Franken-Mindestkurses aufzugeben.

Vom September 2011 bis Januar 2015 tolerierte die SNB keinen Euro-Franken-Kurs unter dem Mindestkurs von 1.20 Franken. Kurz vor Aufgabe des Mindestkurses im Januar 2015 führte sie Negativzinsen ein und greift bei Bedarf weiterhin am Devisenmarkt ein.

Abbildung 15.3 Nominaler und realer Frankenkurs (gegenüber den 40 wichtigsten Handelspartnern; indexiert, Januar 2000=100)

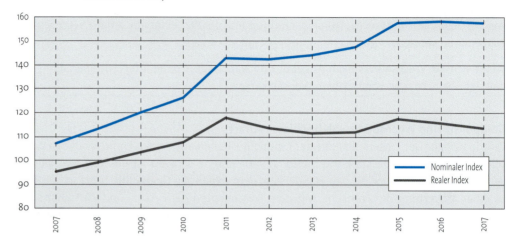

Quelle: SNB

Abbildung 15.4 Entwicklung ausgewählter Devisenkurse

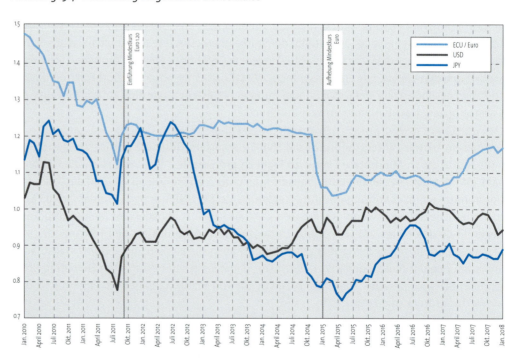

Quelle: SNB

Weltweite Wechselkurspolitik

Mit Blick auf alle Länder der Welt lassen rund 30 Länder ihre Wechselkurse mehr oder weniger **frei floaten** (z.B. die USA, Schweden, Australien, Mexiko, Schweiz). Rund 50 Länder betreiben ein «**managed floating**», indem sie den Wechselkurs in Richtung der langfristigen Erwartung durch Interventionen beeinflussen (z.B. Brasilien, Thailand, Indien, Russland). Daneben gibt es noch radikale Methoden, um sich von unangenehmen Nebenwirkungen von Wechselkursschwankungen zu befreien: Man kann die **Wechselkurse fixieren** (vgl. *folgendes Kapitel*). Über 50 Länder binden ihre Währungen an eine Auslandwährung oder einen Währungskorb (z.B. China, Dänemark, Saudi-Arabien) und passen den Wechselkurs periodisch an. Rund zehn Länder haben **keine eigene Währung**, sondern leben mit der Währung eines anderen Landes (Liechtenstein, Ecuador, San Marino). Sehr weit geht die Währungspolitik, wenn man die eigene Währung durch eine gemeinsame Währung innerhalb der teilnehmenden Länder ersetzt und eine **Währungsunion** bildet (vgl. *Kap. 15.5*).

15.3 Fixe Wechselkurse

Wie wir gesehen haben, sind Wechselkursschwankungen nicht besonders angenehm, weil sie an vielen Orten (Export / Import, Inflation, Konjunktur, Zinssätze usw.) Veränderungen auslösen können. Es ist deshalb durchaus verständlich, dass es Modelle gibt, die darauf ausgerichtet sind, Wechselkursschwankungen zu reduzieren oder gar zu eliminieren. Besonders vorteilhaft sind fixe Wechselkurse für Länder mit regen internationalen Handelsbeziehungen, denn durch die Fixierung wird die Geschäftstätigkeit berechenbarer. Jedes Land, welches Mitglied in einem fixen Wechselkurssystem ist, verpflichtet sich, den Kurs seiner Währung in engen Grenzen zu stabilisieren. Droht die Währung zu sinken, muss die betroffene Nationalbank die eigene Währung gegen fremde Währung kaufen und sie damit stützen. Wird die eigene Währung zu stark, muss sie fremde Währung kaufen, bzw die eigene Währung verkaufen.

1. Beispiel: Das Bretton-Woods-System

Von stabilen Beziehungen träumten auch die Siegermächte des Zweiten Weltkrieges. In einem kleinen Ort in der Nähe von Washington – in **Bretton Woods** – wurde 1944 ein Vertrag abgeschlossen, der die Währungsbeziehungen regelte: Jedes Mitglied definierte seine Währung in Dollar oder Gold und verpflichtete sich, die Kursschwankungen seiner Währung in engen Grenzen (Bandbreite ±2,25%) zu halten. Der Dollar wurde in Gold definiert und die USA verpflichteten sich, alle Dollar zum abgemachten Kurs in Gold einzulösen. Durch den Vietnamkrieg und andere Aufgaben stiegen die Ausgaben der USA stark an. Dadurch wurde das Wachstum beschleunigt und das Ertragsbilanzdefizit erhöhte sich. Zur Förderung des Wiederaufbaus von Europa gewährten die USA grosszügige Kredite und öffneten ihre Märkte für europäische Güter. So kam es in den 1950er- und 1960er-Jahren zu chronischen Defiziten in der amerikanischen Leistungsbilanz. Durch den Kapitalabfluss aus den USA kamen weltweit immer mehr Dollar auf den Markt. Einzelne Länder begannen an der Einlösungsfähigkeit der USA zu zweifeln und es begannen Fluchtbewegungen aus dem Dollar. Am 15. August 1971 sah sich deshalb der amerikanische Präsident gezwungen, die Einlösungsverpflichtung des Dollars gegen Gold aufzuheben, was natürlich die Flucht aus dem Dollar zusätzlich beschleunigte. Am 23. Januar 1973 kapitulierte die Schweizerische Nationalbank und gab den Frankenkurs frei. Im März 1973 gingen alle wichtigen Industrieländer zu flexiblen Wechselkursen über. Damit war dieses Fixkurssystem 1973 beendet.

Der Internationale Währungsfonds (IWF)

Was sich aus dem Bretton-Woods-System bis heute halten konnte, ist der damals gegründete **Internationale Währungsfonds (IWF)**. Er hat folgende Aufgaben:
- **Der IWF als Bankier:** In dieser Rolle gewährt der IWF Finanzhilfen an Länder, welche in Zahlungsbilanzschwierigkeiten geraten sind. Zu diesem Zweck braucht er Kapital, das er von

seinen Mitgliedern in Form von sogenannten Quoten erhält. Als die Idee aufkam, den IWF in eine Weltzentralbank zu verwandeln, die ihre eigene Währung emittiert, wurden sogenannte **Sonderziehungsrechte** geschaffen. Sonderziehungsrechte sind Bucheintragungen beim IWF, die mit Zuteilungsbeschluss – ohne irgendwelche Einzahlungen – entstehen. Jedes Land erhielt eine bestimmte Menge Sonderziehungsrechte zugewiesen, die es zur Beschaffung von Devisen einsetzen kann.

- **Der IWF als Polizist:** Grundsätzlich gilt, dass je mehr Kredit ein Land haben will, desto härter werden die Auflagen. Die Bedingungen beinhalten wirtschaftspolitische Auflagen (z.B. Sparprogramme).
- **Der IWF als Doktor:** Mit der Zeit hat der IWF spezielle «Medikamente» geschaffen, um besondere Probleme in den Griff zu bekommen. Anfang der 1970er-Jahre wurde beispielsweise eine sogenannte Öl-Fazilität eingerichtet, um jene Länder zu unterstützen, welche speziell unter den Ölpreiserhöhungen gelitten haben. Mittlerweile gibt es eine ganze Reihe solcher Spezialfonds.

2. Beispiel: Das Europäische Währungssystem

Nachdem das Fixkurs-System von Bretton Woods 1973 gescheitert war, wurde im Zuge der wirtschaftlichen Zusammenarbeit in Europa zunehmend die Möglichkeit einer grösseren monetären Integration geprüft. 1978 entstand aufgrund einer Initiative der damaligen Regierungschefs von Frankreich und Deutschland, Valérie Giscard d'Estaing und Helmut Schmidt, das **Europäische Währungssystem (EWS)**. Das EWS sollte – analog zum System von Bretton Woods – dazu beitragen, die politische und wirtschaftliche Integration in Europa zu stärken. Durch eine grössere Währungsstabilität sollten die Vorteile des zwischenstaatlichen Handels besser ausgenützt und das Wirtschaftswachstum beschleunigt werden. Das EWS enthielt die wesentlichen Elemente eines Fixkurssystems: Hauptmerkmal war die Europäische Währungseinheit **ECU (=European Currency Unit)**. Der ECU wurde als Währungskorb definiert, der sich aus den Währungen der Mitgliedsländer zusammensetzte. Für jede Währung wurden ein ECU-Leitkurs und eine Bandbreite für die Interventionsverpflichtungen der Notenbanken festgelegt.

Wegen der sehr unterschiedlichen konjunkturellen Entwicklung einzelner Länder nach dem Mauerfall von 1989, insbesondere von Deutschland und England, wertete sich die D-Mark auf, während sich das britische Pfund abwertete. Aufgrund des Interventionszwangs musste die Englische Notenbank laufend Devisen verkaufen, um das Pfund innerhalb der Bandbreite zu halten. Wegen dieser aufgezwungenen restriktiven Geldpolitik während einer Rezessionsphase war England faktisch gezwungen, die Rezession geldpolitisch noch zu verstärken. Deshalb trat England am 16.9.1992 aus dem EWS aus. Um ein Scheitern des EWS zu verhindern und um die bereits geplante Europäische Währungsunion gemäss dem Vertrag von Maastricht nicht zu gefährden, wurde das EWS mit einer erhöhten Bandbreite von +/- 15% weitergeführt.

Fixe oder flexible Wechselkurse?
Der Effekt auf die Geldpolitik

Ein grosser Unterschied zwischen diesen beiden Wechselkurssystemen ist Ihnen wahrscheinlich aufgefallen: Die Effekte auf die Geldpolitik sind gänzlich anders. In einem flexiblen Wechselkurssystem kann die SNB ihre Geldpolitik autonom festlegen, da sie ja kein festes Wechselkursniveau anstrebt. Sie **kann** also eine **aktive Geldpolitik** verfolgen, die den Erfordernissen der wirtschaftlichen Entwicklung nachkommt: Bei Inflationsgefahren erhöht sie die Zinsen, bei Rezessionstendenzen senkt sie die Zinsen. Bei fixen Wechselkursen oder Mindestgrenzen hingegen muss sich die Geldpolitik an den Wechselkursen ausrichten. Sobald der Wechselkurs eine gewisse Bandbreite bzw. Untergrenze zu überschreiten droht, **muss** die **Geldpolitik korrigierend** eingreifen. Fixe Wechselkurse und Mindestkurse sind eben nicht kostenlos zu haben, denn die nationale Wirtschaftspolitik muss dem Wechselkurssystem konsequent untergeordnet werden.

Der Effekt auf den Handel und die wirtschaftliche Integration

Fixe Wechselkurse haben den Vorteil, dass die Risiken von Wechselkursschwankungen eliminiert werden. Dieser Vorteil spielt vor allem für Länder eine Rolle, deren Handelsbeziehungen mit dem Ausland besonders intensiv sind. Fixe Wechselkurse erleichtern also die Handelsbeziehungen. Wenn es dank der Fixierung der Wechselkurse gelingt, dass die beteiligten Länder ihre Wirtschaftspolitik koordinieren, dann wird auch die wirtschaftliche Integration erleichtert. An dieser Stelle können wir wiederholen, was wir schon weiter vorne festgestellt haben:

Wechselkurse sind nur so stabil wie das wirtschaftliche und politische Umfeld, in welches sie eingebettet sind.

Vor diesem Hintergrund verliert die Diskussion um flexible oder fixe Wechselkurse an Bedeutung: Je mehr der Wille zur Koordination der Wirtschaftspolitik vorhanden ist, desto mehr bewegen wir uns in stabilen Währungsverhältnissen. Krisen bei fixen Wechselkursen übernehmen die Funktion einer Gesundheitspolizei. Sie decken schonungslos auf, dass die wirtschaftliche und monetäre Stabilität zu wenig koordiniert ist, um stabile Währungsverhältnisse zu ermöglichen.

15.4 Die Europäische Währungsunion

Mit dem **Vertrag von Maastricht** – von den Regierungschefs der EU im Februar 1992 unterzeichnet – kam dem EWS eine neue Zielsetzung zu: Das EWS sollte den schmerz- und geräuschlosen Übergang zu einer Währungsunion sicherstellen. Auf dem Weg zu einer einheitlichen europäischen Währung waren drei Stufen zu durchlaufen:

Tabelle 15.2   Die Stufen auf dem Weg zur Währungsunion

1. Stufe:	Seit Juli 1990: • Festlegung gemeinsamer wirtschaftspolitischer Ziele • Vollständige Liberalisierungen im Kapitalverkehr • Teilnahme aller EU-Währungen am EWS
2. Stufe:	Seit 1. Januar 1994: • Gründung eines Europäischen Währungsinstitutes als Vorstufe zu einer gemeinsamen Zentralbank • Ziel: stabile Wechselkursverhältnisse, einheitliche Geldpolitik, Förderung der wirtschaftlichen Konvergenz
3. Stufe:	• Januar 1998: Entscheid über Mitglieder, Errichtung der Europäischen Zentralbank (EZB); im Mai Festlegung der Wechselkurse für 1999 • 1999: Start zur Währungsunion, unwiderrufliche Fixierung der Wechselkurse • 1. Januar 2002: Ausgabe von Euro-Noten und -Münzen[1] • 1. Juli 2002: Abschluss der Umstellung

[1] **Alte Banknoten:** Im Vorfeld der **EURO-Einführung** mussten rund 15 Mrd. alte Banknoten in den 12 EURO-Ländern weichen. Aufgereiht hätten die Scheine fünfmal bis zum Mond gereicht.

Seit dem 1. Januar 2002 ist der EURO durch die Einführung der neuen Banknoten und Münzen in ganz Europa zur greifbaren Realität geworden.

Lehrmaterial:
«Europäische Währungsunion»
Ausweg aus der Eurokrise
(www.iconomix.ch)

Welche Vorteile hat eine Währungsunion?

Die Advokaten einer Währungsunion sehen in ihr die Komplettierung der Entwicklung zu einem echten europäischen Binnenmarkt: Ein Markt – eine Währung. Sie versprachen sich aus dem Übergang zu einer Einheitswährung die folgenden Vorteile:

- **Senkung der Transaktionskosten:** Die Verwaltung verschiedener Währungen verursacht Kosten in Form von Personaleinsatz, Anpassung der Computersysteme, Aufbewahrung von Bargeld, Umtauschkosten, Absichern von Wechselkursrisiken usw.

- **Steigerung des Wachstums:** Durch den Wegfall des Wechselkursrisikos wird der innereuropäische Handel erleichtert, und es entstehen Wachstumseffekte, die zu einem Investitionsschub mit entsprechenden Produktivitätsfortschritten führen und so zu einer Steigerung der Wettbewerbsfähigkeit beitragen.
- **Erhöhung der Preisstabilität, Senkung der Defizite:** Unter der Führung einer auf Stabilität verpflichteten Europäischen Zentralbank sind positive Auswirkungen auf die Preisstabilität zu erwarten. Die disziplinierende Wirkung auf die Budgetpolitik führt zu einer Verringerung der Staatsdefizite.
- **Harmonisierung des Zinsniveaus:** Von Wechselkursüberlegungen losgelöste Kapitalströme werden vermehrt auf fundamentale ökonomische Kriterien ausgerichtet und erlauben eine Harmonisierung des Zinsniveaus.
- **Intensivierung des Wettbewerbs:** Durch den Wegfall der Wechselkursumrechnungen erhöht sich die Markttransparenz und damit der Wettbewerb.

Die Voraussetzungen für eine Währungsunion

Die Vorteile einer Währungsunion werden mit dem Nachteil des Verlusts der Wechselkurse als Anpassungsmechanismus und der autonomen Geldpolitik «erkauft». Damit dieser Verlust nicht zum Problem wird, müssen gewisse Voraussetzungen für eine Währungsunion gegeben sein. Dies bringt die **Theorie des optimalen Währungsraums** zum Ausdruck, die Robert Mundell bereits 1961 formuliert und dafür 1999 den Ökonomie-Nobelpreis erhalten hatte. Für die Teilnahme an einer gemeinsamen Währung und damit für den Erfolg einer Währungsunion müssen die Länder folgende Merkmale erfüllen:

1. Grosse **Flexibilität** von Löhnen und Güterpreisen
2. Hohe **Mobilität** von Arbeit und Kapital
3. Breite branchenmässige **Diversifikation**, ähnliche Wirtschaftsstrukturen und keine grossen Differenzen in der internationalen **Wettbewerbsfähigkeit**
4. **Fiskaltransfers** zur Unterstützung schwächerer Länder
5. Einbettung in eine **politische Union**

Kritik an der Währungsunion

Die Voraussetzungen eines optimalen Währungsraums waren bereits 1999 beim Start in die Euro-Währungsunion nur teilweise erfüllt. Kritiker[1] wiesen und weisen auf folgende Mängel hin:

1 **Manifest:** Lesen Sie das von 62 VWL-Professoren unterzeichnete Manifest 1 von 1992 sowie das von 160 Professoren unterzeichnete Manifest 2 von 1998 im Reader.
edu.somedia-buchverlag.ch

- **Mangelnde Flexibilität und Mobilität auf den Arbeitsmärkten:**
Da die Wettbewerbsfähigkeit zwischen den Ländern gross ist und nicht mehr durch einen tieferen Wechselkurs aufgefangen werden kann, muss die Anpassung durch tiefere Löhne oder durch die Auswanderung der Arbeitslosen erfolgen. Die meisten Euro-Staaten haben aber die Arbeitsmärkte u.a. mit Mindestlöhnen und Vorschriften zum Kündigungsschutz stark reguliert. Kulturelle und sprachliche Barrieren erschweren zudem die zwischenstaatliche Mobilität.

- **Unterschiedliche Wirtschaftsstrukturen, mangelnde Diversifikation:**
Die Volkswirtschaften der einzelnen Länder werden auch in Zukunft stark unterschiedliche Strukturen und Entwicklungen haben. So sind beispielsweise die südlichen Länder durch einen relativ hohen Landwirtschafts- und Tourismusanteil geprägt. Deshalb werden externe Einflussfaktoren («externe Schocks») länderweise sehr unterschiedliche Wirkungen erzeugen, auf die mit einer für alle Länder gleichen Geldpolitik nicht angemessen reagiert werden kann.

2 **Notenbank ohne Staat:** In der Geschichte gab es immer wieder Staaten ohne Notenbanken, aber noch nie eine Notenbank ohne Staat.

- **Fehlende politische Union**[2]
Die hohe Arbeitslosigkeit wegen mangelnder Wettbewerbsfähigkeit und der geringen Mobilität der Arbeitskräfte erfordern bedeutende Transferzahlungen aus den wirtschaftlich «guten» Ländern. Dies setzt eine politische Union voraus, welche solche Zahlungen legitimieren würde. Diese fehlt aber weitgehend.

Der Euro als politisches Projekt

Die ökonomischen Konstruktionsmängel der Europäischen Währungsunion sind nicht zu übersehen. Warum wurde der EURO dennoch plangemäss 2002 eingeführt? Die Idee der Europäischen Union mit dem Euro als gemeinsamer Währung war von Anfang an ein **politisches Projekt**, welches letztlich zu mehr politischer Zusammenarbeit in Europa und damit zur Friedenssicherung führen sollte. Der ehemalige deutsche Bundeskanzler Helmut Kohl formulierte es zugespitzt und exemplarisch so: «Europa bleibt eine Frage von Krieg und Frieden, und der Friedensgedanke also das Bewegungsgesetz der europäischen Integration.» Und mit den Worten von Kanzlerin Angela Merkel: **«Denn scheitert der Euro, dann scheitert Europa.»** Damit wird klar, dass die ökonomischen Konstruktionsfehler für einen politischen Zweck in Kauf genommen wurden.

Die Konvergenzkriterien

Der Problematik der unterschiedlichen wirtschaftlichen Situationen und Entwicklungen waren sich natürlich auch die Architekten der Währungsunion bewusst. Nicht von ungefähr war deshalb gemäss dem Vertrag über die Europäische Union die wirtschaftliche Konvergenz – vorab in geld- und finanzpolitischer Hinsicht – eine notwendige Voraussetzung für den Eintritt in die Währungsunion. Für die Aufnahme eines Landes in die Währungsunion mussten die Konvergenzkritierien gemäss *Tabelle 15.3* kumulativ erfüllt sein. Beim Start 1999 wurde deren Einhaltung bereits relativ grosszügig interpretiert. Weil sechs der elf Staaten damals die maximal zulässige Staatsverschuldung von 60 % teilweise deutlich überschritten, wurde die Zusatz-Formulierung benutzt, wonach eine Aufnahme möglich ist, wenn «... das Verhältnis (Staatsverschuldung / BIP) hinreichend rückläufig ist und sich rasch genug dem Referenzwert nähert.»

19 Mitgliedsstaaten nehmen zurzeit an der Eurozone teil: Belgien, Deutschland, Spanien, Frankreich, Irland, Italien, Luxemburg, Niederlande, Österreich, Portugal, Finnland, Griechenland, Zypern, Malta, San Marino, Slowakei, Slowenien, Estland, Lettland und Litauen.

Dem Nutzen der Europäischen Währungsunion (Transaktionskosten, Wachstum, Preisstabilität und Zinsen) stehen auch gewisse Nachteile / Gefahren (Verlust der geldpolitischen Autonomie, unterschiedliche ökonomische, soziale und kulturelle Bedingungen, fehlende politische Union) gegenüber.

Tabelle 15.3   Konvergenzkriterien für die Währungsunion

Kriterium	Bedingung
Inflation	Die Inflationsrate durfte im Jahr 1997 nicht mehr als 1,5 Prozentpunkte über dem Durchschnitt der drei Länder mit der geringsten Inflation liegen.
Zinssätze	Der langfristige Zinssatz durfte im Durchschnitt des Jahres 1997 nicht mehr als 2 Prozentpunkte über dem Durchschnitt der drei Länder mit den niedrigsten Inflationsraten liegen.
Haushaltsdefizit	Das Defizit im Staatshaushalt durfte 1997 nicht mehr als 3 % des Bruttoinlandproduktes ausmachen.
Staatsverschuldung	Die ausstehende Staatsschuld durfte 1997 nicht mehr als 60 % des Bruttoinlandproduktes betragen.
Wechselkurs	Die Währung musste ab 1996 am Wechselkursmechanismus des EWS teilgenommen haben, durfte in den Jahren 1996/1997 nicht abgewertet worden sein und musste sich innerhalb der normalen Bandbreite des EWS bewegt haben.

15.5 Die Euro-Krise

Seit seiner Einführung war der Euro während zehn Jahren eine **Erfolgsgeschichte**. Der Euro galt bis 2009 als stabile und starke Währung, die langfristig eine ernstzunehmende Alternative zum Dollar als Weltwährung werden könnte. Spätestens mit dem Ausbruch der Schuldenkrise in Griechenland im Jahr 2010 wurde aber offensichtlich, dass die ursprünglich festgelegten Eckwerte für die europäische Währungsunion auf ein Schönwetter-Szenario ausgelegt waren. Zwar hatten die Architekten der Währungsunion die Gefahr einer unsoliden Haushalts- und Finanzpolitik erkannt und deshalb die Maastricht-Kriterien aufgestellt. Aber sobald in den Eurostaaten wirtschaftliche und finanzielle Probleme auftauchten, wurden die Maastricht-Kriterien verletzt, ohne dass es zu den eigentlich vorgesehenen Sanktionen gegen diese Mitgliedsstaaten kam. Mit dem «griechischen Drama» wurde auch die zweite Schwäche schonungslos aufgedeckt: Mit dem Euro haben die beteiligten Staaten zwar ihre geldpolitische Souveränität aufgegeben, nicht aber ihre Budgethoheit. Auch die meisten wichtigen Politikfelder, wie zum Beispiel die Steuerpolitik, die Sozialpolitik und die Arbeitsmarktpolitik, blieben weitestgehend in der Hand der Mitgliedsstaaten: **Einheitliche Währung und unterschiedliche Wirtschaftspolitik vertragen sich nur schwer.** Die Schuldenkrise in Griechenland, Spanien, Portugal, Italien und anderen Euro-Ländern und die damit verbundenen Attacken der Finanzmärkte gegen den Euro haben dazu geführt, dass die EU und der IWF einen Schutzschirm aufgezogen haben.

Der Europäische Fiskalpakt und der Europäische Stabilitätsmechanismus (ESM)

Im März 2012 wurde der **Europäische Fiskalpakt** zur Reduktion bzw. zur Verhinderung der Staatsverschuldung und zur Vertiefung der Zusammenarbeit in der Fiskalpolitik beschlossen. Zu diesem Zweck wurden automatische Sanktionen bei Nichteinhaltung der vereinbarten Verschuldungsobergrenzen eingeführt und die Bedingungen gemäss den Konvergenzkriterien erneuert. Der Fiskalpakt soll helfen, die Voraussetzungen eines optimalen Währungsraumes in der Eurozone zu verbessern. Tschechien und Grossbritannien unterzeichneten den Vertrag nicht. Der Europäische **Stabilitätsmechanismus (ESM)** wurde im Oktober 2012 aus der Taufe gehoben. Er soll als «Rettungsschirm» die Stabilität der Eurozone definitiv sichern. Mit einem Volumen von 700 Mia. Euro soll der ESM strauchelnde Eurostaaten vor dem Staatsbankrott retten. Der EFSF resp. der ESM wurde von folgenden Ländern beansprucht: Irland, Portugal, Spanien, Griechenland und Zypern.

Zinsen und das Risiko des Staatsbankrotts

Die zunehmende Verschuldung stellte ab 2009 zahlreiche Eurostaaten vor ein gravierendes Problem, denn die Länder müssen für ihre Schulden den Gläubigern der Staatsanleihen einen Zins zahlen. Die Höhe dieses Zinses ist massgeblich von der möglichen Zahlungsunfähigkeit eines Landes und dem Wechselkursrisiko abhängig. Wie die *Abbildung 15.5* zeigt, waren vor der Einführung der Gemeinschaftswährung grosse Zinsunterschiede als Folge von unterschiedlichen Inflationsraten und Ausfallrisiken zu beobachten. Mit der Einführung des Euro verschwanden diese Unterschiede, weil die bisher wenig kreditwürdigen Staaten vom Vertrauen in die Stabilität der nördlichen EU-Länder profitieren konnten. Die tiefen Zinsen waren ein grosser Anreiz für die Aufnahme von Krediten – für Investitionen, Konsum, Kauf von Immobilien usw. Allerdings stiegen auch die Preise und Löhne sowie die Defizite in den Leistungsbilanzen aufgrund sinkender internationaler Wettbewerbsfähigkeit. Mit dem Ausbruch der Finanzkrise, dem Platzen der Immobilienblase und der steigenden Gefahr von Staatskonkursen stiegen die Zinsdifferenzen wieder stark an – so stark, dass die zunehmende Zinslast die Zahlungsunfähigkeit erhöhte. Der Teufelskreis der Staatsverschuldung kam ins Rollen.

«Whatever it takes to preserve the Euro»

Um die Kapitalmärkte und die ganze Eurozone zu beruhigen, griff die EZB zu einer überraschenden und ungewöhnlichen geldpolitischen Massnahme: Im Juli 2012 hielt der EZB-Chef Mario Draghi eine Rede mit folgender Hauptaussage: «**Within our mandate, the ECB is ready** to do whatever it takes to preserve the Euro. And believe me, it will be enough!» Mit diesen Worten kündigte der Zentralbankchef unbegrenzte Hilfen für kriselnde Eurostaaten an. Konkretisiert wurde diese Aussage mit einem Notfallprogramm, das den unbegrenzten Aufkauf der Anleihen von Euro-Staaten durch die EZB vorsieht. In der Folge sanken die Zinsen für Staatsanleihen (vgl. *Abbildung 15.5*) und die Diskussionen über ein Auseinanderbrechen der Eurozone verstummten mehrheitlich.

Anfang Juni 2014 griff die EZB nochmals tief in ihre Trickkiste. Um die Wirtschaft in der Euro-Zone anzukurbeln und eine schädliche Deflationsspirale zu vermeiden, erhalten Banken noch billigeres Geld. Der Leitzins wurde auf 0,15 % gesenkt. Um die Kreditvergabe der Banken an die Unternehmen zu stimulieren, beschloss die Notenbank auch Langfristgeld zu äusserst günstigen Konditionen (0,25 %) an Banken zu gewähren, die im Gegenzug beweisen müssen, dass sie damit Kredite an Firmen vergeben. Zudem wurden erstmals in der Geschichte der Währungsunion **Negativzinsen** beschlossen: Der Zins auf den Einlagen der Geschäftsbanken bei der Notenbank beträgt -0,10 %.

Seit März 2015 **kauft die Notenbank monatlich Anleihen am Kapitalmarkt** im Volumen von zunächst 80 Milliarden Euro, das dann auf 60 und seit Beginn des Jahres 2018 (bis mindestens September) auf 30 Milliarden Euro pro Monat reduziert wurde. Insgesamt beläuft sich das Kaufprogramm auf 2,55 Billionen Euro.

Das Ende der Eurokrise?
2017 feierte der Euro das Comeback des Jahres. Er gewann insbesondere gegenüber dem US-Dollar an Wert. Für den Euroanstieg gibt es verschiedene Gründe: Der Konjunkturaufschwung fiel deutlich kräftiger aus als erwartet, sodass auch der Glaube an eine «europäische Wachstums-Story» zurückkehrte. Die Allianz rechter EU-Gegner konnten sich – insbesondere in Frankreich – nicht durchsetzen, sodass es nicht zu einer Spaltung der EU kam. Ist die Eurokrise definitiv zu Ende? Einige strukturelle Probleme warten noch auf eine Lösung.

Abbildung 15.5   Die Zinsentwicklung in ausgewählten Euroländern

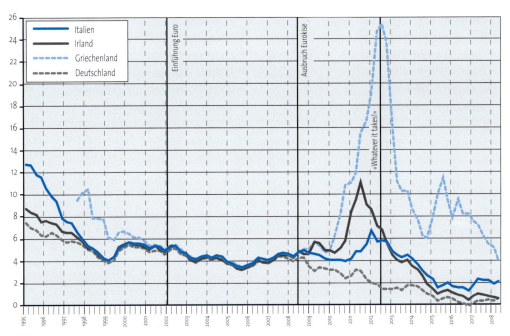

Ökonomisches Denken: Stabilität dank Veränderung und Diversität

Die Geschichte der Fixkurssysteme lehrt, beispielhaft am System von Bretton Woods und am Europäischen Währungssystem aufgezeigt, dass starre Systeme in einem sich dauernd verändernden Umfeld keine Sicherheit und Stabilität für die beteiligten Länder garantieren können.

In einer dynamischen, sich dauernd verändernden Welt sind nur flexible und anpassungsfähige Strukturen und Lösungen langfristig in der Lage, Stabilität und Sicherheit zu ermöglichen. So können z.B. flexible Wechselkurssysteme den Ländern helfen, externe Schocks zu verarbeiten und intern stabil zu bleiben.

Auch die Geschichte der Eurozone zeigt, dass einer Währungsunion – ohne verschiedene Voraussetzungen zu erfüllen – zahlreiche Hindernisse im Wege stehen. So verursachte die Einführung des Euro insbesondere in den südlichen Ländern massive Schwierigkeiten. Eine einheitliche Geldpolitik für einzelne Länder in unterschiedlichen wirtschaftlichen Situationen schafft Probleme, statt sie zu lösen. Unterschiedliche Situationen erfordern unterschiedliche wirtschaftspolitische Massnahmen. Diversität ist eben stabiler als Einheitlichkeit.

Wirtschaftliches Denken berücksichtigt Dynamik, Veränderung und Diversität.

Schlüsselbegriffe

Die folgenden Schlüsselbegriffe kommen in diesem Kapitel vor und werden zudem am Ende des Buches nochmals erläutert.

- Devisen
- Kaufkraftparitätentheorie
- Zinsparitätentheorie
- Zinsarbitrage
- Realer Wechselkurs
- Nominaler Wechselkurs
- Flexible Wechselkurse
- Fixe Wechselkurse
- Bretton-Woods-System
- Europäisches Währungssystem
- Europäischer Stabilisierungsmechanismus ESM
- Fiskalpakt
- Europäische Währungsunion
- Konvergenzkriterien
- Theorie des optimalen Währungsraums
- Europäische Währungseinheit
- Sonderziehungsrechte

Interview (April 2018)

Reto Föllmi
Professor für internationale Wirtschaftsbeziehungen, Institut für Aussenwirtschaft und angewandte Wirtschaftsforschung an der Universität St. Gallen
(www.siaw.unisg.ch)

Die Prognosen, welche aufgrund der Frankenstärke in den letzten Jahren eine Rezession voraussagten, lagen gründlich daneben: Die Volkswirtschaft Schweiz hat die Frankenstärke gut weggesteckt. Wie ist das zu erklären?

Gegenüber Untergangsprognosen war ich immer skeptisch. Die Schweizer Volkswirtschaft hat schon in der Vergangenheit Aufwertungsphasen gut gemeistert. Zwei Hauptgründe haben meiner Meinung nach dazu beigetragen, dass die Frankenstärke nur einen begrenzten Einfluss auf Konjunktur und Beschäftigung hatte. Erstens reagiert die Schweizer Wirtschaft recht robust auf Wechselkursschwankungen. Mit dem stärkeren Franken können die Exporteure Zulieferungen billiger importieren, sie sind also teilweise gegen Wechselkursschwankungen versichert. Ausserdem ist der Schweizer Export auf hochqualitative Güter und Nischenprodukte spezialisiert, bei denen mehr Preisspielraum besteht und sich damit höhere (Franken-)Preise leichter durchsetzen lassen. Zweitens ist der langfristige Aufwertungstrend des Schweizer Frankens struktureller Natur: Die Terms of Trade, das Verhältnis von Export- zu Importpreisen, sind laufend gestiegen. Es ist der Schweizer Exportindustrie gelungen, Güter herzustellen, die systematisch im Weltmarkt stärker nachgefragt wurden und darum höhere Preise erzielen konnten.

Ist die «Frankenstärke» für die Schweiz gar kein Problem, sondern sogar eine Chance?

Der dauernde Aufwertungsdruck führt dazu, dass die Schweizer Firmen dauernd ihre Produkte oder Prozesse verbessern müssen. Der starke Franken zwingt sie damit, innovativ zu bleiben. Die Aufwertung darf aber nicht zu ruckartig erfolgen, damit die Firmen Zeit haben, sich anzupassen. Ausserdem erhöht der starke Franken die Kaufkraft der Konsumenten – man denke an internationale Reisen – und führt damit zu einer Wohlfahrtssteigerung auf breiter Front.

Der Euro feierte im Jahr 2017 das Comeback des Jahres. Warum? Ist die Euro-Hausse von Dauer? Konnten die strukturellen Probleme in der Europäischen Währungsunion gelöst werden?

Tatsächlich haben sich im Jahr 2017 die konjunkturellen Perspektiven in der Eurozone aufgehellt, was den Euro erstarken liess. Die starke Aufwertung des Euro liegt aber auch einfach daran, dass er in den Jahren zuvor real sehr tief bewertet war. In anderen Wirtschaftsräumen wie Asien oder der USA setzte die Erholung schon viel früher ein, während in der Eurozone noch die Unsicherheiten über die Zukunft der Zone vorherrschten. Konjunkturell hat die Eurozone deutlich aufgeholt und damit sind auch die strukturellen Probleme in den Hintergrund gerückt. Das heisst aber überhaupt nicht, dass diese gelöst wären. Ich vermute, dass sie bei der nächsten konjunkturellen Abschwächung umso deutlicher zutage treten, wenn die nötigen Reformen (z.B. Ausgestaltung der EU-Fiskalpolitik mit Ausgleichsmechanismen, Arbeitsmarktregulierung der Einzelstaaten) bis dahin nicht erfolgt sind.

Die Straffung der Geldpolitik des FED, die steigenden Zinsen, die Steuersenkungen und die gute Konjunktur in den USA lassen eigentlich einen steigenden Dollar erwarten. Aber in den ersten Monaten des Jahres 2018 neigt der Dollar zur Schwäche. Wie ist das zu erklären? Ist das ein langfristiger Trend?

Die Dollarschwäche ist relativ zu verstehen. Man sollte nicht zu schnell aus kurzfristigen Bewegungen von Währungen auf langfristige Trends schliessen. Wie oben besprochen, läuft die Konjunktur der USA gut, allerdings hat sich jüngst die Konjunktur im Euroraum deutlich aufgehellt und der Euro ist wieder zum Dollar erstarkt. Die protektionistische Handelspolitik der Trump-Administration hat überdies Unsicherheiten über die US-Wirtschaftsentwicklung geschürt. In diesem aussenhandelspolitischen Zusammenhang wurde auf den Devisenmärkten wohl auch wieder die Tatsache stärker gewichtet, dass die USA ein «Double deficit» aufweist. Sowohl der Staatshaushalt als auch die Leistungsbilanz weisen ein Defizit auf, und gerade letzteres schwächt den Dollar.

Repetitionsfragen

Die Antworten finden Sie im Text dieses Kapitels sowie auf der Homepage des Verlages, edu.somedia-buchverlag.ch.

1. a) Was besagt die Kaufkraftparitätentheorie?
   b) Weshalb können die Wechselkurse von den Kaufkraftparitäten abweichen?

2. a) Unter welcher Voraussetzung spricht man von einer überbewerteten Währung?
   b) Welche Folgen sind von einem überbewerteten Franken auf die schweizerische Volkswirtschaft zu erwarten?
   c) Unter welchen Voraussetzungen können Devisenmarkttransaktionen der Notenbanken erfolgreich sein?

3. a) Welches ist der Hauptvorteil von flexiblen Wechselkursen?
   b) Welches ist der Hauptnachteil von flexiblen Wechselkursen?

4. Welche Aufgaben erfüllt der Internationale Währungsfonds?

5. a) Weshalb strebte die EU eine Währungsunion an?
   b) Welche Hauptargumente wandten die Kritiker gegen die Währungsunion ein?

6. Warum hat die SNB einen Mindestkurs für den Euro im September 2011 eingeführt und im Januar 2015 wieder aufgehoben?

Interessante Homepages
(Direkte Verlinkung siehe edu.somedia-buchverlag.ch)

Die Homepage des Staatssekretariats für internationale Finanzfragen der Schweiz orientiert über die Beziehungen zum IWF und der Weltbank:
http://www.sif.admin.ch

Alles zur Europäischen Wirtschafts- und Währungsunion erfahren Sie unter:
http://ec.europa.eu

Zur Funktionsweise des ESM siehe:
http://www.esm.europa.eu
und
http://www.bundesfinanzministerium.de

Beispielhaft die Rettungsmassnahmen für Portugal:
http://www.efsf.europa.eu

Der Wortlaut der historischen Rede von Mario Draghi, 26. Juni 2012:
http://www.ecb.europa.eu

Informationen über die Wechselkursregimes aller Länder der Welt erhalten Sie unter:
http://www.imf.org

Anhang
Sachwortverzeichnis
Schlüsselbegriffe
Internationale
Organisationen

Sachwortverzeichnis

A–E

Adverse Selection, 61
Akzelerator, 102
Allmendegüter, 61
Allokationsfunktion, 57
Alterspyramide, 223
Alterslastquotient, 223
Angebotskurve, 33
Angebotsökonomie, 120
Angebotsüberschuss, 41
Anreize, 22
Antizyklische Finanzpolitik, 110
APEC, 149
Arbeitslosenquote, 96
Arbeitslosigkeit, 46
Arbeitslosigkeit, freiwillige, 190
Arbeitslosigkeit, friktionelle, 192
Arbeitslosigkeit, konjunkturelle, 192
Arbeitslosigkeit, strukturelle, 192
Arbeitsmarktmodell, 190
Arbeitsproduktivität, 128
Arbeitsteilung, 16
Arbeitszeitverkürzungen, 195
Armut, 219
Asymmetrische Information, 140
Auslandsvermögen, 258
Ausrüstungsinvestitionen, 83
Ausschlussprinzip, 59
Automatische Stabilisatoren, 206

Bauinvestitionen, 83
Bedarfsgerechtigkeit, 218
Bedürfnisse, 14
Beschäftigte, 146
Betriebsminimum, 48
Beveridge-Kurve, 193
Bilanz Primäreinkommen, 254
Bilanz Sekundäreinkommen, 254
Bilaterale Verträge, 247

Bildungspolitik, 133
Binnenmarktprogramm, 149
Bitcoin, 177
Break-even-point, 48
Bretton-Woods-System, 271
Bruttoanlageinvestitionen, 97
Bruttoinlandprodukt, 84
Bruttoinvestitionen, 83
Bruttonationaleinkommen, 91
Buchgeld, 162

Ceteris paribus, 30
Coase-Theorem, 137
Cournotscher Punkt, 50
Crowding-out, 112

Defizite, konjunkturelle, 206
Defizite, strukturelle, 206
Defizitquote, 216
Deflation, 277
Depression, 101
Devisen, 167
Devisenmarkt, 269
Dienstleistungen, 15
Dienstleistungsbilanz, 253
Direktinvestitionen, 258
Disinflation, 182
Durchschnittskosten, 47
Dynamic Pricing, 43

Economies of scale, 235
ECU, 272
Effizienz, 41
Effizienzlohntheorie, 191
EFTA, 241
Eigentumsrechte, 61
Einkommenseffekt, 32
Einkommenselastizität, 39

Einkommensmultiplikator, 166
Elastizität, 36
Ersparnisse, 82
Ertragsbilanz, 271
Ertragsgesetz, 35
Erwerbsquote, 132
Erwerbslosenquote, 197
Erwerbstätige, 130
Erwerbstätigenquote, 197
EURO, 241
Europäische Integration, 243
Europäische Union, Organe, 242
Europäische Währungsunion, 272
Europäisches Währungssystem, 278
EWR, 236
Expansive Finanzpolitik, 113
Expansive Geldpolitik, 171
Exportquote, 92
Externe Effekte, 72

Finanzausgleich, 216
Finanzierungsregel, 211
Finanzpolitik, antizyklische, 110
Fiskalimpuls, 113
Fiskalquote, 204
Fixe Wechselkurse, 271
Fixkosten, 35
Flexible Wechselkurse, 272
Freihandelspostulat, 234

GATS, 239
GATT, 239
Geld, 16
Geldfunktionen, 17
Geldmengen, 117
Geldpolitik, 117
Geldschöpfungsmultiplikator, 166
Gesamtangebotskurve, 98
Gesamtnachfragekurve, 98
Gewinnschwelle, 48
Giroguthaben, 168
Globalisierung, 146
Gossensche Gesetze, 32
Grenzen des Wachstums, 129
Grenzerlös, 49
Grenzertrag, 35
Grenzkosten, 35
Grenzneigung zum Konsum, 101
Grenznutzen, 32
Güter, inferiore, 40

Handelsbilanz, 253
Handelshemmnisse, nicht-tarifäre, 239
Hochkonjunktur, 93

Homo oeconomicus, 18
Humankapital, 16
Hyperinflation, 178

Importquote, 84
Indexmechanismen, 180
Inflation, 117
Inflation, importierte, 178
Inflationsbekämpfung, 180
Inflationsfolgen, 180
Inflationsprognose, 170
Inflationsursachen, 187
Inflationsziel, 170
Inländerprinzip, 238
Inlandprinzip, 91
Innovationspolitik, 133
Insider-Outsider-Modell, 190
Interessenverbände, 68
Internalisierung externer Kosten, 137
Investitionen, 56
Investitionsgüter, 15
Investitionsfalle, 109
Investitionsprogramme, 113
Investitionsquote, 83
IWF, 210

Kapazitätseffekt, 100
Kapitaldeckungsverfahren, 225
Kapitalbilanz, 249
Kartelle, 50
Kaufkraftparitätentheorie, 264
Keynes / Keynesianismus, 108
Klassiker, 109
Knappheit, 14
Kollektivgüter, 60
Komparative Kostenvorteile, 232
Komplementärgüter, 31
Konjunktur, 93
Konjunkturbarometer, 96
Konjunkturpolitik, 107
Konjunkturtheorien, 99
Konjunkturzyklus, 93
Konkurrenz, monopolistische, 51
Konkurrenz, vollkommene, 49
Konsum, 15
Konsumentenrente, 42
Konsum des Staates, 82
Konsumgüter, 15
Konsumquote, 83
Konvergenzkriterien, 275
Kosten, 47
Kosten, externe, 60
Kostenvorteile, absolute, 232
Kostenvorteile, relative, 236

L–S

Laffer-Kurve, 119
Landesindex der Konsumentenpreise, 170
Leistungsbilanz, 249
Leistungsgerechtigkeit, 195
Lenkungsabgaben, 138
Liberalismus, 67
Libor-Satz, 170
Liquiditätsfalle, 109
Lohnbildung, 122
Lohn-Preis-Spirale, 279
Lohnquote, 80
Lorenzkurve, 81

Maastrichter Verträge, 241
Markt, 33
Marktangebot, 34
Marktfunktionen, 63
Marktgleichgewicht, 41
Marktnachfrage, 33
Marktversagen, 59
Marktwirtschaft, 56
Massenproduktion, 235
Meistbegünstigung, 238
Menu costs, 109
Mindestlöhne, 46
Mindestreserven, 187
Mittelwertmethode, 38
Monetarismus, 115
Monetisierungsfunktion, 166
Monopol, 49
Monopolistische Konkurrenz, 51
Moral hazard, 61
Multiplikator, 100

Nachfragekurve, 31
Nachfrageüberschuss, 41
Nachhaltige Entwicklung, 136
Nachtwächterstaat, 108
NAFTA, 149
Nationalbank, 167
Nationaleinkommen, 91
Negative Einkommenssteuer, 226
Nettobetriebsüberschuss, 80
Nettoexporte, 83
Nettoinlandprodukt, 92
Nettoinvestitionen, 85
Nettonationaleinkommen, 91
Neue Politische Ökonomie, 203
Neue Wachstumstheorie, 131
Nicht-Rivalität im Konsum, 59
Notenbankgeldmenge, 163

Öffentliche Güter, 60
Oligopol, 51
Opportunitätskosten, 18

Paritätskurs, 265
Phillips-Kurve, 179
Planwirtschaft, 141
Politische Ökonomie, 203
Portfolioinvestitionen, 250
Preiselastizität des Angebots, 39
Preiselastizität der Nachfrage, 37
Preisfunktionen, 56
Primärhaushalt, 211
Produktinnovationen, 130
Produktionsfaktoren, 14
Produktionspotenzial, 93
Produktivität, 17
Produzentenrente, 42
Progression, kalte, 180
Protektionismus, 64
Prozessinnovationen, 130
Public Choice, 64

Quantitätsgleichung des Geldes, 115

Rahmenbedingungen, 63
Rationale Erwartungen, 123
Realer Wechselkurs, 267
Realkapital, 16
Regulierungen, 59
Regulierte Preise, 180
Relative Preise, 32
Rent Seeking, 59
Repo-Geschäft, 167
Ressourcen, 16
Restriktive Geldpolitik, 180
Revitalisierungsprogramm, 149
Rezession, 93
Risikokapital, 154

Sachkapital, 132
Schuldenbremse, 210
Schuldenquote, 206
Selbstregulierungen, 136
Sichtguthaben, 162
SNB-Bills, 169
Sockelarbeitslosigkeit, 193
Sonderziehungsrechte, 272
Sozialausgaben, 222
Soziallastquote, 222
Sozialleistungsquote, 222
Sozialpolitik, 217
Sozialversicherungen, 77
Spareinlagen, 162

Sparparadoxon, 82
Speisekarten-Kosten, 109
Spieltheorie, 23
Staatsdefizite, 209
Staatskonsum, 110
Staatsquote, 204
Staatsversagen, 64
Staatsverschuldung, 208
Stabilisatoren, automatische, 113
Stagflation, 119
Standortattraktivität, 195
Stellensuchende, 197
Strukturelles Defizit, 216
Strukturpolitik, 153
Strukturwandel, 146
Stückkosten, 47
Substitutionseffekt, 32
Substitutionsgüter, 31
Subventionen, 22
Sustainable Development, 136

Tausch, 16
Termineinlagen, 162
Terms of trade, 234
Time lags, 112
Trade offs, 21
Transaktionskonti, 162
Transaktionskosten, 17
Transformationskurve, 233
TRIPS, 239
Trittbrettfahrer, 60

Unternehmertum, 58
Umlageverfahren, 223
Umlaufsgeschwindigkeit, 115
Umweltsteuer, 137
Umweltzertifikate, 138
Unsichtbare Hand, 58

Variable Kosten, 35
Verrechnungseinheit, 17
Verteilungsgerechtigkeit, 63
Volkswirtschaftliche Gesamtrechnung, 74
Vorleistungen, 75
Vorratsveränderungen, 83

Wachstum, 127
Währungsunion, 273
Wechselkurs, 263
Wechselkurs, fixer, 271
Wechselkurs, flexibler, 269
Wechselkurs, realer, 267
Wechselkurssysteme, 263
Wertaufbewahrungsmittel, 17

Wertschöpfung, 76
Wettbewerbsfähigkeit, 21
Wettbewerbspolitik, 133
Wirtschaftskreislauf, 74
Wirtschaftssektoren, 150
Wissen, 16
Wohlfahrt, 46
WTO, 236

Zahlungsbilanz, 249
Zahlungsmittel, 17
Zielharmonie, 21
Zielkonflikte, 117
Zielkonkurrenz, 21
Zielneutralität, 21
Zinsarbitrage, 265
Zinslast, 210
Zinsparitätentheorie, 265
Zinszielband, 169

Schlüsselbegriffe

In Klammern (...) wird auf das Kapitel verwiesen, in welchem der Schlüsselbegriff behandelt wird. *Kursiv* gedruckte Wörter bei Erklärungen von Schlüsselbegriffen sind ihrerseits Schlüsselbegriffe.

Adverse selection (3.2): (=falsche Auslese) Bezieht sich auf Situationen, in denen die eine Marktseite wichtige qualitative Eigenschaften der Marktgegenseite nicht beobachten kann. Aufgrund dieser versteckten Informationen dominiert auf einem Markt eine mindere Qualität. Adverse selection führt zu einem *Marktversagen*.

Allmendegüter (3.3): Güter, die im Gebrauch rivalisierend sind, aber nicht ausschliessbar.

Akzeleratortheorie (5.3): Veränderungen der Nachfrage (z.B. durch Ausgabenerhöhungen oder Steuersenkungen des Staates) lösen eine überproportionale Veränderung der *Investitionen* aus.

Allokationsfunktion (3.1): Preise übernehmen die Steuerung, wie knappe Ressourcen für die Herstellung verschiedener Güter eingesetzt werden. Die *Marktwirtschaft* sorgt für eine effiziente Allokation der Ressourcen: Die knappen Mittel werden der produktivsten Verwendung zugeführt, das Gesamtprodukt wird maximiert.

Alterslastquotient (12.4): Zahl der über 64-Jährigen dividiert durch Zahl der 20- bis 64-Jährigen. Zeigt auf, wie viele Erwerbstätige einen Rentenberechtigten finanzieren müssen (im Umlageverfahren).

Angebotsinflation (9.8): Wenn Kostensteigerungen z.B. infolge von höheren Löhnen oder Rohstoffpreisen eine Inflation verursachen.

Angebotskurve (2.4): Die Angebotskurve zeigt, welche Mengen die Anbieter zu unterschiedlichen Preisen zu verkaufen bereit sind.

Angebotsorientierte Konzeption (6.4): Die Angebotsökonomen diagnostizieren schlechte Bedingungen für die Anbieter (zu hohe Kosten, Einschränkungen durch den Staat, zu viele Staatsinterventionen) und fordern in vielen Bereichen den Rückzug des Staates und mehr *Marktwirtschaft* (Deregulierungen, Privatisierungen, Senkung der Abgabenlasten, Verbesserung der unternehmerischen Rahmenbedingungen).

Angebotsüberschuss (2.8): Bei einem über dem Marktgleichgewichtspreis liegenden Preis ist die angebotene Menge grösser als die nachgefragte Menge.

Anreize (1.6): Externe Einflussgrössen, z.B. Preise, Steuern, Verbote, moralische Appelle, Bonuszahlungen, Lob etc., auf die Motivation des menschlichen Verhaltens zur Erreichung von Vorteilen.

Antizyklische Finanzpolitik (6.2): Gegen den Konjunkturverlauf gerichteter Einsatz der Finanzpolitik: In der *Rezession* muss der Staat die Ausgaben erhöhen und die Einnahmen kürzen; im Aufschwung muss er die Ausgaben kürzen und die Einnahmen erhöhen.

APEC (8.2): Asiatic Pacific Economic Cooperation. Forum für wirtschaftliche Zusammenarbeit im asiatisch-pazifischen Raum. Gegründet am 6. November 1989 in Canberra.

Arbeitslosigkeit (10.2): Teile der Bevölkerung finden keine Beschäftigung. Folgende Typen von Arbeitslosigkeit können unterschieden werden: **Friktionelle Arbeitslosigkeit** entsteht aufgrund von Suchprozessen infolge Stellenwechsel. Bei **konjunktureller Arbeitslosigkeit** liegt die Ursache in einem konjunkturbedingten Rückgang der Nachfrage. Bei **struktureller Arbeitslosigkeit** stimmt das Angebot in qualitativer, regionaler, branchenmässiger Hinsicht nicht mit der Nachfrage überein. **Sockelarbeitslosigkeit** (auch natürliche Arbeitslosigkeit genannt) umfasst den Umstand, dass nach jedem konjunkturellen Einbruch ein Sockel an Arbeitslosen zurückgelassen wird, der auch im Aufschwung bestehen bleibt. Sie setzt sich aus struktureller und friktioneller Arbeitslosigkeit zusammen.

Schlüsselbegriffe

Arbeitslosenquote (10.4): Zahl der bei den regionalen Arbeitsvermittlungsstellen (RAV) gemeldeten Arbeitslosen in % der Erwerbspersonen im Alter von 15 bis 64 Jahren (Erwerbstätige und Arbeitslose).

Arbeitsproduktivität (7.3): Leistung (*Wertschöpfung*, produzierte Einheiten) pro Mitarbeiter in einer gewissen Zeit oder pro Arbeitsstunde.

Ausgeglichener Primärhaushalt (11.6): Richtlinie für die Entwicklung der Staatsverschuldung, wonach der Haushaltssaldo ohne Zinszahlungen langfristig konstant sein sollte.

Automatische Stabilisatoren (6.2): Insbesondere die Steuereinnahmen, die Arbeitslosenunterstützung und die Schuldenbremse sorgen dafür, dass die Veränderung des Staatsbudgets automatisch *antizyklisch* wirkt.

Bedarfsgerechtigkeit (12.1): Die Einkommensverteilung wird dann als gerecht empfunden, wenn jeder Mensch unabhängig von seiner Leistungsfähigkeit ein Einkommen hat, das seinen materiellen Bedarf finanziert.

Bedürfnispyramide von Maslow (1.1): Die Bedürfnispyramide von Maslow teilt die Bedürfnisse in fünf Gruppen ein und ordnet sie (von unten nach oben) nach ihrer Dringlichkeit: Grundbedürfnisse, Sicherheitsbedürfnisse, Soziale Bedürfnisse, Wertschätzungsbedürfnisse, Selbstverwirklichungsbedürfnisse.

Beveridge-Kurve (10.3): Stellt die Arbeitslosen in Beziehung zu den offenen Stellen. Sie zeigt die Entwicklung der *Sockelarbeitslosigkeit*.

Bilanz der Primäreinkommen (14.2): Gegenüberstellung der Arbeits- und Kapitalerträge aus dem Ausland und den Arbeits- und Kapitalerträgen an das Ausland.

Bilanz der Sekundäreinkommen (14.2): Gegenüberstellung der Laufenden Übertragungen aus dem Ausland und den Laufenden Übertragungen an das Ausland.

Bilaterale Verträge der Schweiz mit der EU (13.5): Zweiseitige Verträge der Schweiz mit der EU über die gegenseitige Liberalisierung und Zusammenarbeit in verschiedensten Bereichen.

Binnenmarktprogramm der EU (13.4): Durch die Realisierung von vier Freizügigkeiten (Güter, Dienstleistungen, Kapital und Personen) soll der Handel erleichtert und der Wohlstand gesteigert werden.

BIP-Pro-Kopf (7.1): BIP dividiert durch die Bevölkerungszahl.

Boom (5.1): Konjunkturelle Phase, in der eine sehr starke überdurchschnittliche Kapazitätsauslastung der Fall ist, was sich in starken Lohnerhöhungen, Preissteigerungen und Zinssteigerungen äussert.

Break-even-point (2.12): Preis / Mengenkombination, bei der weder Gewinn noch Verlust entsteht (Gewinnschwelle).

Bretton-Woods-System (15.3): System von *fixen Wechselkursen* (1944–1973). Jedes Mitgliedsland definierte seine Währung in Gold oder Dollar und die amerikanische *Nationalbank* verpflichtete sich, alle Dollarguthaben auf Verlangen zum abgemachten Kurs in Gold einzulösen.

Bruttoinlandprodukt, BIP (4.2): Wert aller im Laufe eines Jahres im Inland erbrachter *Wertschöpfungen*, bewertet zu Marktpreisen.

Bruttoinvestitionen (4.4): Derjenige Teil der *Wertschöpfung*, der für Produktionsanlagen, Lagerzunahmen oder öffentliche Einrichtungen verwendet wird. Die Bruttoinvestitionen werden in Bauinvestitionen (Gebäude, Tief- und Hochbau), Ausrüstungsinvestitionen (Maschinen, Geräte, Einrichtungen) und Vorratsveränderungen (Lagerzunahmen) unterteilt. Die Bruttoinvestitionen abzüglich die Ersatzinvestitionen (Abschreibungen) ergeben die Nettoinvestitionen.

Buchgeld (9.1): Jederzeit in Bargeld umwandelbare Bank- und Postscheckguthaben, die dem bargeldlosen Zahlungsverkehr dienen.

Coase-Theorem (7.4): Dank klar geregelten Eigentumsrechten können *externe* Effekte ausgebügelt werden.

Cournotscher Punkt (2.13): Zeigt den gewinnoptimalen Preis und die Menge beim *Monopol*.

Crowding-out (6.2/11.5): Durch staatliches Handeln werden privatwirtschaftliche Aktivitäten verdrängt. Z. B.: Verdrängung von privaten *Investitionen* durch ansteigende Zinsen als Folge einer zunehmenden Staatsverschuldung.

Defizitquote (11.4): Prozentualer Anteil des Staatsdefizits im Verhältnis zum BIP.

Deflation (9.10): Gegenstück zur Inflation. Deflation bedeutet einen generellen Rückgang des Preisniveaus über längere Zeit.

Depression (5.1): Konjunkturelle Phase, in der die Auslastung der Produktionskapazitäten stark unter dem Durchschnitt liegt, was sich v. a. auch in Massenarbeitslosigkeit äussert.

Devisen (9.4): Von Inländern gehaltene, auf fremde Währung lautende Guthaben.

Devisenswap (9.4): Verkauf von Devisen per Kasse und gleichzeitiger Kauf auf Termin oder umgekehrt.

Die unsichtbare Hand (3.1): Die Metapher von Adam Smith, wonach das grösstmögliche Wohl aller wie durch eine unsichtbare Hand herbeigeführt wird, obwohl jeder Einzelne seinen eigenen Nutzen maximiert.

Dienstleistungsbilanz (14.2): Gegenüberstellung zwischen Dienstleistungsexporten und -Importen.

Direktinvestitionen (14.1): Gründung, Erwerb oder Beteiligungen an / von Tochtergesellschaften oder Filialen im Ausland.

Direkte Steuern (11.3): Zwangsabgaben an den Staat auf Einkommen und Vermögen.

Disinflation (9.10): Disinflation bezeichnet eine Verminderung der *Inflation*, jedoch nicht ein Sinken des Preisniveaus *(Deflation)*. Disinflationspolitik zielt darauf ab, die Inflationsrate in einer Volkswirtschaft zu reduzieren.

Dynamic Pricing (2.10): Dynamic Pricing ist eine Preisstrategie, bei der Unternehmen die Preise für ihre Produkte oder Dienstleistungen auf Basis des aktuellen Marktbedarfs anpassen oder aufgrund von individuellen Merkmalen.

Economies of scale (13.1): Mit zunehmender Produktionsmenge sinken die Stückkosten, v.a. weil die Fixkosten pro Stück sinken.

Einkommenseffekt (2.3): Preisänderungen bei einem Gut wirken wie eine Einkommensänderung: Steigt der Preis bei Gut A, so bedeutet dies, dass der Nachfrager dieses Gutes relativ ärmer wird.

Einkommenseffekt (5.3): Investitionen bedeuten für deren Produzenten mehr Einkommen. Dies ergibt später eine höhere Nachfrage und damit eine höhere Auslastung des Produktionspotenzials. Eine der zwei Wirkungen von Investitionen.

Einkommenselastizität (2.7): Sie zeigt die prozentuale Veränderung der nachgefragten Gütermenge an, wenn sich das Einkommen der privaten Haushalte um ein Prozent ändert.

Effizienz (3.1): Aus knappen Ressourcen das Beste herausholen. Maximierung der Wohlfahrt einer Gesellschaft durch einen optimalen Einsatz der Ressourcen.

Effizienzlohntheorie (10.1): Lohnerhöhungen wirken einerseits kostensteigernd, andererseits wirken sie durch Anreize zu höheren Leistungen auch kostensenkend. Diese Theorie erklärt, weshalb Unternehmungen nicht unbedingt an tieferen Löhnen interessiert sind und deshalb Arbeitslosigkeit nicht abgebaut werden kann.

Elastizität (2.7): Masszahl für die prozentuale Veränderung einer abhängigen Grösse im Verhältnis zur prozentualen Veränderung einer unabhängigen Grösse. **Preiselastizität der Nachfrage:** Relative Veränderung der nachgefragten Menge infolge einer relativen Änderung des Preises. **Preiselastizität des Angebotes:** Relative Veränderung der angebotenen Menge infolge einer relativen Änderung des Preises. **Einkommenselastizität:** Relative Änderung der Nachfrage infolge einer relativen Änderung des Einkommens.

Ertragsgesetz (2.6): Wird der Einsatz eines *Produktionsfaktors* bei Konstanz der Menge der übrigen Faktoren erhöht, so nimmt der Ertrag zunächst mit steigenden, dann mit fallenden *Grenzerträgen* zu, bis schlussendlich der Gesamtertrag sinkt, der *Grenzertrag* also negativ wird.

Europäischer Fiskalpakt (13.4): Ergänzender Vertrag (zum Maastrichtvertrag), der die Länder zur Budgetdisziplin und zur Einhaltung der Maastrichtkriterien unter Androhung von Sanktionen zwingen soll.

Europäischer Stabilisierungsmechanismus ESM (13.4): Vertrag zur Unterstützung zahlungsunfähiger Mitgliedstaaten der Eurozone.

Europäischer Stabilisierungsmechanismus (15.5): Der ESM ist ein Krisenfonds, der ab Juli 2013 den Mitgliedsländern der Europäischen Währungsunion, deren regulärer Zugang zur Finanzierung über den Markt beeinträchtigt ist, mit Krediten finanziellen Beistand leisten kann.

Europäische Währungseinheit, ECU (15.3): European Currency Unit, zentraler Punkt des EWS. Der ECU ist als Währungskorb definiert, der sich aus bestimmten Beträgen der Währungen der Mitgliedsländer zusammensetzt.

Europäische Währungsunion (15.4): Mit den *Maastrichter Verträgen* kam dem EWS eine neue Aufgabe zu: Es sollte den Übergang zu einer Währungsunion, einer einheitlichen europäischen Währung, sicherstellen. Ab 1999 soll zu unwiderruflich *fixen Wechselkursen* und schliesslich im Jahr 2002 zu einer Ablösung der nationalen Währungen durch den EURO übergegangen werden.

Europäisches Währungssystem, EWS (15.3): Geht auf einen gemeinsamen Vorschlag des französischen Präsidenten

Valéry Giscard d'Estaing und des deutschen Kanzlers Helmut Schmidt zurück (1978). Das EWS ist ein Regime *fixer Wechselkurse*. Zu den Bausteinen des EWS gehören die *Europäische Währungseinheit* (ECU), eine Interventionsverpflichtung und der europäische Fonds für währungspolitische Zusammenarbeit (zur Gewährung von Krediten).

Expansive Geldpolitik (9.6): Einsatz der geldpolitischen Instrumente der *Nationalbank* zur Vergrösserung der Geldmenge (Geldmenge wächst stärker als das *Produktionspotenzial*).

Explizite Staatsverschuldung (11.6): Die gemäss offizieller Statistik ausgewiesene Staatsschuld, welche die Summe der aktuellen Verpflichtungen umfasst.

Exportquote (4.4): Anteil der Ausfuhren eines Landes in Prozent des *Bruttoinlandproduktes*.

Externe Effekte (3.2): Kosten oder Nutzen, die bei der Produktion oder im Konsum entstehen, jedoch nicht vom Verursacher getragen bzw. genossen werden.

Externe Kosten (3.2): Kosten von Konsumenten oder Produzenten, welche nicht vom Verursacher selbst getragen werden, sondern auf Dritte überwälzt werden. Die Folge ist Marktversagen.

Externe Nutzen (3.2): Nutzen des Konsumenten oder Produzenten, welche nicht ihnen selbst zufallen, sondern Dritten. Die Folge ist Marktversagen.

Finanzausgleich (11.2): Übertragungen zwischen staatlichen Körperschaften zum Ausgleich zwischen Finanzkraft und Finanzbedarf oder als Abgeltung für die Übernahme von übergeordneten Aufgaben.

Fiskalimpuls (6.2): Veränderung des strukturellen Saldos der Staatsrechnung im Verhältnis zum BIP. Zeigt die Wirkung (expansiv oder restriktiv) der Finanzpolitik an.

Fiskalpakt (15.5): Vertrag zwischen den Eurostaaten, der zur Reduktion der Staatsverschuldung der einzelnen Länder und zur besseren Zusammenarbeit in der Fiskalpolitik führen soll.

Fiskalquote (11.1): Steuern und Sozialversicherungsbeiträge in Prozent des *BIP*.

Fixe Wechselkurse (15.3): Bei fixen *Wechselkursen* sorgen die *Nationalbanken* durch Käufe oder Verkäufe von Devisen dafür, dass die *Wechselkurse* innerhalb einer Bandbreite bleiben.

Flexible Wechselkurse (15.2): Von flexiblen *Wechselkursen* spricht man, wenn sich der *Wechselkurs* nach Angebot und Nachfrage – ohne Interventionen der *Nationalbank* – bildet.

Freie Güter (1.1): Freie Güter sind im Verhältnis zu den vorhandenen Bedürfnissen im Übermass vorhanden und deshalb gratis.

Freihandelspostulat (13.1): Gemäss diesem Postulat schafft der ungehinderte internationale Handel den grösstmöglichen Wohlstand für alle.

Geld (1.2): Zahlungsmittel in Form von Bar- oder *Buchgeld*. Erfüllt auch die Funktionen der Wertaufbewahrung und der Recheneinheit.

Geldmengen M1, M2, M3 (9.1): M1: Umfasst das Bargeld, die Sichteinlagen bei den Banken und der Post sowie die Guthaben auf den Transaktionskonten. M2: Umfasst die Geldmenge M1 und zusätzlich die Spareinlagen (ohne Vorsorgegelder). M3: Umfasst die Geldmenge M2 und zusätzlich die Termineinlagen.

Geldfunktionen (1.2): Geld erfüllt im Wesentlichen drei Aufgaben oder erfüllt drei Zwecke: Wertaufbewahrung, Zahlungsmittel und Recheneinheit.

Geldschöpfungsmultiplikator (9.2): Vermehrung der Geldmenge durch das Kreditschöpfungspotenzial der Geschäftsbanken.

Gesamtangebotskurve (5.3): Die Gesamtangebotskurve zeigt die Menge von Gütern, welche Unternehmen zu unterschiedlichen Preisen produzieren und verkaufen möchten.

Gesamtarbeitsverträge (10.1): Arbeitsverträge, welche zwischen Arbeitnehmer- und Arbeitgeberverbänden ausgehandelt wurden. Sie enthalten für die unterstellten Arbeitsverhältnisse einheitliche Minimalstandards über Löhne, Ferien, Arbeitszeit etc.

Gesamtnachfragekurve (5.3): Die Gesamtnachfragekurve zeigt die Menge von Gütern, welche Unternehmen, Haushalte und Staat zu unterschiedlichen Preisen zu kaufen bereit sind.

Gesetz vom abnehmenden Grenznutzen (2.3): Wird auch als das erste Gossensche Gesetz bezeichnet: Der Grenznutzen eines Gutes nimmt bei zunehmendem Konsum ab.

Gesetz vom Ausgleich der Grenznutzen (2.3): Wird auch als das zweite Gossensche Gesetz bezeichnet: Das Einkommen wird so verwendet, dass jeder zusätzlich ausgegebene Franken bei allen Verwendungen gleich gross ist.

Gestaltbare Wachstumsfaktoren (7.2): Dazu zählen Faktoren wie politische Stabilität, Rechtssicherheit, Infrastruktur oder die Wirtschaftspolitik der Regierung.

Gewinnschwelle (2.12): Gleichbedeutend: Break-Even-Punkt. Preis-/Mengenkombination, bei der weder Gewinn noch Verlust entsteht (Ertrag gleich Kosten).

Giroguthaben der Banken (9.1): Teil der Notenbankgeldmenge, also eine Passivposition in der Notenbankbilanz. Aus Sicht der SNB: Giroverpflichtungen gegenüber den Geschäftsbanken. Aus Sicht der Banken: Guthaben bei der SNB.

Goldene Finanzierungsregel (11.6): Die Budgetdefizite sollen die Höhe der Staatsinvestitionen nicht übersteigen. Kennzahl zur Beurteilung der Staatsverschuldung.

Gossensche Gesetze (2.3): Erstes Gossensches Gesetz: Der *Grenznutzen* eines Gutes nimmt bei zunehmender Menge ab (Gesetz vom abnehmendem Grenznutzen). Zweites Gossensches Gesetz: Der *homo oeconomicus* versucht den *Grenznutzen* pro aufgewendeter Geldeinheit zu maximieren. Dieses Maximum ist dann erreicht, wenn der *Grenznutzen* pro Geldeinheit in allen Verwendungsrichtungen gleich gross ist (Gesetz vom Ausgleich der *Grenznutzen*).

Grenzerlös (2.13): Zunahme des Erlöses, der beim Verkauf einer zusätzlichen Einheit entsteht.

Grenzertrag (2.6): Zunahme des Ertrages, wenn der Einsatz eines *Produktionsfaktors* um eine Einheit erhöht wird.

Grenzkosten (2.6): Kosten, die bei der Produktion einer zusätzlichen Einheit entstehen.

Grenzneigung zum Konsum (5.3.) Anteil eines zusätzlichen Einkommens, welcher zu zusätzlichem Konsum verwendet und damit nicht gespart wird.

Grenznutzen (2.3): Zusätzlicher Nutzen aus der letzten konsumierten Einheit eines Gutes.

Handelsbilanz (14.2): Gegenüberstellung zwischen Warenexporten und -importen.

Hochkonjunktur (5.1): Konjunkturelle Phase, in der die Produktionskapazitäten über dem Durchschnitt ausgelastet sind.

Homogene Güter (2.8): Völlig gleichwertige und gleichartige Güter, die ein Bedürfnis genau gleich erfüllen.

Homo oeconomicus (1.3): Ökonomischer Modellmensch, der sich rein rational im Sinne der Nutzenmaximierung verhält.

Implizite Staatsverschuldung (11.6): Sie umfasst zusätzlich zur expliziten Verschuldung auch die nicht gedeckten wahrscheinlichen zukünftigen Verpflichtungen des Staates wie insbesondere nicht finanzierte Rentenansprüche aus Sozialversicherungen. Meist ein Vielfaches der expliziten Staatsverschuldung.

Importierte Inflation (9.8): Preissteigerungen, die auf eine Zunahme der Exporte oder höhere Importpreise zurückzuführen sind.

Importquote (4.4): Anteil der Importe in Prozent des BIP, wenn man dieses von der Verwendungsseite her betrachtet.

Indirekte Steuern (11.3): Zwangsabgaben an den Staat auf den Konsumausgaben.

Inferiore Güter (2.7): Güter, bei denen die Einkommenselastizität kleiner als null ist.

Inflation (9.11): Anhaltende Abnahme des Geldwertes bzw. Erhöhung des Preisniveaus, gemessen an der Entwicklung des *Landesindex der Konsumentenpreise*.

Innovationen (7.2): Neue Erkenntnisse und ihre Umsetzung in den Wirtschaftsprozess. Man unterscheidet Produktinnovationen (neue Güter), Prozessinnovationen (neue Produktionsverfahren) und Marktinnovationen (neue Märkte).

Insider-Outsider-Modell (10.1): Gemäss diesem Modell nutzen die Arbeitsplatzbesitzer (die Insider) ihre Macht in der Weise aus, dass sie Lohnerhöhungen für sich durchsetzen und damit den Arbeitslosen (den Outsidern) keine Chance geben, durch Lohnkürzungen einen Arbeitsplatz zu erhalten.

Internalisierung externer Kosten (7.4): Durch verschiedene Instrumente (z.B. Steuern, *Lenkungsabgaben*, Umweltzertifikate) soll dafür gesorgt werden, dass die Verursacher von *externen Kosten* für diese selbst aufkommen müssen.

Investitionen (4.6): Siehe *Bruttoinvestitionen*.

Investitionsfalle (6.2): Situation, in der eine Geldmengenerhöhung unwirksam bleibt, weil die Unternehmungen aufgrund schlechter Zukunftserwartungen trotz sinkenden Zinsen nicht investieren.

Investitionsquote (4.4): Anteil der Investitionen eines Landes in Prozent des *Bruttoinlandprodukts*.

Kapazitätseffekt (5.3): Investitionen erhöhen nebst den Einkommen (Einkommenseffekt) auch die vorhandenen Produktionsmöglichkeiten.

Kapitaldeckungsverfahren (12.2): Begriff aus den Sozialversicherungen. Individuelle Beiträge werden auf einem Konto angesammelt und später mit Zins für die individuellen Pensionen verwendet (z.B. Finanzierung der beruflichen Vorsorge).

Kapitalbilanz (14.3): siehe Zahlungsbilanz

Kartelle (3.4): Unter Kartellen versteht man Absprachen zwischen Unternehmungen über Preise (Preiskartelle), Mengenaufteilungen (Mengenkartelle) und/oder Gebietsaufteilungen (Gebietskartelle) mit dem Ziel, den Wettbewerb zu beeinflussen.

Kaufkraftparitäten (15.1): Die Kaufkraftparität gibt das Verhältnis der Kaufkraft zwischen zwei Währungen an. Die absolute Kaufkraftparität besagt, dass eine Einheit einer Währung in allen Ländern die gleiche Kaufkraft haben sollte. Die relative Kaufkraftparität besagt, dass die Änderung des Wechselkurses durch die Differenz in den *Inflationsraten* bestimmt wird.

Kaufkraftparitätentheorie (15.1): Der Wechselkurs zwischen zwei Währungen bildet sich so, dass ein vergleichbarer Korb von Gütern und Dienstleistungen in den betrachteten Ländern gleich viel kosten würde.

Knappheit (1.1): Knappheit ist die Grundannahme der Volkswirtschaftslehre. Sie besagt, dass die verfügbaren Mittel, die zur Erfüllung der unbegrenzten Bedürfnisse zur Verfügung stehen, stets nicht in ausreichendem Masse zur Verfügung stehen.

Kerninflation (9.11): Preisentwicklung jener Güter, welche durch die Geldpolitik der *SNB* beeinflusst wird.

Keynesianische Konzeption (6.2): Geht auf John Maynard Keynes zurück. Vertraut nicht auf die Selbstheilungskräfte der Wirtschaft. Erbringt den Nachweis eines Gleichgewichts bei Unterbeschäftigung. Daraus wird die Notwendigkeit von staatlichen Eingriffen *(antizyklische Finanzpolitik)* abgeleitet.

Klassische Konzeption (6.1): Geht auf Adam Smith zurück. Vertraut in die Selbstheilungskräfte der Wirtschaft. Deshalb soll sich der Staat von Eingriffen in die Wirtschaft (Nachtwächterstaat) fernhalten.

Komplementärgüter (2.2): Güter, die sich gegenseitig ergänzen.

Konjunkturabschwung (5.1): Konjunkturelle Phase, in der die Auslastung der Produktionskapazitäten abnimmt, aber noch über dem Durchschnitt liegt.

Konjunktur (5.1): Kurz- und mittelfristige Schwankungen im Auslastungsgrad des Produktionspotenzials. In der Praxis wird der Konjunkturverlauf anhand der Wachstumsraten des realen *Bruttoinlandproduktes* dargestellt.

Konjunkturindikatoren (5.2): Dienen als «Anzeiger» für den Gesundheitszustand einer Volkswirtschaft. Man unterscheidet gleichlaufende Indikatoren (z.B. Konsum), nachhinkende Indikatoren (z.B. Preise) und vorauseilende Indikatoren (z.B. *Auftragseingang*).

Konjunkturelle Impulse (5.3): Es gibt verschiedene Ursachen / Auslöser von Konjunkturschwankungen: Nachfrage- oder angebotsseitige, monetäre, technische, psychologische, ökologische oder politische Veränderungen.

Konjunkturelle Verstärker (5.3): Multiplikator- und Akzeleratoreffekte.

Konjunkturelles Defizit (11.4): Staatsdefizit, das im konjunkturellen Abschwung entsteht und automatisch im konjunkturellen Aufschwung wieder verschwindet.

Konjunkturzyklus (5.1): Beschreibt den mustermässigen Ablauf der Schwankungen in der Auslastung des Produktionspotenzials: Konjunkturaufschwung / Erholung, Hochkonjunktur / Boom, beginnender Abschwung, Rezession / Depression.

Konsumquote (4.4): Anteil des privaten Konsums in Prozent des BIP, wenn man dieses von der Verwendungsseite her betrachtet.

Konsumentenrente (2.9): Sie entspricht der Differenz zwischen der Zahlungsbereitschaft der Nachfrager (dargestellt durch die Nachfragekurve) und dem Marktpreis. Die Summe der Konsumentenrenten entspricht der Fläche zwischen der Nachfragekurve und dem Marktpreis.

Konvergenzkriterien (15.4): Die *Europäische Währungsunion* erfordert eine weitgehende Übereinstimmung (Konvergenz) der wirtschaftlichen Situation und Entwicklung der Mitgliedsländer der EU. Deshalb wird der Eintritt in die *Europäische Währungsunion* von Konvergenzen bei der *Inflation*, den Zinsen, im Haushaltsdefizit, bei der Staatsverschuldung und bei der Entwicklung der *Wechselkurse* abhängig gemacht.

Kostenvorteile, absolute und komparative (13.1): Anweisung zur Arbeitsteilung: Jeder spezialisiert sich auf die Produktion jener Güter, die er absolut billiger herstellen kann (absolute Kostenvorteile), oder bei denen sein Kostennachteil am geringsten ist (komparative Kostenvorteile). Das Gesetz der komparativen Kostenvorteile liefert die Grundlage für das *Freihandelspostulat*.

Kreditklemme (9.7): Situation, in der die Banken einander und den Unternehmen nicht «trauen» und deshalb keine Kredite verleihen.

Laffer-Kurve (6.4): Arthur Laffer zeigt mit seiner Kurve, dass die Steuereinnahmen bei steigendem Steuersatz zunächst zunehmen, ab einem gewissen Punkt aber abnehmen.

Landesindex der Konsumentenpreise (LIK) (9.11): setzt sich aus zwölf Bedarfsgruppen zusammen und misst die Preisänderungen eines repräsentativen Korbes von Waren und Dienstleistungen.

Leistungsbilanz (14.2): siehe Zahlungsbilanz

Lenkungsabgaben (7.4): Staatsabgabe, um unerwünschte Aktivitäten zu verringern (z.B. Tabaksteuer, Kehrichtsackgebühr). Lenkungsabgaben im Umweltbereich (z.B. CO_2-Abgabe) sollten vollumfänglich an die Wirtschaftssubjekte zurückbezahlt werden, zumindest aber zweckgebunden eingesetzt werden.

Libor-Satz (9.5): Drei-Monats-Satz für Ausleihungen unter den Banken oder an erstklassige Grossunternehmen, der im Londoner Geldmarkt täglich fixiert wird und deshalb Libor-Satz (**L**ondoner **I**nter**b**ank **O**ffered **R**ate) genannt wird.

Liberalismus (3.6): Weltanschauung, wonach die individuelle Freiheit und Selbstständigkeit die Basis für ein Staatswesen sein müssen. Die in der schweizerischen Bundesverfassung garantierten Freiheitsrechte wie Wirtschaftsfreiheit, Vertragsfreiheit, Eigentumsgarantie sind Ausdruck eines liberalen Menschenbildes.

Liquiditätsfalle (9.7): Situation, in der eine Geldmengenerhöhung ohne Wirkung bleibt, weil das zusätzliche *Geld* einfach «flüssig» gehalten wird.

Lohnmechanismus (6.2): Beschreibt einen Wirkungszusammenhang, wonach Konjunkturschwankungen sich selbst stabilisieren: Sinkt auf den Arbeitsmärkten die Nachfrage nach Arbeitskräften, führt dies zu tieferen Löhnen, was wiederum dafür sorgt, dass der nun günstigere Produktionsfaktor Arbeit vermehrt nachgefragt wird. Der Lohnmechanismus wird gemäss der keynesianischen Konzeption bestritten.

Lohnstückkosten (10.4): Lohnkosten pro Einheit. Die Lohnstückkosten sind vom Lohnniveau und der Arbeitsproduktivität abhängig.

Lohnquote (4.3): Anteil der Arbeitnehmerentgelte in Prozent des BIP, wenn man dieses von der Einkommensseite her betrachtet.

Lorenzkurve (4.3): Zeigt die Verteilung des Einkommens oder Vermögens. Sie gibt an, wie viel Prozent des Einkommens oder Vermögens 10 %, 20 % usw. der Bevölkerung haben.

Maastrichter Verträge (13.4): Vertrag zwischen den Staaten der *EU*. Inhalt: Gemeinsame Aussen- und Sicherheitspolitik, Zusammenarbeit im Bereich Justiz und Inneres, Wirtschafts- und Währungsunion, Schaffung einer Unionsbürgerschaft, Verankerung des Subsidiaritätsprinzips.

Magisches Sechseck (1.5):
Die Ziele der staatlichen Wirtschaftspolitik werden modellmässig oft in sechs Bereichen formuliert: Vollbeschäftigung, Wirtschaftswachstum, Umweltqualität, aussenwirtschaftliches Gleichgewicht, Preisstabilität, sozialer Ausgleich.

Markteffizienz (3.1): Aus knappen Ressourcen das beste herausholen.

Marktgleichgewicht (2.8): Es liegt im Schnittpunkt von Angebots- und Nachfragekurve. Hier gehen alle Pläne in Erfüllung: Die von den Nachfragern gewünschte Kaufmenge entspricht der von den Anbietern gewünschten Verkaufsmenge.

Marktversagen (3.2): Durch Fehlleistungen des Marktes wird die bestmögliche Verwendung der knappen Mittel verhindert. Der Markt versagt bei *öffentlichen Gütern*, bei *externen Effekten*, bei Wettbewerbsbeschränkungen und bei asymmetrischen Informationen (*moral hazard, adverse selection*).

Marktwirtschaft (3.1): Wirtschaftssystem, bei dem die zentralen Fragen nach dem «Was», «Wie» und für «Wen» produziert werden soll, auf den Märkten gelöst werden.

Mehrwertsteuer (11.3): Wichtigste indirekte Steuer des Bundes auf den Konsumausgaben. Normalsatz derzeit 8%.

Meistbegünstigung (13.3): Klausel im Rahmen der *WTO*, welche vorschreibt, dass alle Vorteile für den Handel einer Ware, die einem Land gewährt werden, unverzüglich auch den anderen Vertragsparteien zugestanden werden müssen.

Mindestlohn (2.10): Lohn, der gemäss staatlichem Gesetz oder Gesamtarbeitsvertrag mindestens bezahlt werden muss.

Mindestreserven (9.4): Die *Nationalbank* kann die Banken verpflichten, einen Teil ihrer liquiden Mittel auf einem Sperrkonto zu hinterlegen. Dadurch kann sie den Geldschöpfungsspielraum der Banken beeinflussen.

Monetaristische Konzeption (6.3): Geht auf Milton Friedman zurück. In der *Geldmenge* wird der entscheidende Einflussfaktor für den Konjunkturverlauf gesehen. Die *Nationalbank* muss deshalb versuchen, die Geldmenge auf das Wachstum des *Produktionspotenzials* auszurichten.

Monetisierungsfunktion (9.2): *Geld* entsteht dadurch, dass Nichtgeld bei einer inländischen Bank gegen *Geld* eingetauscht (monetisiert) wird.

Monopol (2.13): Marktform, bei der entweder nur ein Anbieter (Angebotsmonopol) oder ein Nachfrager (Nachfragemonopol) auf dem Markt auftritt.

Monopolistische Konkurrenz (2.14): Marktform, bei der durch Produktdifferenzierung ein monopolistischer Spielraum erreicht wird, bei der es aber viele Anbieter und Nachfrager gibt.

Moral-hazard (3.2): Bezieht sich auf Situationen, in denen die eine Marktseite die Handlungen der Marktgegenseite weder prognostizieren noch nachweisen kann. Insbesondere beim Versicherungsschutz führt das «moralische Risiko» zur Ausweitung von Schäden und zum Prämienanstieg (weil die Versicherten das Eintreten eines Schadens nicht verhindern oder sogar fördern).

Multilaterale Abkommen (13.2): Abkommen zwischen mehreren Staaten zur Förderung des internationalen Handels, z.B. Abkommen zwischen den WTO-Staaten.

Multiplikatortheorie (5.3): Veränderungen der Nachfrage (z.B. durch Ausgabenerhöhungen oder Steuersenkungen des Staates) lösen eine überproportionale Veränderung der Einkommen und der Beschäftigung aus.

Nachfragelücke (6.2): Die gesamtwirtschaftliche Nachfrage ist kleiner als das Angebot bei Vollbeschäftigung.

Nachfrageüberschuss (2.8): Bei einem unter dem Marktgleichgewichtspreis liegenden Preis ist die nachgefragte Menge grösser als die angebotene Menge.

Nachfrageinflation (9.8): Wenn ein Nachfrageüberhang eine Inflation verursacht.

Nachfragekurve (2.1): Die Nachfragekurve zeigt, welche Mengen die Nachfrager zu unterschiedlichen Preisen zu kaufen bereit sind.

Nachhaltige Entwicklung (7.4): *Sustainable development*. Entwicklung, die die Bedürfnisse der Gegenwart erfüllt, ohne zu riskieren, dass künftige Generationen ihre eigenen Bedürfnisse nicht befriedigen können.

Nachtwächterstaat (6.1): Die Hauptaufgabe des Staates besteht darin, die Rahmenbedingungen der Wirtschaft möglichst positiv zu gestalten: Er sorgt für Ruhe, Ordnung und Sicherheit. Der Staat betreibt keine Konjunkturpolitik.

NAFTA (8.2): North American Free Trade Association, gegründet 1994. Mitglieder: USA, Mexiko und Kanada.

Nationalbank (9.3): Die Schweizerische Nationalbank (SNB) hat die Aufgabe, den Geldumlauf zu regeln, den Zahlungsverkehr zu erleichtern und eine im Interesse des Landes dienende Kredit- und Währungspolitik zu führen. Die SNB ist eine selbstständige Anstalt des öffentlichen Rechts in Form einer Aktiengesellschaft, wobei die öffentliche Hand zirka 60% der Aktien hält.

Nationaleinkommen (4 / Anhang): Von den Inländern per Saldo empfangene Einkommen aus Arbeit und Vermögen. *BIP* abzüglich der Einkommen an die übrige Welt zuzüglich empfangenes Einkommen aus der übrigen Welt (früher *BSP*).

Negative Einkommenssteuer (12.4): Konzept, das davon ausgeht, dass unterhalb einer gewissen Einkommenshöhe ein «negativer» Steuersatz gilt: Personen, die diese Einkommenshöhe nicht erreichen, bezahlen keine Steuern, sondern erhalten Steuergelder.

Nettoinlandprodukt (4.2): *BIP* abzüglich Abschreibungen, bewertet zu Marktpreisen.

Nicht gestaltbare Wachstumsfaktoren (7.2): Dazu zählen Rahmenbedingungen einer Volkswirtschaft wie geografische Lage oder Rohstoffvorkommen.

Nicht-tarifäre Handelshemmnisse (13.2): Nebst den tarifären Handelshemmnissen (Zölle) gibt es eine Vielzahl von Gesetzesvorschriften, durch die der internationale Handel beeinträchtigt wird: technische Normen, Umweltvorschriften, Sicherheitsvorschriften, Grenzformalitäten.

Nominale Grössen (5.1): Zu laufenden Preisen bewertete Grössen und Mengen (im Gegensatz zu *reale Grössen*).

Nominaler Wechselkurs (15.1): Aktueller Preis, zu dem die Währung eines Landes gegen die Währung eines anderen Landes getauscht werden kann.

Notenbankgeldmenge (9.1): Sie setzt sich zusammen aus dem Notenumlauf und den Giroguthaben der Geschäftsbanken bei der SNB.

Öffentliche Güter / Kollektivgüter (3.2): Öffentliche Güter unterscheiden sich von privaten Gütern in zweierlei Hinsicht: Ein Ausschluss vom Konsum des Gutes ist entweder technisch nicht möglich oder zu teuer (Nicht-Ausschliessbarkeit); das Gut können mehrere Individuen gleichzeitig nutzen, ohne dass sie sich in ihrem Konsum gegenseitig beeinträchtigen (Nicht-Rivalität im Konsum). Weil diese Merkmale ein *Trittbrettfahrer*-Verhalten erlauben, werden sie nicht von privater, sondern von staatlicher Seite angeboten.

Oligopol (2.14): Marktform, bei der eine beschränkte Zahl von Anbietern (Angebotsoligopol) oder Nachfragern (Nachfrageoligopol) auf dem Markt auftreten.

Opportunitätskosten (1.3): Kosten (Nutzenentgang), die bei einem Wahlentscheid aus dem Verzicht des Nutzens der nicht gewählten Alternative entstehen.

Phillips-Kurve (9.8): Stellt eine entgegengesetzte Beziehung *(trade off)* zwischen *Arbeitslosigkeit* und *Inflation* dar.

Portfolioinvestitionen (14.1): Kauf von langfristigen Wertpapieren.

Preisindex (9.11): Siehe auch *Landesindex der Konsumentenpreise* (LIK). Neben dem LIK gibt es eine Reihe von anderen Preisindices, die Preisbewegungen erfassen: z.B. Index der Produzentenpreise, Importpreisindex, *BSP*-Preisindex, Versicherungsindex, Grosshandelspreisindex.

Preismechanismus (6.1): Beschreibt einen Wirkungszusammenhang, wonach Konjunkturschwankungen sich selbst stabilisieren: Sinkt auf den Gütermärkten die Nachfrage, führen die nun tieferen Produktpreise automatisch wieder zu einer höheren Nachfrage.

Primärhaushalt (11.6): Saldo der Staatsrechnung ohne Zinszahlungen. Ein ausgeglichener Primärhaushalt ist eine Richtlinie für eine akzeptable Staatsverschuldung.

Primäre Einkommensverteilung (12.1): Die Einkommensverteilung gemessen ohne die Umverteilungsmassnahmen des Staates durch Steuern oder Sozialversicherungen.

Produktivität (1.2): Die Leistung (Output), die in einer Stunde oder pro Arbeitskraft (Input) erzielt wird.

Produktionsfaktoren (1.1): Für die Herstellung von Gütern eingesetzte Mittel (Arbeit, natürliche Ressourcen, Realkapital, Wissen).

Produktionspotenzial (5.1): Das Produktionspotenzial gibt an, wie viele Güter und Dienstleistungen maximal produziert werden könnten, wenn die vorhandenen *Produktionsfaktoren* voll ausgelastet sind. Es ist eine Schätzgrösse, kann also nicht genau berechnet werden.

Produzentenrente (2.9): Die Summe der Produzentenrenten entspricht der Fläche zwischen der Angebotskurve und dem Marktpreis.

Progressive Steuern (12.1): Prozentual stärkere Besteuerung von höheren als von niedrigen Einkommen.

Protektionismus (13.2): Schutz der eigenen Wirtschaft vor ausländischer Konkurrenz durch Zölle, Kontingente, Normen usw.

Quantitative Lockerung der Geldpolitik (9.6): Wenn die Leitzinsen der Nationalbanken nahe bei null liegen, greifen sie zu unkonventionellen Massnahmen: Die Nationalbanken kaufen Aktiven, vorwiegend Staatsanleihen, um auch die langfristigen Zinsen zu senken.

Quantitätsgleichung des Geldes (6.3): Gemäss dieser Gleichung muss letztlich in einer Volkswirtschaft die Geldmenge der Gütermenge entsprechen: Geldmenge x Umlaufsgeschwindigkeit = Gütermenge x Preisniveau.

Rahmenbedingungen (7.2): Durch den Einzelnen nicht zu beeinflussende Umfeldbedingungen, geprägt durch die *Geld-*, die Finanz-, die Aussenpolitik, die Rechtsordnung, die Sozialpolitik usw.

Rationale Erwartungen (6.2/9.7): Die Theorie der rationalen Erwartungen geht davon aus, dass die Wirtschaftssubjekte die wirtschaftlichen Zusammenhänge kennen und sich deshalb nicht systematisch täuschen lassen. Diese Theorie dient als Argumentation gegen eine aktive Konjunkturpolitik.

Reale Grössen (5.1): Inflations- oder preisbereinigte Grössen. Die laufenden, *nominellen* Grössen werden durch einen geeigneten Preisindex in preisbereinigte Grössen umgerechnet.

Realkapital (1.1): Der Produktionsfaktor, zu dem Maschinen, Werkzeuge, Gebäude etc. zählen.

Realer Wechselkurs (15.1): Der reale *Wechselkurs* entspricht dem um die Differenz in den Inflationsraten korrigierten nominalen Wechselkurs zwischen zwei Ländern.

Rent seeking (3.2): Alle Aktivitäten, die darauf abzielen, über staatliche Privilegien (Subventionen, Steuererleichterungen) ein zusätzliches Einkommen zu erzielen. Der damit verbundene Ressourcenaufwand gilt aus volkswirtschaftlicher Sicht als vergeudet.

Repo-Geschäft (9.4): Ein Repo (Repurchase Agreement) ist ein Wertpapierpensionsgeschäft. Dabei verkauft der Geldnehmer zur Deckung seiner Liquiditätsbedürfnisse Wertpapiere an den Geldgeber mit der gleichzeitigen Vereinbarung, Wertpapiere gleicher Gattung und Menge zu einem späteren Zeitpunkt zurückzukaufen. Da es sich aus ökonomischer Sicht bei einem Repo um ein (gesichertes) Darlehen handelt, entrichtet der Geldnehmer dem Geldgeber für die Dauer des Repo einen Repo-Zins. Für *Repo-Geschäfte* mit der *SNB* kommen nur Wertpapiere aus dem durch gesetzliche Bestimmungen definierten «SNB-Korb» in Frage. Das Repo-Geschäft wurde im April 1998 eingeführt und stellt zurzeit das wichtigste geldpolitische Instrument zur Steuerung der Liquidität dar.

Restriktive Geldpolitik (9.9): Einsatz der geldpolitischen Instrumente der *Nationalbank* zur Drosselung der *Geldmenge* (Geldmenge wächst langsamer als das Produktionspotenzial).

Rezession (5.1): Rückgang der Zuwachsraten des *Bruttoinlandproduktes* während einer gewissen Zeit.

Schneeballeffekt (11.4): Teufelskreis: Höhere Staatsverschuldung führt zu höheren Zinsausgaben des Staates, was wiederum zu höherer Staatsverschuldung und zu höherer Zinslast führt.

Schuldenbremse (11.4): Mechanismus zur Stabilisierung der Verschuldung unter Berücksichtigung des Konjunkturzyklus.

Schuldenquote (11.4): Prozentualer Anteil der Staatsverschuldung im Verhältnis zum BIP.

Sekundäre Einkommensverteilung (12.1): Die Einkommensverteilung gemessen nach den Umverteilungsmassnahmen des Staates durch Steuern oder Sozialversicherungen.

Sichtguthaben (9.1): Siehe *Buchgeld*.

SNB (9.3): Siehe *Nationalbank*.

SNB-Bills (9.4): Eigene Schuldverschreibungen der Nationalbank mit einer Laufzeit zwischen einer Woche und drei Monaten.

Sonderziehungsrechte, SZR (15.3): Vom IWF geschaffenes internationales *Buchgeld*, welches durch Beschluss der Mitgliedsländer verteilt wird. Die Mitgliedsländer verpflichten sich – bis zu einem gewissen Ausmass –, SZR gegen *Devisen* zu tauschen.

Soziallastquote (12.3): Sozialversicherungseinnahmen in Prozent des *BIP*. Kennzahl für die relative Belastung der Volkswirtschaft durch Sozialversicherungseinnahmen.

Sozialleistungsquote (12.3): Sozialversicherungsausgaben in Prozent des *BIP*. Sie gibt Antwort auf die Frage: Welcher Teil der gesamten Wirtschaftsleistung wird von Empfängern von Sozialleistungen beansprucht?

Sparen (4.4): Sparen bedeutet Verzicht auf Konsum. Durch Sparen werden *Investitionen* ermöglicht.

Sparparadoxon (4.4): Es kann auch zu viel gespart werden: Mit steigender Ersparnis nehmen die Absatzchancen der Unternehmen ab, sie drosseln ihre *Investitionen*, sinkende *Investitionen* senken auch das *Volkseinkommen*, wodurch auch Konsum und Ersparnis vermindert werden.

Spieltheorie (1.6 / Exkurs): Sie befasst sich mit der Analyse menschlichen Verhaltens in strategischen Situationen mit mehreren Beteiligten, die einander mit ihren Entscheiden gegenseitig beeinflussen.

Staatskonsum (4.4): Alle unentgeltlich abgegebenen Leistungen der öffentlichen Verwaltung (gemessen mit der Lohnsumme) und die Käufe von Sachgütern (mit Ausnahme der Investitionsgüter).

Staatsquote (11.1): Anteil der Staatsausgaben am Bruttoinlandprodukt.

Staatsversagen (3.5): Durch politische Fehlsteuerungen treten Wohlfahrtsverluste auf, die z.B. auf politisch motivierte Entscheidungen, auf Regulierungskosten und auf Fehlallokationen der *Produktionsfaktoren* zurückgeführt werden können.

Stagflation (6.4): Gleichzeitiges Auftreten von tiefen oder negativen Wachstumsraten (Stagnation) des *Bruttoinlandproduktes* und einer *Inflation*.

Standortattraktivität (10.4): Zur Standortattraktivität tragen unter anderem folgende Faktoren bei: politische und monetäre Stabilität, Steuersystem und Steuerhöhe,

Sozialversicherungssystem, Sozialpartnerschaft, Qualität und Quantität der Infrastruktureinrichtungen.

Strukturelles Defizit (6.2): Anteil des Staatsdefizites, welcher nicht auf konjunkturelle Gründe zurückgeführt werden kann.

Strukturelles Defizit (11.4): Staatsdefizit, das durch andauernde Ausgabenüberschüsse entsteht.

Strukturerhaltungsfalle (6.2): Kritikpunkt an der Antizyklischen Konjunkturpolitik gemäss Keynes: Staatliche Konjunkturprogramme stützen fälschlicherweise Branchen, welche langfristig durch den Strukturwandel gefährdet sind.

Strukturpolitik (8.4): Beeinflussung der sektoralen, branchenmässigen, regionalen Zusammensetzung einer Volkswirtschaft. Man unterscheidet Strukturerhaltungs-, Strukturanpassungs- und Strukturgestaltungspolitik.

Strukturwandel (8.1): Veränderung der Zusammensetzung, der Beziehungen der Teile in einer Volkswirtschaft zueinander (z.B. Veränderung der Bevölkerungsstruktur, der Beschäftigung nach Sektoren oder Branchen, der Unternehmungen nach Grösse, der Produktion nach Anteilen im In- und Ausland, der Export- oder Importquote).

Strukturwandel nach Fourastié (8.2): Fourastié beschreibt in seinem Modell den Strukturwandel von Volkswirtschaften vom Agrarstaat zur Dienstleistungsgesellschaft anhand der Beschäftigungsstruktur.

Substitutionseffekt (2.3): Preisänderungen bei einem Gut bewirken auch Nachfrageänderungen bei anderen Gütern: z.B. steigende Preise bei Gut A führen dazu, dass dieses möglicherweise durch ein nun relativ billigeres Produkt B ersetzt wird.

Substitutionsgüter (2.2): Güter, die sich durch andere Güter ersetzen lassen.

Sustainable development (7.4): Siehe *Nachhaltige Entwicklung*.

Subventionen (11.2): Unentgeltliche finanzielle Leistungen des Staates an private oder öffentliche Empfänger.

Termineinlagen (9.1): Bankeinlagen, die nicht jederzeit, sondern an einem bestimmten Zeitpunkt fällig sind.

Terms of trade (13.1): Verhältnis von Export- zu Importpreisen.

Theorie des optimalen Währungsraums (15.4): Robert Mundell definiert die Voraussetzungen für eine Währungsunion: Flexibilität von Löhnen und Güterpreisen, Mobilität der Arbeitskräfte, breite branchenmässige Diversifikation, internationale Offenheit sowie Fiskaltransfers im Rahmen einer politischen Union.

Time Lags (6.2): Zeitliche Wirkungsverzögerung einer wirtschaftspolitischen Massnahme. Einer der wichtigsten Kritikpunkte an der *antizyklischen* Nachfragesteuerung.

Trendwachstum (5.1): Das langfristige Wachstum des Produktionspotenzials.

Trade off (1.5): Austauschbeziehungen zwischen Alternativen.

Transferhaushalt (11.2): Beschreibt die Tatsache, dass die Ausgaben im Bundeshaushalt der Schweiz grösstenteils Subventionen sind.

Transaktionskonti (9.1): Einlagen auf Lohn-, Spar- und Depositenkonti, die für den Zahlungsverkehr eingesetzt werden können.

Transaktionskosten (1.2): Alle Kosten, die im Zusammenhang mit einem Tauschgeschäft anfallen können (Such- und Informationskosten, Vertragsabschlusskosten usw.).

Transformationskurve (13.1): Auch Produktionsmöglichkeitenkurve genannt. Sie zeigt, welche Kombinationen von Gütern durch alternativen Einsatz der *Produktionsfaktoren* produziert bzw. konsumiert werden können.

Trittbrettfahrer (3.2): Personen, die versuchen, von Gütern zu profitieren, ohne einen Beitrag an die Kosten zu leisten. Kommt vor allem bei öffentlichen Gütern vor.

Umlageverfahren (12.2): Begriff aus den Sozialversicherungen. Die laufenden Einnahmen werden grundsätzlich für die laufenden Ausgaben verwendet (z.B. Finanzierung der AHV). Als Alternative steht das *Kapitaldeckungsverfahren* zur Verfügung.

Umlaufsgeschwindigkeit des Geldes (6.3): Diese beschreibt die Anzahl der Verwendung einer Geldeinheit pro Jahr.

Umweltzertifikate (7.4): Wer die Umwelt verschmutzt, muss sich zuerst ein Recht zur Verschmutzung kaufen. Der Staat legt die zulässige Menge der Verschmutzung fest und teilt diese in handelbare Wertpapiere auf (Zertifikate).

Verteilungsgerechtigkeit (12.1): Die Einkommensverteilung wird dann als gerecht empfunden, wenn ein zu definierendes Ausmass an gleichmässiger Verteilung besteht, was staatliche Umverteilungsmassnahmen erfordert.

Verrechnungssteuer (11.3): Steuer auf den Einkommen aus Vermögensanlagen (Zinsen, Dividenden). Normalsatz 35%. Die Steuer wird zurückerstattet, sofern die Vermögen in der Steuererklärung versteuert werden.

Vollkommene Konkurrenz (2.8): Marktform, bei der die gehandelten Güter homogen sind, bei der viele Nachfrager vielen Anbietern gegenüberstehen, bei der ein freier Marktzutritt herrscht und die Marktteilnehmer vollständig informiert sind.

Vorleistungen (4.2): Alle nicht dauerhaften Produktionsmittel, die von anderen Produzenten bezogen werden.

Wechselkurs (15.1): Preis einer Währung. Er gibt an, welche Menge an inländischem *Geld* für eine bestimmte Menge (in der Regel 100 Einheiten) ausländischer Währung hergegeben werden muss.

Wertschöpfung (4.2): Differenz zwischen den abgegebenen Leistungen eines Produzenten und den von ihm übernommenen Leistungen (=*Vorleistungen*).

Wettbewerbsfähigkeit (13.2 / Exkurs): Eine Volkswirtschaft ist wettbewerbsfähig, wenn sie über die Fähigkeit verfügt, Güter und Dienstleistungen auf in- und ausländischen Märkten abzusetzen, ohne dabei das Reallohnniveau senken oder *Arbeitslosigkeit* in Kauf nehmen zu müssen.

Wirtschaftliche Güter (1.1): Wirtschaftliche Güter sind im Unterschied zu den freien Gütern knapp und haben deshalb einen Preis.

Wirtschaftssektoren (8.3.) Sektor 1: Landwirtschaft; Sektor 2: Industrie (inkl. Bau); Sektor 3: Dienstleistungen

Wirtschaftliches Wachstum (7.1): Langfristige Entwicklung des *Bruttoinlandproduktes*, unabhängig von kurz- oder mittelfristigen Störungen (Trend).

Zahlungsbilanz (14.1): Die Zahlungsbilanz erfasst die Transaktionen der Inländer mit dem Rest der Welt. Die Zahlungsbilanz setzt sich aus der Leistungs- und der Kapitalverkehrsbilanz zusammen. Die **Leistungsbilanz** ihrerseits umfasst die **Handelsbilanz** (Export/Import von Gütern), die **Dienstleistungsbilanz** (Export/Import von Dienstleistungen), die **Bilanz der Primäreinkommen** (Export/Import von Arbeits- und Kapitalerträgen) und die **Bilanz der Sekundäreinkommen** (Übertragungen ohne Gegenleistung an/vom Ausland). In der **Kapitalbilanz** werden die *Direktinvestitionen*, die *Portfolioinvestitionen*, der übrige Kapitalverkehr der Banken, der Unternehmungen, der öffentlichen Hand und der *Nationalbank* erfasst.

Zielbeziehungen (1.5): Zielharmonie: Das Anstreben eines Ziels fördert das Erreichen eines anderen. Zielneutralität: Das Anstreben eines Ziels bleibt ohne Einfluss auf ein anderes. Zielkonkurrenz: Das Anstreben eines Ziels behindert das Erreichen eines anderen.

Zinsarbitrage (15.1): Ausnützen von Zinsunterschieden auf verschiedenen Finanzplätzen.

Zinsmechanismus (6.1): Beschreibt einen Wirkungszusammenhang, wonach Konjunkturschwankungen sich selbst stabilisieren: Wenn durch mehr Sparen die gesamtwirtschaftliche Nachfrage sinkt, werden durch das grössere Kapitalangebot die Zinsen sinken. Dies bedeutet, dass die steigende Investitionsgüternachfrage die sinkende Konsumgüternachfrage kompensiert.

Zinsparitätentheorie (15.1): Der Wechselkurs zwischen zwei Währungen bildet sich so, dass die Erträge aus Kapitalanlagen im In- und Ausland gleich hoch sind.

Zinszielband für den Dreimonats-Libor (9.5): Die Schweizerische Nationalbank steuert das Zinsniveau des Libors indirekt über den Reposatz so, dass jener innerhalb einer definierten Bandbreite (Zinszielband) zu liegen kommt.

Internationale Organisationen

Internationale Organisationen und die Stellung der Schweiz
In Klammer wird auf das Kapitel verwiesen, in welchem die Organisation besprochen wird. Fehlt eine Kapitelangabe, so wird diese Organisation zwar (an einem oder mehreren Orten) im Buch erwähnt, aber nicht ausführlich erläutert. *Kursiv* gedruckte Wörter bei Erklärungen der Organisationen sind Schlüsselbegriffe bzw. andere Organisationen.

EFTA (13.5): European Free Trade Association= Europäische Freihandelszone. Gegründet 1960 von damals sieben Ländern, die nicht der Europäischen Wirtschaftsgemeinschaft angehörten, um sich gegen Benachteiligungen zu schützen. Die EFTA-Länder schufen eine Freihandelszone, die durch einen Zollabbau unter den Mitgliedsländern, aber autonomer Zollsetzung gegenüber Drittländern gekennzeichnet war. Heute sind noch folgende Länder Mitglieder der EFTA: Norwegen, Liechtenstein, Island, Schweiz.

EU (13.5): Europäische Union. Zurzeit 27 Mitglieder, welche eine verstärkte europäische Integration sowohl im wirtschaftlichen als auch in politischen Bereichen verfolgen. Ziele: Stärkung der Sicherheit, Wahrung des Friedens, umweltverträgliches Wachstum, Förderung des Zusammenhalts und der Solidarität, hohes Beschäftigungsniveau, sozialer Schutz. Anlässlich der *Maastrichter Verträge* (1994) wurde die Europäische Gemeinschaft (EG) in Europäische Union (EU) umbenannt. Die Schweiz ist nicht Mitglied der EU.

EWR (13.5): Europäischer Wirtschaftsraum. Vertrag zwischen der EU und den EFTA-Ländern über die Verwirklichung eines *Binnenmarktes* (vier Freiheiten) und einer stärkeren Koordination in der Forschungs-, Erziehungs-, Sozial-, Umwelt- und Konsumentenpolitik. 1994 in Kraft getreten. Von den EFTA-Ländern ist die Schweiz dem EWR nicht beigetreten.

GATT (13.3): General Agreement on Tariffs and Trade. Am 30. Oktober 1947 in Genf gegründet. Der Kreis der GATT-Mitglieder hat sich schrittweise auf über 150 Staaten erweitert, die mehr als 90 % des Welthandels abdecken. Das GATT strebt weltweite Liberalisierungen der internationalen Wirtschaftsbeziehungen an. Die Schweiz ist 1966 dem GATT beigetreten.

IWF (15.3): Internationaler Währungsfonds (International Monetary Fund, IMF). Anlässlich des *Bretton-Woods*-Abkommens gegründet, um die Währungsordnung zu überwachen und durch Kredite in Devisennot geratenen Mitgliedern unter die Arme zu greifen. Die finanziellen Mittel für diese Kredite stammen aus den Mitgliederbeiträgen (sogenannte Quote), die je nach wirtschaftlicher Potenz unterschiedlich hoch sind. Auch nach dem Zusammenbruch des *Bretton-Woods-Systems* gewährt der IWF Kredite an – aus verschiedenen Gründen – in Not geratene Länder, die er an wirtschaftspolitische Auflagen (z. B. Ausgabenkürzungen, Geldmengenreduktion) knüpft. Die Schweiz ist seit 1992 Mitglied des IWF.

OECD (13.1): Organisation for Economic Cooperation and Development = Organisation für wirtschaftliche Zusammenarbeit und Entwicklung. Gegründet 1960, Sitz in Paris. Mitglieder sind alle wichtigen Industrieländer, die marktwirtschaftlich organisiert sind. Ziel der OECD ist die Förderung des wirtschaftlichen Wachstums, der Beschäftigung und des Welthandels unter Wahrung der finanziellen Stabilität. Die Schweiz ist Mitglied der OECD.

UNO (13.1): United Nations Organisation = Vereinte Nationen. Internationale Organisation zur Sicherung des Weltfriedens. 1945 gegründet, Sitz in New York, 193 Mitgliedsländer. Die Schweiz ist seit 2002 Mitglied der UNO.

Weltbank (15.3): Gegründet 1945 im Zusammenhang mit dem *Bretton-Woods-Abkommen*, Sitz in Washington. Ursprüngliche Hauptaufgabe war die Gewährung von Krediten für den Wiederaufbau der kriegszerstörten Länder, heute konzentriert sich ihre Tätigkeit auf die Finanzierung von Projekten in Entwicklungsländern. Die Schweiz ist seit 1992 Mitglied der Weltbank.

WTO (13.3): 1995 ins Leben gerufene Welthandelsorganisation mit Sitz in Genf. Gemeinsames Dach für das GATT und die einzelnen Abkommen. Die Schweiz ist seit dem 1. Juli 1995 Mitglied der WTO.